HOW WE LEARN

우리의 뇌는 어떻게 배우는가

우리의 뇌는 어떻게 배우는가

—
2021년 6월 9일 초판 1쇄 발행
2021년 7월 12일 초판 7쇄 발행
—
지은이 스타니슬라스 드앤
옮긴이 엄성수
펴낸이 김정수, 강준규
—
책임편집 유형일
마케팅 추영대
마케팅지원 배진경, 임혜솔, 송지유, 이영선
—
펴낸곳 (주)로크미디어
출판등록 2003년 3월 24일
주소 서울시 마포구 성암로 330 DMC첨단산업센터 318호.
전화 번호 02-3273-5135
팩스 번호 02-3273-5134
편집 070-7863-0333
홈페이지 https://blog.naver.com/rokmediabooks
이메일 rokmedia@empas.com
—
ISBN 979-11-354-9913-5 (03190)
책값은 표지 뒷면에 적혀 있습니다.
—

• 잘못 만들어진 책은 구입하신 서점에서 교환해 드립니다.

HOW WE LEARN

우리의 뇌는 어떻게 배우는가

배움의 모든 것을 해부하다

스타니슬라스 드앤 지음
엄성수 옮김

ROK
MEDIA

⋮

스타니슬라스 드앤의 책들

《뇌의식의 탄생: 생각이 어떻게 코드화되는가?》
《글 읽는 뇌: 읽기의 과학과 진화》
《숫자 감각: 마음이 수학을 만드는 법》

⋮

올해 태어난 오로르와
한때 아기였던 모든 이에게 바친다.

⋮

무엇보다 먼저 당신 제자들을 보다 유심히 관찰해 보라.
당신이 그 아이들에 대해 정말 아무것도 모른다는 걸 알게 될 것이다.
- 장 자크 루소, 《에밀: 교육에 대하여》(1762)

이건 정말 놀랄 만큼 이상한 일이다. 우리는 인간의 몸에 대해
속속들이 다 알고 있고, 지구상의 모든 동물을 종류별로 다 분류했으며,
식물 하나하나에 이름까지 다 붙였으면서도, 심리적 기법들은
수세기 동안 그들의 경험에 맡기고 있다.
치유자나 사육자나 농부의 경험보다 중요하지 않다는 듯 말이다.
- 장 피아제, 《현대 교육학》(1949)

배우는 법을 모른다면, 대체 가르치는 법은 어떻게 알겠는가?
- 라파엘 레이프, MIT 총장(2017년 3월 23일)

저자 **스타니슬라스 드앤**Stanislas Dehaene

스타니슬라스 드앤은 수학과 심리학을 공부했고, 인간의 뇌에서 언어와
숫자를 처리하는 과정에 관한 학문인 인지신경과학을 연구하는 세계적
인 연구자다. 파리 고등사범학교에서 수학을 공부했으며, 파리 제6대학
교(현 소르본대학교)에서 응용 수학 및 컴퓨터 과학 석사 학위를 받았다.
신경생물학자 장 피에르 샹제의 연구에 영감을 받아 신경과학과 심리학
으로 분야를 바꾸었고, 파리 고등사회과학연구학교에서 실험 심리학 박
사 학위를 받았다. 그는 세계적인 인지심리학자 자크 밀러Jacques Mehler의
제자로, 그와 함께 연구를 하기도 했다. 그는 인지신경촬영연구소SACLAY
의 소장, 프랑스의 대표적인 고등교육기관이자 연구기관인 콜레주 드 프

랑스College de France의 실험인지심리학 교수로 재직 중이며 프랑스 학술원과 바티칸 과학원의 회원이다. 뇌의식에 대한 훌륭한 연구들을 진행해 온 저명한 과학자이기도 하다. 과학 전문지에 상당히 많은 글들을 발표하고 있다. 주요 저서로는 《숫자 감각The Number Sense》, 《뇌의식의 탄생》, 《글 읽는 뇌》가 있다.

역자 **엄성수**

경희대학교 영어영문학과를 졸업한 후 집필 활동을 하고 있으며 다년간 출판사에서 편집자로 근무했다. 번역에이전시 엔터스코리아에서 출판 기획 및 전문 번역가로 활동하고 있다. 주요 역서로는 《상상이 현실이 되는 순간》, 《거의 모든 것의 종말》, 《승리하는 습관》, 《무소의 뿔처럼 당당하게 나아가라》, 《테슬라 모터스》, 《더 이상 가난한 부자로 살지 않겠다》, 《러브 팩추얼리》, 《창조하는 뇌》, 《유전자 클린 혁명》, 《유튜브 컬처》, 《노동 없는 미래》 등이 있으며, 저서로는 《초보탈출 독학 영어》, 《친절쟁이 영어 첫걸음》, 《왕초보 영어회화 누워서 말문 트기》, 《기본을 다시 잡아주는 영문법 국민 교과서》 등이 있다.

2009년 9월 나는 한 놀라운 아이를 만났고, 그 바람에 배움에 대한 내 생각을 과감히 수정할 수밖에 없었다. 당시 나는 브라질 수도 브라질리아에 있는 사라병원 신경재활센터를 방문 중이었다. 브라질 건축가 오스카 니마이어Oscar Niemeyer가 설계한 독특한 흰색 건물이 눈길을 끄는 사라병원은 10년 가까이 내 연구소와 협업 관계를 유지하고 있었다. 그 병원 원장인 루치아 브라가Lucia Braga가 내게 자기 환자들 중에 펠리페Felipe라는 남자 아이를 만나보라고 했다. 당시 일곱 살밖에 안 됐던 아이는 반평생 이상을 병원 침대에서 보내고 있었다. 루치아 브라가는 그 애가 네 살 때 거리에서 총격을 당한 이야기를 들려주었다. 불행한 일이지만, 브라질에선 그리 드문 사건도 아니었다. 빗나간 총알 하나가 그 애의 척수를 갈랐고, 아이는 거의 전신마비 상태가 되었다. 총알은 시각을 관장하는 뇌 부위까지 파괴해 시력도 완전히 잃었다. 또한 호흡을 할 수 있게 목 아래쪽 기관에 구멍을 내야 했다. 이후 3년 넘게 아이는 관처럼 무기력한 몸 안에 갇혀 병실 안에서 살아야 했다.

펠리페의 병실로 향하는 복도를 따라 걸으면서, 이제 곧 만신창이가 된 아이를 만나야 한다며 마음을 다지던 기억이 난다. 그리고 결국 펠리페를 만났는데…… 활력이 넘쳐 계속 조잘대고 모든 것에 호기심이 많은 일곱 살짜리 사내아이, 여느 아이들과 전혀 다를 게 없는 사랑스런 어린 꼬마였다. 아이는 풍부한 어휘로 막힘없이 얘기를 이어나갔고, 프랑스에 대한 짓궂은 질문들도 던졌다. 나는 아이가 늘 언어에 관심이 아주 많으며, 그래서 기회만 있으면 어떻게든 3개 언어(펠리페는 포르투갈어, 영어, 스페인어에 능통했다)의 어휘를 늘리려 애쓰고 있다는 걸 알았다. 눈도 멀었고 침대에서만 생활해야 했지만, 아이는 자기 자신의 소설들을 쓰면서 상상의 나래를 펼쳤고, 그래서 병원 의료진도 아이에게 계속 그렇게 할 수 있게 배려해주었다고 한다. 몇 개월 만에 펠리페는 누군가로 하여금 자신의 이야기들을 받아 적게 하는 법을 배웠고, 그런 다음 컴퓨터 및 사운드카드에 연결된 특수한 키보드를 이용해 직접 자신의 이야기를 쓸 수 있게 되었다. 소아과의사들과 언어치료사들이 교대로 아이의 침대 옆을 지켰고, 그렇게 아이의 이야기를 실제 점자책들로 만들기도 했는데, 그 책들에는 아이가 미세한 촉각을 이용해 손가락들로 그린 양각 삽화들도 들어갔다. 펠리페의 이야기들은 남녀 영웅에 대한 이야기로, 여느 어린 사내아이들처럼 꿈속에서 보는(실제로는 전혀 못 보지만) 산과 호수들에 대한 이야기이기도 했다.

펠리페와의 만남에서 나는 깊은 감동을 받았고, 우리 뇌의 가장 위대한 재능일 수도 있는 배우는 능력에 대해 좀 더 깊이 들여다보게 되었다. 그 존재 자체가 신경과학계의 큰 도전 과제인 한 아이가 있다. 우리 뇌의 인지 능력들은 그 아이가 겪은 그 엄청난 환경의 대변화에 대체 어떻게 대처할까? 서로 겪는 감각 경험이 판이하게 다름에도 불구하고 펠리페와 나는 어떻게 같은 생각들을 공유할 수 있을까? 언제 어떻게 배우는지와 거의 관계없이, 서로 다른 우리 인간의 뇌들은 어떻게 같은 개념들로 수렴될까?

대부분의 신경과학자들은 경험론자들이다. 영국 계몽주의 시대의 철학자 존 로크John Locke(1632-1704)를 비롯한 많은 신경과학자들은 뇌가 자신을 둘러싼 환경으로부터 지식을 받아들인다고 추정했다. 그 관점에서 볼 때, 피질 회로의 핵심적인 특성은 '가소성plasticity', 즉 외부 입력에 적응하는 능력이다. 그리고 실제로 '뉴런neuron', 즉 신경 세포들은 외부에서 들어오는 신호들에 따라 자신의 시냅스를 끊임없이 조정해나가는 놀라운 능력을 가졌다. 그러나 만일 그게 뇌의 주요 동력원이라면, 외부로부터의 시각적 입력과 동적 입력을 박탈당한 우리의 어린 펠리페는 모든 능력이 제한된 인간으로 전락했어야 옳다. 대체 어떤 기적이 일어났기에 그 아이는 완전히 정상적인 인지 능력들을 개발할 수 있었을까?

펠리페의 경우는 결코 특이한 경우가 아니다. 모두들 헬렌 켈러Helen Keller(1880-1968)와 마리 외르탱Marie Heurtin(1885~1921)의 이야기를 잘 알 것이다. 두 여성 다 귀와 눈이 먼 채로 태어났지만, 오랜 세월 사회적으로 고립된 삶을 산 뒤 수화를 배웠고, 결국 뛰어난 사상가이자 작가가 되었다.[1] 이 책에서 우리는 앞으로도 계속 많은 사람들을 만나게 되는데, 나는 그 사람들을 통해 배움에 대한 여러분의 관점이 완전히 바뀌길 바란다. 그들 중 하나가 엠마누엘 지룩스Emmanuel Giroux다. 그는 일곱 살 때부터 눈이 멀었지만, 아주 유명한 수학자가 되었다. 그는 앙투안 드 생텍쥐페리Antoine de Saint-Exupéry의 《어린 왕자The Little Prince》(1943)에 나오는 여우에 빗대 확신에 찬 어조로 말한다. "기하학에서 가장 중요한 것들은 눈에 보이지 않는 것들입니다. 오직 마음의 눈으로만 그것들을 잘 볼 수 있습니다." 앞도 못 보는 그는 대체 어떻게 그 추상적인 대수 기하학 공간 안을 휘젓고 다니면서 보이지도 않는 평면과 구체와 부피를 맘껏 가지고 놀 수 있었을까? 뒤에서 더 자세히 살펴보겠지만, 그도 다른 수학자들과 같은 뇌 회로들을 사용했다. 하지만 시력을 상실했음에도 불구하고 그의 시각 피질은 활동을 멈춘 게 아니라 오히려 수학적 사고에 적절하게 발전하였다.

나는 젊은 화가 니코Nico의 이야기도 들려줄 것이다. 그는 파리 마르모탕미술관을 방문했을 때, 모네Monet의 유명한 그림 〈인상, 해돋이Impression, Sunrise〉(《컬러 삽입 도판 1》 참고)를 아주 뛰어난 솜씨로 재연해 냈다. 그게 뭐 그리 대단한 일이냐고? 그건 그가 뇌의 한쪽 반구, 즉 좌뇌만 가지고 해낸 일이었기 때문이다. 그의 우뇌는 세 살때 거의 다 사라져버렸다. 결국 니코의 뇌는 그의 모든 재능을 반쪽 뇌 안에 꽉꽉 밀어 넣는 법을 배운 것이다. 보통 우뇌가 관장한다고 알려진 말하고 쓰고 읽는 능력은 물론 선을 그리고 그림을 그리는 능력까지 좌뇌에 밀어 넣는 법을 배운 것이다. 그는 또 컴퓨터 과학과 휠체어 펜싱에도 뛰어난 재능을 보였는데, 특히 휠체어 펜싱은 스페인 챔피언 자리에까지 올랐다. 좌뇌와 우뇌가 하는 역할들에 대해 들은 이야기는 모두 잊어라. 니코의 삶은 누구든 우뇌 없이도 창의적이고 재능 있는 예술가가 될 수 있다는 걸 보여 준다. '뇌 가소성 brain plasticity'은 기적을 만들어 내는 듯하다.

우리는 또 악명 높은 루마니아 수도 부쿠레슈티의 고아원들도 방문할 것이다. 거기에서는 아이들이 태어날 때부터 거의 방임 상태에 놓이는데, 그럼에도 불구하고 몇 년 지나 한두 살이 되기 전에 입양된 몇몇 아이들은 거의 정상적인 학교 교육을 받는다.

이 모든 예들은 인간 두뇌의 놀라운 유연성을 보여 준다. 눈이 멀거나 한쪽 뇌를 잃거나 사회적으로 고립되는 등의 심각한 트라우마에도 불구하고 배움의 불꽃은 꺼지지 않는다. 언어 능력, 읽기 능력, 수학 능력, 예술적 창의력은 그 어떤 영장류에게도 없고 인간에게만 있는 독특한 재능으로, 한쪽 뇌가 제거되거나 시각 또는 운동 능력을 상실한 큰 부상에도 별 문제가 없을 수 있다. 인간의 뇌가 스스로 변화해 환경에 적응하기 위해 배움은 꼭 필요한 기능이며, 그래서 인간의 뇌는 놀라운 가소성 능력을 갖고 있다. 그러나 우리는 전혀 판이한 반대 사례들, 그러니까 배우는 것이 불가능해지는 사례들도 볼 것이다. 간단한 단어도 읽지 못하는 실독증 경우를 생각해 보자. 나는 그간 개인적으로 실독증에 걸린 여러 성인들을 연구해 왔는데, 그들은 모두 원래 글을 잘 읽었으나 갑자기 뇌의 특정 부위에 가벼운 타격을 받아 개나 고양이 같은 간단한 단어도 해독하지 못하게 되었다. 프랑스 신문 〈르몽드Le Monde〉의 애독자로 3개 국어를 구사하던 똑똑한 여성이 생각난다. 그녀는 뇌 손상을 입은 뒤 매일 보던 〈르몽드〉의 기사들이 전부 히브리어처럼 낯설게 보인다며 비통해했다. 그러나 읽는 법을 다시 배우겠다는 그녀의 의지는 적어도 그녀가 겪은 뇌 충격보다 강력했다. 그러나 2년간의 끈질긴 노력에도 불구하고 그녀의 읽기 능력은 여전히 유치원 아이의 읽기 능력을 넘지 못해, 한 단어를 한 글자 한 글자 읽는 데 몇 초가 걸렸고, 단어를 다 읽으려면 여전히 더듬더듬거렸다. 그녀는 왜 배우지 못할까? 그리고 왜 난독증이나 난산증 또는 통합 운동 장애를 가진 아이 중 일부는 읽기나 계산 또는 쓰기에 비슷하게 절망적 상태를 보이는데, 또 다른 일부 아이는 그런 일들을 쉽게 잘할까?

뇌 가소성은 변덕스러워 보인다. 어떤 때는 아주 큰 어려움도 잘 극복하게 도와주지만, 어떤 때는 원래 총명하고 동기부여도 잘되던 아이나 성인을 아주 무력한 장애 상태로 몰아넣는다. 특정 뇌 회로들과 관련이 있을까? 그 특정 회로들이 시간이 지나면서 가소성을 잃는 걸까? 가소성을 되찾을 수도 있을까? 가소성을 좌지우지하는 원칙은 무엇일까? 뇌는 왜 태어날 때부터 그리고 어린 시절 내내 그렇게 뛰어난 효율성을 보일까? 대체 어떤 알고리즘이 우리 인간의 뇌 회로들로 하여금 세상을 묘사하게 만들까? 인간의 뇌 회로들을 제대로 알면 보다 잘, 보다 빨리 배우는 데 도움이 될까? 우리는 인간의 뇌 회로들로부터 영감을 끌어내 보다 효율적인 기계, 그러니까 궁극적으로 우리 인간을 흉내 내거나 심지어 우리를 능가하는 인공지능을 만들 수 있을까? 이 모든 의문이 이 책에서 내가 인지과학 및 신경과학 분야는 물론 인공지능 및 교육 분야에서 이루어진 최근의 과학적 발견들을 통해 그 답을 구하려는 것들이다.

왜 배우나?

그런데 무엇보다 먼저 우리는 왜 배워야 할까? 배우는 능력 자체가 각종 의문들을 제기한다. 우리 아이들이 아테나Athena 여신처럼 태어나자마자 바로 말하고 생각할 줄 안다면 더 좋지 않을까? 그리스 신화에 따르면, 아테나는 완전히 다 성장한 몸으로 무장한 채 큰 함성을 지르며 제우스의 두개골 안에서 세상으로 튀어나왔다. 우리는 왜 아테나처럼 이미 프로그래밍된 소프트웨어와 생존에 필요한 지식들로 무장한 채 태어나지 않는 걸까? 다윈이 주장한 삶의 투쟁에 따르더라도, 다른 동물들보다 더 많은 지식으로 무장하고 완전히 성숙된 상태로 태어나는 동물이 결국 적자생존의 정글에서 살아남아 자신의 유전자를 퍼뜨릴 수 있지 않을까? 대체 왜 진화는 배움 또는 학습이라는 걸 만들어냈을까?

그 의문에 대한 내 답은 간단하다. 뇌를 미리 완전히 프로그래밍하는 건 가능하지도 않고 바람직하지도 않기 때문이다. 정말 불가능할까? 그렇다. 만일 우리의 DNA가 우리 지식의 세세한 부분들까지 전부 명시해야 한다면, 필요한 저장 공간을 확보할 수 없을 것이다. 우리의 염색체 23쌍 안에는 30억 쌍의 문자들, 즉 A(아데닌adenine), C(사이토신cytosine), G(구아닌guanine), T(티민Thymine)가 들어 있다. 이는 얼마나 많은 정보를 나타낼까? 정보는 비트bit로서, 0 또는 1로 조합된 2진수로 측정된다. 네 종류의 게놈genome(한 생명체가 가진 모든 유전 정보—옮긴이) 코드 문자는 각기 2비트(00, 01, 10, 11로 암호화할 수 있음)로 나타낼 수 있고, 우리의 DNA 안에는 총 60억 비트가 포함되어 있다. 그러나 잊지 말라. 오늘날의 컴퓨터는 바이트byte로 나타내며, 1바이트 안에는 8비트가 포함된다. 따라서 인간 게놈은 약 750메가바이트로 줄일 수 있고, 그 정보 용량은 구식이 된 CD-ROM이나 조그만 USB 정도밖에 안 된다. 이는 우리의 DNA에서 흔히 볼 수 있는 그 많은 중복을 고려하지 않은 계산이다.

얼마 안 되지만, 수백만 년간 유전돼 온 이 정보들을 가지고, 원래 한 개의 수정란 속에 들어 있는 우리의 게놈이 우리 몸 전체에 대한, 그러니까 간과 신장, 근육은 물론 뇌 속 모든 세포의 모든 분자에 대한, 그리고 860억 개의 뉴런(또는 신경세포), 1,000조의 연결 갈래 등에 대한 계획을 짠다. 대체 우리의 게놈이 어떻게 그 모든 걸 하나하나 다 구체적으로 명시할 수 있겠는가? 우리의 각 신경 연결이 단 1비트로 암호화된다고 가정한다면(이는 분명 너무 적게 잡은 거지만), 우리 뇌의 능력은 100테라바이트(약 10^{15}비트) 또는 우리 게놈 속 정보의 10만 배나 된다. 여기서 우리 뇌는 그걸 만드는 건축가의 도면보다 10만 배 더 많은 세부 사항이 담긴 불가사의한 건축물이 되어 버리는 묘한 역설에 직면한다. 내가 보기에 결국 답은 한 가지다. 뇌라는 건축물의 뼈대는 건축가의 지침(우리의 게놈)에 따라 세워지지만, 세부적인 것들은 별도의 프로젝트 관리자의 몫이며, 그 관리자가 도면을 지형(환경)에 맞춰 조정하는 것이다. 결국 인간의 뇌를 세세한 부분까지 미리 다 프로그래밍한다는 건 전혀 불가능하며, 그래서 유전자들의 작업을 돕기 위한 배움이 필요해지는 것이다.

그러나 이 단순한 주장은 동물의 세계에서 배움이 그렇게 광범위하게 행해지는 이유를 설명하지 못한다. 심지어 지렁이나 초파리, 해삼처럼 뇌 피질이 없는 단순한 생물들조차 많은 행동을 배운다. 선충이라는 작은 벌레를 예로 들어 보자. 길이가 몇 밀리미터밖에 안 되는 이 작은 동물은 지난 20여 년간 실험실의 스타가 되었다. 그건 이 동물의 구조가 유전자 결정론genetic determinism(인간 행동은 특정 유전자로 결정되므로 유전자를 해석하면 인간에 대한 모든 것을 알 수 있다는 이론—옮긴이)을 두드러지게 반영하는 데다가, 더없이 세세한 면들까지 분석이 가능하기 때문이다. 대부분의 선충 표본은 302개의 뉴런을 포함해 정확히 959개의 세포를 갖고 있으며, 그 뉴런, 즉 신경세포들의 연결 상태는 이미 다 잘 알려져 있고 재생도 가능하다. 그럼에도 불구하고 이 선충도 배운다.[2] 과학자들은 처음에 이 선충을 앞뒤로 헤엄이나 칠 수 있는 로봇 같은 유기체로 보았으나, 이후 적어도 두 가지 능력인 습관 능력habituation과 연계 능력association을 배울 수 있다는 걸 알게 됐다. 습관 능력이란 반복되는 자극(예를 들어 이 선충이 살고 있는 물속 분자)에 적응해 마침내 그 자극에 더 이상 대응하지 않는 능력이다. 연계 능력은 환경의 일부를 보고 먹이나 위험의 원천을 예측하고 알아내며 기억하는 능력이다. 선충은 연계 능력의 챔피언이다. 예전의 맛, 냄새, 온도가 어떤 먹이(세균)와 연계되었는지 또 어떤 역겨운 분자(마늘 냄새)와 연계되었는지를 기억할 줄 알며, 그 정보를 활용해 자신을 둘러싼 환경을 헤쳐 나갈 최적의 길을 선택한다.

이처럼 적은 수의 신경세포들을 가진 벌레의 행동이라면 완전히 사전 프로그래밍될 수 있을 것이다. 그러나 실은 그렇지 않다. 그러지 않는 게 생존에 도움이 되고, 태어날 때부터 주어진 환경에 적응하는 데도 훨씬 낫다. 유전학적으로 똑같은 유기체라고 반드시 똑같은 환경을 만나진 않는다. 선충은 자신이 있는 장소의 밀도, 화학 성분, 온도에 맞춰 신속히 적응함으로써 더 효율적인 행동을 할 수 있다. 일반적으로 모든 동물은 현재 자신이 있는 곳의 예기치 못한 상황들에 신속히 적응해야 한다. 아주 효율적인 다윈의 알고리즘인 자연선택natural selection 법칙은 각 유기체로 하여금 주어진 환경에 적응할 수 있게 하지만, 그러기까지 엄청난 시간이 걸린다. 그전에는 적절한 적응을 못해 해당 종의 전 세대가 죽어야 하며, 그러다 유리한 돌연변이가 일어나면서 그 종이 살아남을 가능성이 높아지는 것이다. 반면에 배우는 능력은 훨씬 빨리 효과가 나타나 단 몇 분 안에 행동을 바꾸기도 한다. 이 점이 바로 배움의 진수이다. 예기치 못한 상황들에 최대한 빨리 적응할 수 있게 해 주는 것이다.

그래서 배움의 능력이 진화했다. 시간이 지나면서 배울 수 있는 기본 능력을 갖춘 동물은 그렇지 않은 동물에 비해 생존 가능성이 높아졌고, (이제 유전자 중심의 학습 알고리즘을 포함한) 자신의 게놈을 다음 세대까지 넘겨 줄 가능성도 더 높아졌다. 이런 점에서 자연선택의 법칙은 배움이 생겨난 걸 반겼다. 그리고 진화된 알고리즘 덕에 좋은 전략도 알게 됐다. 몸의 특정 매개변수들을 신속히 변화시키면 아주 변덕스런 환경 변화에도 적응할 수 있다.

자연 상태에서는 물질계의 여러 현상들이 전혀 바뀌지 않는다. 중력은 어디서나 작용하는 보편 현상이며, 빛과 소리의 전달도 하룻밤 사이에 바뀌지 않는다. 그래서 우리는 귀와 눈이 어떻게 자라는지, 전정기관에서 우리 몸의 가속도를 추적하는 미로가 어떻게 자라는지 따로 배울 필요가 없다. 모두 유전학적으로 미리 프로그래밍되기 때문이다. 그러나 두 눈 사이 간격, 팔다리의 무게와 길이, 목소리의 음높이 같은 많은 매개변수가 변화하며, 뇌는 그런 상황에 적응해야 한다. 뒤에서 자세히 살펴보겠지만, 우리의 뇌는 타협의 결과이다. 우리는 지금 오랜 세월의 진화를 거친 뇌 회로를 (세상, 즉 온갖 이미지와 소리, 움직임, 물체, 동물, 사람을 카테고리로 분류하고 암호화해) 유전학적으로 물려받았지만, 어쩌면 경험으로 그 초창기의 능력들을 개선하는 아주 복잡한 학습 알고리즘까지 물려받았는지 모른다.

호모 도센스

인간 특유의 재능들을 한 마디로 줄여야 한다면, 나는 배움이라는 말로 줄일 것이다. 인간은 단순한 호모 사피엔스Homo spiens가 아니라 호모 도센스Homo docens, 즉 스스로 가르치는 종이다. 우리가 세상에 대해 아는 거의 모든 것들은 유전자에 의해 주어진 게 아니었다. 우리는 그것들을 우리의 환경으로부터, 우리 주변의 모든 것들로부터 배워야 했다. 인간 외에는 그 어떤 동물도 자신들의 생태계를, 그러니까 아프리카 대초원 지대부터 사막, 산, 섬, 극지의 만년설 지역, 동굴 주거지, 도시 그리고 심지어 지구 밖 우주 공간에 이르는 그 모든 것을 불과 몇 천 년 사이에 그렇게 철저히 바꿔 놓지 않았다. 그 모든 걸 가능하게 만든 것이 배움이다. 불을 피우고 석기를 만드는 일부터 농사짓고, 탐험하고 핵분열을 일으키는 일에 이르기까지, 인류의 이야기는 끊임없는 자기 재창조의 이야기이다. 그리고 이 모든 성취의 뿌리에는 한 가지 비밀이 숨어 있다. 각종 가설을 세우고 그중 우리 환경에 맞는 가설을 골라내는 우리 뇌의 비상한 능력이 그것이다.

배움은 인간이 올린 개가이다. 우리 뇌에서는 수십억 개의 매개 변수가 환경과 언어, 문화, 부모 그리고 음식에 마음껏 적응하며 신중히 선택되고 있다. 다윈의 알고리즘은 그 오랜 진화 과정을 거치면서 어떤 뇌 회로가 미리 프로그래밍되어야 하고 또 환경에 열린 상태로 남겨져야 하는지 신중히 결정한다. 인간의 경우 배움은 특히 더 중요한데 다른 포유동물에 비해 어린 시절이 훨씬 길기 때문이다. 또한 인간은 독특한 언어 및 수학 능력을 갖고 있어 배움을 통해 방대한 가설의 바다를 항해할 수 있다(가설들은 진화 과정에서 물려받은 고정불변의 토대들에 기초한다).

이제 인류는 학교 교육이라는 제도를 활용해 배움이라는 뛰어난 인간 능력을 훨씬 발전시킬 수 있음을 발견했다. 교육은 인간만이 누리는 특권이다. 인간 외 그 어떤 동물도 따로 시간을 내 자손의 발전과 문제점, 잘못을 가려 적극적으로 자손을 가르치지 않는다. 모든 인간 사회에 존재하는 비공식적인 교육을 체계화하는 기관인 학교의 발명으로 인간의 뇌 잠재력은 폭발적으로 늘었다. 또한 아이들의 뇌가 가진 엄청난 가소성을 활용하면 뇌에 최대한 많은 정보와 재능을 집어넣을 수 있다는 사실도 알게 됐다. 수세기에 걸쳐 학교 시스템은 효율성 면에서 계속 발전되어 왔으며, 점점 더 어린 시절부터 학교 교육을 시작해 이제 전체 교육 기간이 15년이 넘었다. 더 많은 뇌들이 더 높은 수준의 교육 혜택을 받고 있다. 특히 대학은 우리의 뇌가 재능을 최대한 발휘하게 만드는 정제소와 같은 곳이다.

교육은 뇌의 주 가속장치이다. 그러니 정부의 관심 사업 가운데 교육이 최상단에 위치하는 것도 전혀 이상하지 않다. 교육이 없다면 뇌의 피질 회로는 가공되지 않은 다이아몬드 상태에 머물 것이다. 우리 사회가 오늘날처럼 복잡해진 것도 실은 뇌 피질이 교육 덕에 읽기, 쓰기, 계산, 대수학, 음악, 시간 및 공간 감각, 기억력 향상 등 여러 방면에서 발전했기 때문이다. 읽고 쓸 줄 아는 사람의 단기 기억력(반복할 수 있는 음절의 수 등)은 학교에 다니지 않아 읽고 쓸 모르는 성인의 단기 기억력보다 두 배 가까이 좋다는 사실을 아는가? 교육을 받고 글을 읽고 쓰는 법을 1년 더 배울 때마다 IQ가 몇씩 올라간다는 사실도 아는가?

배우는 걸 배우기

교육은 이미 상당 수준에 올라 있는 우리 뇌의 기능들을 확대시킨다. 그렇다면 뇌 기능이 훨씬 더 나아질 수 있는 방법은 없을까? 학교에서 그리고 직장에서 우리는 끊임없이 뇌의 학습 알고리즘을 만지작거리지만, 배우는 방법에는 관심을 두지 않고 직감적으로 그렇게 한다. 그 누구도 우리에게 우리 뇌가 기억하고 이해하는 원칙을 설명해 준 적이 없고, 반대로 잊어버리고 에러, 즉 실수를 범하는 원칙도 설명해 준 적이 없다. 과학적 지식은 광범위하기 때문에 정말 유감이다. 영국 교육기부재단EEF[3]이 만든 뛰어난 웹사이트에는 가장 성공적인 교육적 개입들이 열거되어 있는데, 거기에 메타인지 metacognition(우리 자신을 알고 우리 자신을 평가하고 우리가 이런저런 식으로 행동했을 때 일어나는 일들을 시뮬레이션해 보는 인지—옮긴이) 학습은 아주 높은 순위에 랭크되어 있다. 배우는 걸 배우는 것은 학문적 성공에서 가장 중요한 요소이다.

다행히 이제 우리는 배우는 과정에 대해 많은 걸 알고 있다. 지난 30여 년간 컴퓨터 과학, 신경 생물학, 인지 심리학 분야에서 진행해 온 연구 결과로 뇌가 사용하는 알고리즘과 관련 뇌 회로, 그 효율성에 영향을 미치는 요소들 그리고 인간에게만 효과를 발휘하는 이유가 대체로 다 밝혀졌다. 이 책에서 나는 이 모든 것을 하나하나 설명할 것이다. 그래서 여러분이 이 책을 덮을 때쯤 자신의 학습 과정에 대해 훨씬 많이 알기를 바란다. 나는 아이고 어른이고 모두 자기 뇌의 잠재력과 한계를 제대로 알 필요가 있다고 생각한다. 오늘날의 인지과학은 우리 정신의 알고리즘과 뇌의 메커니즘을 체계적으로 분석해 냄으로써 "너 자신을 알라."라는 소크라테스의 유명한 말에 새로운 의미를 더하고 있다. 오늘날에는 단순히 자기성찰을 잘하는 게 전부가 아니다. 생각들을 만드는 미묘한 신경세포 메커니즘을 제대로 이해해 필요와 목표 그리고 바람을 최대한 실현할 필요가 있는 것이다.

물론 배우는 과정을 규명하는 새로운 과학은 특히 가르치고 배우는 걸 직업으로 삼은 모든 사람, 즉 교사 및 교육자와 관련이 깊다. 나는 배우는 사람의 마음에서 일어나는 모든 일의 정신적 모델을 제대로 알지 않으면 누구도 제대로 가르칠 수 없다고 확신한다. 그럼 대체 어떤 직관들을 가지고 시작해야 할까? 그리고 앞으로 나아가기 위해서는 어떤 단계들을 따라야 할까? 또한 배우는 능력을 키우는 데 어떤 요소들이 도움이 될까?

인지신경과학이 모든 답을 줄 수는 없겠지만, 어쨌든 그 덕에 우리는 이제 모든 아이들이 비슷한 뇌 구조, 그러니까 다른 유인원들과 판이하게 다른 '호모 사피엔스'의 뇌를 가지고 삶을 시작한다는 걸 이해하기 시작했다. 물론 나는 인간의 뇌도 조금씩 다르다는 걸 부인하지 않는다. 게놈의 특성과 초기 뇌 발달 단계에서의 차이 때문에 저마다 장점도 배우는 속도도 조금씩 다르다. 그러나 우리의 학습 알고리즘들이 같듯 우리 모두의 기본적인 뇌 회로는 같다. 따라서 최대한 효율적으로 가르치기 위해 어떤 교사도 절대 무시해선 안 되는 기본 원칙들이 있다. 이 책에서 많은 예들을 보게 될 것이다. 모든 어린아이는 언어, 산수, 논리, 확률 분야에서 추상적 직관을 공유하며, 이는 수준 높은 교육을 받을 때 토대가 된다. 그리고 배우는 사람들은 모두 주의, 적극적 참여, 에러 피드백, 매일의 반복과 밤사이의 통합 사이클로부터 많은 도움을 받는데, 나는 이 네 요소들을 '배움의 네 기둥'이라 부른다. 뒤에서 자세히 살펴보겠지만, 이 네 요소들이 아이와 어른 모두의 뇌에 존재하는 보편적 인간 학습 알고리즘의 토대이다.

동시에 우리 뇌는 개인차를 보이며, 극단적인 경우에는 병리 현상이 나타나기도 한다. 난독증, 난산증, 통합 운동 장애, 주의력 장애 같은 발달상의 병리 현상은 이제 더 이상 의문의 대상이 아니다. 다행히 우리는 이런 특이 현상이 일어나는 공통된 뇌 구조 문제에 대해 더 많은 걸 알게 됐으며, 그런 현상을 찾아내 해결할 수 있는 간단한 전략들이 있다는 것도 알게 됐다. 이처럼 점점 발전하는 과학적 지식을 널리 알려 모든 교사와 부모가 최적의 교육 전략을 알게 하는 것이 이 책의 목표 중 하나이다. 아이들이 저마다 아는 것들은 아주 다르지만, 학습 알고리즘은 동일하다. 따라서 모든 아이들에게 가장 잘 통하는 교육 전략은 학습 장애를 가진 아이들에게도 가장 효과적인 경우가 많다. 그리고 그 전략들은 더 높은 집중력, 인내심, 체계성, 에러에 대한 용납으로 뒷받침되어야 한다.

특히 에러, 즉 실수에 대한 용납이 아주 중요하다. 에러 피드백은 반드시 필요한 요소이지만, 많은 아이들이 에러에 대해 교정보다 처벌을 받기 때문에 자신감과 호기심을 잃는다. 전 세계의 많은 학교에서 에러 피드백은 처벌 및 낙인과 동의어로 쓰이는 경우가 많다. 뒤에서 나는 이런 혼란을 영구화시키는 학교 점수의 폐해에 대해 많은 얘기를 할 것이다. 부정적인 감정들은 우리 뇌의 학습 잠재력을 파괴하지만, 두려움 없는 환경을 뇌에 제공하면 뇌 가소성의 문이 다시 활짝 열릴 수 있다. 동시에 뇌의 감정적 면과 인지적 면을 고려하지 않는다면 교육에 진전이 없을 것이다. 그래서 오늘날의 인지신경과학은 이 두 가지 면을 배움이란 이름의 칵테일에 필수라고 본다.

기계들의 도전

오늘날 인간 지능은 새로운 도전에 직면했다. 인간이 더 이상 유일한 학습 챔피언이 아니기 때문이다. 모든 지식 분야에서 학습 알고리즘들이 유일무이한 인간의 지위에 도전하고 있다. 그런 알고리즘들 덕에 스마트폰과 컴퓨터가 얼굴과 음성을 인식하고 연설 내용을 그대로 옮겨 적고 외국어를 번역하고 기계들을 제어하고 체스는 물론 바둑 같은 게임까지 인간보다 훨씬 더 잘한다. 머신러닝machine learning은 이제 수십억 달러 가치를 지닌 산업 분야가 되었고, 점점 더 인간 뇌의 영향을 받고 있다. 이 인공 학습 알고리즘들은 어떻게 작동할까? 그 원칙들이 배움을 이해하는 데 도움이 될까? 이 인공 학습 알고리즘들은 이미 우리 뇌를 그대로 모방할 수 있는 수준에 와 있을까, 아니면 아직 가야 할 길이 멀까?

컴퓨터 과학의 발전은 눈부실 지경이지만, 한계 또한 명확하다. 전통적인 딥러닝deep learning 알고리즘들은 뇌 기능의 일부만 흉내 내고 있다. 뇌의 감각 처리 과정의 첫 단계, 즉 뇌가 무의식적으로 움직이는 최초의 0.2 내지 0.3초 동안만 흉내 내고 있는 것이다. 이런 뇌 처리 과정은 더 이상 피상적인 사실이 아니다. 1초도 안 되는 짧은 순간에 뇌는 얼굴이나 단어를 인식할 수 있고, 그 단어를 문맥 속에 넣어 이해할 수 있으며, 그걸 통합해 짧은 문장을 만들 수도 있다. 그러나 이 같은 처리 과정은 깊은 사고가 따르지 않을 경우 전반적인 원칙보다 세세한 부분들에 치우치게 된다는 한계가 있다. 그리고 훨씬 느리고 보다 의식적이고 보다 사색적인 이후 단계들에서 뇌는 비로소 오늘날의 기계들이 아직 전혀 해내지 못하는 능력들, 즉 추리력과 추론 능력 그리고 융통성을 발휘한다. 제 아무리 발전된 컴퓨터도 이 세상의 추상적 모델들을 구축하는 능력은 아직 인간 아기의 능력에도 미치지 못한다.

이런저런 모양을 잽싸게 인식하는 일 같은 자신들의 전문 분야에서조차 오늘날의 컴퓨터 알고리즘들은 두 번째 문제를 안고 있다. 컴퓨터 알고리즘이 인간 뇌에 비해 효율성이 한참 떨어진다는 것이다. 머신러닝의 최첨단 기능들 중에는 컴퓨터를 수백만 번, 많게는 수십억 번까지 훈련시키는 기능이 있다. 머신러닝은 이제 사실상 빅 데이터와 같은 말이 되어, 컴퓨터 알고리즘은 방대한 데이터 세트data set(컴퓨터가 처리하거나 분석할 수 있는 형태로 존재하는 관련 정보의 집합체—옮긴이)가 없으면 새로운 상황에서 일반화되는 추상적 지식을 뽑아내는 데 어려움을 겪게 된다. 다시 말해 그만큼 데이터를 최대한 활용하지 못하는 것이다.

인간 아기와 컴퓨터 알고리즘의 이 시합에선 인간 아기가 손쉽게 이긴다. 아기들은 한두 번 넘게 반복하지 않고도 새로운 단어를 배울 수 있기 때문이다. 아기들의 뇌는 극도로 적은 데이터도 최대한 효율적으로 활용하는데, 이는 오늘날의 첨단 컴퓨터들도 아직 갖지 못한 능력이다. 인간의 뇌 학습 알고리즘들은 종종 최적의 계산을 해낸다. 약간의 관찰만으로도 진수를 뽑아 낼 수 있는 것이다. 만일 컴퓨터 과학자들이 기계로 같은 성과를 내려 한다면, 진화 과정에서 우리 뇌에 축적된 많은 학습 알고리즘들, 예를 들어 관련 정보를 선정하고 확대할 수 있게 해 주는 집중력 또는 전날에 배운 것을 종합할 수 있게 해 주는 수면이라는 독특한 알고리즘에서 영감을 얻어야 할 것이다. 그런데 이런 특성들을 갖춘 새로운 기계들이 이미 나오고 있으며 그 성능 또한 계속 개선되고 있다. 머지않은 미래에 인간의 뇌와 경쟁할 수 있을 것으로 보인다.

최근에 나온 한 이론에 따르면 우리 뇌가 아직 기계보다 뛰어난 것은 통계 전문가처럼 움직이기 때문이다. 뇌는 끊임없이 확률과 불확실성을 다루면서 배우는 능력을 최적화한다. 진화 과정에서 끊임없이 복잡한 알고리즘을 구축해 자신이 배운 것과 관련된 불확실성을 추적하는 듯하다. 그리고 수학적 관점에서 보면 확률에 대한 더 없이 면밀한 관심이야말로 각 정보를 가장 잘 활용하는 최적의 방법이다.[4]

최근 실험 결과들이 이런 가설을 뒷받침한다. 심지어 아기들도 확률을 이해한다. 태어날 때부터 아예 뇌 회로에 확률 개념이 깊이 새겨진 듯하다. 아이들은 어린 과학자들처럼 행동한다. 뇌에는 이런저런 가설들로 가득 차 있으며, 그 가설들은 경험을 테스트하는 과학적 이론을 닮았다. 인간의 학습 논리에는 무의식적으로 확률을 가지고 추론하는 것이 깊이 배어 있다. 그래서 우리는 점차 잘못된 가설을 배척하고 데이터와 맞아 떨어지는 이론만 유지한다. 다른 동물들과 달리 인간은 이런 확률을 활용해 외부 세계로부터 과학적 이론들을 획득한다. 오직 호모 사피엔스만 추상적이고 상징적인 사고를 구체화할 수 있으며 관측을 통해 생각에 타당성을 갖춘다.

지금 혁신적인 컴퓨터 알고리즘들이 새로운 버전의 학습을 구체화하고 있다. 그런 알고리즘은 토머스 베이즈 목사Reverend Thomas

Bayes(1702-1761)의 이름을 따 베이지안Bayesian 알고리즘이라 불린다. 베이즈는 이미 18세기에 이 알고리즘의 기초를 세웠다. 내 예감에 베이지안 알고리즘은 머신러닝 분야에 혁명을 몰고 올 것 같다. 이미 인간 과학자와 맞먹는 효율성을 가지고 추상적인 정보까지 끌어내고 있는지도 모른다.

배움에 대한 우리의 현대 과학 탐사는 크게 세 부분으로 나뉜다. '배움이란 무엇인가?'라는 제목이 붙은 1부에서 우리는 먼저 배운다는 게 인간이나 동물에게 또 알고리즘이나 기계에게 어떤 의미가 있는지 규정할 것이다. 그 의미는 간단하다. 배운다는 것은 컴퓨터에서든 뇌 회로에서든 그 안에 외부 세계의 모델을 꾸준히 구축해 나가는 것이다. 걸어서 새로운 도시를 둘러볼 때 나는 마음속에 그 도시의 배치도를 그린다. 모든 거리와 골목이 나오는 일종의 미니어처 모델을 만드는 것이다. 마찬가지로 자전거 타기를 배우는 아이는 자신의 뇌 회로에서 페달과 핸들의 움직임이 자전거 주행에 미치는 영향을 무의식적으로 흉내 낸다. 마찬가지로 사람 얼굴을 인식하는 걸 배우는 컴퓨터 알고리즘은 눈, 코, 입의 다양한 모양과 그 조합들에 대한 견본 모델들을 만든다.

그런데 우리는 대체 어떻게 적절한 내부 모델을 만들까? 앞으로 살펴보겠지만, 뭔가를 배우는 사람의 마음은 조정 가능한 수백만 개의 매개변수들을 가진 거대한 기계에 비유될 수 있다. 그 매개변수들의 조합들이 우리가 배우는 내용들(각 거리가 마음속 지도의 어디에 위치해 있는지)을 규정한다. 인간 뇌의 경우 매개변수들은 뉴런, 즉 신경세포들을 연결하는 시냅스들로 개인에 따라 그 힘이 다를 수 있다. 반면에 대부분의 첨단 컴퓨터의 경우 매개변수들은 조정 가능한 무게들과 확률들이며 그것들이 각 가설의 힘을 규정한다. 이런 점에서 배운다는 것은 방대한 검색의 문제이다. 따라서 오늘날의 컴퓨터에서 학습 알고리즘이 돌아가는 원리를 알면 배움이 인간 뇌에서 어떻게 진행되는지 아는 데 큰 도움이 된다.

컴퓨터와 인간 뇌의 기능들, 즉 컴퓨터 알고리즘과 뇌 알고리즘의 기능을 비교함으로써 우리는 뇌 차원에서 배운다는 의미에 대해 더 선명한 그림을 얻게 된다. 수학자들과 컴퓨터 과학자들이 아직까지 학습 알고리즘들을 인간의 뇌만큼 강력하게 만들지 못하는 건 분명하다. 그러나 그들은 더 높은 효율성을 추구하는 시스템이 사용해야 할 최적의 학습 알고리즘 이론을 제시하고 있다. 그 이론에 따르면 배우는 걸 가장 잘하는 사람은 확률과 통계를 합리적으로 활용할 줄 아는 과학자처럼 움직인다. 여기에서 새로운 모델이 나오고 있다. 통계 전문가 같은 뇌 모델, 확률을 계산하는 뇌 회로 모델이 나오고 있다. 이 이론은 천성과 교육의 분업을 분명히 해 준다. 먼저 유전자들이 선험적 가설을 위한 방대한 공간을 마련하면, 그 뒤를 이어 환경이 외부 세계에 가장 잘 맞는 가설들을 선정한다. 가설 정립은 유전학에 의존하고, 가설 선정은 경험에 의존하는 것이다.

이 이론은 뇌의 작동 방식에 그대로 들어맞을까? 그리고 우리의 생물학적 회로들 안에서는 배움이 어떻게 진행될까? 우리가 새로운 능력을 쌓을 때 우리 뇌 안에서는 어떤 변화가 일어날까? 2부 '우리의 뇌가 배우는 법'에서는 심리학과 신경과학을 통해 살펴본다. 필적할 만한 경쟁 상대가 없는 '학습 기계'인 인간 아기를 집중적으로 살필 것이다. 최근의 데이터에 따르면 아기들은 그야말로 이론을 토대로 예측하는 어린 통계 전문가이다. 언어, 기하학, 숫자, 통계 분야에서 아기들이 보여 주는 놀라운 직관력을 보면, 아기는 결코 타불라 라사tabula rasa, 즉 백지 상태가 아니다. 아기의 뇌는 태어날 때부터 조직화되어 있으며 각종 가설들을 외부 세계로 투영한다. 그러면서도 가소성의 여지가 아주 많아 뇌에서 끊임없이 효율적인 시냅스 변화가 일어난다. 이러한 통계학적 기계 안에서 서로 상반되지 않고 천성과 교육이 힘을 합친다. 그 결과로 조직적이고 가소성까지 갖춘 뇌 시스템이 만들어진다. 뇌 손상을 스스로 치유하고, 진화 과정에서 예측 불가능한 읽기나 수학 같은 능력을 획득하기 위해 뇌 회로들을 재활용하는 독특한 능력의 뇌 시스템이 만들어진다.

3부 '배움의 네 기둥'에서는 뇌를 오늘날 알려진 학습 도구들 가운데 가장 효율적인 학습 도구로 만들어 주는 몇 가지 방법을 얘기할 것이다. 네 기둥들, 이 네 필수 메커니즘이 우리의 학습 능력을 좌지우지한다. 배움의 첫 번째 기둥은 '주의attention'이다. 적절하다고 보는 신호들을 선정하고 확대하고 전파하는 뇌 회로들의 세트로, 기억 속에서 그 신호들의 영향력을 100배 증가시켜 준다. 배움의 두 번째 기둥은 '적극적 참여active engagement'이다. 소극적인 유기체는 거의 아무것도 배우지 못한다. 배우려면 동기와 호기심을 가지고 적극적으로 이런저런 가설을 만들어야 한다. 세 번째 기둥, 그러니까 적극적인 참여의 뒷면은 '에러 피드백error feedback'이다. 세상이 예측과 전혀 달라 깜짝 놀랄 때마다 뇌에서는 에러 신호들이 퍼진다. 그리고 그 신호들이 우리의 내부 모델들을 바로잡고, 부적절한 가설들을 제거하며, 가장 정확한 가설들로 안정화시킨다. 배움의 네 번째 기둥은 '통합consolidation'이다. 시간이 지나면 뇌는 획득한 것들을 모아 장기 기억으로 보내며, 뇌신경 원천들을 풀어 추가 학습을 한다. 이 통합 과정에서는 반복이 중요한 역할을 한다. 심지어 수면은 활동이 정지되는 시간이 아니라, 뇌가 더 빠른 속도로 과거 상태들을 재방문해 낮에 획득한 지식을 재암호화하는 특별한 시간이다.

배움의 네 기둥은 보편적이다. 아기와 아이 그리고 모든 연령대의 성인이 자신의 학습 능력을 발휘할 때마다 계속 이 네 기둥을 활용한다. 이런 이유로 우리는 네 기둥을 내 것으로 만드는 법을 배워야 한다. 이것이 우리가 배우는 걸 배우는 방식이다. 결론에서는 이 모든 과학적 발전의 현실적 결과들을 둘러볼 것이다. 학교와 집과 직장에서 우리의 습관 내지 관행을 바꾸는 일은 우리가 생각하는 것만큼 복잡하지 않다. 놀이와 호기심, 사회화, 집중 그리고 수면과 관련된 아주 간단한 아이디어들이 우리 뇌의 가장 큰 재능인 배움과 학습 능력을 키워 줄 수 있다.

차례

What Is Learning?

1부

배움이란
무엇인가?

본질적으로, 지능은 체계적이지 못한 정보를 유용하고
실행 가능한 지식으로 바꾸는 과정으로 볼 수 있다.

- 데미스 하사비스, 인공지능 기업 구글 딥마인드(2017) 설립자

배움이란 무엇일까? 라틴어에서 온 많은 영어 단어들 중에서 learning(배움)은 apprehending(붙잡음)과 뿌리가 같으며, 이는 프랑스어 apprendre, 스페인어와 포르투갈어 aprender에 해당한다. 실제로 배움은 현실의 일부를 움켜쥐어 그걸 뇌 안으로 가져오는 것이다. 인지과학에서 배움은 마음속에 세상의 모델을 만드는 것이라고 말한다. 배움을 통해 감각에 닿는 미가공 데이터가 정제된 아이디어로, 즉 새로운 맥락에서 재활용될 수 있는 추상적이고 규모도 작은 현실 모델로 변한다.

이제 인공지능과 인지과학을 통해 그런 내부 모델들이 우리 뇌와 기계 속에서 어떻게 생겨나는지 살펴볼 것이다. 우리가 뭔가를 배울 때 정보의 표현이나 묘사는 어떻게 변할까? 또한 우리는 모든 유기체와 인간과 동물 또는 기계와 공통되는 차원에서 어떻게 그걸 이해할 수 있을까? 엔지니어들이 기계로 하여금 뭔가를 배우게 할 때 쓰는 다양한 방법을 살펴봄으로써, 우리는 인간 아기가 보고 말하고 쓰는 걸 배우면서 사용하는 놀라운 연산에 대해 보다 명확한 그림을 그려 낼 것이다. 앞으로 좀 더 자세히 살펴보겠지만, 아직까지는 인간 아기의 뇌가 기계보다 우위다. 오늘날의 학습 알고리즘들은 많은 성공을 거두고 있지만, 그럼에도 불구하고 아직 인간 뇌의 능력 중 아주 일부만 갖고 있다. 인간 아기의 뇌가 어떤 점에서 가장 강력한 컴퓨터를 능가하는지

알아보기 위해, 우리는 이제 '배움'이 뜻하는 게 무언지 그 정확한 의미를 알

아볼 것이다.

배움의 7가지 정의

'배움'의 정의는 무엇일까? 내가 내리는 가장 일반적인 정의는 다음과 같다. '배움이란 외부 세계의 내부 모델을 만드는 것'이다.

전혀 의식 못 할 수 있지만, 당신의 뇌는 외부 세계의 내부 모델을 수천 개씩 만들어 낸다. 비유해 보자면 그 내부 모델들은 자신들이 대변하는 현실에 충실한 미니어처 모형들과 같다. 우리는 너 나 할 것 없이 뇌 속에 우리 집과 동네에 대한 마음속 지도가 있어, 눈만 감으면 생각으로 그 마음속 지도를 떠올릴 수 있다. 분명한 것은 우리 중 누구도 태어날 때부터 이런 마음속 지도를 가진 게 아니며, 이는 배움을 통해 획득해야 한다는 것이다.

이 마음속 모델들은 대개 무의식적이며 그 풍부함이 우리의 상상력을 뛰어넘는다. 당신은 영어에 대해 방대한 마음속 모델을 갖고 있어 지금 읽는 단어들을 이해할 수 있고, 또 plastovsk는 영어 단어가 아니지만, swoon과 wishful은 영어 단어이며 dragostan도 영어 단어일 수 있다는 걸 짐작할 수 있다. 당신의 뇌는 또 당신 몸에 대한 여러 모델들을 갖고 있어, 늘 그 모델들을 활용해 당신 팔다리의 위치를 지도로 그릴 수 있고, 팔다리를 움직이면서 몸의 균형을 잡을 수도 있다. 다른 마음속 모델들은 물체들에 대한 당신의 지식이나 그 물체들과 당신의 상호작용을 암호화하며, 그래서 펜을 쥐어 글씨를 쓰는 법 또는 자전거를 타는 법을 배울 수 있다. 또 다른 마음속 모델들은 다른 사람들의 마음을 나타낸다. 결국 당신은 가까운 사람들, 그들의 모습, 그들의 목소리, 그들의 취향, 그들의 특이한 점들에 대한 방대한 마음속 카탈로그를 갖고 있다.

이 마음속 모델들은 우리를 둘러싼 우주에 대한 초현실적 시뮬레이션을 만들 수 있다. 당신의 뇌가 가끔 아주 그럴듯한 가상현실 쇼를 투영하는 걸 본 적 있는가? 그 가상현실 쇼에서 당신은 걷거나 움직이거나 춤추거나 새로운 장소를 방문하거나 멋진 대화를 나누거나 강력한 감정을 느낄 수 있다. 그게 바로 당신이 자면서 꾸는 꿈이다. 당신의 꿈에 나오는 그 모든 생각은, 아무리 복잡하다 해도 외부 세계에 대한 자유로운 우리 내부 모델들의 결과물에 지나지 않는다.

그러나 우리는 깨어 있을 때도 현실을 꿈꾼다. 뇌는 끊임없이 외부 세계에 이런저런 가설들과 해석 틀들을 투영한다. 이것이 자신도 모르는 새에, 우리의 눈 망막에 나타나는 모든 이미지가 여러 가지로 해석되는 이유이다. 접시를 볼 때 그 이미지는 타원의 무한한 수로 해석될 수 있다. 그러나 가공되지 않은 감각 데이터가 그걸 타원형으로 그리면서도 우리가 그 접시를 원형으로 본다면, 그건 뇌가 추가 데이터를 제공하기 때문이다. 즉 뇌가 원 모양으로 해석될 가능성이 가장 높다는 걸 배운 것이다. 보이지 않는 데서는 감각 부위들이 끊임없이 확률을 계산해 대며 그중 가장 그럴싸한 모델이 의식 속으로 들어온다. 우리의 감각들을 통해 들어오는 데이터의 흐름에 궁극적인 의미를 부여해주는 것은 뇌의 투영이다. 내부 모델이 없다면 가공되지 않은 감각의 입력은 무의미한 것이 되고 만다.

배움을 통해 뇌는 이전에 놓친 현실의 일부를 움켜쥐며 그걸 활용해 세계의 새로운 모델을 구축한다. 우리가 역사나 식물학 또는 도시의 지도에 대해 배울 때 그러듯 그것은 외부 현실의 일부일 수 있다. 그러나 우리가 바이올린을 배우기 위해 동작들을 통합조정하고 생각을 집중하는 법을 배울 때 그러듯, 뇌는 몸 내면에 현실을 지도화하는 법을 배울 수도 있다. 어떤 경우든 우리 뇌는 현실의 새로운 면을 내면화하며, 전에는 통달하지 못했던 영역을 내 것으로 만들기 위해 뇌 회로들을 조정한다.

물론 그런 조정들은 아주 지혜롭게 이루어져야 한다. 배움의 힘은 외부 세계에 적응하고 에러들을 바로잡는 능력에 달려 있다. 그런데 동네에서 길을 잃거나 자전거를 타다 넘어지거나 체스 게임에서 지거나 또는 ecstasy의 스펠링을 잘못 쓸 때, 대체 배우는 사람의 뇌는 어떻게 그 내부 모델을 업데이트하는 법을 알까? 이제 우리는 오늘날의 머신러닝 알고리즘을 가능하게 하고 우리 뇌에 고루 잘 적응되는 걸로 보이는 '배움'의 7가지 개념, 즉 배움의 7가지 정의들에 대해 알아볼 것이다.

배움이란 마음속 모델의 매개변수들을 조정하는 것이다

마음속 모델 조정은 아주 간단한 경우가 많다. 눈에 보이는 물체를 향해 손을 뻗을 때 어떻게 하는가? 17세기에 이미 프랑스 수학자 르네 데카르트Rene Descartes(1596-1650)는 우리의 신경계에 시각적 입력을 근육 명령으로 바꾸는 처리 과정이 있을 거라고 짐작했다(다음 페이지 표 참고). 당신은 이런 경험을 직접 해 볼 수 있다. 다른 누군가의 안경, 가능하면 근시가 심한 사람의 안경을 쓰고 물체를 잡아 보라. 시야를 12도 왼쪽으로 이동시키는 프리즘, 즉 분광기를 구해 그걸 통해 보고 물체를 잡아 본다면 훨씬 좋다.[1] 첫 시도는 완전히 실패할 것이다. 프리즘 때문에 당신의 손이 잡으려는 물체의 오른쪽으로 향하기 때문이다. 결국 당신은 손을 점점 왼쪽으로 조정하게 된다. 그리고 연이은 시행착오를 거치면서 뇌가 눈의 오차를 바로잡는 법을 배우고, 그러면서 움직임은 점점 정확해진다. 이제 안경을 벗고 물체를 잡아 보라. 당신의 손이 엉뚱한 방향으로, 이제 너무 왼쪽으로 가서 놀랄 것이다.

대체 어떤 일이 일어난 걸까? 이 간단한 학습 중에 당신의 뇌는 시야의 내부 모델을 조정했다. 이 모델의 매개변수, 즉 시각적 장면과 몸의 방향 간의 오차에 대응하는 매개변수는 새로운 값으로 고쳐졌다. 시행착오를 거치면서 이루어진 이 재측정 과정에서 당신의 뇌가 한 일은 사냥꾼이 사냥총의 조준경을 조정하는 것과 비슷하다. 사냥꾼은 시험 삼아 총을 쏴 본 뒤 결과를 보고 조준경을 조정해 더 정확히 사격하게 된다. 이런 종류의 학습은 아주 빠르게 진행될 수 있다. 몇 차례 시도만으로 얼마든지 시각과 행동의 오차를 바로잡을 수 있다. 그러나 새로운 매개변수 세팅은 이전 세팅과 맞지 않는다.

한 가지 매개변수 조정하기: 시각과 행동 오차

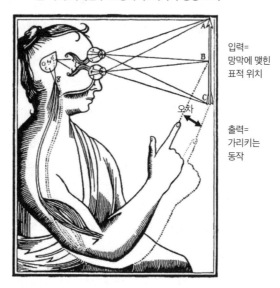

입력=
망막에 맺힌
표적 위치

오차

출력=
가리키는
동작

수백만 가지 매개변수 조정하기: 시각을 뒷받침하는 연결들

입력=
알아보는
이미지

출력=
가능한
10가지 숫자들

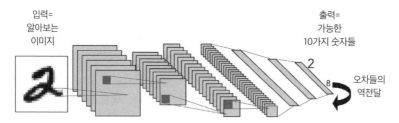

오차들의
역전달

배움이란 무엇인가? 배운다는 것은 내부 모델의 매개변수들을 조정하는 것이다. 손가락으로 뭔가를 가리키는 법을 배울 때는 시각과 행동 간의 오차를 조정해야 한다. 손가락으로 가리키는 데 에러를 범할 때마다 유용한 정보를 얻어 오차를 줄이는 것이다. 세팅의 수는 훨씬 많지만, 인공신경망에서도 이 논리는 동일하다. 어떤 문자를 알아보려면 수백만 가지 연결을 미세 조정해야 한다. 역시 각 에러는, 그러니까 여기서는 출력 '8'의 부정확한 활성화가 역전달되어 연결들의 값을 조정하는 데 활용될 수 있으며, 그 결과 다음 테스트에서는 더 나은 결과를 보게 된다.

프리즘을 치워 정상 시야로 돌아오면 인위적으로 만든 에러 또한 사라진다.

분명 이런 종류의 배움은 조금 특별한데, 이 배움에선 단 한 가지 매개변수(보는 각도)만 조정하면 되기 때문이다. 그러나 대부분의 배움은 훨씬 복잡해, 몇 십 가지 또는 몇 백 가지, 심지어 수십 억 가지의 매개변수(관련 뇌 회로 안의 모든 시냅스)를 조정해야 한다. 그러나 기본 원칙은 늘 동일하다. 가장 중요한 것은 결국 가능한 수많은 내부 모델 세팅들 가운데 외부 세계의 상태에 가장 잘 맞는 내부 모델 세팅을 찾는 일이다.

한 아기가 동경에서 태어난다. 이후 2~3년간 이 아기의 언어 내부 모델은 일본어 글자들에 맞춰 조정되어야 할 것이다. 아기의 뇌는 각 차원에서 수백만 가지 세팅들을 갖추고 있는 기계와 같다. 그 세팅들 중 일부는 청각 차원에서 일본어에서 어떤 자음과 모음 들이 쓰이는지, 또한 그 자음과 모음 들이 어떤 원칙들로 결합되는지를 결정한다. 일본 가정에 태어난 아기는 일본어가 어떤 음소들로 이루어져 있는지, 또 그 음들 간의 경계는 어디인지를 알아내야 한다. 여러 매개변수 중 하나는 /R/ 발음과 /L/ 발음의 구분에 관한 것으로, 이는 영어에서 아주 중요하지만, 일본어에선 그렇지 않다. 그래서 일본어에서는 빌 클린턴의 election(선거)과 빌 클린턴의 erection(발기)이 구분되지 않는다. 따라서 아기들은 어떤 범주의 음이 자신의 모국어와 관련이 깊은지 총괄적으로 정해 주는 일련의 매개변수들을 정해야 한다.

음성 체계부터 어휘, 문법 그리고 의미에 이르는 각 차원에서 이와 유사한 학습 과정이 재연된다. 뇌는 인형 안에 계속 다른 인형이 들어 있는 러시아 인형처럼 현실 모델들의 계층에 따라 조직화되며, 뭔가를 배운다는 것은 외부에서 들어오는 데이터를 활용해 이 같은 각 차원의 계층에서 매개변수들을 정하는 것이다. 문법 원칙의 습득이라는 고차원의 예를 들어보자. 아기가 일본어와 영어 사이에서 구분해야 할 또 다른 중요한 차이는 어순이다. 주어, 동사, 직접 목적어로 이루어지는 전형적인 문장에서, 영어는 먼저 주어가 나오고 그 다음에 동사, 마지막에 목적어가 온다. "John + eats + an apple"(존은 사과를 먹는다)이 좋은 예다. 반면에 일본어에서 가장 흔한 어순은 주어 다음에 목적어 그리고 동사이다. "John + an apple + eats" 식이 된다. 주목할 만한 사실은 일본어의 경우 전치사, 소유격 등 다른 여러 문법 면에서도 영어와 순서가 다르다는 것이다(문법상 명사 뒤에 온다). 따라서 "My uncle wants to work in Boston"(내 삼촌은 보스턴에서 일하고 싶어 한다)라는 영어 문장을 영화 〈스타워즈〉의 요다처럼 말한다면 "Uncle my, Boston in, work wants" 같은 영어 문장, 그러나 일본인은 금방 이해할 수 있는 이상한 영어 문장이 된다.

아주 흥미로운 사실이지만, 이처럼 어순이 뒤집히는 현상은 서로 별개의 것이 아니다. 언어학자들은 이 모든 현상이 이른바 머리 위치head position라는 한 가지 매개변수 세팅으로 생긴다고 생각한다. 어떤 구절을 정의하는 단어, 즉 머리는 영어에서 늘 앞에(<u>in</u> Paris, <u>my</u> uncle, <u>wants</u> to live) 오지만, 일본어에서는 뒤에(Paris <u>in</u>, uncle <u>my</u>, live <u>wants</u>) 온다는 것이다. 이 같은 매개변수는 심지어 역사적으로 서로 아무 연관 없는 언어들을 비롯한 많은 언어들에서 나타난다(북아메리카 인디언 나바호 족의 언어는 일본어와 같은 어순이다). 따라서 영어나 일본어를 배우기 위해 아이가 알아야 할 것들 중 하나는 자신의 내부 언어 모델에서 '머리 위치' 매개변수를 어떻게 정하느냐는 것이다.

배움이란 조합 폭발을 활용하는 것이다

언어 학습은 정말 몇 가지 매개변수 세팅으로 축약될 수 있는 걸까? 믿기 어렵다면, 그건 조정 가능한 매개변수들의 수를 늘리자마자 얼마나 많은 가능성들이 활짝 열리게 될지 가늠할 수 없기 때문이다. 이것이 소위 말하는 '조합 폭발combinatorial explosion'이다. 우리가 소수의 가능성들만 조합한다 해도 가능한 전체 수는 기하급수적으로 늘어난다. 일부 언어학자들이 가정하듯 전 세계 언어들의 문법이 약 50가지의 2진수 매개변수들로 설명될 수 있다고 가정해 보자. 이는 결국 2^{50}조합이 된다. 가능한 언어 수가 무려 10억의 100만 배(1 뒤에 0이 무려 15개가 붙는다)가 넘는다는 얘기다. 이 정도로 거대한 공간이라면 3,000개쯤 되는 세계 언어들의 구문론 법칙들은 쉽게 들어가고도 남는다. 그러나 우리 뇌의 경우 조정 가능한 매개변수가 겨우 50개가 아니라 어마어마하게 많아 뉴런, 즉 신경세포 860억 개에 이르며, 그 하나하나에서 그 힘이 얼마든지 달라질 수 있는 1만 가지 시냅스 접촉이 일어난다. 활짝 열린 마음속 표상들의 공간은 사실상 무한한 것이다.

인간의 언어들은 모든 차원에서 이런 조합들을 아주 많이 활용한다. 우리 머릿속의 어휘를 생각해 보자. 우리가 알고 있고 또 그 내부 모델을 가진 단어들 말이다. 우리는 각기 아주 다양한 의미를 가진 단어 5만 개 정도를 배운다. 아주 많은 어휘 같지만, 이는 거의 10년 만에 익힌 어휘이다. 그리고 이 5만 개 단어들이 대개 2음절어이며, 그것이 각기 44개 음소들(영어의 경우) 중에서 약 3개의 음소들로 이루어져 있어, 이 모든 단어들의 2진수 코딩에는 200만 개가 안 되는 기본적인 2진수('비트'의 값은 0 아니면 1이다) 선택들만 필요로 한다. 다시 말해 사전에 실린 모든 말이 용량 250킬로바이트(1바이트는 8비트로 이루어진다)짜리 컴퓨터 파일 하나에 다 들어간다는 얘기이다.

단어들의 세계에 워낙 불필요한 중복이 많다는 걸 감안한다면, 이는 곧 우리 머릿속 어휘가 이보다 훨씬 더 작은 파일로 압축될 수 있다는 의미가 된다. 'xfdrga' 식으로 알파벳 6개를 임의로 늘어놓는 다고 해서 영어 단어가 만들어지는 건 아니다. 실제 단어들은 엄격한 원칙에 따라 조합되는 엄청난 수의 음절들로 이루어져 있다. 그리고 이는 모든 차원에 두루 적용된다. 문장은 단어들의 규칙적인 조합이며, 단어는 음절들의 규칙적인 조합이고, 음절은 음소들의 규칙적인 조합이다. 방대하면서도(수십 가지 또는 수백 가지 요소들 중에서 선택하므로) 동시에 한계도 있는(특정 조합만 가능하므로) 조합인 것이다. 따라서 언어를 배운다는 것은 모든 차원에서 이런 조합들을 지배하는 매개변수들을 찾는 것이다.

요약해 보자면, 인간의 뇌는 계층이 있는 여러 차원의 모델을 만들어 냄으로써 배움의 문제를 해결한다. 이는 특히 기본적인 음에서부터 전체 문장 또는 대화에 이르기까지 언어에서 분명히 나타나지만, 이와 동일한 계층적 분해 원칙은 모든 감각계에서 재연된다. 일부 뇌 부위들은 낮은 차원에서 패턴들을 포착한다. 아주 작은 시공간 창문을 통해 세상을 보며, 따라서 가장 작은 패턴들을 분석한다. 1차적인 시각 영역에서는 뇌 피질의 처음 부위에서 시각적 입력 내용들을 받아들이며, 각 신경세포는 망막의 아주 작은 부위만 분석한다. 결국 바늘구멍을 통해 세상을 보는 것이며, 그 결과 움직이는 사선의 존재 같은 아주 낮은 차원의 규칙성들을 발견한다. 망막 안에서는 수백만 개의 신경세포들이 서로 다른 지점들에서 같은 일을 한다. 그리고 그 출력 내용은 다음 차원의 입력 내용이 되며, 그 결과 '규칙들 중의 규칙들'을 감지한다. 또한 각 차원에서 그 규모가 더 확대된다. 우리 뇌가 시공간 차원에서 점점 더 큰 규모로 규칙성들을 찾는 것이다. 이런 과정을 거쳐 더 복잡한 물체나 개념을 감지하는 능력이 나온다. 선, 손가락, 손, 팔, 한 사람의 몸……. 아니 잠깐! 하나가 아닌 둘의 몸이 보인다. 마주보고 서서 악수를 하는 두 사람이 있다……. 트럼프와 마크롱이 만났다.

배움이란 에러를 최소화하는 것이다

우리가 '인공신경망artificial neural network'이라 부르는 컴퓨터 알고리즘은 뇌 피질의 계층 조직에서 직접 영감을 얻어 만들어진다. 뇌 피질과 마찬가지로 그 인공신경망들, 즉 인공 신경 네트워크들 안에는 연이은 층들의 피라미드가 포함되어 있고, 각 층은 이전 규칙성들보다 더 깊은 규칙성들을 찾아내려 애쓴다. 이 연이은 층들은 외부에서 들어오는 데이터를 점점 더 깊이 조직화하기 때문에 '딥 네트워크deep network'라 불리기도 한다. 그리고 각 층은 홀로 외부 현실의 극도로 단순한 부분만 발견할 수 있다(수학자들은 선형 분리 가능한 문제를 입증한다. 각 신경세포는 A와 B 사이에 직선을 그음으로써, 그 데이터를 A와 B라는 두 가지 카테고리로만 나눌 수 있다). 그러나 이 많은 층들을 한데 모으면, 복잡한 구조들을 알아내고 아주 다양한 문제들을 조정할 수 있는 극도로 강력한 학습 도구를 갖게 된다. 컴퓨터 칩의 발전 덕을 보고 있는 오늘날의 인공신경망은 수십 개의 연속된 층들을 갖고 있다는 점에서 깊기도 하다. 그리고 그 층들이 더 강력한 통찰력을 갖춰 이제는 감각 기관 입력에서 얻는 것보다 훨씬 더 추상적인 특성들까지 알아보고 있다.

인공신경망 분야의 선구자인 프랑스의 얀 르쿤Yann LeCun(〈컬러 삽입 도판 2〉 참고)이 만든 얀 르네트Yann LeNet[2] 알고리즘을 예로 보자. 1990년대 초에 이미 이 인공신경망은 손으로 쓴 문자들을 놀라울 정도로 잘 인식했다. 그래서 수년간 캐나다 우체국에서는 이 인공신경망을 활용해 손으로 쓴 우편번호들을 자동 처리했다. 작동 원리가 무엇일까? 이 인공신경망의 알고리즘은 손으로 쓴 문자 이미지를 픽셀 형태로 받아들여, 잠정적인 해석, 즉 10가지 숫자나 26가지 글자들 중 하나를 출력해 낸다. 이 인공신경망 안에서는 처리 유닛들이 계층을 이루는데 그것들이 신경세포처럼 작용해 연속된 층들을 형성한다. 첫 번째 층은 이미지와 연결되며, 단순한 필터를 사용해 선과 곡선을 인식한다. 그러나 더 상위 계층은 보다 폭넓고 복잡한 필터들을 포함한다. 따라서 상위 계층일수록 이미지의 더 큰 부분들, 즉 숫자 2의 곡선, 0의 고리, Z의 평행선을 인식하는 걸 배울 수 있으며…… 그렇게 해서 바깥쪽 차원에서 위치나 폰트에 상관없이 문자에 반응하는 인공 신경세포들에 이르게 된다. 이 모든 특성이 한 프로그래머에 의해 이루어진 건 아니며, 전적으로 각 유닛들을 잇는 수백만 개의 연결에서 오는 것이다. 이 연결들은 일단 자동화된 알고리즘에 의해 조정되어, 각 신경세포가 그 입력에 적용하는 필터를 규정한다. 그리고 그 세팅들은 왜 한 신경세포가 이 신경세포에 반응하고 또 다른 신경세포가 저 신경세포에 반응하는지를 설명해 준다.

그렇다면 이 수백만 가지 연결들은 어떻게 조정될까? 프리즘 안경의 경우와 마찬가지이다. 물체를 잡으려고 시도할 때 네트워크는 잠정적인 답을 주며, 에러를 범한 건지 아닌지를 듣고, 매개변수들을 조정해 다음 시도에서 그런 에러를 줄이려 한다. 틀린 답도 모두 가치 있는 정보를 제공한다. 그 신호로(너무 오른쪽으로 가거나 너무 왼쪽으로 가는 동작처럼) 시스템은 에러를 통해 성공하려면 무얼 해야 하는지를 알게 된다. 그리고 에러의 근원으로 돌아감으로써, 기계는 에러를 피하려면 매개변수들을 어떻게 설정해야 하는지를 알게 된다.

사냥총 조준경을 조정하는 사냥꾼의 예로 돌아가 보자. 배우는 과정은 기본적이다. 사냥꾼은 실제 사격을 통해 자신이 표적에서 오른쪽으로 5센티미터 되는 지점을 겨냥했다는 걸 알게 된다. 이제 그는 진폭(5센티미터)과 에러의 흔적(너무 오른쪽으로 빗나감) 양면에서 기본적인 정보를 갖게 된 것이다. 이런 정보 덕에 그는 이후 정확한 사격을 할 수 있게 된다. 만일 그가 조금 머리가 잘 돌아간다면 어느 방향으로 수정해야 할지 추측할 수 있을 것이다. 총알이 오른쪽으로 빗나갔다면 조준경을 조금 왼쪽으로 틀어야 할 것이다. 그러지 못하더라도 그냥 다시 겨냥해 보며 조준경을 오른쪽으로 틀면 오차가 더 커지는지 작아지는지 테스트해 볼 수 있다. 그렇게 시행착오를 거치면서 사냥꾼은 어떻게 조정하면 의도한 표적과 실제 탄착점 간의 격차가 줄어드는지를 알 수 있다.

시각 조정을 통해 사격의 정확도를 극대화하면서, 우리의 사냥꾼은 지금 자신도 모르는 새 학습 알고리즘을 적용하고 있다. 은연중에 수학자들이 말하는 이른바 시스템의 '경사도gradient'를 계산하고 있는 것이며, '경사 하강 알고리즘gradient descent algorithm'을 활용하고 있는 것이다. 다시 말해 사냥총의 조준경을 가장 효과적인 방향, 즉 에러를 범할 확률을 줄이는 방향으로 움직이는 법을 배우는 것이다.

오늘날의 인공지능에 쓰이는 대부분의 인공신경망들은 수백만에 달하는 입력 및 출력 정보 그리고 조정 가능한 매개변수들에도 불구하고, 우리의 사냥꾼처럼 움직인다. 자신의 에러들을 관찰하고 그걸 통해 최대한 에러를 줄이는 방향으로 자신의 내부 상태를 조정하는 것이다. 상당수의 경우 이런 과정은 아주 엄격히 진행된다. 우리는 인공신경망을 향해 출력(7이 아니고 1이라는 식으로) 상태에 따라 정확히 어떤 반응을 활성화할 것인지 정해 주며, 그래서 인공신경망이 에러를 범하면 정확히 어떤 방향으로 매개변수들을 조정해야 할지를 알 수 있다(인공신경망이 숫자 '1'의 이미지에 대한 반응으로 너무 자주 '7'을 출력할 경우, 수학적 계산을 통해 정확히 어떤 연결을 수정해야 하는지 알 수 있다). 머신러닝 분야에서는 이런 상황을 '감독되는 학습supervised learning'(감독관을 연상케 하는 누군가가 시스템이 내놓아야 할 답을 정확히 알고 있기 때문에) 또는 '에러 역전달error backpropagation'(매개변수들을 조정하기 위해 에러 신호들이 인공신경망으로 돌려보내지기 때문에)이라 한다. 이 과정은 간단하다. 답을 내리고 시도한다. 어떤 답을 해야 한다는 말을 듣는다. 내 에러를 체크한다. 그런 다음 에러를 줄이기 위해 내 매개변수들을 조정한다. 컴퓨터 기반의 학습이 믿기 어려울 만큼 더딘 이유이다. 테트리스 게임처럼 복잡한 활동을 배우려면, 이런 과정을 수천 번 내지 수백만 번 아니 때론 수십억 번 적용해야 한다. 조정 가능한 수많은 매개변수들이 포함된 공간 안에서 최적의 세팅을 찾아내려면 시간이 아주 오래 걸린다.

이처럼 점진적인 에러 교정 방식은 1980년대에 나온 최초의 인공신경망에서도 이미 쓰였다. 그리고 지금은 컴퓨터 기술의 발달로, 이런 원칙을 토대로 조정 가능한 수십억 가지 연결을 가진 거대한 인공신경망을 구축하는 게 가능해졌다. 이처럼 거대한 딥 신경망은 일련의 단계들로 구성되어 있고, 각 단계는 문제가 있으면 그때그때 조정된다. 〈컬러 삽입 도판 4〉에는 구글넷GoogLeNet 시스템이 나와 있는데, 이 시스템은 얀 르쿤이 만든 얀 르네트Yann LeNet 알고리즘에서 발전된 것으로, 주요한 국제 이미지 인식 대회에서 우승한 시스템이기도 하다. 이 시스템은 수십억 가지 이미지들에 노출되면서 그 모든 이미지들을 얼굴, 풍경, 배, 자동차, 개, 곤충, 꽃, 도로 표지판 등 천 가지 정도의 카테고리로 나누는 법을 배웠다. 이 계층의 각 단계는 현실적인 면들로 조정됐다. 낮은 단계는 선별적으로 선이나 질감에 반응했지만, 상위 계층으로 갈수록 신경세포들은 더 복잡한 특징들, 즉 기하학적 모양(원, 곡선, 별)이나 물체 일부(바지 주머니, 자동차문 손잡이, 두 눈) 또는 물체 전체(건물, 얼굴, 거미)에 반응하는 법을 배웠다.[3]

에러를 최소화하려 애쓰는 과정에서 경사 하강 알고리즘은 이런 방식이 이미지들을 카테고리화하는 데 가장 유용한 방법이라는 걸 알아냈다. 그러나 만일 같은 인공신경망을 책 속의 글귀나 악보 같은 데 노출시켰다면, 아마 다른 방식으로 조정했을 것이고, 새로운 환경에서 나타나는 글자나 음표 또는 다른 모양들을 알아보는 법을 배웠을 것이다. 〈컬러 삽입 도판 3〉을 보면, 이런 종류의 인공신경망, 즉 인공 네트워크가 어떤 식으로 스스로 조직화되어 손으로 쓴 수천 가지 숫자를 인식하는지 알 수 있다.[4] 가장 낮은 수준에서는 데이터가 혼합된다. 어떤 숫자 이미지들은 얼핏 보면 비슷해 보이지만, 결국에는 서로 구분되어야 하며(숫자 3과 8을 생각해 보라), 반대로 아주 달라 보이는 어떤 이미지들은 결국 같은 카테고리로 묶어 주어야 한다(숫자 8의 여러 버전을 생각해 보라. 어떤 8은 꼭대기 고리가 열려 있고 어떤 8은 닫혀 있다). 이렇듯 인공신경망은 각 단계에서 추상적인 것들을 인식하는 능력이 점점 나아져 같은 종류들을 제대로 한 카테고리에 넣게 된다. 또한 에러를 줄이는 과정에서, 손으로 쓴 숫자들을 제대로 인식 못하는 문제와 관련된 각 단계의 특징들을 알게 된다. 사실 에러들을 바로잡는 과정에서 당면한 문제들의 해결에 필요한 단서들을 전부 찾는 게 가능하다.

이 같은 에러 역전달에 의한 학습 개념은 오늘날 많은 컴퓨터 응용 분야에서 그 핵심을 이루고 있다. 스마트폰이 우리의 음성을 인식하는 능력 또는 자율주행 자동차가 행인과 도로 표지판을 인식하는 능력을 뒷받침하는 게 이 같은 에러 역전달에 의한 학습 개념이다. 물론 우리의 뇌 역시 비슷한 개념을 활용하고 있다. 그런데 에러 역전달 현상은 여러 형태로 나타난다. 인공지능 분야에서는 지난 30여 년간 엄청난 발전이 있었고, 과학자들은 학습을 촉진하는 많은 방법들을 찾아냈다. 우리는 이제 그 방법들을 살펴볼 것이다. 그리고 곧 알게 되겠지만, 그 방법들을 통해 우리 자신에 대해 그리고 우리가 배우는 방식에 대해 많은 걸 알게 될 것이다.

배움이란 가능성들의 공간을 탐구하는 것이다

앞서 얘기한 에러 바로잡기 과정의 문제들 중 하나는 최선이 아닌 일련의 매개변수들에 매달릴 수도 있다는 것이다. 아주 심한 경사로를 따라 잔디 위를 굴러가는 골프공을 생각해 보자. 골프공이 굴러가다가 살짝 파인 땅에 빠지면, 가장 낮은 지점, 즉 최적의 지점까지 가지 못하게 된다. 마찬가지로 경사 하강 알고리즘 역시 빠져나올 수 없는 지점에 빠져 옴짝달싹 못 하는 경우가 있다. 이를 '극소값local minimum'이라 한다. 매개변수 공간 내 함정, 즉 학습 알고리즘이 해결책을 찾지 못해 빠져나오지 못하는 함정이다. 이렇게 되면 학습은 지지부진해진다. 모든 변화는 역효과를 낳는 듯하고, 각 변화로 에러율만 높아진다. 그래서 시스템은 자신이 배울 수 있는 걸 다 배웠다고 결론 내린다. 매개변수 공간 내에서 단 몇 발자국 밖에 있는 훨씬 나은 세팅들의 존재를 전혀 보지 못하는 것이다. 움푹 파인 곳을 넘어 계속 나아가려 하지 않기 때문에 경사 하강 알고리즘이 더 나은 세팅들을 볼 수 없게 되는 것이다. 결국 근시안적인 태도를 취해 출발점에서 조금 떨어진 곳 이상을 가지 못하고, 좀 멀리 있더라도 더 나은 세팅들을 놓치는 것이다.

너무 추상적인 것 같은가? 그렇다면 구체적인 상황을 보자. 당신이 쇼핑하러 시장에 가 가장 싼 제품들을 찾느라 시간을 보내고 있다고 가정하자. 당신은 시장 통로를 따라 걸어간다. 첫 번째 가게는 지나치고(늘 값을 너무 높이 부른다), 두 번째 가게도 피하고(늘 너무 비싸게 판다), 마침내 세 번째 가게에 멈춰 선다. 이 가게는 앞의 두 가게보다 훨씬 싼 것 같다. 그러나 누가 알겠는가? 이 통로가 끝나면, 아니 다른 시장에 가면 훨씬 싼 집이 있을지. 결국 지역에서 가장 싼 물건값에 집중한다고 해서 세계에서 가장 싼 물건을 찾는다고 보장할 수는 없다.

이런 문제에 자주 부딪치는 컴퓨터 과학자들은 많은 방법을 동원한다. 대개 최상의 매개변수들을 찾는 데 약간의 무작위성을 도입하고 있다. 원리는 간단하다. 시장의 한 통로만 찾아보는 게 아니라 무작위로 다른 통로도 찾아보는 것이다. 또한 골프공이 비탈길 아래로 천천히 굴러가게 놔두는 게 아니라, 그 공을 흔들어 주어 움푹 파인 곳에 빠질 가능성을 줄인다. 확률적 검색 알고리즘들은 종종 멀면서도 약간 무작위한 세팅을 시도하며, 이 경우 주변에 더 나은 해결책이 있으면 찾을 가능성이 있다. 실제로 다양한 방식으로 어느 정도의 무작위성을 도입할 수 있고, 매개변수들을 무작위로 세팅하거나 업데이트할 수 있으며, 예들의 순서를 다양하게 해 볼 수 있고, 데이터에 약간의 소음을 추가할 수 있으며, 연결들 중에서 무작위로 일부만 활용해 볼 수도 있다. 이 모든 것이 학습의 경직성을 개선해 준다.

또한 어떤 머신러닝 알고리즘들은 종의 진화를 지배하는 다윈의 알고리즘에서 영감을 얻어, 매개변수 최적화 과정에서 전에 발견된 해결책들의 무작위 결합 또는 돌연변이를 활용한다. 생물학에서의 경우와 마찬가지로 이런 돌연변이의 속도는 적절히 통제되어야 한다. 위험한 시도들을 하느라 너무 많은 시간을 낭비하는 일 없이 새로운 해결책을 찾기 위해서이다.

또 다른 알고리즘은 금속들을 '담금질'함으로써 그 특성을 최적화하는 걸 배우는 대장장이들의 대장간에서 영감을 얻었다. 누가 아주 강한 칼을 만들고 싶어 한다면, 금속을 더 낮은 온도에서 여러 차례 가열해 원자들이 규칙적으로 배열될 가능성을 높이는 방향으로 담금질을 진행한다. 그 과정이 이제 컴퓨터 과학에도 그대로 적용되고 있다. 담금질 흉내를 낸 알고리즘이 점점 낮아지는 가상의 '온도'에서 매개변수들 안에 무작위 변화를 일으키는 것이다. 처음에는 확률이 높다가 점차 낮아져 시스템이 최적의 세팅 상태로 굳는 것이다.

컴퓨터 과학자들이 알아낸 바에 따르면, 이 모든 방법들은 효율성이 아주 높으며, 따라서 진화 과정에서 그중 일부 방법이 우리의 뇌에서 내면화되었다 해도 전혀 놀랄 일이 아니다. 무작위 탐구와 확률에 대한 호기심 그리고 뇌신경 활성화는 호모 사피엔스의 학습에서 없어선 안 될 중요한 역할을 하고 있다. 가위바위보를 하든, 재즈 주제에 따라 즉흥곡을 연주하든, 수학 문제의 해답을 찾든, 무작위성은 문제 해결에 꼭 필요한 요소이다. 앞으로 살펴보겠지만, 뭔가를 배우는 모드로 들어갈 때마다, 즉 놀이를 할 때마다 아이들은 무작위성을 가지고 수십 가지 가능성을 탐구한다. 그리고 밤에도 아이들의 뇌가 낮에 경험한 일을 가장 잘 설명해 주는 아이디어를 찾을 때까지 계속 이런저런 아이디어들을 가지고 논다. 아이들의 유별난 호기심을 지배하는 반# 무작위 알고리즘과 그런 아이들의 마음을 계속 갖고 있는 몇 안 되는 성인에 대해 우리가 알고 있는 것들은 3장에서 살펴보겠다.

배움이란 보상 기능을 최적화하는 것이다

얀 르쿤이 만든 얀 르네트 알고리즘을 상기해 보라. 그 알고리즘에선 무엇이 숫자들의 모양을 인식했는가? 그런 종류의 인공신경망은 뭔가를 배우려면 정확한 답들을 제공받아야 한다. 그리고 각 이미지가 입력될 때, 가능한 10개의 숫자들 중 어느 것에 네트워크가 반응하는지를 알아야 한다. 그런 다음 네트워크가 그 반응과 정확한 답의 차이를 계산함으로써 비로소 스스로 에러를 바로잡을 수 있다. 이런 학습 방식을 '감독되는 학습'이라 한다고 했다. 시스템 밖의 어떤 감독자가 해결책을 알고 그걸 기계에게 가르치는 것이다. 이는 효율적인 학습 방식이긴 하나, 미리 올바른 답을 알고 있는 경우가 혼치 않다는 데 문제가 있다. 아이들이 걷는 걸 배울 때, 아무도 그 아이에게 정확히 어떤 근육을 쓰라고 가르쳐 주진 않는다. 아이들은 더 이상 넘어지지 않고 걸을 때까지 계속 격려만 받을 뿐이다. 아기들은 순전히 결과에 대한 평가를 토대로 배운다. '나는 넘어졌어.' 또는 '힘들었지만, 나는 마침내 방 끝에서 끝까지 걸었어.'

인공지능은 지금 이 같은 '감독되지 않는 학습' 문제에 직면해 있다. 인공지능 기계가 비디오게임 하는 법을 배울 때, 그저 가장 좋은 점수를 받도록 노력해야 한다는 지시만 받을 뿐이다. 그 누구도 그러기 위해 어떤 행동을 해야 한다고 미리 알려 주지 않는다. 그렇다면 인공지능은 어떻게 그리 빨리 스스로 올바른 게임 방법을 알아내는 것일까?

이런 도전 과제를 풀기 위해 과학자들은 '강화 학습reinforcement learning'이라는 걸 고안했다. 이 학습법에 따르면, 시스템에 어떻게 해야 한다는 건 전혀 가르쳐 주지 않으며(어떻게 알고 가르쳐 준단 말인가), 단지 보상reward만 해 준다. 양적 점수 형태의 평가만 하는 것이다.[5] 더군다나 기계는 점수를 바로바로 받는 것도 아니다. 결정적인 행동을 하고 한참 지나서 점수를 받기도 한다. 구글의 자회사인 딥마인드DeepMind가 체스와 체커 그리고 바둑을 두는 기계를 만들면서 쓴 학습법이 이 같은 '지체되는 강화 학습법'이다. 이 학습법에는 아주 큰 문제가 하나 있다. 게임이 끝난 뒤에야 시스템이 게임에 이겼는지 졌는지 알 수 있는 한 가지 보상 신호를 받는다는 것이다. 게임 중에는 아무 피드백도 받지 못하고 게임이 끝나고야 받을 수 있다. 그렇다면 대체 기계는 게임 중 매 순간 어떻게 해야 할지를 어떻게 알까? 그리고 마지막에 점수를 알고 난 뒤, 대체 어떻게 자신이 내린 결정들을 하나하나 되짚어 가며 평가해 볼 수 있는 걸까?

컴퓨터 과학자들이 찾아낸 해결책은 동시에 두 가지 일, 즉 행동과 자기평가를 하도록 기계를 프로그래밍하는 것이다. '비평가critic'라 불리는 시스템의 절반은 최종 점수를 예측하는 법을 배운다. 이 인공신경망의 목표는 마지막 보상, 즉 '내가 이길 것인가 질 것인가?', '내 균형 상태는 안정적인가? 아니면 곧 고꾸라질 것인가?'를 예측하기 위해 최대한 정확히 게임 진행 상태를 평가한다. 기계의 절반을 차지하는 이 비평가 덕에 시스템은 게임이 끝나는 순간뿐 아니라 게임 중 매 순간마다 자신의 행동들을 평가할 수 있다. 그러면 기계의 절반인 '행동가actor'는 이 평가를 토대로 다음과 같이 자신을 바로잡을 수 있다. '잠깐! 비평가가 질 가능성이 높아질 거라고 생각하는 거 보니, 이런저런 행동은 하지 않는 게 낫겠군!'

계속적인 시행착오를 거치며 행동가와 비평가는 함께 발전한다. 한쪽은 가장 효율적인 행동들을 하는 데 집중하면서 현명하게 행동하는 법을 배우고, 다른 한쪽은 그 행동들의 결과를 훨씬 더 정확히 평가하는 법을 배운다. 그리고 고층건물에서 뛰어내리면서 "지금까진 좋아!"라고 외치는 유명한 사람과는 달리, 행동가-비평가 네트워크는 궁극적으로 놀라운 통찰력을 갖추게 된다. 그것은 아직 지지 않은 게임들이라는 방대한 바다에서 이길 가능성이 높은 게임과 패배에 이르게 될 게임을 예측하는 능력이다.

행동가-비평가 조합은 오늘날의 인공지능 분야에서 가장 효과적인 전략들 중 하나이다. 이 전략에 위계 신경망이 합쳐지면 정말 놀라운 효과를 낸다. 1980년대 초에 이미 이 전략은 인공신경망을 지원해 백개먼backgammon(실내에서 두 사람이 하는 서양식 주사위 놀이―옮긴이) 월드컵에서 우승했다. 보다 최근에는 딥마인드를 지원해 슈퍼마리오, 테트리스[6] 등 모든 종류의 비디오게임을 배울 수 있는 다기능 인공신경망을 만들어 냈다. 우리는 이 시스템에 그저 입력 정보로 이미지 픽셀들을, 출력 정보로 가능한 행동들을, 보상으로 게임 점수만 제공하면 된다. 그러면 기계는 다른 모든 것들도 배울 수 있다. 테트리스 게임을 할 경우 기계는 스크린이 이런저런 모양들로 이루어져 있고 떨어지는 모양이 다른 모양들보다 중요하며 다양한 행동들로 그 모양들의 방향과 위치를 바꿀 수 있다는 사실을 알아내게 되며, 그 결과 엄청난 효율성을 자랑하는 인공 게이머로 변화된다. 그리고 슈퍼마리오 게임을 할 경우 입력 및 보상 면에서의 변화를 통해 기계는 전혀 다른 세팅에 적응하게 된다. 어떤 픽셀들이 마리오의 몸을 형성하고 있는지, 마리오는 어떻게 움직이는지, 적들은 어디에 있는지, 벽들과 문들과 함정들 그리고 보너스들의 모양은 어떤지…… 또 그 모든 것들 앞에서 어떻게 행동해야 하는지 알아내는 것이다. 매개변수들, 즉 각 층들을 이어 주는 수백만 가지 연결들을 조정함으로써, 한 가지 인공 네트워크가 모든 종류의 게임들에 적응할 수 있을 뿐 아니라 테트리스, 팩맨, 소닉 더 헤지혹 같은 비디오게임에 나오는 모양들을 인식하는 걸 배울 수 있다.

기계에게 비디오게임을 가르치는 건 무엇 때문일까? 2년 후 딥마인드의 엔지니어들은 아주 중요한 경제 문제, 즉 '구글은 어떻게 컴퓨터 서버 관리를 최적화해야 할까?'라는 문제를 해결하는 데 게임 학습에서 배운 것들을 활용하게 된다. 인공신경망은 별로 변한 게 없었고, 변한 것이라고는 입력 정보(날짜, 시간, 날씨, 국제적인 사건들, 검색 신청, 각 서버에 연결된 사람 수)와 출력 정보(여러 대륙에서 이런저런 서버를 켜거나 끔), 보상 기능(에너지 소모 감소)뿐이었다. 그 결과 전력 소비가 바로 떨어졌다. 구글은 에너지 소비를 40퍼센트 가까이 줄여 수천만 달러의 비용을 절약했다. 심지어 에너지 절약을 전문으로 하는 많은 엔지니어들이 같은 서버들을 최적화한 뒤에도 줄인 것이다. 인공지능을 이용해 그야말로 전 산업계를 뒤집어엎을 정도로 큰 성공을 거둔 것이다.

딥마인드는 그간 훨씬 더 대단한 일들을 해냈다. 누구나 알고 있는 사실이겠지만, 딥마인드의 알파고AlphaGo 프로그램은 바둑계에서 18회나 세계 챔피언 자리에 오른 이세돌을 꺾었다. 이는 극히 최근까지만 해도 인공지능에겐 에베레스트 등반만큼이나 힘든 일이었다.[7] 바둑은 각 변에 19개의 점들이 있어 총 361개의 점에 흑돌과 백돌을 놓을 수 있는 커다란 사각형 체커보드(바둑판) 위에서 펼쳐진다. 그 조합의 수가 워낙 방대해, 양 선수가 취할 수 있는 모든 움직임을 조직적으로 분석하기는 거의 불가능하다. 그러나 강화 학습 덕에 알파고 소프트웨어는 그 어떤 인간 선수보다 더 잘 바람직한 조합과 그렇지 못한 조합을 인식할 수 있었다. 이때 사용된 많은 방법 중 하나가 시스템으로 하여금 혼자 게임을 하게 하는 것이다. 마치 체스 선수 혼자 흰 말과 검은 말 모두를 움직여 가며 훈련하듯 흑돌과 백돌을 모두 움직여 가며 훈련하는 것이다. 원리는 간단하다. 게임이 끝날 때 이긴 쪽 소프트웨어는 자신의 움직임들을 더 강화하고, 진 쪽 소프트웨어는 자신의 움직임들을 약화시키되, 두 쪽 모두 자신의 움직임을 더 효율적으로 평가하는 법을 배운다.

우리는 뮌하우젠 남작Baron Munchausen을 흉내 내길 좋아하는데, 그는 그 유명한 '모험'(영화 〈바론의 대모험The Adventures of Baron Munchausen〉을 가리킴—옮긴이)에서 어처구니없게도 자신의 부트스트랩bootstrap(구두의 손잡이 가죽—옮긴이)을 잡아당겨 하늘로 날아가려 한다. 그러나 인공지능의 세계에서는 뮌하우젠 남작의 그런 미친 방법 덕에 '부트스트래핑bootstrapping'이라는 이름도 그럴싸한 아주 정교한 전략이 탄생했다. 처음엔 아무 지식도 없이 시작한 인공신경망이 계속 자기 자신을 상대로 게임을 함으로써 조금씩 조금씩 실력을 쌓아 세계 챔피언이 되는 것이다.

두 네트워크가 서로 협력하거나 경쟁해 학습 속도를 단축시키는 이 전략 덕에 지금 인공지능 분야는 계속 큰 발전을 이루고 있다. 가장 최근에 나온 이른바 '적대적 학습adversarial learning'[8]은 두 시스템으로 하여금 서로 맞서게 하는 학습법으로, 한 시스템은 무언가(예를 들면 반 고흐의 그림들)에 대한 전문가가 되는 게 목표지만, 다른 시스템은 상대 시스템이 실패하게 만드는 게(감쪽같이 반 고흐의 그림을 위조) 유일한 목표이다. 첫 번째 시스템은 진짜 반 고흐 그림을 성공적으로 판별할 때마다 보너스를 받지만, 두 번째 시스템은 상대 시스템을 현혹시켜 그러지 못하게 하는 데 성공할 때마다 보상을 받는다. 이 적대적 학습 알고리즘은 하나가 아닌 두 인공지능을 만들어 낸다. 반 고흐의 작품에 관한 한 아주 세세한 부분까지 다 알아 진품을 인증해 줄 수 있는 세계적인 권위자 인공지능과 가장 뛰어난 전문가

들마저 속일 수 있는 작품을 만드는 천재적인 위조범 인공지능을 만들어 내는 것이다. 말하자면 대통령 후보 토론회를 준비하는 과정과 유사하다 할 수 있다. 상대 후보의 특징을 그대로 흉내 내는 사람을 고용해 준비함으로써 더 효율적인 토론회를 준비하는 것이다.

이런 접근방식을 인간의 뇌에도 적용시킬 수 있을까? 우리 뇌의 반구와 많은 하부 피질 핵들에도 서로 싸우고 통합하고 평가하는 많은 전문가들이 있다. 뇌의 일부 영역들은 다른 영역들을 자극해 뭔가를 하게 하는 법을 배운다. 때론 가장 뛰어난 위조범을 뺨칠 정도의 현실감을 가지고 이런저런 일들을 예측 또는 상상할 수 있게 해준다. 그런 놀라운 기억력과 상상력 덕에 우리는 지난해 여름에 헤엄치며 놀았던 해변도 생생히 그릴 수 있고, 어둠 속에서 잡았던 문손잡이도 떠올릴 수 있다. 뇌의 어떤 영역들은 다른 영역들을 비판하는 걸 배운다. 그 영역들은 우리의 이런저런 능력들을 평가하고 우리가 받게 될지도 모르는 보상과 처벌을 예측한다. 우리로 하여금 행동하게 만들거나 침묵을 지키게 만드는 영역들이다. 우리는 앞으로 '메타 인지metacognition'가 인간의 학습에서 아주 중요한 역할을 한다는 것도 살필 것이다. 우리가 우리 자신에 대해 갖게 되는 의견들은 우리가 발전하는 데 도움이 되기도 하지만, 어떤 경우에는 우리를 실패의 악순환에 몰아넣기도 한다. 따라서 우리의 뇌를 서로 협력하고 경쟁하는 전문가들의 집단으로 보는 것도 결코 잘못된 생각은 아니다.

배움이란 검색 공간을 제한하는 것이다

오늘날의 인공지능은 여전히 한 가지 중요한 문제에 직면해 있다. 내부 모델이 가진 매개변수들이 많을수록, 가장 좋은 조정 내지 적응 방법을 찾는 게 어려워진다는 것이다. 그리고 오늘날의 인공신경망들은 검색 공간이 어마어마하다. 그래서 컴퓨터 과학자들은 폭발적으로 늘어나는 조합 문제에 직면해 있다. 각 단계마다 선택의 수가 수백만에 달하고, 그 조합도 너무 방대해 그 모든 걸 살펴본다는 게 불가능할 정도이다. 그 결과 학습 속도가 너무 느려지는 경우가 많다. 이처럼 방대한 조합을 가지고 시스템을 올바른 방향으로 가게 하려면 수십억 차례의 시행착오를 거쳐야 한다. 게다가 아무리 방대하다 해도 데이터는 그 거대한 공간에 비해 너무 적다. 이런 현상을 흔히 '차원의 저주curse of dimensionality'라 한다. 잡아당길 수 있는 잠재적 지렛대가 수백만 가지가 되면 학습이 너무 힘들어질 수 있다는 것이다.

인공신경망이 가진 매개변수의 수가 엄청나게 많아, 이른바 과적합overfitting 또는 과잉학습overlearning이라는 두 번째 난관에 봉착하는 경우도 많다. 시스템에 너무 많은 자유가 주어져, 세세한 것들을 다 설명할 수 있는 보다 일반적인 원칙을 알아 내는 것보다 각 예의 세세한 면들을 다 기억하는 게 차라리 더 쉬운 것이다.

컴퓨터 과학의 아버지인 존 폰 노이만John von Neumann(1903-1957)은 이런 말을 한 걸로 유명하다. "내게 매개변수 네 개가 있다면 코끼리 한 마리를 만들 수 있고, 다섯 개가 있다면 그 코를 움직이게 할 수 있다." 자유로운 매개변수가 너무 많으면 악재가 될 수 있다는 얘기이다. 세세한 면들을 몽땅 다 기억함으로써 어떤 데이터가 과적합 상태가 되게 하는 건 너무도 쉽지만, 그렇다고 시스템이 뭔가 대단한 걸 포착한다는 의미는 아니다. 당신은 한 종으로서의 코끼리에 대해 깊은 지식이 없어도 코끼리가 두꺼운 가죽을 가졌다는 걸 알 수 있다. 오히려 너무 많은 자유 매개변수가 있을 경우 추상적인 개념에 방해가 될 수 있다. 시스템은 배우는 건 쉽게 하지만, 새로운 상황들로 일반화하는 건 잘 하지 못한다. 하지만 일반화하는 능력이야말로 학습의 열쇠이다. 기계의 입장에서 이미 봤던 그림을 알아볼 수 있다거나 이미 끝낸 바둑 게임을 이길 수 있다는 건 무슨 의미일까? 환경이 익숙하든 새롭든 기계의 진정한 목표는 그림을 알아보는 것이거나 어떤 상대에게든 게임에서 이기는 것이다.

컴퓨터 과학은 현재 이런 문제들을 해결하기 위해 다양한 방법을 찾고 있다. 가장 효과적인 방법들 중 하나, 그러니까 학습을 촉진시키면서 동시에 일반화도 개선할 수 있는 방법은 모델을 단순화시키는 것이다. 조정되는 매개변수들의 수가 최소화되면 시스템은 보다 일반적인 해결책을 찾아야 할 수도 있다. 얀 르쿤이 최근 이미지 인식 분야에서 흔히 볼 수 있는 '합성곱 신경망convolutional neural network'을 만든 것도 이런 통찰 때문이다.[9] 그 원리는 간단하다. 그림 속의 어떤 물건들을 인식하기 위해 당신은 모든 곳에서 같은 일을 아주 많이 해야 한다. 어떤 사진이든 얼굴이 나올 수 있다. 그 얼굴을 알아보려면 사진의 모든 부분에 같은 알고리즘을 적용해야 한다(타원형, 두 눈 등을 찾기 위해). 망막의 각 점에서 다른 모델을 배울 필요는 없다. 한 곳에서 배운 것은 다른 모든 곳에서 다시 활용될 수 있으니까.

학습 과정에서 얀 르쿤의 합성곱 신경망은 특정 지역에서 배우는 모든 것들을 모든 수준에서 훨씬 광범위한 규모로 네트워크 전체에 적용한다. 따라서 이 신경망들이 배워야 할 매개변수들은 훨씬 적으며, 대체로 시스템은 이미지의 각 지점에 지나치게 많은 연결을 하지 않고 모든 지점에 적용되는 한 가지 필터만 조정하게 된다. 이 간단한 방법으로 효과가 대폭 향상되며, 특히 새로운 이미지에 대한 일반화가 크게 향상된다. 이유는 간단하다. 새로운 이미지를 돌리는 알고리즘이 자신이 보는 모든 사진의 모든 지점에서 얻는 수많은 경험에서 도움을 받는 것이다. 그리고 기계가 시각 모델들의 일부만 탐구하기 때문에 학습 속도도 빨라진다. 학습 전에 이미 이 세상과 관련된 중요한 사실, 즉 같은 물체가 이미지 내 어디에서든 나올 수 있다는 사실을 알고 있다.

이는 지금 다른 많은 분야에서도 일반화된 방법이다. 사람의 말을 이해하려면 말하는 목소리의 세부 사항들은 무시해야 한다. 이는 목소리가 높든 낮든 신경망으로 하여금 서로 다른 주파수대에서도 같은 연결들을 사용하도록 함으로써 가능해진다. 조정되어야 하는 매개변수들의 수를 줄임으로써 새로운 목소리에 대한 인식도 빨라지고 일반화도 더 잘 되어 이점이 배가되는 것이다. 이것이 당신의 스마트폰이 당신 목소리에 반응하는 방식이다.

배움이란 선험적 가설을 투영하는 것이다

얀 르쿤의 전략은 훨씬 더 일반적인 개념의 좋은 예이다. 선천적 지식을 탐구하는 것이다. 합성곱 신경망은 다른 종류의 신경망들보다 더 빨리 잘 배우는데, 그것은 이 신경망이 굳이 모든 걸 배우려 하지 않기 때문이다. '한 곳에서 배우는 것은 다른 모든 곳에서도 일반화될 수 있다.'라는 가설을 토대로 한 것이다

이미지 인식에서 가장 큰 문제는 불변성이다. 어떤 물체가 어디에 있든, 그 크기가 어떠하든, 오른쪽으로 움직이든 왼쪽으로 움직이든, 멀리 있든 가까이 있든, 나는 그걸 인식해야 하는 것이다. 이는 힘든 도전이기도 하지만, 아주 큰 제약이기도 하다. 나는 동일한 단서들을 기대할 수 있어 공간 내 어디서든 어떤 얼굴이든 인식할 수 있다. 어디서든 동일한 알고리즘을 모방함으로써 합성곱 신경망이 이런 제약을 효과적으로 활용한다. 제약을 아예 자신의 구조 안에 통합시키는 것이다. 시스템은 배우기 전에 이미 '선천적으로' 시각적 세계의 이런 중요한 특성을 '알고' 있다. 불변성을 배우지 않지만, 선험적으로 추정하고, 그 결과 학습 공간을 줄인다. 얼마나 영리한가!

여기서 우리가 얻는 교훈은 천성과 교육이 상반된 게 아니라는 것이다. 그 어떤 선천적 제약도 없는 순수한 학습이란 존재하지 않는다. 어떤 학습 알고리즘이든 이미 배운 영역에 대해 이런저런 추정들을 가진다. 처음부터 모든 걸 배우는 것보다는 일련의 (탐구해야 할 영역의 기본 법칙들을 명확히 해 주고 그 법칙들을 시스템에 통합시켜 주는) 사

전 추정들에 의존하는 게 훨씬 효과적이다. 선천적 추정들이 많을수록 학습 속도 또한 빨라진다(물론 그 추정들이 옳은 경우). 이는 보편적 사실이다. 혼자 자신을 상대로 바둑을 두는 훈련을 한 알파고 제로 AlphaGo Zero 소프트웨어가 그야말로 아무것도 없는 무의 상태에서 시작했다고 생각한다면 잘못이다. 이런저런 것들 가운데 특히 바둑의 지형과 대칭에 대한 지식을 갖고 시작했으며, 그 결과 검색 공간을 8배수로 나누었다.

또한 우리의 뇌는 온갖 종류의 추정들로 빚어져 있다. 곧 설명하겠지만, 간단히 말해 아기들의 뇌는 태어날 때부터 이미 조직화되어 있고 지식도 갖고 있다. 아기들은 세상이 서로 관통되지 않으면서 힘을 주어 밀 때만 움직이는 물체들(고체들)로 이루어져 있다는 사실을 안다. 그리고 세상에는 스스로 말하고 움직이는 훨씬 더 이상한 독립체들(사람들)이 있다는 사실도 안다. 이런 사실들은 따로 배울 필요가 없다. 인간이 사는 곳이라면 어디든 똑같기 때문이다. 우리의 게놈은 이런 사실들을 우리 뇌 속에 미리 집어넣으며, 그 결과 학습을 제약하고 학습 속도도 높인다. 아기들은 세상에 대한 모든 걸 배우지 않아도 된다. 아기들의 뇌는 선천적인 제약들로 가득 차 있으므로 예측 불가하게 변화하는 특정 매개변수들(얼굴 모양, 눈 색깔, 목소리 톤, 주변 사람들의 개인적 취향)만 배우면 된다.

다시 말하지만, 천성과 교육은 상반된 게 아니다. 만일 아기의 뇌가 사람과 무생물 물체의 차이를 안다면, 그건 어떤 의미에선 아기의 뇌가 이미 그걸 배웠기 때문이다. 태어난 지 며칠도 안 되어 배운 게 아니라 수백만 년간의 진화 과정에서 배운 것이다. 사실상 다윈이 주장한 자연도태는 일종의 학습 알고리즘이다. 수많은 학습 기계들(그간 살았던 모든 생명체들)이 지난 수십억 년간 굴려 온 엄청나게 강력한 프로그램인 것이다.[10] 우리는 측량할 길 없는 지혜를 물려받았다. 다윈이 언급한 시행착오를 통해 우리 인간의 게놈은 그 많은 앞세대의 지식을 내면화했다. 이 선천적 지식은 살아가면서 배우게 되는 특정 사실들과 다른 형태의 지식이다. 우리의 신경망으로 하여금 기본적인 자연 법칙들을 높이 평가하도록 만들기 때문에 훨씬 더 추상적이기도 하다.

간단히 말해, 임신 기간 중에 우리 유전자들은 뇌를 만들며, 그 뇌는 탐구할 공간 크기에 제약을 가함으로써 이후의 학습을 이끌고 촉진한다. 컴퓨터 과학 분야 용어로는 유전자들이 뇌의 '하이퍼 매개변수hyperparameter'들을 구축했다고 말하기도 한다. 유전자들이 망막의 어떤 지점에서 재연되든, 그 상호연결의 일반적인 모양, 신경세포들의 종류들, 층들의 수를 구체화하는 높은 수준의 뇌의 매개변수들을 구축했다는 것이다. 이 매개변수들의 상당수는 우리의 게놈에 저장되므로, 우리는 더 이상 이 매개변수들에 대해 배울 필요가 없다. 인간은 진화 과정에서 이 매개변수들을 내면화했다.

따라서 우리 뇌는 감각 입력 정보를 그저 수동적으로 받아들이기만 하는 것이 아니다. 애초부터 이미 일련의 추상적 가설들, 그러니까 다윈의 진화론에 의해 축적된 지혜를 갖고 있으며, 그것이 이제 외부 세계에 투영되는 것이다. 물론 모든 과학자가 이런 견해에 동의하는 건 아니지만, 나는 이렇게 생각한다. 오늘날의 인공신경망의 토대가 되고 있는 순진한 경험주의적 철학은 잘못됐다. 우리 인간이 그 어떤 지식도 없이 완전히 비조직적인 회로들을 갖고 태어나며, 그러다 나중에 주변 환경으로부터 이런저런 영향을 받는다는 이론은 사실이 아니다. 인간의 경우도 그렇고 기계의 경우도 그렇고, 배움은 늘 일련의 선험적 가설들로 시작되며, 그 가설들이 새로 들어오는 데이터에 투영되고, 그 데이터로부터 시스템이 현재 환경에 가장 적합한 데이터를 선별하는 것이다. 이와 관련해 프랑스 신경과학자 장 피에르 샹구Jean-Pierre Changeux는 자신의 베스트셀러 저서 《뉴런 맨Neuronal Man》(1985)에 이렇게 적었다. "배운다는 것은 제거해 나가는 것이다."

우리의 뇌는 왜 기계보다 잘 배울까?

현재 이루어지고 있는 인공지능의 비약적인 발전은 우리가 마침내 인간의 학습 능력과 지능을 흉내 낼 수 있는, 아니 오히려 뛰어넘을 수 있는 방법을 찾아냈다는 의미일 수도 있다. 자칭 선지자라는 사람들의 말에 따르면 조만간 기계가 우리 인간을 뛰어넘는다고 한다. 아마 그보다 더 사실과 먼 이야기는 없을 것이다. 대부분의 인지과학자들은 인공신경망의 최근 발전을 높이 평가하면서도, 그래 봐야 기계에는 여전히 한계가 많다는 사실을 아주 잘 안다. 실제로 대부분의 인공신경망은 아직 우리의 뇌가 어떤 이미지를 인지하고 알아보고 카테고리화하고 그 의미에 접근하면서 극히 짧은 순간 무의식적으로 수행해 내는 일들만 할 수 있다.[1] 그러나 우리 인간의 뇌는 거기서 한참 더 나아간다. 해당 이미지를 수 초간 계속 차근차근 세심히 의식적으로 살펴볼 수 있다. 또한 상징적 표상을 만들 수 있고, 세상에 대한 명쾌한 이론을 만들고 언어를 통해 다른 사람들과 공유할 수도 있다.

현재로서는 시간이 걸리고 논리정연하며 상징적인 이런 성격의 일들이 아직 인간의 전유물로 남아 있다. 현재의 머신러닝 알고리즘들은 이런 일들에 서툴다. 기계 번역과 논리적 추론 분야에서 끊임없는 발전이 이루어지고 있지만, 인공신경망은 마치 모든 문제가 자동 분류 문제라도 되는 양 모든 걸 동일한 수준에서 배우려 한다는 비판을 받는다. 망치를 들고 있는 사람에겐 모든 게 못처럼 보이는 법이다. 그러나 우리의 뇌는 훨씬 더 유연하다. 그래서 모든 정보에 대해 신속하게 우선순위를 매기며, 가능하면 언제든 일반적이고 논리적이며 명쾌한 원칙들을 이끌어 낸다.

인공지능은 지금 무얼 놓치고 있을까?

인공지능이 놓치고 있는 것을 명확히 하는 일은 흥미롭다. 인간의 학습 능력에 어떤 독특한 점이 있는지 알 수 있는 길이기도 하다. 심지어 아기들도 가졌지만, 오늘날의 인공지능 시스템은 아직 갖지 못한 능력들을 간단히 열거하자면 다음과 같다.

추상적 개념 배우기. 우리 뇌의 시각 관장 부위들은 0.2초도 안 되는 짧은 순간에 이미지를 분석해 내는데, 이에 비해 대부분의 인공신경망은 아직 초기 단계의 정보 처리 능력만 가졌다. 딥 러닝 알고리즘들은 사실 일부 사람들이 주장하는 만큼 '딥deep'하지 못하다. 딥 러닝 알고리즘 창시자 중 한 사람인 요슈아 벤지오 Yoshua Bengio에 따르면 딥 러닝 알고리즘은 아직 높은 수준의 추상적 개념보다 데이터의 피상적 통계학 규칙성 정도를 배우는 데 그친다.[2] 물체를 인식하기 위해 딥 러닝 알고리즘은 특정 색이나 모양처럼 이미지 내 몇 가지 피상적인 특징들에 의존하는 경우가 많다. 따라서 그런 특징에 변화가 생기면 인식률이 뚝 떨어진다. 오늘날의 합성곱 신경망은 아직 물체의 본질을 구성하는 것들을 알아볼 능력이 없다. 그래서 다리가 네 개든 한 개든, 유리로 만들어졌든 금속으로 만들어졌든 부풀어 오르는 플라스틱으로 만들어졌든, 의자는 의자라는 것을 이해하는 데 어려움을 겪는다. 이처럼 피상적 특징에 매달리는 경향으로 인해 인공신경망은 큰 실수를 할 가능성이 아주 높다. 인공신경망을 속이는 방법에 대해서는 알려진 바가 아주 많다. 바나나 이미지를 가지고 픽셀을 약간 조정하거나 바나나에 특정 스티커를 붙이면 신경망은 그걸 토스터로 보기도 한다.

물론 사람도 아주 짧은 순간 이미지를 보면 종종 기계와 같은 실수를 해 개를 고양이로 잘못 보기도 한다.[3] 그러나 사람의 경우 시간을 좀 더 주면 바로 자신의 실수를 바로잡는다. 컴퓨터와 달리 인간은 자신의 믿음에 대해 의문을 품을 줄 알고, 물체에 첫인상과 다른 특징이 보이면 정신을 재집중해 실수를 바로잡을 수 있다. 의식적이며 지적인 이 두 번째 분석은 인간의 추론 능력과 추상화 능력을 요구한다. 인공신경망은 다음과 같은 사실을 간과하고 있다. 인간의 학습은 단순한 패턴 인식 필터를 세팅하는 게 아니라 세상 만물에 대한 추상적 모델을 구축하는 일이라는 사실을 말이다. 알파벳 읽기를 배움으로써 우리는 알파벳 각 글자의 추상적 개념을 알게 된다. 그 결과 알파벳 형태를 바꿔 속이려 해도 속지 않으며, 오히려 다음과 같이 새로운 버전의 알파벳까지 만든다.

A A A A 𝒜 Ａ 𝖠 A A 𝒜

인지과학자 더글러스 호프스태터Douglas Hofstadter는 언젠가 '인공지능이 직면한 진짜 도전 과제는 알파벳 A를 제대로 인식하는 것'이라고 말했다. 물론 과장된 우스갯소리지만, 나름 진실이 담긴 말이기도 하다. 그래서 사용자가 컴퓨터가 아니라 인간이라는 걸 입증하기 위해 캡차CAPTCHA(찌그러진 문자나 인식하기 어려운 숫자로 이루어진 자동계정 생성 방지 기술. 사용자가 실제 사람인지 컴퓨터 프로그램인지 구분하는 데 쓰인다—옮긴이) 같은 기술이 쓰이기도 한다. 그리고 실제 여러 해 동안 캡차는 기계가 넘지 못하는 벽이었다. 그러나 컴퓨터 과학은 아주 빠른 속도로 진화 중이다. 결국 2017년에 한 인공지능 시스템이 캡차를 거의 인간 수준으로 인식해 냈다.[4] 놀랄 일도 아니지만, 그 컴퓨터 알고리즘은 여러 면에서 인간의 뇌를 흉내 냈다. 그리하여 아주 절묘한 솜씨로 각 알파벳 글자의 뼈대 그리고 A의 내적 본질을 알아냈고, 통계학적 추론 능력을 총동원해 이 추상적 아이디어가 특정 이미지에 적용되는지 여부를 입증해 냈다. 그러나 그 컴퓨터 알고리즘은 아주 정교하지만, 순전히 캡차에만 적용된다. 우리 인간의 뇌는 이런 추상화 능력을 일상생활의 모든 면에 적용할 수 있다.

데이터 효율성이 높은 학습. 오늘날의 인공신경망의 학습 속도가 너무 늦다는 사실에는 누구나 동의한다. 인공신경망은 한 영역의 직관력을 키우기 위해 수천, 수백만, 심지어 수억 개의 데이터 포인트를 필요로 한다. 그리고 인공신경망의 학습 속도가 늦다는 걸 보여 주는 실험 증거들도 얼마든지 있다. 딥마인드가 개발한 인공신경망의 게임 실력이 아타리의 게임 콘솔 수준에 도달하려면 무려 900시간이 걸린다. 반면에 인간은 단 두 시간이면 그 수준에 도달한다.[5] 또 다른 예는 언어 학습 분야에서 찾을 수 있다. 프랑스 심리 언어학자 엠마누엘 뒤프Emmanuel Dupoux는 대부분의 프랑스 가정에서 아이들이 1년에 약 500시간에서 1,000시간 정도 사람 말을 듣는다고 추정한다. 이는 아이들이 프랑스 철학자 데카르트의 사투리를 알아들을 수 있을 정도가 넘는 언어 접촉이다. 그런데 볼리비아 아마존 토착민인 치마네 족 아이들은 1년 동안 사람 말을 들을 수 있는 시간이 겨우 60시간밖에 안 된다. 하지만 놀랍게도 이 아이들은 언어 접촉 기회가 그렇게 적음에도 불구하고 치마네 족 언어에 능통해지는 데 아무 어려움이 없다. 이에 반해 애플과 바이두 그리고 구글이 소유하고 있는 오늘날 가장 뛰어난 컴퓨터 시스템들의 경우, 약간의 언어 능력을 쌓는 데 20배에서 1,000배가 넘는 데이터를 필요로 한다. 이처럼 학습 분야에서는 인간의 뇌가 효율성 면에서 아직 독보적이다. 기계가 늘 데이터에 목말라 하는 데 반해 인간은 데이터 효율성이 아주 높다. 인간은 학습에서 최소한의 데이터로 최대한의 효과를 거둔다.

소셜 러닝. 인간은 자발적으로 정보를 공유하는 유일한 종이다. 우리는 언어를 통해 동료 인간에게서 많은 걸 배운다. 이 능력에 관한 한 인간은 여전히 오늘날의 인공신경망보다 차원이 높다. 인공신경망 모델의 경우 지식은 암호화되고 수억 가지 시냅스 가중치 값들 안에서 희석된다. 이처럼 감추어진 암호 형태하에서는 서로 데이터를 빼내 오거나 공유하는 게 불가능하다. 반면에 인간 뇌는 우리의 의식까지 도달하는 아주 높은 수준의 정보까지 투명하게 공유할 수 있다. 의식적 지식은 언어 보고성과 함께 온다. 다시 말해 우리가 무언가를 아주 명료하게 이해할 때마다, 정신적 공식이 우리의 생각 언어 안에서 공명되며, 그 결과 우리는 언어를 이용해 그걸 보고할 수 있다. "To get to the market, turn right on the small street behind the church"(시장에 가려면, 교회 뒤 골목에서 오른쪽으로 도세요) 같은 식으로 최소한의 단어를 사용해 더없이 효율적인 방법으로 지식을 공유할 수 있다. 동물의 왕국 안에서는 물론이요 컴퓨터 세계에서도 타의 추종을 불허한다.

단 한 번 만의 학습. 인간은 새로운 걸 단 한 번에 배우곤 하는데, 이는 인간이 가진 효율적 학습 능력의 극단적인 예이다. 내가 만일 purget이라는 새로운 영어 동사를 소개한다면, 단 한 번만 듣고도 당신은 그걸 사용할 수 있다. 물론 몇몇 인공신경망도 특정

에피소드를 저장할 수 있는 능력을 가졌다. 그러나 인간의 뇌는 너무도 잘해 내지만, 기계들은 아직 새로운 정보를 기존의 지식 네트워크 안에 통합하는 일을 제대로 못한다. 인간의 뇌는 단순히 새로운 동사 purget을 기억할 뿐 아니라, 그 동사를 어떻게 활용하고 또 어떻게 다른 문장들 안에 넣어야 할지까지 금방 안다. 내가 "Let's purget tomorrow"라는 말을 하면 당신은 단순히 한 단어를 배우는 게 아니라, 그 단어를 각종 상징과 원칙 들로 이루어진 방대한 시스템 안에 집어넣는 것이다. 그리고 purget은 불규칙 과거와 과거분사(purgot, purgotten)를 가진 동사이며 현재시제에서는 전형적인 동사 활용(I purget, you purget, she purgets 식으로. 1, 2인칭은 그대로 쓰고 단수 3인칭에는 -s를 붙임)을 한다는 것까지 안다. 결국 배움이라는 것은 새로운 지식을 기존의 지식 네트워크에 통합시킬 수 있다는 의미이다.

체계화 능력과 생각의 언어. 문법 원칙들은 우리 인간의 뇌가 갖고 있는 특별한 능력, 즉 특수한 경우들 속에서 일반적인 원칙들을 발견해 내는 능력의 한 예에 지나지 않는다. 수학이든 언어든 과학이든 그 어떤 분야에서든, 인간의 뇌는 다른 많은 문맥 속에도 적용할 수 있는 아주 추상적인 원칙들과 체계적인 규칙들을 이끌어 낸다. 산수를 예로 들어 보자. 두 숫자를 더하는 우리의 능력은 극도로 일반적인 것이다. 일단 간단한 수들로 이 과정을 배우면, 우리는 그 과정을 체계화해 얼마든지 많은 수들에 적용할 수 있다. 게다가 인간은 특별한 일반화를 추론해 낼 줄 안다. 많은 아이들이 5~6세쯤 되면 각 숫자 n 뒤에는 n+1이란 숫자가 오며, 그래서 전체 숫자는 무한하다는 걸, 그러니까 가장 큰 숫자라는 건 없다는 걸 알게 된다. 나는 지금도 내가 처음 이런 사실을 안 순간을 떠올리면 감정이 북받친다. 그야말로 내가 처음 알게 된 수학 정리였다. 추상화의 힘이란 얼마나 엄청난가! 유한한 수의 신경세포들로 이루어진 우리 뇌는 대체 어떻게 무한함이라는 개념을 알아내는 걸까?

오늘날의 인공신경망은 추상적인 법칙을 '모든 숫자 뒤에는 더하기 1이란 숫자가 있다.'라는 식으로 간단히 표현하지 못한다. 절대적인 진리는 인공신경망이 좋아하는 게 아니다. 최첨단 알고리즘들도 아직 체계화 능력[6], 즉 피상적 비슷함이 아닌 상징적 규칙을 토대로 일반화하는 능력은 없다. 아이러니하게도 이른바 딥 러닝이란 이름의 알고리즘들조차 정말 '딥한' 통찰력은 거의 갖고 있지 못하다.

반면에 우리 인간의 뇌는 일종의 마음속 언어 안에서 이런저런 공식들을 인지하는 유연한 능력을 가진 듯하다. 우리 뇌는 무한집합의 개념을 표현할 줄 아는데, 그건 뇌가 '부정'과 '수량화'(infinite = not finite = beyond any number[무한한 = 유한하지 않은 = 그 어떤 수보다 많은]) 같은 추상적 능력을 갖춘 마음속 언어를 가졌기 때문이다. 미국 철학자 제리 포더Jerry Fodor(1935-2017)는 이런 능력을 이론화했다. 우리 인간의 생각은 생각의 언어language of thought의 체계적 규칙에 따라 합쳐지는 상징들로 이루어져 있다고 상정한 것이다.[7] 그런 언어는 반복되는 자연에서 그 힘을 얻는다. 즉 새로 생겨난 물체(예를 들면 무한의 개념)는 즉각 새로운 혼합들 속에서 제한 없이 재활용될 수 있다. 얼마나 많은 무한이 존재할까? 수학자 게오르크 칸토어Georg Cantor(1845-1918)는 이 어리석어 보이는 의문을 스스로 제기했고, 결국 '초한수transfinite number' 이론을 만들어 냈다. 프러시아의 철학자 빈헬름 폰 홈볼트Wilhelm von Humboldt에 따르면, '유한한 수단들을 무한하게 활용하는 능력'은 인간 사고의 특징이다.

몇몇 컴퓨터 과학 모델은 아이들에게서 추상적인 수학적 법칙들을 얻고자 한다. 그러기 위해서는 아주 다른 형태의 학습법을 취해야 한다. 각종 규칙과 문법을 망라해 그중 가장 적절한 것들을 빠른 속도로 선별해 내는 학습법 말이다.[8] 이런 관점에서 보면, 지금 학습은 프로그래밍과 비슷해지고 있다. 생각의 언어 안에서 활용 가능한 모든 공식들 가운데 데이터에 적합한 가장 단순한 내부 공식을 고르는 것이다.

대체로 오늘날의 인공신경망은 호모 사피엔스의 뇌가 세상을 모델화하는 데 쓰는 각종 추상적 구절과 공식, 규칙, 이론을 활용하지 못한다. 우연의 일치는 아닐 것이다. 이 모든 건 인간에게만 있는 그 무엇 때문이다. 다른 동물의 뇌에서는 발견되지 않는 그무엇, 그리고 현대의 신경과학도 아직 해결하지 못한 그 무엇, 순전히 우리 인간에게만 있는 고유한 특징 말이다. 영장류 가운데 인간의 뇌만 복잡한 구문론 내지 문법에 따라 각종 기호들을 혼합해 낸다.[9] 내 실험 결과에 따르면, 인간의 뇌는 삐삐삐삑 하는 일련의 음을 들으면 바로 그 밑에 깔린 추상적 구조(세 가지 같은 음 다음에 다른 음 하나)를 이론화한다. 원숭이는 같은 상황에서 네 음을 감지하고 마지막 음이 다르다는 것까지 알아내지만, 각 지식을 하나의 공식으로 통합하지는 못하는 것 같다. 원숭이 뇌의 움직임을 관찰해 보면 알 수 있다. 원숭이의 뇌 회로는 숫자나 순서에 반응을 보이지만 '브로카 영역Broca's area'[10](언어의 생성 및 제어와 관련된 뇌 부위—옮긴이)이라는 인간의 뇌 부위에서 볼 수 있는 통합적 움직임은 관찰되지 않는다.

마찬가지로 원숭이는 순서가 뒤바뀌는 걸(ABCD에서 DCBA로) 이해하기까지 수만 번의 시행착오를 거쳐야 하지만, 인간은 네 살 아기도 다섯 번의 시행착오만 거치면 이해할 수 있다.[11] 심지어 생후 몇 개월 안 된 아기도 이미 추상적이고 체계적인 규칙을 활용해 외부 세계를 나름대로 암호화한다. 재래식 인공신경망이나 다른 영장류에게서는 찾아볼 수 없는 독특한 능력이다.

구성. 일단 두 숫자를 더하는 법을 배우면, 이 기술은 떼려야 뗄 수 없는 내 재능의 한 구성 요소가 된다. 곧바로 다른 목표들에 이르는 데 두루 쓰일 수 있게 되는 것이다. 식당에서 식비를 계산한다든가 세금 고지서를 체크한다든가 하는 여러 상황에서 서브루틴subroutine(프로그램에서 반복 사용되는 부분 프로그램—옮긴이)으로 활용할 수 있다. 무엇보다 이미 배운 다른 기술들과 재혼합할 수도 있다. 한 숫자를 취해 2를 더하고 그게 이제 5보다 큰지 작은지 결정하라고 요구하는 알고리즘을 따르면 어려울 게 없는 것이다.[12] 오늘날의 인공신경망들이 아직 이런 유연성을 보여 주지 못한다는 건 놀라운 일이다.

그 신경망들이 배운 지식은 여전히 접근 불가능한 숨겨진 연결들 안에 국한되어 있고, 그래서 그 지식을 보다 복잡한 다른 작업에 재활용하기가 아주 힘들다. 이미 배운 기술들을 재구성하는 능력은, 즉 그 기술들을 재결합해 새로운 문제들을 푸는 데 활용하는 능력은 이런 모델들을 뛰어넘는다. 오늘날의 인공지능은 극단적으로 좁은 문제들만 해결한다. 그 어떤 인간 바둑 챔피언도 꺾을 수 있는 알파고 소프트웨어는 편협한 전문가로 자신의 그런 재능을 아주 조금 다른 그 어떤 게임에도(심지어 표준적인 19×19줄 바둑이 아닌 15×15줄 바둑에도) 일반화하지 못한다. 반면에 인간 뇌의 경우 배운다는 것은 늘 지식을 명쾌하게 만드는 걸 의미해 얼마든지 재활용하거나 재결합할 수 있고 다른 사람에게 설명할 수도 있다. 여기서도 우리는 다시 언어와 관련된 인간 뇌의 독특한 면, 그러니까 기계가 재연하기 힘든 걸로 입증된 독특한 면을 보게 된다. 프랑스 철학자 데카르트는 1637년에 이미 자신의 유명한 저서 《방법서설Discourse on Method》에서 이 문제를 예견했다.

만일 우리 몸과 비슷하게 생겼고 우리의 행동들을 그대로 흉내 내는 기계들이 있다 해도, 우리에게는 늘 그 기계들이 인간이 아니라는 사실을 알아낼 수 있는 아주 확실한 두 가지 방법이 있다. 첫째, 기계들은 절대 우리가 우리의 생각을 다른 사람들에게 표현하듯 그렇게 자유롭게 말할 수 없을 것이며 또한 다른 상징들을 쓰지도 못할 것이다. 설사 인간처럼 말할 수 있게 만들어진 기계라 해도…… 상대 인간이 하는 모든 말에 대해 그 의미에 맞게 단어들을 다양하게 뒤섞어 가며 대응하진 못할 것이다. 이는 더없이 우둔한 인간조차도 할 수 있는 일인데 말이다. 둘째, 기계들은 많은 일들에서 우리 인간만큼 아니 어쩌면 우리 인간보다 더 잘할 수 있겠지만, 십중팔구 다른 많은 일들에서는 그러지 못할 것이다. 따라서 우리는 기계들이 지식을 토대로 행동하는 게 아니라, 그저 이런저런 기관들의 배열에 따라 행동하고 있다는 걸 알 수 있다. 인간의 이성은 그 어떤 상황에서도 두루 쓰일 수 있는 보편적인 수단이지만, 기계의 기관들은 특정 행동을 하는 데 특정 배열을 필요로 한다.

이성은 정신의 보편적인 수단으로, 데카르트가 나열한 정신적 능력들은 각종 규칙들과 상징들에 토대를 둔 이전 학습 시스템보다 더 높은 계층의 2차 학습 시스템을 가리킨다. 우리의 시각 시스템은 초기 단계에서 오늘날의 인공신경망과 약간 비슷한 면들이 있다. 들어오는 이미지들을 필터링하고 잦은 배열들을 인지하는 법을 배우는 것이다. 말하자면 얼굴과 단어 또는 바둑의 배열을 알아보는 것이다. 그러다가 처리 스타일이 급작스레 변한다. 그래서 학습은 추리, 즉 어떤 영역의 규칙들을 포착하려는 논리적 추론을 닮아 가기 시작한다. 그리고 이 같은 두 번째 차원의 지능에 도달하는 기계들을 만드는 것이 현대 인공지능 연구 분야의 큰 도전 과제이다. 자, 이제 인간이 이 두 번째 차원에서 배울 때 하는 행동들을 규명해 주고 또 대부분의 최신 머신러닝 알고리즘들을 거스르는 두 가지 요소들을 살펴보자.

배움이란 한 영역의 문법을 추론하는 것이다

끈질기게 추상적인 규칙들을 찾아내고 특정 상황에서 높은 차원의 결론들을 내리며 뒤이어 새로운 관찰들을 통해 그 결론들을 검증하는 것이 우리 인간의 특징 중 하나이다. 그렇게 추상적인 법칙들을 만들어 내려 애쓰는 것은 아주 강력한 학습 전략일 수 있는데, 그것은 가장 많은 관찰들에 적용되는 법칙들이 가장 추상적인 법칙들이기 때문이다. 활용 가능한 모든 데이터에 적합한 법칙이나 논리적 규칙을 찾는 것은 학습 속도를 무지막지하게 높여 주는 궁극적 수단인데, 그런 게임을 엄청나게 잘하는 게 우리 인간의 뇌이다.

한 가지 예를 살펴보자. 내가 당신한테 서로 다른 색깔의 공들이 가득 담긴 불투명한 상자 열 개를 보여 준다고 상상해 보라. 내가 무작위로 한 상자를 고른다. 나는 전에 그 상자에서 그 무엇도 꺼낸 적이 없다. 그 상자 안에 손을 집어넣어 초록색 공을 하나 꺼낸다. 그 상자에 들어 있는 내용물들에 대해 뭔가 추론할 수 있겠는가? 다음 공은 무슨 색이겠는가?

아마 제일 먼저 떠오르는 생각은 이럴 것이다. '전혀 모르겠는데. 아무 정보도 주지 않았는데 내가 무슨 재주로 그다음 공 색깔을 알겠어?' 그렇다. 하지만 이걸 상상해 보라. 전에 나는 다른 상자들에서 공을 몇 개 꺼냈는데, 당신은 다음과 같은 규칙을 발견했다. 특정한 상자에 들어 있는 공들은 전부 늘 같은 색이다. 이제 이 문제는 시시해진다. 내가 다시 상자를 보여 줄 때, 당신은 이제 초록색 공 하나만 보고 다른 모든 공도 초록색일 거라고 추론할 수 있다. 이런 일반적인 규칙을 머릿속에 기억해 두면, 단 한 번의 시도로 배우는 게 가능해진다.

이 예는 소위 '메타meta' 수준이라는 수준에서 만들어지는 상위 차원의 지식이 어떻게 하위 수준의 관찰 전체를 이끌 수 있는지 보여준다. 일단 '특정 상자 안에 든 공들은 모두 같은 색이다.'라는 식의 추상적 메타 규칙을 배우면 학습 속도는 엄청나게 빨라진다. 물론 그런 답이 잘못된 걸로 결론날 수도 있다. 예를 들어 열 번째 상자에 모든 색깔의 공들이 들어 있다면 당신은 엄청나게 놀랄 것이다(메타 놀람이라 해도 좋다). 이런 경우, 당신은 마음속 모델을 바꾸어야 하며, 모든 상자들이 비슷할 거라는 애초의 추정에 의문을 제기해야 할 것이다. 어쩌면 훨씬 더 높은 수준의 가정인 메타-메타-가정을 해야 할 수도 있다. 상자들은 두 종류, 그러니까 한 가지 색깔의 공들이 들었거나 여러 색깔의 공들이 들어 있는 두 종류가 있다고 가정하는 것이다. 그러면 상자당 최소 공 두 개를 꺼내는 걸 보고 결론을 내려야 한다. 어떤 경우든 추상적 규칙의 계층을 정할 때 소중한 학습 시간을 아낄 수 있다.

이런 관점에서 볼 때 배움은 각종 규칙의 내부 위계를 정하고 가능한 한 빨리 모든 관찰에 들어맞는 가장 일반적인 규칙을 추론해내는 것이다. 인간의 뇌는 이런 위계 원칙을 어린 시절부터 적용하고 있는 듯하다. 정원 안을 걸어 다니면서 엄마 아빠로부터 새로운 말(예를 들면 나비butterfly)을 배우는 두세 살 난 아이를 예로 들어 보자. 아이는 그 말을 한두 번만 듣고도 배우는 경우가 많다. 그걸로 끝이다. 그렇게 그 말의 의미가 기억된다. 이런 학습 속도는 정말 놀라운 것이다. 지금까지 알려진 그 어떤 인공지능 시스템보다 뛰어나다. 이 일은 왜 그리 어려울까? 모든 말 하나하나가 그 의미를 완진히 제한하지 않기 때문이다. 나비라는 말은 대개 아이가 복잡한 풍경, 온갖 꽃들, 나무들, 장난감들, 사람들 속에 묻혀 있는 상황에서 들려온다. 결국 분명한 의미들은 고사하고 이 모든 것들이 나비라는 말의 후보일 수 있는 것이다. 우리가 살아가는 매 순간이 각종 소리와 냄새, 움직임, 행동뿐 아니라 추상적인 특성들로도 가득 차 있다. 모두 알고 있듯 나비는 색깔이나 하늘, 움직임 또는 대칭을 의미할 수도 있다. 게다가 이 문제는 추상적인 말들의 존재로 한층 더 복잡해진다. 아이들은 어떻게 think, believe, no, freedom, death 같은 단어의 의미를 배울까? 이런 단어들은 감지할 수도 경험할 수도 없는데 말이다. 또한 대체 어떻게 'I'의 의미를 이해할까? 이 말을 들을 때마다, 상대는 늘 자기 자신에 대해 얘기하는데 말이다.

추상적 단어들에 대한 이처럼 빠른 학습은 파블로프식 조건 형성Pavlovian conditioning이나 스키너식 연상Skinnerian association만큼이나 순진한 단어 학습에 대한 견해들과 양립하지 못한다. 단순히 입력과 출력을 관련시키고 또 이미지들과 단어들을 관련시키려는 인공신경망은 대개 수천 번의 시도를 거친 뒤에야 나비라는 단어가 이미지의 한 구석에 있는 색색깔의 곤충을 가리킨다는 걸 이해한다. 하지만 단어와 그림 들 간의 이처럼 피상적인 상관관계를 통해 we, always, smell 같은 단어의 의미는 고정된 언급 없이 결코 알아내지 못할 것이다.

단어 학습은 인지과학 분야의 아주 큰 도전 과제이다. 우리는 그 해결책의 일부가 비언어적이고 추상적이며 논리적인 표현들을 만드는 아이들의 능력에 있다는 걸 안다. 아이들은 심지어 처음 단어들을 배우기 전에 이미 일종의 생각 언어 같은 걸 갖고 있어, 추상적 가설들을 만들고 검증할 수 있다. 아이들의 뇌는 백지 상태가 아니다. 외부 세계로 투영되는 선천적 지식 덕에 추상적 공간을 자신이 배우는 것들 안에 제한할 수 있다. 게다가 아이들은 단어들의 뜻을 아주 빨리 배우는데, 그것은 높은 수준의 규칙들의 안내를 받아 여러 가설들 중에서 선택하기 때문이다. 이런 메타-규칙 덕에 아이들의 학습 속도도 무진장 빠르다. 서로 다른 상자들 안에 든 색색깔의 공들을 맞히는 문제의 경우처럼 말이다.

어휘 습득 효과를 높여 주는 그 같은 규칙들 중 하나가 늘 데이터에 어울리는 가장 단순한 추정을 따르는 것이다. 아기가 처음 "개를 봐." 하는 엄마의 말을 들을 때, 이론상 그 '개'가 특별한 개 스누피를 가리키는 건지 아니면 네 발 달린 포유동물 또는 살아 있는 생명체를 가리키는 건지 알 길이 없다. 그런데 아이들은 대체 '개'란 단어가 특정 개가 아닌 모든 개를 뜻한다는 걸 어찌 알까? 실험 결과들에 따르면, 아기들은 모든 가설들을 확인하되 자신이 들은 단어에 어울리는 가장 단순한 가설을 유지함으로써 논리적 추론을 한다. 따라서 '스누피'라는 단어를 들을 때, 아이들은 늘 특정한 반려동물 스누피라는 맥락 속에서 그 단어를 들으며, 또한 관측 결과 적합한 가장 단순한 가설은 스누피라는 개에 한정되게 된다. 처음으로 특정 문맥 안에서 '개'라는 단어를 들을 때, 아이들은 그게 특정한 개 스누피만 가리키는 단어라고 잠시 믿을 수도 있다. 그러나 '개'라는 단어를 다른 문맥 속에서 다시 들으면 그 단어가 스누피가 아닌 개 전체를 가리키는 단어라고 추론한다. 이런 과정의 수학적 모델 덕에 아이들은 서너 차례만 들으면 충분히 어떤 단어의 의미를 수렴한다.[13] 이것이 어휘 습득 과정에서의 아이들의 추론 방식인데, 이는 오늘날의 그 어떤 인공신경망보다 빠르다.

아이들은 이 외 다른 몇 가지 방법을 통해 오늘날의 그 어떤 인공지능 시스템보다 빠른 속도로 언어를 배운다. 그 메타-규칙들 중 하나가 자명한 이치이다. 일반적으로 사람이 말을 할 때는 대개 자신이 하고자 하는 말에 주의를 집중한다. 아기들이 일단 이런 규칙을 이해하고 나면, 추상적인 공간을 자신이 의미를 찾고 있는 단어에 제한할 수 있다. 그 경우 아기들은 컴퓨터처럼 모든 단어를 눈에 보이는 모든 물체들과 연관 지을 필요가 없게 되며, 그러다가 충분한 데이터가 모이면 '나비'라는 단어를 들을 때마다 색색깔의 작은 곤충의 존재를 확인할 수 있게 된다. 모든 아이가 자기 엄마가 무엇에 대해 얘기하는지 추론할 때 할 일은 단 하나이다. 엄마의 눈길이나 손가락이 가리키는 방향을 좇는 것이다. 이것이 이른바 '주의의 공유shared attention'로 언어 학습의 기본 원칙이기도 하다.

여기 흥미로운 실험이 있다. 두세 살 아이한테 새로운 장난감을 보여 준다. 그런 다음 한 성인이 그걸 쳐다보면서 "오, 와그wog!"라는 말을 한다. 단 한 번의 시도로 아이는 '와그'가 그 물체의 이름이라는 걸 알게 된다. 이제 같은 상황을 재연한다. 다만 이번에 성인은 아무 말도 하지 않고, 아이는 천장에 매달린 스피커에서 나오는 "오, 와그!"라는 말을 듣는다. 아이는 아무것도 배우지 못한다. 이번에는 말하는 사람의 의도를 해독할 방법이 없기 때문이다.[14] 또한 이런 능력 덕에 아이들은 추상적인 단어들을 습득할 수 있다. 그러기 위해 아이는 말하는 사람의 입장에서 그 사람이 어떤 생각이나 말을 전하려 하는지 이해해야 한다.

아이들은 단어를 배우기 위해 다른 많은 메타-규칙도 활용한다. 문법적 문맥을 활용하는 것이다. 상대가 영어로 "Look at the butterfly."라고 할 경우, 한정사 the의 존재 때문에 그다음 단어는 명사일 가능성이 아주 높다. 이것이 바로 아이들이 배워야 할 메타-규칙이다. 아기들은 분명 어떤 언어의 생각 가능한 모든 단어에 대한 지식을 갖고 태어나지 않는다. 그러나 연구 결과에 따르면 이런 종류의 학습은 빠르다. 생후 12개월이 지나면 이미 가장 자주 쓰이는 한정사들과 다른 기능어들을 알게 되며 그것들을 토대로 이후 학습을 해 나가게 된다.[15]

아이들이 그렇게 할 수 있는 것은 한정사 같은 문법어들이 아주 빈번히 쓰이기 때문이며, 그런 한정사가 나올 때마다 거의 예외 없이 그 뒤에 명사나 명사구가 나오기 때문이다. 추론은 순환되는 것처럼 보일 수 있지만, 실은 그렇지 않다. 아기들은 bottle이나 chair처럼 아주 익숙한 단어부터 처음으로 명사를 배우기 시작하며…… 그러다 그런 단어들이 아주 빈번히 쓰이는 단어인 정관사 the 뒤에 온다는 걸 알게 되고…… 그로부터 이 모든 단어들은 같은 카테고리, 즉 명사에 속할지도 모른다는 추론을 하게 되며, 이 단어들이 주로 사물들을 가리키는 경우가 많다는 추론도 하게 된다. 그리고 메타-규칙 덕에 아이들은 'the butterfly' 같은 새로운 말을 듣게 될 때,

그 말을 동사나 형용사가 아닌 명사로 보기 때문에, 먼저 주변에 있는 물체들 중에서 해당되는 물체가 없나 찾게 된다. 따라서 학습 에피소드를 거치면서 이런 규칙은 강화되고, 그 결과 학습 속도 또한 더 빨라진다. 발달 심리학자들에 따르면, 아이들은 통사적 자동처리 syntactic bootstrapping에 의존한다고 한다. 아이들의 언어 학습 알고리즘은 소소하면서도 체계적인 추론 단계들을 거치면서 자동적으로 점점 발전해 나간다는 것이다.

그런데 아이들이 단어 학습 속도를 높이는 데 활용하는 또 다른 메타-원칙이 있다. 이른바 상호 배타성 가설mutual exclusivity assumption이란 원칙인데, '사물 하나당 한 이름'이라고 간단히 정의할 수 있다. 기본적으로 서로 다른 두 단어가 같은 개념을 가리킬 수는 없다는 원칙이다. 따라서 새 단어는 새 물체나 아이디어를 가리킬 가능성이 아주 높다. 이런 규칙을 알면 아이는 낯선 단어를 듣자마자 그 의미를 자신이 아직 그 이름을 알지 못하는 물체들에 한정해 찾으면 된다. 그리고 생후 16개월쯤 되면, 아이들은 이 방법을 아주 정확히 활용한다.[16] 다음 실험을 따라 해 보라. 그릇 두 개를 가져와라. 파란색 그릇과 흔치 않은 색, 이를테면 올리브그린색(또는 황록색) 그릇으로. 그런 다음 아이에게 말해 보라. "황록색 그릇을 줄래." 아이는 파란색(자신이 이미 알고 있는 단어)이 아닌 그릇을 줄 것이다. 아마 아이는 당신이 파란색 그릇 얘기를 하고 싶었다면 '파란색'이란 단어를 사용했을 거라고 추정했을 것이다. 따라서 당신은 파란색 외 다른 색, 그러니까 자신이 모르는 색을 가리킨 게 분명한 것이다. 단 한 번의 이 경험만으로 아이는 몇 주 후 묘한 올리브그린색이 '황록색'이라는 걸 여기에 탄산석회 침전물인 튜퍼가 셋 있다. 다른 것들과 구분할 수 있는가?

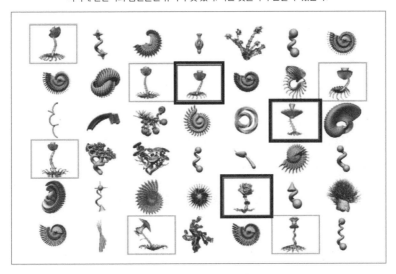

모든 예들에
적용되는
가장 단순한 가설

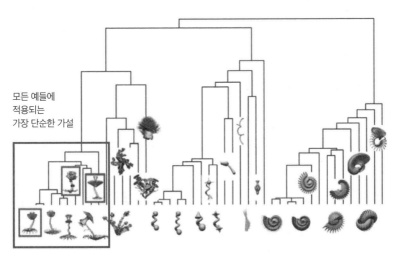

뭔가를 배운다는 것은 데이터에 어울리는 가장 단순한 모델을 선택하려 애쓰는 것이다. 내가 톱 카드(카드의 팩에서 첫 번째 카드—옮긴이)를 보여 주면서 두꺼운 선들로 둘러싸인 세 물체가 튜퍼라고 말한다고 가정해 보라. 데이터가 거의 없는 상황에서 당신은 어떻게 다른 튜퍼들을 찾겠는가? 당신의 뇌는 이 형태들이 어떻게 일반화되는지 모델을 만든다. 물체들의 특성을 가지고 계층 트리를 만드는 것이다. 그런 다음 모든 데이터와 맞아떨어지는 가장 작은 나뭇가지를 선택한다.

기억할 것이다.

여기서도 우리는 메타-규칙을 마스터하는 것이 어떻게 학습 속도를 현저히 높여주는지 볼 수 있다. 그리고 이 메타-규칙 자체는 배운 것일 가능성이 높다. 실제로 몇몇 실험 결과들에 따르면, 두 언어를 사용하는 가정 출신의 아이들은 한 언어를 사용하는 아이들에 비해 이 규칙을 적용하는 경우가 훨씬 적다.[17] 두 언어를 쓰는 가정의 아이들은 부모들이 같은 걸 가리키는데 다른 단어들을 쓴다는 걸 알게 된다. 반면에 한 언어만 쓰는 아이들은 상호 배타성 가설에 더 심하게 의존하게 된다. 그래서 당신이 새로운 단어를 쓸 때마다 당신이 새로운 물체나 개념을 가르쳐 주려 한다고 생각한다. 당신이 "글랙스glax를 줄래?"라고 말하면, 아이는 낯익은 물체들이 잔뜩 있는 방 안 곳곳을 보며 당신이 가리키는 glax라는 미지의 물체를 찾지만, 자신이 이미 잘 알던 물체가 아니라는 걸 안다.

이 모든 메타-규칙들은 이른바 추상화의 축복blessing of abstraction을 보여 준다. 다시 말해 가장 추상적인 메타-규칙들이 가장 배우기 쉬운 것들일 수 있다는 얘기인데, 왜냐하면 아이들이 듣는 모든 단어들이 추상화의 증거를 직접 제공하기 때문이다. 따라서 아이들은 대개 '명사 앞에는 정관사 the가 온다.'라는 문법 규칙을 일찍이 습득하며, 이는 이후 방대한 양의 명사들을 습득하는 데도 도움이 될 수 있다. 추상화의 축복 덕에 아이들은 두세 살쯤 되면 이른바 어휘 폭발lexical explosion이라는 축복 받은 시기에 접어들고 매일 별 노력 없이도 이런저런 사소한 단서들을 토대로 10개에서 20개의 새로운 단어들을 배운다.

메타-규칙 활용은 상당한 지능을 필요로 하는 일로 믿어진다. 그렇다면 그런 능력은 인간에게만 있을까? 전적으로 그런 건 아니다. 다른 동물에게도 어느 정도는 추상적 추론 능력이 있다. 다양한 물체들을 물고 오는 훈련을 받은 양치기개 리코Rico를 예로 보자.[18] "리코, 가서 공룡 가져와."라고만 말하면…… 그 개는 게임방으로 뛰어가 몇 초 후 입에 공룡 인형을 물고 돌아온다. 리코를 테스트한 동물 행동 전문가들에 따르면, 그 개는 약 200개의 단어들을 알고 있었다. 그러나 가장 놀라운 일은 리코가 새로운 단어들을 배우는 데 상호 배타성 가설 원칙을 활용한다는 것이었다. "리코, 가서 시키리드(새로운 단어) 가져와."라고 말한다면, 개는 늘 아직 이름을 모르는 새로운 물체를 물고 왔다. '사물 하나당 한 이름'이라는 메타-원칙을 활용하는 것이다.

수학자들과 컴퓨터 과학자들은 이제 기계들로 하여금 한 계층의 규칙들, 메타-규칙, 메타-메타-규칙을 무작위 수준까지 배우게 하는 알고리즘을 만들기 시작했다. 이 같은 계층 학습 알고리즘은 각 학습 에피소드가 낮은 수준의 매개변수들뿐 아니라 가장 높은 수준의 지식들, 그러니까 이후 학습에 영향을 주는 추상적인 초매개변수들까지 제한한다. 이 시스템들은 아직 인간의 놀라운 언어 학습 능력을 흉내 내지 못하지만, 어쨌든 상당한 발전을 이루고 있다. 〈컬러 삽입 도판 4〉를 보면, 최근의 한 알고리즘이 가장 뛰어난 외부 세계의 모델을 찾아내는 인공 과학자처럼 행동한다는 걸 알 수 있다.[19] 이 알고리즘은 추상적 능력과 문법 능력을 가졌으며, 그 결과 이처럼 기본적인 규칙들을 혼합해 활용함으로써 보다 높은 수준의 구조들을 만든다. 예를 들어 이 알고리즘은 선형 사슬을 긴밀하게 연결된 일련의 점들, 즉 '각 점은 왼쪽에 하나, 오른쪽에 하나, 이렇게 두 이웃을 가진다.'라는 원칙이 특징인 일련의 점들로 규정한다. 또한 이 알고리즘은 완전히 혼자 힘으로 그런 사슬이 정수들(0에서 영원까지 가는 선)이나 정치인들(극좌에서 극우까지)을 나타내는 최선의 방법이라는 걸 알아낸다. 같은 문법의 변형이 2진 트리binary tree를 만들어, 각 접속점이 한 부모에 두 자식을 갖게 된다. 이런 트리 구조는 시스템에게 살아 있는 생명체를 대변하라고 요구할 때 자동적으로 선택된다. 기계가 마치 인공의 다윈처럼 자연스럽게 '생명의 나무'를 재발견하는 것이다.

규칙들의 또 다른 조합들로 평면과 원통, 구체 같은 구조들이 만들어지며, 알고리즘은 그런 구조들이 어떻게 우리 지구의 지형과 비슷한지를 알아낸다. 이와 동일한 알고리즘의 보다 정교한 버전들은 훨씬 더 추상적인 아이디어들을 표현한다. 미국 컴퓨터 과학자 노아 굿먼Noah Goodman과 조시 테넨바움Josh Tenenbaum은 '인과관계 원칙principle of causality'[20]을 발견할 수 있는 시스템을 만들었다. 인과관계 원칙의 기본 개념은 어떤 일들이 또 다른 일들의 원인이 된다는 것이다. 이 원칙의 공식은 난해하면서도 수학적 정확성을 갖고 있다. 두 사람은 이렇게 설명했다. "여러 변수들을 연결하는 방향성이 있고 비순환적인 그래프에서는 다른 모든 것들이 의존하는 변수들의 부분집합이 존재한다." 물론 이는 아주 이해하기 힘든 말이겠지만, 마음속 문법이 표현하고 테스트할 수 있는 추상적인 내부 공식들을 잘 설명하는 말이어서 인용했다. 시스템은 이런 공식 수천 개를 테스트하며 외부에서 들어오는 데이터에 잘 맞는 공식들만 유지한다. 그 결과 인과관계의 원칙을 아주 빠른 속도로 추론한다(시스템이 받아들이는 감각 경험 중 일부는 원인이며 또 다른 일부는 결과이다). 이는 '추상화의 축복'을 보여주는 또 다른 예이다. 이렇게 높은 수준의 가설을 믿으면 학습 속도가 엄청나게 빨라지는데, 찾아 봐야 하는 가능성 있는 가설의 공간이 급격히 좁아지기 때문이다. 그 덕에 여러 세대에 걸쳐 아이들은 끊임없이 "왜?"라는 의문을 제기하면서 그 설명들을 구하고 원인을 찾으며, 그 결과로 인간의 끝없는 과학적 지식 탐구가 가능해진다.

이런 견해에 따르면, 학습은 생각의 언어 내 많은 표현들 중에서 선택, 즉 데이터에 가장 잘 맞는 선택이라고 할 수 있다. 우리는 곧 이것이 아이들이 하는 학습의 뛰어난 한 가지 모델이라는 걸 볼 것이다. 신출내기 과학자들과 마찬가지로 아이들은 이런저런 이론을 만들고 그것을 외부 세계와 비교한다. 이는 곧 아이들의 정신적 표현 능력이 오늘날의 인공신경망의 표현 능력보다 훨씬 더 조직적이라는 걸 의미한다. 아이들의 뇌는 태어날 때부터 이미 두 가지 중요한 요소들을 가진 것이다. 각종 추상적 공식들(생각 언어의 혼합들)을 만드는 능력과 그 공식들 중에 지혜롭게 선택해 쓸 수 있는 능력이다.

그야말로 새로운 버전의 뇌이다.[21] 엄청난 생성 모델, 엄청나게 조직적이며, 엄청나게 많은 가설들과 구조들을 만드는 능력을 가진 뇌. 그러면서도 점차 스스로 현실에 맞는 공식들을 선택하는 뇌.

배움이란 과학자처럼 추론하는 것이다

뇌는 어떻게 가장 적절한 가설을 선택해 낼까? 대체 어떤 기준으로 외부 세계의 어떤 모델을 받아들이거나 거부할까? 그렇게 할 수 있게 해 주는 이상적 전략이 있기 때문이다. 그 전략은 아주 최근에 나온 가장 생산적인 학습 이론들 가운데 한 이론, 즉 뇌는 신출내기 과학자처럼 행동한다는 이론의 핵심을 이룬다. 이 이론에 따르면, 뭔가를 배운다는 것은 여러 대안 이론들 가운데 주어진 데이터에 가장 적합해 올바른 이론일 가능성이 가장 높은 것을 선택하는 뛰어난 통계 전문가처럼 추론하는 것이다.

그렇다면 과학자의 추론은 어떤 식으로 이루어질까? 과학자들은 어떤 이론을 만들 때, 단순히 수학 공식들을 나열하지는 않는다. 이런저런 예측들도 하는 것이다. 어떤 이론의 힘은 거기서 얼마나 풍성한 예측들이 나오느냐에 의해 결정된다. 그리고 그 예측들이 이후에도 인정받느냐 거부당하느냐에 따라 그 이론 자체가 인정받기도 거부되기도 한다. 이때 과학자들이 적용하는 논리는 간단하다. 여러 이론들을 갖다 놓고 각 이론에서 나온 예측들을 정리한 뒤, 실험이나 관찰에 의해 잘못됐다는 게 입증된 예측들이 담긴 이론은 옆으로 제친다는 것. 물론 단 한 번의 실험으로는 대개 충분치 않다. 잘못된 예측들에서 올바른 예측들을 구분해 내려면 서로 다른 실험실에서 여러 차례 실험해야 할 경우가 많다. 영국 철학자 칼 포퍼Karl Popper(1902-1994)의 말에 따르면, 일련의 추측과 반박으로 이론이 점차 발전적으로 개선되면서 무지는 계속 옅어진다.

과학의 더딘 과정은 우리의 학습 방식과 닮았다. 뇌가 관찰을 통해 점점 외부 세계에 대한 정확한 이론들을 만드는 데 성공하면, 우리 마음속에서 무지는 점차 엷어진다. 그러나 이것은 모호한 비유에 지나지 않는 걸까? 아니다. 사실 우리 뇌가 하는 일에 대한 비교적 정확한 진술이다. 그리고 '아이는 과학자 같다.'라는 가설을 통해, 지난 30여 년간 아이들이 추론하고 배우는 방식과 관련해 여러 중요한 사실들이 밝혀졌다.

수학자와 컴퓨터 과학자들은 오랫동안 각종 불확실성 속에서 가장 좋은 추론 방법을 이론화해 왔다. 그 정교한 이론이 '베이지안 이론'인데, 이는 영국 장로교 목사이자 수학자로 영국 왕립학회 회원이 된 토머스 베이즈(1702-1761)의 이름에서 따온 것이다. 그러나 어쩌면 이 이론은 '라플라시안 이론'이라 해야 옳은지도 모른다. 이 이론을 가지고 처음 완벽한 공식을 만든 사람이 프랑스 수학자 피에르-시몽 라플라스 후작Pierre-Simon, Marquis de Laplace(1749-1827)이기 때문이다. 이 이론은 뿌리를 고대 시대에 두고 있지만, 인지과학과 머신 러닝 분야에서 자리를 굳힌 것은 20여 년 정도밖에 안 됐다. 그리고 지금 점점 더 많은 과학자들이 확률 이론에 뿌리를 둔 베이지안 이론만이 각 데이터 포인트로부터 최대한의 정보를 이끌어 낼 수 있다는 걸 깨닫고 있다. 배운다는 것은 설사 가장 불확실한 추론이라 할지라도 각 관찰로부터 가능한 한 많은 추론을 이끌어 내는 것인데, 베이지안 이론이야말로 그런 이론인 것이다.

그렇게 해서 토머스 베이즈 목사와 피에르-시몽 라플라스 후작은 무얼 찾아냈을까? 간단히 말하자면, 가장 그럴 듯한 원인을 찾을 때까지 아무리 하찮더라도 모든 관찰을 추적해 확률을 토대로 추론함으로써 올바른 추론 방법을 찾아냈다. 논리의 기초들로 돌아가 보자. 고대 시대 이후 인류는 참이든 거짓이든 진실의 가치들을 가지고 추론하는 방법을 알아 왔다. 아리스토텔레스는 우리가 삼단 논법syllogism이라 부르는 연역법을 선보였는데, 우리는 너 나 할 것 없이 모두 거의 직감적으로 이 삼단논법을 쓴다. 부정 논법modus tollens(문자 그대로 번역하면 '부정의 방법'이라는 뜻)이라 불리는 규칙에 따르면, P가 Q를 나타내는데 Q가 거짓으로 밝혀진다면, P 역시 거짓이어야 한다. 명탐정 셜록 홈즈가 그 유명한 이야기《실버 블레이즈의 모험The Adventure of Silver Blaze》에서 적용한 게 이 규칙이다.

"그 외에 내가 주목할 만한 점이 있나요?"
런던 경시청장 그레고리가 묻는다.
홈즈: "밤 시간에 개가 보인 기이한 일이요."
그레고리: "그 개는 밤 시간에 아무것도 하지 않았는데요."
홈즈: "그게 기이한 일인 겁니다."

셜록 홈즈는 만일 개가 이상한 사람을 봤다면, 그때 짖었을 거라고 추론했다. 그런데 개는 짖지 않았으므로, 범인은 분명 개에게 낯익은 사람이었을 것이고……. 이 유명한 탐정은 이런 식의 추론을 통해 범인을 색출해 나가며 결국 범인을 밝힌다.

당신은 이렇게 자문할 수도 있다. "그게 대체 학습과 무슨 상관이 있는데?" 그렇다. 배운다는 건 탐정처럼 추론하는 일이기도 하다. 늘 모든 현상의 숨겨진 원인까지 파고 들어가, 그런 현상을 지배하는 가장 그럴싸한 모델을 추론해 내는 것이다. 그러나 현실 세계에서 관찰만으로 참이나 거짓을 알기란 어렵다. 관찰은 불확실하고 확률적이기 때문이다. 이런 점에서 베이즈 목사와 라플라스 후작의 이론이 빛을 발한다. 베이지안 이론은 우리가 확률을 가지고 어떻게 추론해야 하는지, 또 데이터가 완벽하지 못할 때 어떤 종류의 삼단 논법을 적용해야 하는지를 알려 준다.

《확률 이론: 과학의 논리Probability Theory: The Logic of Science》는 통계학자 E. T. 제인스E. T. Jaynes (1922-1998)가 베이지안 이론에 대해 쓴 흥미진진한 책의 제목이다.[22] 그 책에서 제인스는 우리가 말하는 확률이라는 게 불확실성을 나타내는 또 다른 말에 불과하다는 걸 보여 준다. 그에 따르면, 베이지안 이론은 우리가 새로운 걸 관찰할 때 불확실성이 진화해 나가는 법칙들을 수학적인 정확성으로 설명해 준다. 확률과 불확실성이라는 모호한 영역으로 확장하는 완벽한 논리인 것이다.

18세기 당시 베이즈 목사가 자신의 이론을 내놓을 때와 비슷한 상황을 하나 예로 들어 보도록 하자. 누군가가 동전을 던지는 걸 본다고 가정해 보라. 동전이 공정하다면, 앞면으로 떨어지거나 뒷면으로 떨어질 확률은 같다. 50 대 50인 것이다. 이런 전제하에서 전통적인 확률 이론은 우리에게 특정한 결과를 보게 될 확률(예를 들어 동전이 연이어 다섯 번 뒷면이 나올 확률)을 어떻게 계산하는지 알려 준다. 그런데 베이지안 이론에 따르면, 우리는 그 반대 방향으로, 즉 관찰들에서 원인들 쪽으로 나아가게 된다. 그리고 "나는 여러 번 동전을 던진 뒤 동전에 대한 견해를 바꿔야 할까?" 같은 질문들에 어떻게 답해야 하는지 수학적으로 정확히 알려 준다. 동전 던지기를 할 때 애초의 전제는 동전이 편파적이지 않다는 것이지만, 그 동전이 스무 번이나 뒷면으로 떨어지는 걸 본다면, 나는 애초의 전제 자체를 바꿔야 할 것이다. 동전은 틀림없이 편파적이라고. 분명 애초의 내 전제는 맞지 않는 게 되는데, 대체 얼마나 맞지 않는 걸까? 베이지안 이론은 각 관찰 뒤에 우리의 믿음을 어떻게 업데이트해야 하는지 정확히 설명한다. 각 가정에는 확률 또는 신뢰 수준에 부합되는 숫자가 할당된다. 그런 다음 관찰을 거쳐, 이 숫자는 관찰 결과의 비개연성 정도에 의해 결정되는 값에 의해 변화된다. 과학의 경우에서와 마찬가지로, 실험 관찰 결과의 비개연성이 클수록 애초의 이론에서 나온 예측은 맞지 않게 되며, 그 결과 우리는 보다 큰 확신을 가지고 그 이론을 버린 뒤 다른 이론을 찾아 나설 수 있게 된다.

베이지안 이론은 아주 효율적이다. 제2차 세계대전 중 영국 수학자 앨런 튜링Alan Turing(1912-1954)은 이 이론을 활용해 독일군의 그 유명한 이니그마Enigma 암호를 해독했다. 당시 독일군의 메시지들은 이니그마 기계로 암호화됐는데, 수많은 기어와 회전자와 전선들로 이루어진 그 복잡한 기계는 10억 가지 이상의 배합을 만들고 그 배합들이 또 각 글자 뒤에서 변화됐다. 그리고 매일 아침 암호 담당자는 그 기계를 특수한 조합이 되게 만들었는데, 그게 그날 독일군의 군사 작전이었다. 그 뒤 그 담당자가 어떤 글을 타이핑하면, 이니그마가 무작위 순서로 보이는 글자들을 쏟아냈고 이는 암호키를 가진 사람만 해독할 수 있었다. 그 외 사람들 눈에는 아무 순서 없는 글자들로 보일 뿐이었다. 그러나 이 대목에서 튜링은 자신의 천재성을 보였다. 두 기계가 같은 방식으로 초기화될 경우 글자들의 분포에 미미한 편차가 나타나며, 그래서 두 메시지가 서로 닮은 것처럼 보이게 된다는 걸 알아낸 것이다. 그 편차는 워낙 미미해 한 글자만으로는 그 어떤 결론도 확실히 내릴 수 없었다. 그러나 한 글자 한 글자 그런 비개연성이 쌓이면서, 그 같은 글자 배열이 실제로 두 번 반복 사용되었다는 증거가 늘어났다. 이를 토대로 그리고 그들이 '폭탄bomb'(오늘날의 컴퓨터의 전신에 해당하는 거대한 기계)이라는 이름을 붙인 기계의 도움으로, 튜링과 그의 팀은 수시로 독일군의 이니그마 암호를 해독했다.

이런 게 우리 뇌와 무슨 관계가 있을까? 우리의 뇌 피질 안에서도 같은 종류의 추론이 일어나는 걸로 보인다.[23] 베이지안 이론에 따르면, 뇌의 각 부위는 한 가지 이상의 가설을 만들어 그에 따른 예측을 다른 부위들에 보낸다. 뇌의 각 부위는 이런 식으로 확률에 기초한 외부 세계에 대한 예측들이 담긴 메시지들을 교환함으로써, 다음 예측에 대한 추정들을 제한한다. 이런 신호들을 하향식top-down 신호라 하는데, 그건 이 신호들이 전두엽같이 고차원의 뇌 부위에서 시작되어, 1차 시각 피질 같은 저차원의 감각령들sensory area(몸에 있는 여러 감각기의 신호를 수용하는 대뇌 부위들—옮긴이)로 내려가기 때문이다. 이 이론에 따르면, 이 신호들은 우리 뇌가 그럴 듯하다고 판단해 검증해 보고 싶어 하는 영역의 가설들을 나타낸다.

그리고 이 하향식 신호들은 감각령들 안에서 예를 들어 망막을 통해 외부 세계로부터 들어오는 상향식bottom-up 메시지들을 만나게 된다. 이 순간에 이 모델은 현실에 직면한다. 베이지안 이론에서 우리 뇌는 에러 신호, 즉 모델이 예측한 것과 실제 목격된 것 사이의 차이를 계산해 낸다. 그런 다음 베이지안 알고리즘은 이 에러 신호를 어떻게 활용해 세계에 대한 내부 모델을 조정하는지 보여 준다. 만일 에러가 없다면 모델이 옳다는 뜻이 된다. 그러나 에러가 있으면, 에러 신호가 뇌 부위들을 거슬러 올라가며 그 과정에서 모델 매개변수들을 조정한다. 그리고 알고리즘은 비교적 빠른 시간 내에 외부 세계에 맞는 마음속 모델로 수렴된다. 이 이론에 따르면, 성인들의 판단력은 두 가지 차원의 통찰력, 즉 우리 인간의 선천적 지식(진화 과정에서 물려받은 그럴싸한 가설들로, 베이지안 이론에선 '선행 지식$_{prior}$'이라 한다)과 개인적 경험(우리가 살면서 끌어 모을 수 있는 모든 추론들에 토대를 둔 가설들의 수정으로, '후속 지식$_{posterior}$'이라 한다)을 합쳐 만들어진다. 이 같은 분업은 전통적인 '천성 대 교육' 논란을 잠재운다. 뇌 조직은 우리에게 강력한 스타트업 키트와 마찬가지로 강력한 학습 머신 모두를 제공하는 것이다. 모든 지식은 이 두 가지 요소에 기초해야 한다. 환경과의 상호작용에 우선하는 선험적 추정들, 그리고 일단 어떤 현실적인 데이터를 접할 경우 그 추정들을 사후 타당성에 따라 분류할 수 있는 능력에 기초해야 하는 것이다.

우리는 베이지안 접근법이 무언가를 배우는 데 가장 좋은 방법이라는 걸 수학적으로 입증할 수 있다. 이 접근법은 학습 에피소드의 진수를 뽑고 최대한 활용하는 유일한 방법이기도 하다. 튜링이 독일군의 이니그마 암호에서 찾은 수상적은 우연의 일치들처럼 아주 소소한 정보만으로도 배울 수 있다. 일단 시스템이 그 정보를 처리하면, 뛰어난 통계학자가 끈질기게 증거를 비축하듯, 시스템은 결국 충분한 데이터를 비축해 특정 이론들을 거부하고 다른 이론들을 입증할 수 있게 된다.

이것이 정말 우리 뇌가 작동하는 방식일까? 우리 뇌는 정말 태어날 때부터 많은 가설들을 만들 수 있고, 그 가설들 중 어떤 가설들을 선택할지 배우게 되는 걸까? 관찰된 데이터가 해당 가설들을 얼마나 잘 뒷받침해주는가에 따라, 우리 뇌는 정말 불필요한 가설들을 제거하고 적절한 가설들을 선택하는 걸까? 아기들은 정말 태어날 때부터 똑똑한 통계학자처럼 행동하는 걸까? 그래서 각 학습 경험으로부터 가능한 한 많은 정보를 뽑아 낼 수 있는 걸까? 자, 이제 아기들의 뇌에 대한 실험 데이터를 더 면밀히 살펴보자.

How Our Brain Learns

2부

우리의 뇌가
배우는 법

'천성 대 교육' 논란은 그 역사가 수천 년이나 되었다. 아기들은 정말 경험으로 채워 나가야 할 빈 백지나 빈 서판 또는 빈 병 같을까? 기원전 400년에 이미 플라톤은 자신의 저서 《국가론The Republic》에서 우리 인간의 뇌는 아무 지식 없이 세상에 들어온다는 견해에 반대했다. 그는 모든 영혼이 두 가지 복잡한 메커니즘, 즉 지식의 힘과 뭔가를 배우게 해 주는 기관을 갖고 태어난다고 보았다.

그로부터 2,000년 정도 지난 오늘날 머신러닝의 발달로 플라톤의 주장과 너무나 비슷한 결론이 내려졌다. 기계가 다음과 같은 두 가지 특징, 그러니까 선택의 여지가 엄청 많은 마음속 모델들, 즉 가설들의 방대한 공간과 외부 세계에서 받아들이는 데이터에 따라 그 마음속 모델들을 조정하는 정교한 알고리즘들을 갖추고 있을 때, 학습은 놀랄 만큼 그 효과가 높아진다. 언젠가 내 친구가 말했듯 '천성 대 교육'에 대한 논란 속에서 우리는 천성과 교육 모두를 과소평가해 온 것이다. 학습은 두 가지, 즉 방대한 마음속 모델들과 그 모델들을 현실에 맞게 조정해 주는 효율적인 알고리즘을 필요로 한다.

인공신경망들은 마음속 모델들을 조종 가능한 수백만 가지 연결들에 맡기는 방식으로 그 두 가지 일을 한다. 그러나 인공신경망들은 이미지 또는 말을 빠른 속도로 무의식적으로 인식해 내면서도, 문법 규칙들이나 수학 연산의 논리 같은 보다 추상적인 가설들을 나타내지는 못한다.

그러나 인간의 뇌는 이와 다르게 기능하는 것 같다. 우리의 지식은 각종 상징들의 조합을 통해 늘어난다. 이 견해에 따르면, 인간은 방대한 잠재적 생각의 조합을 가지고 세상에 태어난다. 결국 뭔가를 배우기 전에 이미 추상적인 가정과 문법 규칙을 가진 생각의 언어가 우리 속에 자리 잡고 있다는 것이다. 그 결과 방대한 가설이 만들어져 입증 과정을 거치게 된다. 그리고 베이지안 이론에 따르면, 그러기 위해 뇌는 과학자처럼 행동해야 하며 그래서 통계 데이터를 수집하고 그 데이터를 활용해 가장 적합한 생성 모델을 선택한다.

학습에 대한 이런 관점은 직관에 반하는 것처럼 보일 수 있다. 아기들의 뇌는 잠재적으로 살면서 접하게 될 세상의 모든 언어, 모든 물체, 모든 사실, 모든 도구들과 살면서 기억하게 될 모든 언어, 모든 사실, 모든 사건들을 제한하는 것이다. 뇌의 조합론에 따르면 이 모든 생각의 대상은 경험상 조정이 필요할 때 업데이트할 수 있는 능력뿐만 아니라 각 선험적 확률들과 함께 이미 존재하는 것일 수 있다. 아기들은 정말 이렇게 배우는 걸까?

아기들의 보이지 않는 지식

표면적으로 볼 때 새로 태어난 아기는 지식이 전혀 없는 상태로 보인다. 영국 철학자 존 로크John Locke 같은 이들은 신생아의 마음이 환경에 의해 그 빈 여백들이 채워지길 기다리는 '흰 백지' 상태와 같다고 생각했는데, 이는 더없이 합리적인 생각으로 보인다. 프랑스 사상가 장-자크 루소Jean-Jacques Rousseau(1712-1778) 또한 자신의 논문《에밀: 교육에 대하여Emile, or On Education》(1762)에서 그런 견해를 납득시키려 무진 애를 썼다. "우리는 아무것도 모른 채 그리고 아무것도 인지하지 못한 채 태어났지만, 그래도 무언가를 배울 수는 있다." 거의 2세기 후에 현대 컴퓨터 과학의 아버지 앨런 튜링이 다음과 같은 말로 다시 그 가설을 꺼냈다. "어찌 보면 아이의 뇌는 우리가 문구점에서 사는 노트와 같다. 별 메커니즘은 없고, 빈 여백만 많다."

우리는 이제 이런 견해가 완전히 잘못됐다는 걸 안다. 아마 이보다 더 진리와 동떨어진 견해도 없을 것이다. 겉모습만으로는 판단할 수 없다. 아직 미성숙 상태인 건 사실이나, 신생아의 뇌에는 오랜 진화의 역사를 통해 물려받은 상당한 지식이 들어 있다. 그러나 보통 그 지식은 눈에 띄지 않는다. 아기의 원시적인 행동에서는 드러나지 않기 때문이다. 따라서 인지과학자들이 아기들이 태어날 때부터 갖고 있는 그 많은 능력들을 파악하기까지는 상당한 창의성과 방법론적 발전이 필요했다. 온갖 물체와 수, 확률, 얼굴, 언어……. 아기의 선험적 지식 범위는 아주 넓다.

물체 개념

우리는 모두 세상이 단단한 물체들로 이루어져 있다는 걸 직관으로 안다. 실제로 세상은 온통 원자들로 이루어져 있으나, 그 원자들은 서로 합쳐져 한 덩어리로 움직이고 다른 실체와 부딪쳐도 그 응집력을 잃지 않는 일관성 있는 실체가 되는데…… 이 커다란 원자 덩어리들이 우리가 말하는 이른바 '물체'이다. 그리고 그런 물체들이 존재한다는 게 우리 환경의 기본적인 특성이다. 그런데 이런 지식을 따로 배워야 할까? 아니다. 수백만 년에 걸친 진화 과정에서 이미 뇌의 핵심부로 들어와 박힌 걸로 보인다. 아기들은 생후 몇 개월만 되어도 이 세상은 일관성 있게 움직이고 공간을 차지하며 이유 없이 사라지지 않고 동시에 서로 다른 두 곳에 있을 수 없는 물체들로 이루어져 있다는 걸 안다.[1] 어떤 점에서 아기들의 뇌는 이미 물리학 법칙들을 알고 있다. 물체가 갑자기 튀어 오르거나 사라지는 일 없이 계속 시간과 공간 안에서 일관성 있는 궤적을 유지한다는 걸 안다.

어떻게 아느냐고? 아기들은 물리학 법칙을 거스르는 특정한 실험 상황에 깜짝 놀라는 반응을 보이기 때문이다. 오늘날의 인지과학 실험실에서 실험자는 마법사가 된다(〈컬러 삽입 도판 5〉 참고). 순전히 아기들을 위해 만든 작은 극장 안 무대 위에서 물체들이 갑자기 나타났다 사라지고 부풀어 오르고 벽을 뚫고 지나가는 등 온갖 마술이 펼쳐진다. 몰래 카메라가 아기들의 표정을 모니터링하는데, 그 결과는 명백하다. 생후 몇 개월밖에 안 된 아기들도 마법에 민감한 반응을 보인다는 것. 아기들은 이미 물질계에 대한 깊은 직관력을 갖고 있으며 그래서 우리와 마찬가지로 자신의 기대가 빗나갈 때 깜짝 놀란다. 인지과학자들은 아기들이 어디를 얼마나 오래 쳐다보는지 알아보기 위해 그 눈을 클로즈업해 모니터링하며, 그 결과 아기들이 얼마나 놀랐는지 정확히 측정할 수 있고, 또 무얼 볼 거라 기대했는지 추론할 수 있다.

어떤 물체를 책 뒤에 감춘 뒤 갑자기 꽉 눌러 물체가 더 이상 존재하지 않는 것처럼 만들면(실은 바닥에 나 있는 구멍으로 쏙 들어가 버렸다) 아기들은 깜짝 놀란다. 단단한 물체가 흔적도 없이 사라질 수 있다는 걸 이해할 수 없기 때문이다. 아기들은 물체가 두 가림막 사이의 빈 공간에서 전혀 보이지 않은 채 한 가림막 뒤로 사라졌다가 다른 가림막 뒤로 다시 나타날 때에도 깜짝 놀란다. 장난감 기차가 비탈길을 달려 내려가 단단한 벽을 뚫고 자연스레 통과할 때에도 깜짝 놀란다. 그리고 물체들이 일관성 있는 완전체가 되길 기대한다. 그래서 가림막 양 옆으로 막대 끝부분들이 튀어나와 일관된 움직임을 보이면 그 끝부분들이 한 막대의 것이라고 생각하며, 가림막이 치워지고 전혀 다른 두 막대 모습이 나오면 깜짝 놀란다(아래 그림 참고).

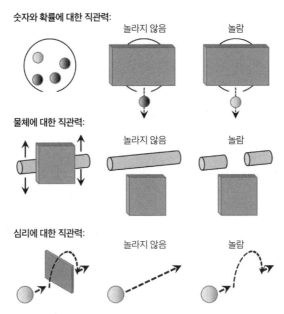

아기들은 아주 일찍부터 산수와 물리학은 물론 심지어 심리학에 대한 직관력까지 갖고 있다. 그걸 측정하기 위해, 과학자들은 놀랍지 않은 장면보다 놀라운 장면을 더 오래 쳐다보는지 여부를 관찰한다. 상자 안에 검은 공들이 잔뜩 들어 있을 경우, 아기들은 거기서 흰 공이 나오는 걸 보며 놀란다(숫자와 확률에 대한 직관력). 막대의 두 끝부분이 일관되게 움직이고 있는데 알고 보니 서로 다른 두 막대일 경우 아기들은 놀란다(물체에 대한 직관력). 그리고 공이 저절로 움직이다가 벽을 뛰어넘어 오른쪽으로 사라지는 걸 보면, 아기들은 그 공이 스스로의 의지를 가진 살아 있는 생명체라고 추론하며, 벽이 사라진 뒤에도 그 공이 계속 튀어 오르면 아기들은 놀란다(심리에 대한 직관력).

따라서 아기들은 세상에 대한 방대한 지식을 갖고 있지만, 그렇다고 처음부터 모든 걸 다 아는 건 절대 아니다. 그래서 두 물체가 어떻게 서로를 지지하는지 이해하려면 생후 몇 개월이 지나야 한다.[2] 처음에는 손에 쥐고 있던 물체를 놓으면 밑으로 떨어진다는 것도 모른다. 어떤 물체를 떨어지게 하기도 하고 그대로 있게도 하는 모든 요소를 아주 서서히 알게 된다. 먼저 아기들은 지지해 주는 게 사라지면 물체가 떨어진다는 걸 알지만, 장난감이 식탁 끝에 놓여 있을 때처럼 어떤 종류의 접촉만으로도 물체가 그대로 있을 수 있다고 생각한다. 그러다가 점차 장난감이 단순히 식탁과 접촉해야 하는 게 아니라, 식탁 아래쪽이나 옆쪽이 아닌 위쪽과 접촉해야 한다는 걸 깨닫는다. 그리고 그런 원칙만으론 충분치 않다는 걸 알기까지 다시 몇 개월이 걸린다. 결국 물체가 떨어지지 않고 그대로 있으려면, 물체의 중력 중심이 식탁 위에 있어야 한다.

그러니 이걸 잊지 말라. 당신의 아기가 식탁에서 스푼을 열 번이나 떨어뜨린다 해도 실망할 필요가 없다. 그 아기는 지금 실험을 하고 있는 것뿐이다. 과학자들과 마찬가지로, 아이들은 잘못된 이론들을 하나하나 제외시켜나가기 위해 다음 순서대로 연이은 시행착오를 거쳐야 한다. (1) 물체는 공중에 머물 수 있다. (2) 물체가 떨어지지 않으려면 다른 물체와 접촉해야 한다. (3) 물체가 떨어지지 않으려면 다른 물체 위에 있어야 한다. (4) 물체가 떨어지지 않으려면 부피의 상당 부분이 다른 물체 위에 있어야 한다…….

이처럼 실험적인 자세는 성인이 된 뒤에도 계속된다. 우리는 너나 할 것 없이 모두 일반적인 물리학 법칙들에 반하는 듯한 장면(헬륨 풍선, 균형 잡힌 모빌, 무게 중심을 벗어난 오뚝이)에 매료되며, 모자 안에서 토끼가 사라지거나 여성이 톱니에 둘로 잘리는 장면이 나오는 마술 쇼를 즐긴다. 그런 장면은 우리를 즐겁게 해 주는데, 태어날 때부터 우리 뇌가 갖고 있고 이후 계속 다듬어지는 직관에 반하기 때문이다. MIT 공대의 인공지능 및 인지과학 교수인 조시 테넨바움은 아기들의 뇌에 게임 엔진이 있어, 비디오게임들이 여러 가상현실들을 시뮬레이션하듯 물체의 전형적인 움직임을 시뮬레이션한다고 주장한다. 아기들은 머릿속에서 이런 시뮬레이션을 돌리고 또 그것을 현실과 비교함으로써 아주 일찍부터 물리학적으로 가능하거나 확률이 있는 것들을 찾아낸다.

숫자 감각

두 번째 예로 산수를 생각해 보자. 아기들이 수학을 전혀 이해하지 못한다는 건 너무도 분명한 사실 같지 않은가? 그러나 1980년대 이래 행해진 각종 실험 결과는 정반대였다.[3] 한 실험에서 아기들에게 두 물체의 모습이 담긴 슬라이드들을 반복해 보여 주었다. 잠시 후 아기들은 지루해했고 그때 아기들에게 세 물체의 모습이 담긴 사진을 한 장 보여 주었다. 그러자 갑자기 아기들이 이 새로운 장면을 더 오래 지켜보았다. 사진에 뭔가 변화가 있다는 걸 알아챈 것이다. 물체의 특성, 크기, 밀도를 조정함으로써 우리는 아이들이 숫자 자체, 그러니까 또 다른 물리적 변수가 아닌 전체 수에 민감하다는 걸 입증할 수 있다. 아기들에게 추상적인 '숫자 감각'이 있다는 가장 좋은 증거는 아기들이 소리에서 이미지를 일반화한다는 것이다. 아기들은 뚜뚜뚜뚜 하는 4음절 소리를 들으면, 물체 12개가 담긴 사진보다 4개가 담긴 사진에 더 관심을 보인다. 반대의 경우도 마찬가지다.[4] 이렇게 잘 제어된 실험은 얼마든지 있는데, 눈에 보이는 정보든 귀에 들리는 정보든 태어날 때부터 이미 직접 세 보지 않고도 비슷한 수를 알아채는 직관력 같은 걸 가졌다는 걸 보여 준다.

아기들은 계산도 할 수 있을까? 아이들이 어떤 물체가 가림막 뒤에 숨겨진 걸 본다고 가정해 보자. 잠시 후 두 번째 물체가 감춰진다. 그런 다음 가림막을 치우면 오, 이런! 한 물체밖에 없다. 아기들은 예상치 못한 장면을 더 오래 쳐다보는 걸로 놀라움을 나타낸다.[5] 그러나 기대했던 대로 두 물체가 보이면 잠깐 쳐다보고 만다. '인지적 놀람'을 보여 주는 이런 행동은 마음속 계산과 현실이 다른 데 대한 반응으로, 아기들이 생후 몇 개월 만에 벌써 1+1은 2라는 계산을 안다는 걸 보여 준다. 아기들은 감춰진 장면에 대해 내부 모델을 만들며, 물체들을 더하거나 뺌으로써 그 내부 모델을 어떻게 조정해야 하는지도 안다. 그리고 이런 실험 결과는 비단 1+1과 2-1에서만 볼 수 있는 게 아니라, 5+5와 10-5에서도 볼 수 있다. 계산 오차가 클 경우, 생후 9개월 된 아기들도 뭔가 계산이 잘못되었다고 느껴 놀란다. 5+5는 5가 될 수 없고, 10-5가 10이 될 수 없다는 정도는 아는 것이다.[6]

이것은 정말 선천적인 능력일까? 아기가 생후 몇 개월 만에 물체들의 움직임에 대해 배울 수 있을까? 아기들이 생후 몇 개월간 숫자인지 능력의 정확도를 다듬어 나간다는 건 분명한 사실이나, 데이터에 따르면 그렇다고 해서 아기들이 태어날 때 '백지' 상태가 아니라는 것 또한 분명한 사실이다. 아기들은 태어난 지 채 몇 시간도 안 돼 숫자들을 인지하는데,[7] 이는 원숭이나 비둘기, 까마귀, 닭, 물고

기는 물론 심지어 도롱뇽도 마찬가지이다. 그리고 닭의 경우 과학자들은 모든 감각 입력을 통제해 병아리들이 알에서 나온 뒤 단 한 물체도 보지 못하게 했는데⋯⋯ 그럼에도 불구하고 그 병아리들은 숫자를 인지했다.[8]

이런 실험들은 산수 능력도 진화가 우리 인간과 다른 많은 종들에게 부여한 선천적 능력 중 하나라는 걸 보여 준다. 숫자들과 관련된 뇌 회로는 원숭이는 물론 심지어 까마귀에게서도 확인됐다. 이 동물들의 뇌에는 아주 비슷한 방식으로 움직이는 '숫자 신경세포들'이 들어 있으며 물체들의 수에 따라 대응한다. 어떤 신경세포들은 한 물체를 보는 걸 좋아하고, 어떤 신경세포들은 둘, 셋, 다섯 또는 심지어 서른 개의 물체들을 보는 걸 좋아한다. 그리고 이런 신경세포들은 그 어떤 훈련도 받지 않은 동물들에게서도 볼 수 있다.[9] 내 연구실에서 뇌 촬영 기법들을 활용하면 인간 뇌의 상동 부위들에 있는 신경세포 회로들에 숫자들과 맞춰진 유사 세포들이 있다는 걸 알 수 있으며, 최근에는 기록 기법들이 발전해 그런 신경세포들이 인간 뇌의 해마 안에 바로 기록된다.[10]

그건 그렇고, 이런 결과들로 인해 아동 발달과 관련된 핵심 이론인 스위스 심리학자 장 피아제Jean Piaget(1896-1980)의 아동 발달 이론의 여러 면들이 뒤집혔다. 피아제는 어린 아기들의 경우 생후 1년이 되기 전까지 대상 영속성object permanence에 대한 인식, 즉 어떤 대상이 더 이상 눈에 띄지 않더라도 거기 그대로 계속 존재한다는 사실에 대한 인식이 주어지지 않는다고 생각했다. 그는 또 아기들이 생후 1년이 되기 전까지 숫자에 대한 추상적인 개념을 이해할 수 없으며, 물체의 크기와 길이 그리고 밀도 등을 보다 구체적으로 측정할 수 있게 되면서 점차 천천히 그런 개념을 배우게 된다고 생각했다. 그러나 진실은 그 반대이다. 물체와 숫자들에 대한 개념들은 우리 생각의 기본적인 특징들이며, 또 그 개념들은 우리가 태어날 때 가지고 나오는 '핵심적인 지식'의 일부로, 제대로 활용할 경우 보다 복잡한 생각도 할 수 있다.[11] 숫자 감각은 내가 말하는 이른바 '아기들의 보이지 않는 지식', 즉 아기들이 태어날 때부터 갖고 있고 이후 학습에 도움을 주는 직관력들의 예에 지나지 않는다. 과학자들이 생후 몇 주밖에 안된 아기들에게서 찾아 낸 능력들의 또 다른 예들은 다음과 같다.

확률에 대한 직관력

숫자에서 한 걸음 더 나가면 확률인데…… 최근 과학자들은 생후 몇 개월밖에 안 된 아기들이 과연 제비뽑기의 결과를 예측할 수 있을까 하는 의문을 제기하면서 그 한 걸음을 내디뎠다. 실험에서 연구진은 먼저 아기들에게 공들이 제멋대로 굴러다니게 되어 있는 투명한 상자를 하나 내놓는다. 상자 안에는 공이 네 개 들었는데, 세 개는 빨간색이고 하나는 초록색이다. 상자 바닥에는 구멍이 하나 있다. 연구진은 한 시점에서 그 상자를 가린다. 그러면 바닥 구멍으로 초록색 공이나 빨간 공이 하나 나온다. 그런데 놀랍게도 아이들은 자기 눈에 보이는 장면의 확률에 따라 놀라거나 놀라지 않는다. 다시 말해 상자에서 빨간 공이 나오면(상자 안의 공 대부분이 빨간색이기 때문에 그럴 확률이 높다) 아이들은 그저 잠시 쳐다보고 마는데…… 그러다가 확률이 낮은 결과가 나오면, 그러니까 가능성이 4분의 1밖에 안 되는 초록색 공이 나오면, 훨씬 더 오래 쳐다보았다.

이어진 실험에 따르면, 아기들은 그 조그만 머리로 주어진 상황과 관련 확률들을 세밀히 시뮬레이션한다. 따라서 공들을 막는 칸막이를 한다거나, 공들을 구멍 가까이 또는 구멍에서 멀리 움직인다거나, 또는 공이 상자에서 빠져나오는 시간에 변화를 줄 경우 아기들은 그 모든 변수들을 취합해 머릿속으로 확률을 계산한다. 아이들이 쳐다보는 시간의 길고 짧음은 늘 관찰 중인 상황의 확률과 관련이 있는데, 그 확률은 관련된 물체 내지 대상의 수를 토대로 계산되는 걸로 보인다.

아기들이 갖고 있는 이 모든 능력들은 가장 최신 인공신경망들의 능력을 뛰어넘는다. 사실 아기들의 놀람 반응surprise reaction은 우습게 볼 일이 아니다. 놀란다는 것은 뇌가 확률을 계산할 수 있으며, 관찰 중인 일이 일어날 확률이 낮다는 결론을 내렸다는 뜻이다. 그리고 아이들이 쳐다보는 걸 보면 놀랐는지 여부를 잘 알 수 있기 때문에, 아이들의 뇌는 확률 계산을 해내고 있는 게 분명하다. 실제로 뇌 기능과 관련된 가장 인기 있는 최근 이론들 중 하나는 인간의 뇌를 확률 계산 컴퓨터, 즉 확률 분포들을 조정하고 그 분포들을 활용해 미래의 일을 예측하는 컴퓨터로 본다. 실험 결과들에 따르면 실제로 아기들은 뇌 속에 그렇게 정교한 계산기를 장착하고 있다.

최근 연구 결과들을 봐도, 아기들의 뇌는 복잡한 확률 추론을 하는 데 필요한 모든 메커니즘을 갖추고 있다. 관찰을 통해 그럴싸한 원인을 추적하게 해 주는 베이즈 목사의 수학적 확률 이론을 기억하는가? 생후 몇 개월 안 된 아기들조차 베이지안 이론을 따르는 걸로 보인다.[12] 방금 전까지 살펴보았듯 실제로 아기들은 색색깔의 공이 든 상자에서 관련 확률을 계산할 뿐 아니라(전향 추론), 관찰을 통해 상자 안 내용물을 추론하기도 한다(역추론). 한 실험에서 우리는 내용물이 보이지 않는 불투명한 상자를 보여 준다. 그런 다음 눈가리개를 한 사람을 한 명 데려와 상자 안에서 무작위로 공을 끄집어내게 한다. 공들이 하나하나 나오는데 대부분 빨간색 공이다. 아기들은 그 상자 안에 빨간색 공이 잔뜩 들어 있다고 추론할 수 있을까? 그렇다! 우리가 마침내 상자 뚜껑을 열고 안에 주로 초록색 공들이 있다는 걸 보여주면, 아기들은 깜짝 놀라 상자 안에 빨간색 공이 가득 들어 있을 때보다 더 오래 쳐다본다. 아기들의 논리는 흠잡을 데 없다. 상자 안에 있는 공들이 거의 다 초록색 공들인데, 무작위로 집어 올리는 공들 중에 어떻게 빨간색 공이 그렇게 많을 수 있는가?

별 거 아닌 일처럼 보일 수도 있지만, 실은 다음과 같은 두 면에서 아기들의 잠재적이고 무의식적이며 놀라운 추론 능력을 보여 준다. 아기들은 샘플이 주어지면 그 샘플이 나온 전체 세트의 특성들을 추론할 수 있고, 반대로 전체 세트가 주어지면 무작위 샘플들이 어떤 모습이어야 하는지를 추론할 수 있는 것이다.

이처럼 우리 인간의 뇌는 태어날 때부터 이미 직관적 논리력을 가졌다. 현재 이런 기본적인 실험들은 여러 형태로 변형되어 진행된다. 그런데 그 실험들 모두 아기들이 얼마나 신출내기 과학자들처럼 행동하는지를 보여 준다. 아기들은 뛰어난 통계학자처럼 추론하며, 가장 가능성이 낮은 가설들을 제외시키고, 이런저런 현상들 뒤에 숨은 원인들을 찾아낸다.[13] 미국 심리학자 페이 쉬Fei Xu에 따르면, 생후 11개월 된 아기들은 누가 상자에서 주로 빨간색 공들을 꺼내는 걸 본 뒤 나중에 그 상자 안에 주로 노란색 공들이 들어 있는 걸 알면 물론 깜짝 놀라지만, 그러면서 또 다른 추론, 즉 그 사람이 빨간색 공을 더 좋아한다는 추론을 한다.[14] 그리고 공들이 무작위로 꺼내지는 게 아니라 노란색 공, 빨간색 공, 노란색 공, 빨간색 공 식으로 특정 패턴에 따라 꺼내진다는 걸 알면, 아기들은 기계가 아닌 인간이 공을 꺼내고 있다는 걸 추론해 낸다.[15]

논리와 확률은 서로 긴밀하게 연결되어 있다. 이와 관련해 명탐정 셜록 홈즈는 이런 말을 했다. "불가능한 것들을 하나하나 제거하고 나면, 아무리 현실성 없어 보여도 남은 게 진실입니다." 다시 말해 추론을 통해 가능한 것들 가운데 일부를 제거하고 나면, 어떤 개연성 내지 확률이 확실한 진실로 변할 수 있는 것이다. 만일 어떤 아기가 확률을 가지고 놀 수 있다면 논리를 마스터한 게 분명한데, 그건 논리적인 추론을 통해서만 확률에 기초한 추론이 확률 0과 1로 제한되기 때문이다.[16] 철학자이자 발달 심리학자인 루카 보나티Luca Bonatti가 최근에 입증해 보인 게 이것이다. 그의 실험에서 연구진은 생후 10개월 된 아기에게 먼저 두 물체, 즉 꽃과 공룡을 보여 준 뒤 가림막 뒤로 숨긴다. 그런 다음 둘 중 하나가 가림막 뒤에서 빠져나가는데, 어느 물체인지 아는 건 불가능하다. 물체의 일부는 항아리 속에 감춰져 있고 꼭대기 부분만 살짝 보이기 때문이다. 잠시 후 가림막 반대편으로 공룡이 빠져나가는데 이번엔 몸 전체가 보인다. 이 시점에서 아기는 다음과 같이 논리적 추론을 한다. '항아리 안에 감춰진 건 꽃 아니면 공룡이다. 그런데 방금 반대편으로 공룡이 나가는 걸 봤으니, 공룡일 수는 없다. 따라서 항아리 안에 감춰진 건 분명 꽃이다.' 그런 다음 항아리에서 꽃이 나온다면 아기는 놀라지 않지만, 공룡이 나온다면 아기는 놀란다. 게다가 아기의 시선은 논리적 추론의 강도를 보여 준다. 성인의 경우와 마찬가지로 추론이 가능해지는 순간 아기의 동공이 확장된다. 기저귀를 찬 아기 셜록 홈즈는 몇 가지 가설들(꽃 아니면 공룡)을 가지고 시작해 그중 몇 가지를 제외시키며(공룡일 리는 없음), 그렇게 확률에서 확실한 사실로 옮겨간다(분명 꽃).

"확률 이론은 과학의 언어이다." 《과학의 논리》의 저자인 통계학자 E. T. 제인스의 말이다. 실제로 아기들은 이미 과학의 언어로 말한다. 첫 단어를 입 밖에 내기도 한참 전에 확률을 가지고 놀고 또 그 확률을 정교한 삼단논법으로 엮어 낸다. 이 같은 확률 감각 덕에 아기들은 관찰을 통해 논리적 결론을 내릴 수 있다. 아기들은 끊임없이 실험하며, 신출내기 과학자 같은 그들의 뇌는 쉼 없이 이런저런 연구 결론들을 축적해 나간다.

동물과 사람들에 대한 지식

아기들은 생명이 없는 물체의 움직임에 대한 내부 모델도 잘 만들지만, 그런 물체와 전혀 다른 방식으로 움직이는 또 다른 종류의 실체, 즉 생물도 있다는 사실을 안다. 생후 첫 해부터 동물과 사람이 특별한 행동을 한다는 걸, 스스로의 동작에 의해 독립적으로 움직인다는 걸 안다. 그래서 아기들은 당구공 같은 물체가 자신을 향해 달려와 부딪칠 때까지 가만히 있지 않고 몸을 움직여 피하려 한다. 아기의 움직임은 외부가 아닌 자기 안에서 일어난다.

따라서 아기들은 동물이 스스로 움직이는 걸 봐도 놀라지 않는다. 실제로 스스로 움직이는 물체는 삼각형이나 사각형 모양을 하지 않더라도 바로 동물인 것을 알며, 그런 움직임으로부터 모든 게 달라진다. 아이들은 살아 있는 생물체가 굳이 물리학 법칙대로 움직일 필요가 없으며, 모든 움직임이 의지와 믿음에 지배된다는 사실을 안다.

예를 하나 들어 보자. 아기들에게 직선으로 움직이다 벽을 뛰어넘어 조금씩 오른쪽으로 가는 구체를 보여 주면 곧 지루해한다. 단순히 구체 특유의 움직임에 익숙해지기 때문일까? 아니다. 사실 아기들은 그보다 많은 걸 안다. 그 구체가 특정한 의도를 가진 살아 있는 생물체로, 오른쪽으로 움직이고 싶어 했다고 추론한 것이다. 게다가 그 물체가 동기부여가 아주 잘되고 있다고 생각한다. 자신이 가고 싶은 대로 가기 위해 높은 벽까지 뛰어넘기 때문이다. 자, 그럼 이제 벽을 치워 보자. 이 시나리오에서는 아기들이 구체가 움직임을 바꿔 뛰어오르지 않고 직선으로 오른쪽으로 가도 놀라지 않는다. 구체가 자신의 목표에 이르는 최선의 길이기 때문이다. 하지만 구체가 특별한 이유 없이 계속 공중으로 튀어 오른다면 아기들은 눈을 휘

둥그레 뜬다. 벽이 없기 때문이다. 그런 상태에서 구체가 처음과 같은 궤적을 그리면 아기들은 깜짝 놀란다. 대체 무슨 의도로 그런 움직임을 보이는지 이해할 수 없기 때문이다.[17] 다른 실험 결과들을 봐도 아기들은 수시로 사람들의 의도와 호불호를 추론한다. 특히 벽이 높을수록 해당 생물체는 동기부여가 더 잘되고 있다고 생각한다. 물론 벽을 넘으려면 동기부여가 더 잘 되어야 하기 때문이다. 아기들은 관찰을 통해 주변 생물체의 목표와 의도를 추론하며, 그 생물체의 의지와 능력과 호불호까지 추론한다.[18]

생물체에 대한 아기들의 생각은 거기서 끝나지 않는다. 생후 10개월 정도 된 아기들은 주변 사람들에게 성격을 부여하기 시작한다. 누가 아이를 바닥에 패대기치는 걸 본다면, 아기는 그 사람이 못된 사람이라고 추론해 피한다. 분명 바닥에 넘어진 아이를 일으켜 세워 주는 두 번째 사람을 더 좋아한다.[19] '비열한'과 '착한' 같은 말을 할 수 있기 한참 전에 이미 생각의 언어 안에서 그런 개념들을 만든다. 또한 생후 9개월밖에 안 된 아기도 의도적으로 해를 끼치는 사람과 실수로 해를 끼치는 사람, 또는 의도적으로 돕지 않는 사람과 도울 기회를 갖지 못한 사람을 구분한다.[20] 뒤에서 보겠지만, 이 같은 사회적 능력은 학습에서 아주 기본적인 역할을 한다. 사실 한 살밖에 안 된 아이도 누가 자신에게 무언가를 가르치려 할 경우 그걸 안다. 그냥 일상적인 행동과 새로운 걸 가르칠 목적이 있는 행동을 구분할 수 있는 것이다. 이 때문에 헝가리 심리학자 기오르기 게르겔리Gyorgy Gergely는 한 살 아이도 천성적으로 교육학 감각을 갖고 있다고 했다.

얼굴 인식

아기에게 사회적 능력이 있다는 초기 징후 중 하나가 얼굴 인식이다. 성인은 만화나 미소 표시(:-), 가면 등 아주 사소한 힌트만으로 얼굴 인식이 가능하다. 심지어 어떤 사람은 쌓인 눈이나 타 버린 식빵에서도 예수의 얼굴을 인식한다. 그런데 놀랍게도 얼굴에 대한 이런 과민증은 타고나는 것이다. 태어난 지 몇 시간 안 된 아기도 아래위가 바뀐 비슷한 이미지보다 미소 짓는 얼굴 쪽으로 더 빨리 고개를 돌린다(심지어 갓 태어난 아기가 사람 얼굴을 볼 기회가 전혀 없게 조치한 경우에도 그렇다). 한 연구팀은 자궁벽을 통해 태아들에게 빛의 패턴을 보여 주는 실험을 했다.[21] 놀랍게도 태아들은 피라미드 모양의 세 점(∴)보다는 얼굴 모양의 세 점(∵)에 더 관심을 보였다. 결국 얼굴 인식 능력은 자궁에서부터 이미 시작된 걸로 보인다.

자폐증 초기 증상 중 하나가 눈맞춤을 피하는 것이며, 많은 과학자가 아기들이 얼굴에 끌리는 것은 초기 애착 발달에 아주 중요한 역할을 한다고 믿는다. 우리의 눈은 이처럼 얼굴에 끌리고, 그런 선천적 성향 때문에 얼굴 인식을 배우지 않을 수 없게 된다. 그리고 실제 생후 2개월 아기들도 우뇌의 시각피질 부위가 장소 같은 이미지보다 얼굴에 먼저 반응한다.[22] 이처럼 얼굴을 특별 취급하는 것은 천성과 교육 간의 조화로운 협력의 가장 좋은 예들 중 하나이다. 아기들은 얼굴처럼 생긴 사진에 자석처럼 끌리는 타고난 능력을 보여 주며, 얼굴 인식의 세세한 면을 배우려는 특별한 본능도 보인다. 아기들이 생후 1년도 안 돼 단순히 두 눈과 입의 존재에 반응하는 차원을 넘어, 원숭이나 침팬지 같은 다른 영장류의 얼굴보다 인간의 얼굴을 더 좋아하는 것도 이 두 요소의 결합 때문이다.[23]

언어 본능

어린아이의 사회적 능력은 시각 영역뿐 아니라 청각 영역에서도 드러난다. 음성 언어 능력은 얼굴 인식 능력만큼이나 일찍 나타난다. 이와 관련해 심리학자 스티븐 핑커Steven Pinker는 자신의 베스트셀러 《언어 본능The Language Instinct》에서 유명한 말을 했다. "인간은 태어날 때부터 이미 언어에 대한 놀라운 능력을 갖고 있어, 뜨거운 표면에 닿은 손을 화들짝 놀라 떼는 본능을 억누를 수 없듯, 언어를 배우고 사용할 줄 아는 자신의 능력을 억누를 수가 없다." 이 말을 잘못 해석하면 안 된다. 아기들은 분명 완전히 발전된 어휘 및 문법 능력을 갖고 태어나는 건 아니지만, 기록적으로 짧은 시간 안에 그렇게 될 놀라운 능력을 가졌다. 우리가 태어날 때부터 가진 건 언어 그 자체보다 언어를 습득할 능력인 것이다.

인간의 이 같은 초기 통찰력을 입증해 주는 증거는 얼마든지 있다. 아기들은 태어나는 순간부터 이미 외국어보다 모국어 듣기를 더 좋아한다.[24] 언어 학습이 자궁에서부터 시작된다는 아주 놀라운 발견이다. 실제로 태아는 임신 후기에 이르면 소리를 듣기 시작한다. 언어의 멜로디는 자궁벽을 통해 그대로 전달되며 아기들은 그걸 기억한다. "당신의 인사가 내 귀에 들릴 때 내 배 속의 아이가 기뻐서 뛰어 놀았습니다." 마리아가 방문했을 때 임신한 엘리자베스가 한 말이다.[25] 〈누가복음〉의 저자 누가Luke의 말은 틀린 게 아니었다. 임신 마지막 몇 개월간, 계속 성장 중인 태아의 뇌는 이미 특정 음 패턴과 멜로디를 인식한다(아마 무의식적으로).[26]

이 선천적 능력은 분명 자궁 속 태아보다 조금 일찍 태어난 조산아들이 더 배우기 쉽다. 엄마의 자궁에서 나올 때 우리는 아기의 조그만 머리에 미세한 뇌파 및 뇌혈류 검사 센서들을 장착해 뇌 속을 들여다볼 수 있다. 그런 방법으로 교수인 내 아내 기스라이네 데하에네-람베르츠Ghislaine Dehaene-Lambertz는 예정보다 두 달 반 일찍 태어난 아기들도 음성 언어에 반응한다는 사실을 알아냈다. 아직 미성숙 상태이지만, 아기들의 뇌가 이미 목소리 변화는 물론 음절 변화에도 반응했다.[27]

언어 습득은 한두 살이 되어서야 시작된다는 오랜 믿음이 있었다. 왜? 영어의 infant(유아)에 해당하는 라틴어 infans('말할 줄 모르는'의 뜻)가 의미 그대로, 새로 태어난 아기는 말을 하지 못하며, 그래서 이런저런 재능들을 숨기고 있기 때문이다. 그러나 언어 이해력 면에서 아기의 뇌는 그야말로 천재 통계학자 같다. 이를 입증하기 위해 과학자들은 유아들이 선호하는 언어 및 비언어 자극에 대한 테스트, 변화에 대한 반응 테스트, 뇌 신호 기록 테스트 등 그야말로 온갖 독창적인 방법들을 다 동원해야 했다. 그리고 연구들의 결과로 유아들이 이미 언어에 대해 얼마나 많은 걸 알고 있는지 밝혀졌다. 아기들은 태어나자마자 전 세계 모든 언어의 모음과 자음을 거의 다 구분한다. 그리고 벌써 그 음들을 카테고리화해 받아들인다. 음절 /ba/,

/da/, /ga/를 예로 들어보자. 해당하는 음들이 계속 바뀌어도, 아기들의 뇌는 성인들의 뇌와 마찬가지로 그 음들을 뚜렷한 카테고리들로 취급한다.

그리고 이렇게 타고난 초기 능력들은 생후 1년간 언어 환경에 의해 변화를 겪는다. 아기들은 어떤 음들이 자신의 모국어에서 사용되지 않는다는 걸 곧 알아챈다. 영어 사용자들은 프랑스어 /u/와 /eu/ 같은 모음을 발음하기가 어렵고, 일본어 사용자들은 /R/과 /L/ 음을 잘 구분하지 못한다. 단 몇 개월(모음은 6개월, 자음은 12개월) 만에 아기의 뇌는 초기의 가설들을 면밀히 살펴, 자신의 환경 안에 존재하는 언어들과 관련된 음소들만 그대로 유지한다.

그러나 그게 전부가 아니다. 아기들은 곧 자신의 첫 단어들을 배우기 시작한다. 그럼 아기들은 대체 어떻게 그 단어들을 알게 될까? 먼저 말의 운율과 리듬과 억양에 의존한다. 그러니까 우리의 음성이 오르내리거나 멈추는 방식을 파악해 단어와 문장의 차이를 알아낸다. 어떤 언어의 음이 다른 음을 따라 나오는지 알아내는 또 다른 메커니즘도 있다. 여기서도 역시 아기들은 신출내기 통계학자처럼 행동한다. 아기들은 /bo/(보) 음절 뒤에 흔히 /t^l/(틀) 음이 나온다는 것도 알아낸다. 빠른 확률 계산을 통해 그게 우연일 수 없다는 걸 아는 것이다. /bo/ 음절 뒤에 /t^l/ 음이 나오는 확률이 워낙 높기 때문이다. 따라서 이 음들은 'bottle'이라는 단어를 만드는 게 분명하다. bottle이란 단어는 이렇게 아이의 어휘에 추가되며, 후에 특정 대상이나 개념과 관련되게 된다.[28] 또한 아이들은 생후 6개월쯤에 이미 baby(아기), daddy(아빠), mommy(엄마), bottle(병), foot(발), drink(음

료수), diaper(기저귀) 등 자신의 환경 안에서 자주 접하는 단어들을 분류해 낸다. 그리고 이런 단어들은 기억 속에 워낙 깊이 자리 잡게 되어 성인이 되어서도 계속 특별한 위치를 차지하며, 이후 습득하는 비슷한 의미와 음과 빈도의 다른 단어들보다 더 효과적으로 처리된다.

아기들은 또 통계학적 분석을 통해 다른 단어들보다 더 빈번히 사용되는 특정 단어들, 즉 관사(a, an, the)와 대명사(I, you, he, she, it……) 같은 문법어들도 알게 된다. 그렇게 해서 생후 1년쯤 지나면 아기들은 이미 많은 단어들을 알게 되고, 그 단어들을 활용해 다른 단어들도 알게 된다. 아기들은 엄마나 아빠가 "I made a cake(케익을 만들었어)"이라는 말을 할 때, 'I'와 'a' 같은 기능어들을 알아채 제외시키고, 'made'와 'cake'도 단어라는 걸 알게 된다. 아기들은 또 이미 명사가 종종 관사 뒤에 오고 동사가 대개 대명사 뒤에 온다는 걸 안다. 그걸 너무 잘 알아 생후 20개월쯤 되면 아기들은 'I bottle'이나 'the finishes' 같은 비문법적 구절을 들으면 깜짝 놀라는 반응을 보이기도 한다.[29] 물론 확률에 의거한 이 같은 분석 방법이 전적으로 맞는 건 아니다. 프랑스 아이들이 'un avionan airplane'(비행기)이란 말을 들을 경우, 이 말은 연음되기 때문에('un'의 u가 'avion'의 a 속에 녹아들어), 아이들은 navion이란 말로 잘못 추론한다. 반대로 영어 사용자들은 프랑스어 napperonplace mat(플레이스 매트, 식탁에서 식기 밑에 까는 깔개—옮긴이)을 영어로 가져오면서 un napperon이란 구절을 잘못 분석하는 바람에 apron(앞치마, 에이프런)이란 말을 만들었다.

그러나 이런 결점은 드문 경우이다. 생후 몇 개월 만에 아이들은 현존하는 그 어떤 인공지능 알고리즘보다 뛰어난 능력을 보인다. 그렇게 해서 첫 번째 생일 촛불을 끌 때쯤이면 이미 여러 수준에서, 즉 기본적인 음(음소)부터 멜로디(운율), 단어(어휘) 그리고 문법 규칙(구문론) 면에서 모국어의 주요 규칙들에 대한 토대를 쌓게 된다.

인간 외에는 그 어떤 영장류도 이런 능력들을 갖지 못한다. 그간 똑같은 실험이 여러 차례 있었다. 여러 과학자들이 새끼 침팬지들을 입양해, 영어나 수화 또는 시각 기호들을 통해 말을 거는 등 마치 가족처럼 대했는데…… 그 결과 몇 년 후 이 침팬지들은 그저 이름 정도의 언어를 마스터했을 뿐이며, 기껏해야 수백 개의 단어들을 배우는 데 그쳤다.[30] 그래서 인간의 '언어 습득 능력', 생후 1년 이내에 자동적으로 생겨나는 인간의 특별한 능력이 선천적으로 타고나는 거라는 언어학자 노암 촘스키Noam Chomsky의 주장은 하나도 틀린 게 없어 보인다. 이와 관련해 찰스 다윈은《인간의 유래The Descent of Man》(1871)에서 이런 말을 했다. "모든 언어는 배워야 하기 때문에, 언어는 분명 진정한 본능이 아니다. 대신 언어는 예술을 습득하기 위한 본능적인 경향이다." 언어를 배우려는 우리의 본능은 타고나는 선천적인 것이다. 그야말로 억누를 수 없는 본능이어서, 언어 능력을 박탈당한 인간들에게서도 아마 단 몇 세대 이내에 자연스레 언어가 생겨날 것이다. 청각 장애가 있는 공동체들의 경우에도, 단 두 세대만 지나면 보편적인 언어학적 특성들을 지닌 아주 조직적인 수화가 생겨날 것이다.[31]

04

뇌의 탄생

아이는 미완성된 뇌를 가지고 태어나지만,

옛날 교육학 가설처럼 텅 빈 백지 상태로 태어나는 건 아니다.

- 가스통 바슐라르, 《거절의 철학: 새로운 과학적 정신의 철학》(1940)

교육을 받지 않은 천재는 광산 속의 은과 같다.

- 벤저민 프랭클린(1706-1790)

아기들은 태어나자마자 온갖 물체와 숫자, 사람, 언어에 대한 정교한 지식을 드러낸다. 아기들의 뇌는 그야말로 백지 상태나 다름없어 스펀지처럼 주변 환경의 모든 것을 흡수한다는 이론이 잘못됐다는 걸 보여 준다. 그 결과 다음과 같은 간단한 예측이 가능해진다.

신생아의 뇌를 해부해 본다면, 태어나면서 이미 아니 그전에 그렇게 중요한 지식 분야들을 관장하는 잘 조직된 신경세포를 관찰할 수 있을지 모른다.

이런 이론은 오랫동안 논란의 대상이 되었다. 20년 전만 해도 신생아의 뇌는 미지의 땅이었다. 그러다 뇌 영상촬영법이 개발됐지만, 발달 중인 뇌에는 아직 사용되지 않았고, 지배적인 이론은 여전히 경험주의 이론, 즉 아기는 뇌에 아무 지식이 없는 백지 상태로 태어나 자신을 둘러싼 환경에 의해서만 영향을 받는다는 이론이었다. 그러다 정교한 자기공명영상MRI 장치가 출현하면서, 우리는 마침내 인간 뇌의 초기 조직 상태를 들여다볼 수 있게 되었다. 예측했던 대로 사실상 성인 뇌 회로의 전부가 이미 신생아의 뇌에 존재한다는 사실을 발견한다.

유아의 뇌는 잘 조직화되어 있다

내 아내 기스라이네 데하에네-람베르츠와 나는 우리의 동료인 신경학자 루시에 헤르츠-패니어Lucie Hertz-Pannier와 함께 fMRI(기능적 자기공명영상 장치)를 활용해 생후 2개월 된 아기들의 뇌를 관찰했고 그 분야의 선구자가 되었다.[1] 물론 우리의 연구는 소아과의사들의 이전 경험에 크게 의존했다. 약 15년에 걸친 임상 경험 결과, 소아과의사들은 MRI 검사가 무해해서 조산아를 비롯한 그 어떤 연령대의 개인에게 처방해도 괜찮다는 확신을 갖게 됐다. 그러나 의사들은 MRI

기술을 초기 병변들을 찾기 위한 진단 목적으로만 사용했다. 정상적으로 발달 중인 아기들의 뇌 회로들이 특정 자극들에 선별적으로 활성화되는지를 보기 위해 fMRI 기계를 사용한 의사는 없었다. 그래서 우리는 온갖 어려움을 극복해야 했다. fMRI 기계의 시끄러운 소음으로부터 아기들을 보호하기 위해 소음을 줄여 주는 헬멧을 만들었고, fMRI 코일 모양에 맞게 제작된 요람 안에 아기들을 눕히고 조심스레 잘 감싸 움직이지 않게 했다. 또한 아기들을 그 특수한 환경에 점진적으로 적응시켜 불안감을 느끼지 않게 했으며, fMRI 기계 바깥에서 아기들을 계속 지켜봤다.

그런 노력 끝에 우리는 놀라운 연구 결과들을 얻었다. 우리는 아기들이 생후 1년 이내에 아주 빠른 속도로 언어를 배운다는 사실을 알고 있었고, 그래서 특히 언어 분야에 연구를 집중했다. 그리고 실제로 아기들이 생후 2개월쯤 되어 모국어 문장들을 들었을 때 성인과 같은 뇌 부위들이 활성화된다는 사실을 알게 됐다(〈컬러 삽입 도판 6〉 참고).

우리가 어떤 문장을 들을 때 가장 먼저 활성화되는 뇌 피질 부위는 1차 청각 영역으로, 이 부위는 모든 청각 정보가 뇌로 들어가는 입구 같은 곳이다. 문장이 시작되자마자 유아의 뇌 안에서 가장 먼저 활성화되는 부위이기도 하다. 지금은 너무 뻔한 사실처럼 보이겠지만, 그 당시만 해도 아주 어린 유아들의 경우 자명한 사실이 아니었다. 일부 과학자들은 아이들의 경우 태어날 때 뇌 감각 부위들이 전혀 조직화되어 있지 않아, 감각들이 서로 뒤섞일 거라고 추정했다. 아기들의 뇌는 생후 몇 주 동안 계속 청각, 시각, 촉각이 뒤섞이며, 그 감각들을 분리하는 법을 배우는 데 어느 정도 시간이 필요하다고 생각한 것이다.[2] 오늘 날 우리는 잘못된 추정이라는 걸 안다. 태어날 때부터 청각 감각은 뇌의 청각 영역을 활성화시키고, 시각 감각은 시각 영역을, 촉각 감각은 촉각 영역을 활성화시키는데, 아기들은 이런 걸 따로 배울 필요가 없다. 뇌 피질을 각 감각 관련 영역들로 세분화하는 일은 유전자들이 하는 것이다. 모든 포유동물이 이런 능력을 가졌으며, 그 근원은 진화 과정에서 사라졌다(〈컬러 삽입 도판 7〉 참고).[3]

자, 이제 아기들을 MRI 기계 안에 눕혀놓고 문장들을 들려 주는 우리의 실험 얘기로 돌아가 보자. 문장들이 들어오면 1차 청각 영역의 활성화가 바로 확산된다. 그래서 잠시 후 정해진 순서대로 뇌의 다른 영역들이 활성화된다. 먼저 1차 감각 영역 바로 옆에 있는 2차 청각 영역들이 활성화되고, 그런 다음 측두엽 영역 전체가 점차 활성화되며, 마지막으로 좌뇌 아래쪽 전두엽에 위치한 브로카 영역이 활성화된다. 아기들의 좌뇌에서 일어나는 이 정교한 정보 처리 과정은 성인의 경우와 아주 유사하다. 아기들은 생후 2개월 만에 이미 성인과 마찬가지로 음운과 어휘, 구문, 의미와 관련된 뇌 부위들이 활성화된다. 그리고 성인과 마찬가지로, 신호들이 뇌 피질 계층의 위쪽으로 올라갈수록, 뇌 반응은 점점 늦어지며, 이 부위들은 더 많은 정보를 더 높은 수준에서 통합한다(〈컬러 삽입 도판 6〉 참고).[4]

물론 생후 2개월 된 아기는 아직 자신이 듣는 문장을 이해하지 못하며, 단어들과 문법 규칙도 알아내지 못한다. 그러나 성인과 마찬가지로 아기들의 뇌에서는 언어 정보가 고도로 전문화된 뇌 회로로 들어가고 있다. 또한 아기들은 아주 빠른 속도로 언어를 이해하고 말하는 걸 배우는데 이는 다른 어떤 영장류도 할 수 없는 일로, 아기들의 좌뇌가 이미 정해진 뇌 회로로 조직화되어 있고 음과 단어, 문장, 글이라는 언어의 모든 면에 대한 통계학적 규칙성을 기막히게 잘 알아내기 때문일 것이다.

언어의 고속도로

뇌 활성화는 이 모든 뇌 영역들에서 특정 순서로 일어난다. 뇌 부위들이 서로 연결되어 있기 때문이다. 우리는 이제 성인의 경우 어떤 뇌 신경 경로들이 언어 영역들과 연결되어 있는지 알기 시작했다. 특히 신경학자들은 수백만 개의 신경섬유들로 이루어진 커다란 전선인 이른바 '궁형 다발arcuate fasciculus'이 뇌 뒤쪽에 있는 측면 두엽 및 두정엽 언어 영역들을 전두 영역, 특히 그 유명한 브로카 영역에 연결하고 있다는 걸 알아냈다. 이는 언어 진화의 증거이기도 하다. 이 연결은 좌뇌에서 훨씬 두드러지며, 오른손잡이들 가운데 96퍼센트에서 언어와 관련 있다. 이런 불균형은 인간 특유의 현상으로 다른 영장류에서는 볼 수 없으며, 심지어 인간과 가장 가까운 사촌인 침팬지에서도 볼 수 없다.

다시 강조하지만, 이 같은 해부학적 특성은 학습의 결과가 아니며, 태어날 때부터 존재하는 것이다. 사실 신생아 뇌의 연결들을 자세히 들여다보면, 궁형 다발뿐 아니라 뇌 피질과 피질하 영역들을

연결하는 모든 중요한 신경섬유들도 태어날 때부터 이미 존재한다 (〈컬러 삽입 도판 8〉 참고).[5]

이 '뇌의 고속도로들'은 임신 후기에 건설된다. 뇌 피질이 만들어지는 동안 점점 커져가는 흥분성 뉴런들이 마치 뇌의 크리스토퍼 콜럼버스처럼 주변 뇌 부위들을 탐구하기 위해 가끔 몇 센티미터 밖까지 자신들의 축색돌기를 내보낸다. 이 탐구는 화학적 메시지들에 의해 이루어지며, 그 메시지들은 부위에 따라 농도가 다른 공간 라벨의 역할을 하는 분자들이다. 축색돌기 머리는 우리의 유전자가 만드는 이 화학적 경로들을 감지해 어느 방향으로 가야 할지를 추론한다. 따라서 뇌는 외부 세계에서의 개입 없이도 스스로 복잡한 연결들로 이루어진 네트워크를 만들며, 그 연결들 중 일부는 인간에게만 있는 것들이다. 곧 살펴보겠지만, 이 네트워크는 학습에 의해 더 다듬어질 수 있다. 하지만 그 뼈대는 타고나는 것으로 자궁 안에서 만들어진다.

이게 과연 놀라워해야 할 일일까? 불과 20년 전만 해도 많은 과학자가 신생아의 뇌는 아무 체계도 없는 무작위한 연결 덩어리라고 생각했다.[6] 한정된 수의 유전자로 이루어진 우리의 DNA에 시각, 언어, 운동 기능을 뒷받침해 줄 고도로 전문화된 회로들의 세세한 도면이 담겨 있으리라곤 상상도 못 한 것이다. 하지만 그건 부적절한 추론이다. 게놈 안에는 몸의 세세한 부분까지 모두 담겨 있다. 즉 심장에는 심실이 네 개 있어야 하고, 눈은 두 개여야 하며, 척추뼈는 24개여야 하고, 귀 안에는 내이inner ear와 세 개의 반고리관이 있어야 하며, 손가락 열 개에 손가락뼈들이 있어야 한다. 이 모든 게 극도의 재현성을 가진다. 뇌라고 해서 왜 많은 부분들로 나뉘지 않겠는가?

최근의 생물학적 영상촬영 기술의 발전 덕에 알게 된 사실인데, 임신 2개월쯤 되면 태아의 손가락들이 나기 시작하지만, 벌써 각기 특정한 단점end point(《컬러 삽입 도판 8》 참고)들로 향하는 세 개의 신경, 즉 요골신경, 정중신경, 척골신경이 생겨나 있다.[7] 그러니 뇌라고 고도로 정밀한 메커니즘이 존재하지 말란 법이 있겠는가. 손에서 다섯 개의 손가락이 갈라져 나올 무렵, 뇌 피질은 아주 정확한 경계로 분리되는 고도로 전문화된 수십 개의 영역들로 나뉘기 시작한다(《컬러 삽입 도판 9》 참고).[8] 임신 1개월 무렵이면 이미 뇌 피질의 여러 부위에서 많은 유전자가 선별적으로 발현된다.[9] 그렇게 해서 임신 28주쯤 되면, 뇌에 주름이 잡히기 시작하며, 인간 뇌에만 있는 특징인 대뇌고랑이 생긴다. 그러다 임신 35주쯤 되면 뇌 피질의 모든 주요 주름들이 형성되며, 언어를 관장하는 측두부 영역이 벌써 비대칭성을 띤 게 보인다.[10]

피질의 자기조직화

피질 안에서는 임신 기간 내내 서로 연결이 이루어지며 해당 피질 주름들도 잡힌다. 임신 중기쯤에는 처음에 피질이 매끄럽다가, 원숭이 뇌를 연상케 하는 1차 주름들이 생겨나고, 그러다 다시 인간의 뇌에서만 볼 수 있는 2차, 3차 주름들이 생기기 시작한다. 주름 위에 주름이 또 그 위에 주름이 지는 것이다. 이 같은 자기조직화는 서서히 신경계의 활동에 더 의존하게 된다. 뇌가 각 감각들로부터 받는 피드백에 따라 어떤 뇌 회로들은 안정화되고 어떤 회로들은 쓸모없어지거나 퇴보한다. 따라서 운동피질의 주름은 왼손잡이냐 오른손잡이냐에 따라 조금씩 달라진다. 흥미로운 사실은 왼손잡이이면서 어린 시절에 어쩔 수 없이 오른손으로 글씨를 쓴 사람은 일종의 절충 같은 걸 벌여, 운동 피질의 모양은 전형적인 왼손잡이지만, 크기는 오른손잡이처럼 왼쪽과 오른쪽이 불균형 상태를 보인다.[11] 그래서 연구진은 다음과 같은 결론을 내린다. "성인의 피질 형태는 타고난 성향과 초기 발달 과정에서의 경험이 축적된 결과이다."

태아의 뇌에 보이는 피질 주름들은 유전자와 세포조직의 화학적 환경에 따라 진행되는 생화학적 자기조직화 과정에서 자연스럽게 생긴다. 이 과정에서 유전 정보는 거의 필요 없으며 학습도 전혀 필요 없다.[12] 이런 자기조직화는 결코 모순된 현상이 아니며 사실 지구 위 어느 곳에서나 볼 수 있는 현상이다. 뇌의 피질을 썰물과 밀물이 들어오고 나가면서 잔물결이 일고 여기저기 웅덩이들이 생기는 모래 해변이라고 상상해 보라. 아니면 끊임없는 바람의 움직임으로 여기저기 주름과 모래언덕이 생겨난 사막이라고 상상해 보라. 실제로 손가락 지문 외에도 얼룩말 무늬, 표범의 점, 화산의 현무암 기둥, 사막의 모래언덕, 여름 하늘의 구름에 이르기까지 모든 종류의 생물학적·물리학적 시스템에서 크고 작은 줄무늬와 점 그리고 육각형 세포들이 생긴다. 영국 수학자 앨런 튜링은 이런 현상을 처음 설명한 인물로, 이런 현상에 필요한 것은 부분 확대 및 그 주변의 억제 과정뿐이다. 해변에 바람이 불면 모래알이 쌓이면서 부분 확대 과정이 시작된다. 그렇게 해변 여기저기 혹처럼 튀어나온 부분들이 생기고, 거기에 모래알들이 들러붙는다. 결국 몇 시간 후 모래언덕이 만들어진다. 부분 확대와 주변의 억제 현상이 일어나면 곧 밀집된 부분(모래언덕)이 나타나고, 주변에 덜 밀집된 부분(움푹 파인 면)이 나타나며, 거기에 계속 다른 모래언덕이 이어지는 걸 보게 된다. 그리고 환경에 따라 자연스레 나타나는 패턴들은 점이나 줄무늬가 되기도 하고 육각형 모양이 되기도 한다.

자기조직화는 발달 중인 뇌에서 아주 흔한 현상이다. 우리의 피질은 많은 기둥과 줄무늬와 명확한 경계선으로 이루어져 있다. 공간 분리는 유전자가 여러 유형의 정보를 처리하는 데 특화된 뉴런 모듈을 배치하는 메커니즘 가운데 하나로 보인다. 시각 피질은 왼쪽 및 오른쪽 눈을 통해 들어오는 정보들을 처리하는 교차 밴드들로 덮여 있다. 이는 '안구 우위 열'이라 불리며 발달 중인 뇌에서 자연발생적으로 나타나 망막 내 내재성 활성화로 생기는 정보를 활용한다. 그러나 이와 비슷한 자기조직화 메커니즘은 상위 수준에서도 일어나는데, 꼭 피질 표면만이 아니라 보다 추상적인 공간에서도 생긴다. 가장 좋은 예가 '격자 세포grid cell'로 공간에 삼각형 및 육각형 격자를 깔아 쥐가 위치를 암호화하는 뉴런 즉 신경세포이다(〈컬러 삽입 도판 10〉 참고).

격자 세포는 '내후각 피질entorhinal cortex'이라 불리는 쥐의 뇌 안에 있는 신경세포이다. 에드바르 모저Edvard Moser와 메이-브릿 모저May-Britt Moser 부부는 2014년에 내후각 피질의 놀라운 기하학적 특성을 발견한 공로로 노벨 생리학상 및 의학상을 수상했다. 두 사람은 쥐가 아주 큰 방 안을 돌아다니는 상황에서 내후각 피질 내 신경세포들의 움직임을 기록한 최초의 인물들이다.[13] 우리는 해마라 불리는 뇌 부위 주위의 신경세포들이 '위치 세포place cell'처럼 움직인다는 걸 알고 있었다. 그 신경세포들은 쥐가 방 안에서 특정 위치에 있을 때만 활성화됐다. 그런데 모저 부부가 격자 세포들이 한 위치에만 반응하는 게 아니라 모든 위치들에 반응한다는 획기적인 발견을 한 것이다. 게다가 특정 세포를 활성화시키는 특정 위치들은 수시로 조정되어 등변 삼각형 네트워크를 형성했고, 그 삼각형들이 서로 합쳐져 기린의 점무늬나 화산암 내 현무암 기둥과 비슷한 육각형들을 형성했다. 심지어 어둠 속에서 돌아다닐 때도 각 격자 세포는 활성화되어, 쥐는 자신이 전체 공간 내 삼각형들의 네트워크 안에서 어디에 위치해 있는지를 알 수 있었다. 노벨상 심사 위원회는 이런 시스템을 '뇌의 GPS'라 불렀는데, 이는 아주 신뢰할 만한 신경세포 좌표계를 제공해 지도처럼 외부 공간의 위치를 알 수 있게 해준다.

그런데 왜 신경세포 지도는 직사각형이나 수직선이 아닌 삼각형과 육각형을 활용할까? 르네 데카르트 이후 수학자들과 지도 제작자들은 늘 '카테시안 좌표Cartesian coordinates'(x와 y축, 가로 좌표와 세로 좌표, 위도와 경도)라 불리는 두 수직 축에 의존해 왔다. 그렇다면 쥐의 뇌는 왜 삼각형과 육각형에 더 의존할까? 아마 격자 세포 뉴런은 뇌 발달 과정에서 자기조직화가 되는데, 기린의 점무늬도 그렇고 벌집도 그렇고 화산 기둥도 그렇고, 자연 상태에서는 그런 자기조직화로 육각형 패턴이 만들어지는 경우가 많기 때문일 것이다. 이제 물리학자들은 왜 육각형 패턴이 그리 많이 눈에 띄는지를 안다. 어떤 시스템이 조직화되지 않은 '핫한' 상태에서 시작해 서서히 식을 때마다 자연발생적으로 생겨나 결국 안정적인 구조로 귀결되는 것이 육각형이기 때문이다(〈컬러 삽입 도판 10〉 참고). 과학자들은 뇌 발달 과정에서 내후각 피질 내 격자 세포의 출현에 대해 비슷한 이론을 제시했다. 육각형 패턴들이 나타나 피질의 동역학을 자연스레 끌어들여 조직화되지 못한 신경세포 집단들이 서서히 조직화된 격자 세포들로 정착되어 간다는 것이다.[14] 이 이론에 따르면, 쥐가 격자 모양의 지도를 떠올리는 데는 그 어떤 학습 신호도 필요치 않다. 사실 이 같은 뇌 회로 구축에는 그 어떤 학습도 필요하지 않으며, 발달 중인 피질의 동역학으로 자연스레 뇌 회로가 만들어진다.

뇌 지도들이 자기조직화된다는 이 이론은 현재 옳다고 입증되고 있다. 특수한 실험들에 따르면, 쥐의 발달 과정에 뇌의 GPS는 실제로 아주 일찍 나타난다. 서로 다른 두 연구팀이 아직 걷기를 시작하기도 전인 막 태어난 새끼 쥐들의 뇌에 전극을 이식하는 데 성공했다.[15] 그리고 그 전극들을 이용해 내후각 피질 내에 이미 격자 세포들이 존재하는지 여부를 조사했다. 그들은 또 위치 세포(한 위치에 반응하는 세포)들과 머리 방향 세포(배의 나침반 같은 기능을 하는 제3의 신경세포)에 대해서도 조사했다. 그랬더니 각 신경세포는 동물이 특정 방향으로 움직일 때, 예를 들면 북서쪽이나 남동쪽으로 움직일 때 활성화되었다. 연구 결과에 따르면, 이 모든 시스템은 실제 선천적으로 타고난 것이었다. 즉 머리 방향 세포는 가능한 한 아주 일찍부터 존재했고, 위치 세포와 격자 세포는 새끼 쥐가 돌아다니기 시작한지 하루 이틀 후에 나타났다.

　이런 결과는 흥미진진하지만, 절대 놀랄 일은 아니다. 개미에서 새, 파충류, 포유류에 이르는 거의 모든 동물들에게 지도 만들기는 중요한 일이다. 강아지나 고양이 새끼 또는 인간 아기가 보금자리를 떠나 세상에 들어가 살아남으려면, 늘 자신이 어디에 있는지 알아야 하고, 집으로 돌아가는 길을 찾을 수 있어야 하며, 엄마가 어디에서 자신을 기다리는지도 알아야 한다. 강아지나 고양이나 인간은 진화의 역사를 통해 아주 오래전에 나침반과 지도 그리고 자신이 방문하는 장소들의 기록을 넘겨받은 것으로 보인다.

　인간의 뇌에는 실제로 그런 신경세포 GPS가 존재할까? 그렇다. 우리는 현재 인간 성인의 뇌에 쥐와 같은 뇌 위치(내후각 피질)에 육각대치 형태의 신경세포 지도가 들어 있다는 사실을 안다.[16] 그리고 또 아주 어린아이들에게도 이미 공간 감각이 있다는 사실도 안다. 심지어 걸음마를 배우는 아이들도 방 안에서 자신의 위치를 파악하는 데 별 어려움이 없다. A라는 지점에서 B 지점으로 데려간 뒤 다시 C 지점으로 데려가면, 아이들은 C 지점에서 직선으로 A 지점으로 가는 방법을 안다. 그리고 놀랍게도 태어날 때부터 앞을 보지 못한다 해도 그렇게 할 수 있다. 따라서 인간 아기들은 쥐와 마찬가지로 공간 탐색에 필요한 '멘탈 모듈mental module'을 갖고 있다.[17] 그러나 우리는 아직 아기 뇌 속의 이런 지도를 직접 본 적이 없고, 아직은 그렇게 어린 나이에 활동 중인 뇌 이미지를 확보하기가 너무 어렵다(기어다니는 아기의 MRI를 찍는다고 상상해 보라). 그러나 언젠가 모바일 뇌 영상 촬영 기술이 개발되면 그런 이미지를 볼 수 있다고 확신한다.

나는 이 외에도 아기 뇌 안의 다른 특화된 모듈의 예를 얼마든지 들 수 있다. 우리가 아는 바로는 생후 몇 개월만 되어도(태어나자마자 바로는 아니라 해도) 시각 피질 안에 벌써 집 이미지보다 사람 얼굴 이미지에 더 잘 반응하는 영역이 생긴다.[18] 그런 영역이 생겨나는 것은 일부 학습의 결과이기도 하지만, 결국은 뇌의 연결들에 많은 영향을 받는다. 그 연결들에 의해 같은 위치는(몇 밀리미터 차이가 있을 수는 있지만) 얼굴에 특화된 위치가 되며, 결국 그것이 뇌 피질의 가장 독특한 모듈 중 하나가 되어 무려 98퍼센트의 신경세포들이 얼굴에 특화되며, 다른 이미지들에는 거의 반응하지 않는다.

또 다른 예를 보자. 우리가 아는 바로는 인간 성인이 2+2 계산을 할 때나 원숭이가 물체의 수를 기억할 때 활성화되는 뇌 영역에 해당되는 아기의 두정엽이 이미 물체들의 수에 반응한다는 사실도 안다.[19] 독일 신경과학자 안드레아스 니이더Andreas Nieder가 연구한 바에 따르면, 원숭이들의 경우 뇌의 그 부위에 물체들의 수에 민감한 신경세포들이 들어 있었다. 한 물체에 특화된 신경세포들이 있고, 두 물체에 특화된 신경세포들, 세 물체에 특화된 신경세포가 있는 식이다. 또한 문제의 원숭이가 수 계산을 전혀 배우지 않았어도 이런 신경세포들은 존재한다. 그래서 우리는 이런 모듈들이 비록 나중에 환경의 영향을 받긴 하겠지만, 아예 태어날 때부터 생긴다고 생각한다. 동료들과 나는 숫자 신경세포들의 자기조직화와 관련해 정확한 수학적 모델을 제시해 왔고, 이는 발달 중인 뇌 피질 표면에서 파도처럼 번져 가는 신경세포 활성화를 토대로 한 것이다. 이 모델은 숫자 신경세포의 특성들을 자세히 설명한다. 이 모델에서 이 세포들은 일종의 숫자 선을 형성한다. 무작위로 연결되는 신경세포들의 네트워크에서 자연스레 생기는 선형 사슬로, 숫자 1, 2, 3, 4 등이 연이어 자리를 차지한다.[20]

자기조직화 개념은 뇌가 백지 상태여서 처음에 전혀 조직화되어 있지 않으며 이후 환경에 의해 조직화된다는 전통적인, 그러나 잘못된 견해와는 완전히 다르다. 자기조직화 개념에선 그런 견해와 반대로 뇌가 별도의 데이터가 거의 또는 전혀 없이도 스스로 지도나 숫자 선으로 발전된다고 본다. 자기조직화는 현재 인공지능에 대한 공학적 접근법들을 지배하고 있는 인공 뇌신경망과도 다르다. 오늘날 인공지능은 사실상 빅 데이터와 동의어처럼 여겨지고 있다. 인공지능은 늘 엄청나게 많은 데이터를 필요로 해, 수 기가바이트의 데이터를 제공받은 뒤에야 지능적으로 움직인다. 그런 인공지능과 달리 우리의 뇌는 그리 많은 경험을 필요로 하지 않는다. 뇌 네트워크의 주요 접속점들은, 즉 핵심 지식이 저장되는 모듈들은 순전히 내부 자극을 통해 대체로 자연스럽게 발달되는 걸로 보인다.

현재 MIT 공대 교수 조시 테넨바움 같은 일부 컴퓨터 과학자만이 이런 종류의 자기조직화 방식을 인공지능에 접목시키려고 전력투구하고 있다. 테넨바움과 동료들은 지금 '가상 아기 프로젝트', 즉 스스로 수백만 가지 생각과 이미지를 만드는 능력을 가진 시스템을 세상에 내놓으려는 프로젝트를 진행 중이다. 내부에서 만들어지는 이 데이터는 나머지 시스템 안에서 학습의 토대로 활용될 것이다. 별도의 외부 데이터를 공급할 필요가 없다. 이 획기적인 견해에 따르면, 우리의 핵심 뇌 회로들은 태어나기도 전에 시스템 내부에서 구축되는 데이터베이스에 의한 자기조직화로 그 토대가 마련된다.[21] 그 대부분은 외부 세계와 그 어떤 상호작용도 없이 순전히 내부에서 만들어진다. 다만 마지막 조정 작업은 학습을 통해 이루어지며, 우리가 주변 환경에서 받아들이는 추가 데이터도 영향을 준다.

이런 연구를 통해 내릴 수 있는 결론은 인간의 뇌 발달 과정에서 유전자와 자기조직화가 아주 큰 역할을 한다는 것이다. 아기의 뇌 피질은 태어날 때부터 이미 거의 어른의 뇌만큼이나 주름져 있다. 그리고 이미 특화된 감각 영역 및 인지 영역 들로 세분화되어 있고, 정확하고 재연성이 있는 신경섬유 덩어리들과 연결되어 있다. 또한 아기의 뇌 피질 안에는 부분적으로 특화된 모듈들이 있으며, 각 모듈은 외부 세계를 향해 특별한 형태의 발현을 한다. 내후각피질의 격자 세포들은 2차원적인 평면들을 그려내, 암호화와 공간 탐색에 안성맞춤이다. 뒤에서 다시 살펴보겠지만, 두정엽 같은 다른 영역들은 선을 그려 숫자, 크기, 시간의 흐름 같은 선형 특성을 암호화하는 데 안성맞춤이며, 브로카 영역은 트리 구조를 투영해, 언어 구문을 암호화하는 데 안성맞춤이다. 우리는 진화 과정에서 일련의 기본 규칙들을 물려받으며, 그 가운데 이후 살아가면서 배워야 할 개념들과 상황들에 가장 잘 들어맞는 규칙들을 선택하게 된다.

개성의 근원

내가 지금 보편적인 인간 본성이 존재한다고 주장한다고 해서,

인간의 뇌 회로들은 유전자들과 자기조직화 덕에 선천적으로 타고 난다고 주장한다고 해서, 개인의 차이가 존재한다는 걸 부인하는 건 아니다. 심지어 막 태어난 아기들을 관찰해 봐도, 우리 인간의 뇌는 각기 독특한 특징들을 보인다. 우리의 피질 주름들은 지문과 마찬가 지로 태어나기도 전에 만들어지며, 개인마다 달라 일란성 쌍둥이 간 에도 다르다. 마찬가지로 피질 연결들의 강도와 밀도는 물론 정확한 궤적들까지 다 달라 '커넥톰connectome'(유전자 지도처럼 생명체의 신경망이 어떻게 연결돼 있는지 규명해 이를 도식화한 것—옮긴이) 또한 다 독특하다.

그런데 이런 차이들에는 공통된 특징이 있다는 걸 알 필요가 있 다. 재즈 뮤지션이 노래를 배울 때 일련의 코드를 암기하듯, 호모 사 피엔스의 뇌 레이아웃은 이미 정해진 계획 같은 걸 따른다. 결국 이 처럼 보편적인 특징에 각자가 가진 게놈의 차이에 따라 개인의 특성 이 달라진다. 우리의 개성은 실재하며 절대 과장이 아니다. 우리는 각기 호모 사피엔스라는 공통된 멜로디 라인을 중심으로 만들어진 변주곡이다. 흑인이든 백인이든, 아시아인이든 북미인이든, 지구 위 어디에 사는 사람이든 우리의 뇌 구조는 늘 분명하다. 그런 점에서 그 어떤 인간의 피질도 우리의 가장 가까운 친척인 침팬지의 피질과 전혀 다르다. 'My Funny Valentine'에 애드리브를 넣는다 해도 'My Romance'와 조금도 같아질 수는 없다.

우리 모두 같은 초기 뇌 구조, 같은 핵심 지식, 추가 재능을 습득 할 수 있게 해 주는 같은 학습 알고리즘을 공유하고 있기 때문에 결 국 같은 개념들을 공유하는 경우가 많다. 해당 분야가 독서든 과학 이든 수학이든, 그리고 눈이 멀었든 귀가 멀었든 말을 못하든 모든 사람에게는 같은 인간의 잠재력이 있다. 영국 철학자 로저 베이컨 Roger Bacon(1220-1292)은 13세기 때 이미 이런 말을 했다. "수학 지식은 거의 타고나는 것으로 (……) 이는 가장 쉬운 과학이며, 그 누구의 뇌도 그걸 거부하지 않는 게 분명하다. 비전문가들도 전혀 글을 모르는 사람들도 수를 세고 계산하는 건 할 줄 안다." 언어의 경우도 마찬가지이다. 그 어떤 침팬지도, 앞서 말한 대로 태어날 때 인간의 가정에 입양된 침팬지조차 몇 단어 이상 입 밖에 낸 적이 없고 몇 문장 이상 만든 적이 없지만, 인간 아기의 경우 태어날 때부터 언어를 습득하려는 강력한 욕구가 없는 아이는 없다.

간단히 말해, 개인적 차이는 실재하지만, 거의 늘 종류의 차이라기보다는 정도의 차이이다. 신경생물학적 차이가 실제의 인지능력 차이로 발전되는 것은 뇌 조직화의 정상 분포에서 오직 극단적인 경우뿐이다. 발달장애를 앓는 아이들은 대체로 뇌 조직화의 정상 분포에서 극단에 있다. 그런 아이들의 뇌는 임신 기간 중에 신경세포 이동 및 뇌 회로 자기조직화가 유전되는 발달 과정에서 뭔가 문제가 생긴 것으로 보인다.

지능이나 다른 기능들은 멀쩡한데, 유독 글 읽는 걸 배우는 능력에 문제가 생기는 발달장애인 난독증은 이제 원인이 점차 과학으로 규명되고 있다. 당신에게 난독증이 있다면 형제도 난독증이 있을 가능성이 50퍼센트나 된다. 난독증이 유전적 발달장애일 가능성이 높다는 게 밝혀지고 있는 것이다. 현재 적어도 네 개의 유전자가 난독증과 연관 있다고 밝혀졌다. 그 유전자들 대부분이 임신 기간 중에 신경세포들에 영향을 주어 뇌 피질 내 최종 위치로 이동하지 못한 것이다.[22] MRI 검사 결과 역시 읽기 능력을 뒷받침해 주는 좌뇌의 연결들에 심각한 문제가 있음을 보여 준다.[23] 그런데 이런 문제들은 초기에 발견할 수 있다. 난독증에 대한 유전적 소인을 가진 아이들은 생후 6개월 무렵에 이미 음성 언어의 음소들을 구분하는 능력에 문제를 보이며, 난독증을 가질 아이와 정상적으로 글을 읽을 수 있게 될 아이가 일찍 구분된다.[24] 실제로 음운론적 문제들은 난독증의 주요 요소로 알려져 있다. 하지만 그렇다고 해서 그게 유일한 원인은 아니다. 읽기 능력과 관련된 뇌 회로는 복잡하며, 그래서 문제가 있을 부위도 많다. 게다가 난독증의 증상도 다양하다. 주의력 결핍 증상이 있어 주변 단어들을 뒤섞어 보는 경우도 있고,[25] 시각적 결핍 증상이 있어 '거울 혼동mirror confusion' 현상을 일으키는 경우도 있다.[26] 난독증은 시각적 능력과 주의력 그리고 음운론적 능력에서 종형 곡선 형태를 띤 연속체의 극단에 위치해 있어, 완전한 정상에서 심각한 난독증에 이르기까지 그 증상이 다양하다.[27] 우리는 모두 같은 호모 사피엔스 구조를 공유하지만, 유전의 양적 면에서는 조금씩 차이를 보인다. 그것은 어쩌면 우리 뇌 회로들의 초기 배열에 준무작위 변형이 생겨서인지도 모른다.

난독증 외 다른 발달장애에 대해서도 사실상 같은 이야기를 할수 있다. 난산증은 계산 및 수학 능력을 뒷받침해 주는 배측 두정 회로 및 전두 회로 내의 초기 회백질 및 백질과 관련이 있다.[28] 숫자 감각을 뒷받침해 주는 두정부 내 뇌실변연 경색을 앓기 쉬운 조숙아의 경우 난산증을 가질 가능성이 더 높다.[29] 초기에 신경학적 문제가 생기면 수량과 관련된 핵심 지식에 직접 영향을 주거나 그 핵심 지식을 숫자 및 산수 기호 습득에 관여하는 다른 부위에서 분리함으로써 난산증을 일으킬 수 있다. 어떤 경우든 그 결과로 산수 능력 습득에 어려움을 겪을 수 있다. 그런 아이들은 수량에 대한 낮은 초기 직관력을 강화하기 위해 도움이 필요할 수 있다.

발달장애의 유전적 소인에 대한 이 같은 과학적 발견의 결과는 흑백논리로 과장되기 쉽다. 난독증이나 난산증과 관련된 그 어떤 유전자도, 또는 이 문제에 관한 한 자폐증이나 조현병 등 다른 어떤 발달장애도 100퍼센트 결정적 요소가 아니다. 기껏해야 상황에 변화를 줄 뿐이며 아이들이 궁극적으로 취하게 되는 발달 궤적에서 또 다른 큰 역할을 하는 건 환경이다. 이와 관련해 특수 교육 분야에 몸담고 있는 내 동료들은 낙관적이다. 충분한 노력만 기울인다면 난독증이나 난산증은 얼마든지 극복할 수 있다는 것이다. 자, 이제 뇌 발달 과정에서 두 번째로 중요한 요소인 '뇌 가소성'에 대해 살펴볼 때가 됐다.

교육의 몫

피아니스트가 되려면 여러 해에 걸친 정신적·신체적 훈련이
필요하다는 건 누구나 안다. 그러기 위해서는 미리 구축된 유기적
경로들이 강화되어야 하고, 말단 수상돌기 및 신경돌기의 점진적 성장과
세분화를 통해 새로운 경로들이 만들어져야 한다는 걸 인정해야 한다.
- 산티아고 라몬 이 카할(스페인 해부학자, 1904)

나는 지금껏 자연 내지 천성이 우리 뇌에 미치는 영향, 다시 말
해 유전자와 자기조직화의 상호작용에 대해 이야기했다. 그러나
물론 양육 내지 교육도 그 못지않게 중요하다. 뇌의 초기 조직화
는 영원히 변치 않으면서 그대로 있지 않으며, 경험을 통해 개선되
고 강화된다. 교육은 동전의 다른 면이나 같다. 학습은 아이들의 뇌

속 회로들을 어떻게 변화시킬까? 이를 이해하려면 시간을 1세기 전으로 돌려 스페인 해부학자 산티아고 라몬 이 카할_{Santiago Ramón y Cajal}(1852-1934)이 이룬 역사적 발견들을 살펴봐야 한다.

카할은 신경과학계의 위대한 영웅 중 한 사람이다. 그는 현미경을 이용해 인류 최초로 인간 뇌의 미세 조직을 지도로 그렸다. 천재적인 제도사이기도 했던 그는 현실적이면서도 단순화된 뇌 회로 그림을 그려 냈는데, 위대한 과학 도해들 중에서도 특히 눈에 띄는 진정한 걸작들이었다. 그러나 그 무엇보다 그는 아주 인상적인 판단력으로 관찰에서 해석으로, 그리고 해부학적 구조에서 기능으로 옮겨 갈 수 있었다. 현미경은 그에게 신경세포들과 그 회로들의 사후 해부학적 구조만 보여 주었지만, 그럼에도 불구하고 그는 그 신경세포들과 회로들의 작동 방식에 대해 대담하고 정확한 추론을 이끌어냈다.

카할은 자신의 위대한 발견으로 1906년 노벨 생리의학상을 수상했다. 인간의 뇌는 독특한 신경세포(뉴런)들로 이루어져 있으며, 과거에 생각한 것처럼 그물 모양의 연속적 네트워크가 아니라는 걸 발견한 것이다. 또한 그는 원형에 가깝고 작은 적혈구 등 대부분의 세포들과 달리, 신경세포들은 믿을 수 없을 만큼 복잡한 모양을 하고 있다는 걸 알아냈다. 각 신경세포는 각 가지가 그다음 가지보다 작은 수상돌기_{dendrite}(dendron은 그리스어로 '나무'라는 뜻)들 수천 개로 이루어진 거대한 나무를 갖고 있다. 그런 신경세포들이 모여 떼려야 뗄 수 없는 신경세포 수상돌기의 숲을 이룬다.

그러나 신경세포들의 이 같은 복잡성도 우리의 스페인 신경과학자 카할의 연구 의지를 꺾지 못했다. 신경과학계 역사에서 아직까지 유명세를 타고 있는 그의 도해들, 즉 뇌 피질과 해마의 세세한 해부학적 구조를 보여 주는 도해들에서 카할은 아주 단순하면서도 분명하고 이론적으로도 아주 중요한 화살표를 추가했다. 카할의 화살표는 신경 자극이 흘러가는 방향, 즉 신경세포의 수상돌기에서 세포체로 그리고 마지막으로 축삭돌기axon를 따라가는 방향을 보여 준다. 아주 대담한 추정이었고 나중에 사실로 밝혀진다. 카할은 신경세포들의 모양이 그 기능에 부합된다는 걸 이해했다. 수상돌기 나무에서는 한 신경세포가 다른 세포들로부터 정보를 수집하며, 그 모든 메시지들은 세포체 안에 수렴되고, 거기에서 신경세포는 그 메시지들을 통합 정리해 한 개의 메시지로 내보낸다. 그런 다음 '활동 전위action potential' 또는 '스파이크spike'라 불리는 그 메시지가 축삭돌기를 따라 이동하는데, 기다란 담쟁이덩굴처럼 생긴 축삭돌기는 수천 개의 다른 신경세포들(때로는 몇 센티미터 떨어진)까지 뻗친다.

카할은 더없이 중요한 다른 추론도 했다. 신경세포들은 시냅스들을 통해 서로 커뮤니케이션한다고 추론한 것이다. 처음에 그는 각 신경세포가 전혀 별개의 세포라고 생각했는데, 현미경 관찰 결과 그 세포들이 어떤 지점들에선 서로 접촉한다는 사실을 알게 됐다. 그 접촉 지점들이 현재 우리가 '시냅스synapse'라 부르는 것들이다(시냅스를 발견한 건 카할이지만, 1897년 그걸 시냅스라고 부른 사람은 영국 생리학자 찰스 셰링턴Charles Sherrington[1857-1952]이었다). 각 시냅스는 두 신경세포가 만나는 지점, 더 정확히 말하면 신경세포의 축삭돌기가 다른 신경세포의 수상돌기와 만나는 지점이다. '시냅스 전' 신경세포 하나가 자신

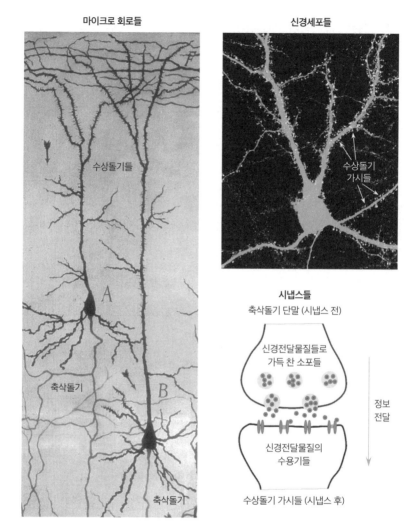

마이크로 회로들

수상돌기들

축삭돌기

A

B

축삭돌기

신경세포들

수상돌기
가시들

시냅스들

축삭돌기 단말 (시냅스 전)

신경전달물질들로
가득 찬 소포들

정보
전달

신경전달물질의
수용기들

수상돌기 가시들 (시냅스 후)

신경세포들과 시냅스들 그리고 그것들이 만들어 내는 마이크로 회로들은 뇌 가소성의 물질적 하드웨어이
다. 각 신경세포는 다른 신경세포들로부터 정보를 수집하는 수상돌기(사진의 위 왼쪽)와 다른 신경세포들로
메시지를 내보내는 축삭돌기(사진의 아래 왼쪽)라는 '나무'들을 가진 독특한 세포이다. 현미경으로 수상돌기
가시들을 쉽게 볼 수 있는데, 버섯처럼 생긴 이 수상돌기 가시들에는 두 신경세포를 연결하는 지점인 시냅
스들이 있다. 우리가 알기로 이 모든 요소들은 변화할 수 있다. 그러니까 시냅스들의 존재와 수와 강도, 수
상돌기 가시들의 크기, 수상돌기와 축삭돌기 가지들의 수, 그리고 심지어 절연체처럼 축삭돌기를 둘러싸
그 전송 속도를 결정짓는 미엘린 막의 수까지 변화할 수 있다.

의 축삭돌기를 멀리 내보내 두 번째 '시냅스 후' 신경세포의 수상돌기와 만나 연결되는 것이다.

그렇다면 시냅스에서는 무슨 일이 일어날까? 또 다른 노벨상 수상자인 신경생리학자 토머스 쥐트호프Thomas Sudhof는 이 의문에 대한 답을 구하기 위해 연구에 연구를 거듭했고, 결국 시냅스들은 뇌의 나노프로세서인 신경계의 연산처리 단위들이라는 결론에 도달했다. 우리 뇌에는 약 1,000조 개의 시냅스가 있다는 걸 잊지 말라. 세상에 이렇게 복잡한 기계 장치는 없다. 엄청나게 복잡한 이 기계의 작동법을 아주 간단히 요약하자면 다음과 같다. 축삭돌기 안을 이동하는 메시지는 전기적인 것이지만, 대부분의 시냅스는 그 메시지를 화학적인 것으로 변환한다. 축삭돌기 끝, 그러니까 시냅스 근처에 있는 '말단 버튼terminal button' 안에는 '신경전달물질neurotransmitter'(예를 들면 글루탐산염)이라 불리는 분자들이 가득 든 작은 주머니인 소포들이 들어 있다. 전기 신호가 축삭돌기의 말단 버튼에 도달하면 소포들이 열리고, 두 신경세포를 분리시키는 시냅스 공간 안으로 분자들이 들어간다. 우리가 이 분자들을 신경전달물질이라 부르는 건 이 때문이다. 즉 이 분자들이 한 신경세포에서 다음 신경세포로 메시지를 전달하는 것이다. 분자들은 시냅스 전 말단에서 풀려나는 순간 '수용기receptor'라 불리는 특정 지점들에서 두 번째 시냅스 후 신경세포의 막에 들러붙는다. 신경전달물질들과 수용기들의 관계는 열쇠와 자물쇠의 관계와 같다. 신경전달물질들이 문자 그대로 시냅스 후 신경세포의 막 안에 있는 문들을 여는 것이다. 그러면 그 열린 채널들로 양전하 또는 음전하 원자인 이온들이 쏟아져 들어가 시냅스 후 신경세포 안에서 전류를 발생시킨다. 이렇게 해서 사이클이 마무리된다. 메시지가 전기 메시지에서 화학 메시지로 바뀌고, 그런 다음 화학 메시지가 다시 전기 메시지로 바뀌며, 그 과정에서 메시지가 두 신경세포 간의 공간을 건너가는 것이다.

그렇다면 이 모든 것들이 학습과 대체 무슨 관계가 있을까? 우리의 시냅스들은 우리가 살아가는 내내 계속 변화하며, 그런 변화들은 우리의 학습에 반영된다.[1] 각 시냅스는 조그만 화학공장인데 이 공장의 많은 요소들이, 즉 소포의 수와 그 크기, 수용기의 수와 그 효율성, 심지어 시냅스 자체의 크기와 모양이 학습 과정에서 변화될 수 있다. 이 모든 변수가 시냅스 전 전기 메시지가 또 다른 시냅스 후 신경세포로 전송되는 힘에 영향을 주고, 또 배운 정보에 필요한 저장 공간을 제공한다.

게다가 시냅스의 힘에서 생기는 이 같은 변화들은 무작위가 아니다. 신경세포들이 서로를 자극하는 능력을 강화시킴으로써 신경세포들의 활동이 안정화되는 쪽으로 변화들이 일어난다. 이 기본적인 원칙은 워낙 단순해, 1949년 캐나다 심리학자 도널드 헵Donald Hebb(1904-1985)에 의해 이미 그 가설이 제시됐다. 이 원칙은 단순한 공식으로 요약 가능하다. 즉 함께 활성화되는 신경세포들은 함께 연결된다는 것. 두 신경세포가 동시에 또는 곧이어 활성화되면 그들 간의 연결은 더 강해진다. 더 정확히 말하면 한 시냅스 전 신경세포가 활성화되고 몇 밀리초가 지나 다른 시냅스 후 신경세포가 활성화되면 시냅스는 강화되며, 이후 이 두 신경세포 간에 훨씬 더 효율적인 메시지 전송이 일어난다. 반면에 시냅스가 메시지 전송에 실패하면, 그래서 시냅스 후 신경세포가 활성화되지 못하면, 그 시냅스는 약화된다.

우리는 이제 이런 현상으로 인해 왜 신경세포 활동이 안정되는지를 안다. 과거에 잘 작동된 뇌 회로들이 더 강해지기 때문이다. 도널드 헵의 원칙에 따른 이 같은 시냅스의 변화들은 같은 형태의 활동이 다시 일어날 확률을 높여 준다. 시냅스의 가소성 덕에 수백만 개의 신경세포들로 이루어진 거대한 신경세포 융단들이 정확하고 재연 가능한 순서에 따라 차례차례 움직이는 것이다. 최적의 이동 경로를 따라 미로를 헤쳐 나가는 쥐, 손가락들로 수많은 음들을 쏟아내는 바이올리니스트, 시 낭송을 끝까지 잘 해내는 아이, 이런 시나리오들을 통해 그야말로 신경세포들의 교향곡이 울려 퍼지며, 그 교향곡 안에서 모든 움직임과 음과 말들이 수억 개의 시냅스들에 의해 기록된다.

물론 우리의 뇌가 살아가면서 일어나는 모든 일들을 기록하지는 않는다. 가장 중요하다고 생각하는 순간들만 시냅스들 안에 새겨지는 것이다. 그러기 위해 시냅스 가소성은 방대한 신경전달물질 네트워크에 의해, 특히 어떤 일들이 기억해야 할 만큼 중요한지를 알려 주는 아세틸콜린, 도파민, 세로토닌 같은 신경전달물질 네트워크에 의해 조절된다. 도파민은 음식과 섹스, 약물 그리고 심지어 로큰롤 같은 보상과 관련된 신경전달물질이다.[2] 도파민 회로는 우리가 사랑하는 모든 것들과 우리가 '중독된' 모든 자극들에 표시를 해 두며, 뇌의 나머지 부분들에 우리가 경험하는 것이 예상했던 것보다 더 긍정적이고 좋다는 신호를 보낸다. 반면에 아세틸콜린은 보다 일반적으로 모든 중요한 순간들에 관여한다. 그리고 그 효과는 대단하다. 당신은 세계무역센터 테러 공격이 있었던 2001년 9월 11일에 한 일들을 아주 소상히 기억할지도 모른다. 그건 그날 많은 신경전달물질이 당신의 뇌 회로에 폭풍우처럼 밀어닥쳐 당신의 시냅스들에 엄청난 변화가 일어났기 때문이다. 뇌의 한 회로, 주로 강력한 감정에 의해 활성화되는 피질 밑 신경세포 집단인 편도체는 특히 중요하다. 편도체가 인근 해마에 신호들을 보내면 해마에 중요한 에피소드들이 저장되기 때문이다. 이처럼 우리 뇌의 감정 회로들이 가장 중요하다고 여기는 삶의 사실들은 주로 시냅스 변화들을 통해 강조된다.

시냅스 전 및 시냅스 후 신경세포의 활동에 스스로 맞춰 가는 시냅스의 능력은 인공적인 상황들 속에서 처음 발견됐다. 실험실에서 강한 전류로 자극해 신경세포들을 급속도로 강직시켜 시냅스의 힘에 변화를 주어야 했다. 이런 충격을 겪은 뒤에 시냅스들은 몇 시간 동안 변화된 상태를 유지해, 이른바 '장기 강화 작용long-term potentiation' 현상을 보인다. 이는 기억을 장기간 유지하는 데 이상적인 상태로 보였다.[3] 그런데 뇌가 정상 상황에서 정보를 저장할 때 정말 이런 메커니즘을 사용할까? 첫 번째 증거는 커다란 신경세포들을 가진 해양 동물인 갯민숭달팽이에서 나왔다. 이 생명체에는 일반적인 의미에서의 뇌가 없지만, 대신 '신경절ganglia'이라는 커다란 신경세포 덩어리들이 있다. 그런데 노벨상 수상자인 에릭 캔들Eric Kandel이 발견한 바에 따르면, 이 해양 동물은 먹이를 먹으려 할 때 파블로프의 개처럼 일련의 시냅스 및 분자 변화를 일으켰다.[4]

그러다 곧 더 향상된 시냅스 기록 및 시각화 기법들이 등장했고, 학습에서 시냅스 가소성이 중요한 역할을 한다는 걸 뒷받침하는 증거들이 속속 발견됐다. 확실히 동물이 뭔가를 배우는 데 사용하는 회로 안에서 시냅스 변화가 일어나는 것이다. 쥐가 작은 전기 충격을 받은 장소를 피하는 걸 배울 때, 공간 기억 및 일화 기억 관장 부위인 해마의 시냅스들이 변화한다.[5] 해마와 편도체 간 연결에 그런 충격적인 경험이 고정되는 것이다. 쥐가 소리를 무서워하면 편도체를 청각 피질에 연결하는 시냅스들에 비슷한 변화가 일어난다.[6] 게다가 이런 변화는 단순히 학습 기간 중에 함께 나타나는 정도가 아니라, 실제로 학습에 인과관계의 영향을 주는 것으로 보인다. 증거는 다음과 같다. 쥐가 충격을 받는 일이 있고 나서 바로 우리가 분자 메커니즘에 개입하면, 시냅스들이 학습과 관련된 변화들을 겪고, 그 결과 쥐는 아무것도 기억을 못한다.[7]

기억의 초상

기억이란 무엇일까? 그리고 뇌에서 기억을 뒷받침하는 물리적 토대는 무엇일까? 대부분의 과학자는 암호화하는 시기와 기억하는 시기를 구분하는 다음과 같은 설명에 동의한다.[8]

암호화 얘기부터 해 보자. 우리의 각 인식과 행동 그리고 생각은 특정 신경세포들의 활동에 의존한다(다른 신경세포들은 아무 활동도 안 하거나 심지어 활동을 억제당한다). 그리고 뇌의 여러 영역에 분포된 이처럼 활동적인 신경세포들의 정체성이 우리 생각의 내용을 규정한다. 내가 백악관 대통령 집무실에 있는 도널드 트럼프 대통령을 볼 때, 일부 신경세포들은 그의 얼굴에 반응하고(하측 측두엽 영역에서), 일부 신경세포들은 그의 음성에 반응하며(상측 측두엽 영역에서), 또 신경세포들은 그의 사무실 배열에 반응하는(해마곁 영역에서) 식이다. 한 가지 신경세포들이 어떤 정보를 제공할 수도 있지만, 전반적인 기억은 늘 서로 연결된 여러 신경세포 그룹에 의해 암호화된다. 내가 대통령 집무실에서 우연히 동료를 만난다면, 약간 다른 그룹의 신경세포들이 활발히 활동하면서 동료를 대통령과 혼동하는 일도 없고, 그 유명한 대통령 집무실을 동료의 사무실로 혼동하는 일도 없게 한다. 서로 다른 그룹의 신경세포들이 서로 다른 얼굴과 장소들을 암호화하는데, 서로 긴밀히 연결되어 있기 때문에 백악관 모습만 봐도 바로 트럼프의 얼굴을 떠올리게 된다. 그러나 헬스클럽에서 우연히 동료를 만난다면 나는 그 상황에서 동료를 알아보는 데 어려움을 겪을 수도 있다.

자 이제, 대통령 집무실에서 대통령을 보자마자 내 감정 시스템이 그 경험을 기억 속에 저장해 둘 만큼 중요한 경험으로 판단한다고 가정해 보자. 내 뇌는 어떻게 그 경험을 기록할까? 어떤 기억을 강화하기 위해 최근에 활성화된 신경세포들은 중요한 물리적 변화들을 겪는다. 신경세포들은 서로 간의 연결되는 힘을 조정하고 그룹 지원을 강화해 그 신경세포들이 다음에 다시 활성화되기 쉽게 만든다. 어떤 시냅스들은 물리적으로 더 커지며 심지어 복제되기도 한다. 또한 목표 신경세포는 종종 새로운 수상돌기 가시나 종말 버튼 또는 수상돌기로 자라기도 한다. 이 모든 해부학적 변화는 몇 시간 또는 며칠에 걸쳐 일어나는 새로운 유전자의 발현을 뜻한다. 이런 변화는 학습의 물리학적 토대로, 서로 합쳐져 기억에 필요한 기질 substrate(결합 조직의 기본 물질—옮긴이)을 형성한다.

일단 시냅스 기억이 형성되면 신경세포들은 이제 쉴 수 있다. 신경세포들의 활성화가 중단되면 기억은 무의식적 휴면 상태가 되지만 신경세포 회로들의 구조 속에 아로새겨지는 것이다. 이후에는 그런 연결 덕에 외부 단서(예를 들면 대통령 집무실 사진)만 주어져도 원래의 회로 안에서 신경세포 활성화가 활발히 일어난다. 그리고 그런 활성화 덕에 기억이 만들어진 순간과 비슷한 패턴의 신경세포 활동이 재개되며, 그 결과 도널드 트럼프 대통령의 얼굴을 알아볼 수 있게 된다. 이 이론에 따르면 기억을 되살린다는 건 재연과 같다. 즉 기억한다는 것은 결국 과거에 동일한 뇌 회로들에서 일어난 신경세포 활성화 패턴을 그대로 재연하는 것이다.

따라서 기억한다는 건 뇌의 한 영역에서만 일어나는 일이라 할 수 없다. 뇌 회로 전체까지는 아니더라도 거의 대부분에서 일어나는 일이다. 뇌의 각 부위가 흔히 발생하는 신경세포 활동에 대한 반응으로 자신의 시냅스들을 변화시키기 때문이다. 물론 모든 뇌 회로가 같은 역할을 하는 건 아니다. 용어들은 여전히 애매하며 계속 변화하고 있지만, 전문가들은 적어도 기억을 다음과 같이 크게 네 가지로 구분한다.

· **작업 기억**: 이 기억은 심적 표상mental representation(물체나 문제, 일의 상

태, 배열에 관한 지식이 마음에 저장되는 방식—옮긴이)을 몇 초간 적극적으로 유지한다. 이 기억은 주로 두정엽과 전전두엽 피질 내 많은 신경세포들의 활성화에 의존하며, 그 결과 다시 더 많은 주변 영역들 내 신경세포에서도 활성화가 일어난다.[9] 작업 기억은 전화번호를 기억할 수 있게 해 준다. 우리가 전화번호를 스마트폰에 타이핑할 때 특정 신경세포들이 서로를 지원해 그 정보가 활성화된다. 최근 작업 기억에는 순간적인 시냅스 변화가 개입된다는 사실이 밝혀졌으나, 이런 종류의 기억은 주로 지속적인 활동 패턴의 유지에 의존하며,[10] 신경세포들은 잠시 휴면 상태에 들어갔다가 바로 다시 활성화된다. 어쨌든 작업 기억은 결코 몇 초 이상 가지를 못한다. 다른 뭔가에 마음을 뺏기면 바로 신경세포들의 활성화가 중단된다. 일종의 뇌 완충 장치 같은 것이며, 덕분에 가장 중요한 최신 정보만 마음속에 담게 되는 것이다.

· **일화 기억**: 피질 아래 대뇌 반구 깊은 곳에 위치한 해마는 살면서 겪는 사건이나 일화들을 기록한다. 해마 안의 신경세포들은 각 사건의 상황 내지 맥락을 기억하는 것으로 보인다. 어떤 일이 언제, 어디서, 어떻게, 누구와 함께 있을 때 일어났는지 암호화하는 것이다. 해마 안의 신경세포들은 시냅스 변화들을 통해 사건을 저장하며, 우리는 나중에 그 사건을 기억할 수 있다. 그래서 수술로 양쪽 뇌의 해마가 제거된 그 유명한 '환자 H.M.'은 더 이상 아무것도 기억할 수 없게 되었다. 결국 과거의 기억들에 그 어떤 새로운 기억도 더할 수 없게 된 그는 과거 없이 철저히 현재에만 살았다. 최근 연구에 따르면 해마는 모든 종류의 속성 학습에도 관

여한다고 한다. 그게 어떤 특정 사건이든 아니면 관심을 가져야 할 새로운 발견이든, 새로 배운 정보가 독특하기만 하다면, 해마 안의 신경세포들은 그 정보를 특정 활성화 순서에 배당한다.[11]

· **의미 기억**: 기억이 영원히 해마 안에 머무는 것 같지는 않다. 밤이 되면 뇌가 기억을 재생한 뒤 피질 내의 새로운 장소로 이동시킨다. 그리고 거기에서 기억은 영구적인 지식으로 변한다. 뇌는 우리가 살면서 겪은 경험에서 정보를 뽑아 내 일반화한 뒤 우리의 방대한 세상 지식 도서관 안에 넣어 둔다. 그리고 며칠이 지나도 우리는 여전히 언제 또는 어디서 처음 들었는지 기억이 전혀 없어도 대통령의 이름을 기억할 수 있다. 일화 기억이 이제 의미 기억으로 변한 것이다. 하나의 일화에 지나지 않던 일이 오래 지속되는 지식으로 변하는 것인데, 그 과정에서 신경세포 암호는 해마에서 관련 피질 회로로 옮겨 간다.[12]

· **절차 기억**: 우리가 같은 행동을 되풀이해 반복할 때(신발끈을 묶거나, 시를 낭송하거나, 계산을 하거나, 저글링을 하거나, 바이올린 연주를 하거나, 자전거를 탈 때) 피질과 다른 피질하皮質下 회로들 내 신경세포들은 스스로 변화해 훗날 정보가 더 잘 흐르게 한다. 결국 신경세포의 활성화가 더 효율적으로 이루어지고 시계 장치만큼이나 정확해진다. 일상적인 행동 패턴을 무의식적으로 치밀히 기록하는 것이 절차 기억이다. 이 경우에 해마는 개입하지 않는다. 기저핵 basal ganglia이라 불리는 피질하 신경회로를 비롯한 임시 저장 공간 안에 기억이 저장된다. '환자 H.M.'이 해마가 관련된 의식적 일화 기억이 없어도 여전히 새로운 절차들을 배울 수 있었던 이유이

다. 연구원들은 심지어 그에게 거울로 자신의 손을 보면서 글씨를 거꾸로 쓰는 법을 열심히 가르치기도 했다. 그런데 그는 자신이 그걸 골백번 연습했다는 걸 전혀 기억하지 못했고, 거꾸로 쓰는 새로운 기술을 능숙하게 해내는 자신에게 놀라지 않을 수 없었다.

진짜 시냅스들과 가짜 기억들

프랑스 영화감독 미셸 공드리Michel Gondry는 잊지 못할 영화 〈이터널 선샤인Eternal Sunshine of the Spotless Mind〉에서 사람의 뇌에서 기억을 선별적으로 지우는 일을 전문으로 하는 기업 이야기를 그리고 있다. 참전 군인들에게 외상 후 스트레스를 주는 기억처럼 우리의 삶에 해가 되는 기억들은 차라리 지워 버리는 게 더 낫지 않을까? 아니면 우리가 환상의 캔버스에 가짜 기억을 그려 넣을 수 있지는 않을까?

신경과학자들이 기억에 관여하는 뇌 회로들에 대해 훤히 들여다보게 되면서, 이제 공드리 감독의 〈이터널 선샤인〉이 다룬 이야기는 더 이상 꿈이 아니게 되었다. 노벨상을 수상한 도네가와 스스무 교수가 이끄는 연구팀이 이미 쥐들을 상대로 기억과 꿈을 조작하는 일을 시도한 바 있다. 도네가와 교수는 먼저 방 안에 쥐 한 마리를 놓고 약한 전기 충격을 주었다. 그러자 그 쥐는 그 불유쾌한 일이 일어난 방을 피해 다니려 했고, 그 일화가 기억에 깊이 새겨졌다는 걸 보여 주었다. 도네가와 연구팀은 그런 현상을 가시화하는 데 성공했다. 정교한 2광자 현미경을 이용해 각 순간에 어떤 신경세포들이 활성화되는지 추적했는데, 전기 충격을 받은 방 A에 있을 때 활성화되는 해마 내 신경세포들과 아무 일도 없었던 방 B에 있을 때 활성화되는 해마 내 신경세포들이 달랐다.

그 뒤 연구팀은 해마 내 신경세포들이 일화 기억에도 관여하는지 여부를 테스트했다. 연구팀은 쥐가 방 A에 위치해 있을 때 약한 전기 충격을 주었으며, 이번에는 인위적으로 방 B에 맞춰 암호화됐던 쥐의 뇌 신경세포들을 활성화시켜 보았다. 이 인위적인 조작은 효과가 있었다. 후에 다시 방 B에 돌아온 쥐가 깜짝 놀라 두려움에 빠졌던 것이다. 방 B에선 실제 아무 일도 일어나지 않아 나쁜 기억이 전혀 없는데도 그랬다.[13] 일단의 신경세포들을 재활성화하는 것만으로도 어떤 기억을 일깨워 새로운 정보에 연결시킬 수 있었던 것이다.

도네가와 연구팀은 다음으로 나쁜 기억을 좋은 기억으로 바꿔 보았다. 트라우마를 안겨 주던 기억이 사라질 수 있을까? 그랬다. 쥐들이 이성 쥐들과 함께 있게 되면서 그야말로 좋은 기억이 보장된 때에 연구팀은 동일한 방 B에서 신경세포들을 재활성화시켰다. 그 결과 전기 충격에 대한 연상을 지우는 데 성공했다. 쥐들은 저주받은 방 B를 피하기는커녕 미친 듯이 그 방을 여기저기 살폈다. 마치 자신이 기억하는 에로틱한 파트너를 찾듯이 말이다.[14]

또 다른 연구팀은 조금 다른 전략을 택했다. 쥐들의 특정 신경세포 그룹을 다시 일깨우는 동시에 그 신경세포들을 연결하는 시냅스들을 약화시켰다. 그러자 역시 이후 며칠간 쥐들은 초기 트라우마에

대해 전혀 기억하지 못했다.[15]

이런 실험들의 연장선상에서 프랑스 연구원 카림 벤체나네Karim Benchenane는 잠이 든 쥐의 뇌에 새로운 기억을 심는 데 성공했다.[16] 잠이 들 때마다, 쥐의 해마 속에 있는 신경세포들은 자연스레 그 전날의 기억, 특히 쥐가 갔던 장소에 대한 기억을 재활성화했다(이에 대해서는 10장에서 자세히 살펴볼 예정이다). 그런 사실을 이용해 벤체나네는 잠자는 쥐의 뇌가 어떤 특정한 장소와 관련된 신경세포들을 재활성화하기를 기다렸고, 그 순간에 맞춰 쥐에게 쾌락 신경전달물질인 도파민을 조금 주입했다. 오, 그랬더니 쥐는 깨어나기 무섭게 최대한 빨리 그 장소를 향해 달려갔다. 처음에 별것도 아니었던 곳이 밤새 기억 속에서 아주 특별한 장소로 탈바꿈한 것이다. 처음 사랑에 빠졌던 장소나 아름다운 프로방스 지역처럼 중독성 있는 장소로 말이다.

인간과 보다 가까운 동물들에 대한 일부 실험에서 교육이 뇌에 미치는 영향을 살펴보기 시작했다. 원숭이가 글자나 숫자 또는 연장을 사용하는 법을 배우면 어떻게 될까?[17] 일본 연구원 아쓰시 이리키는 원숭이가 너무 멀리 떨어져 손으로 잡을 수 없는 음식 조각들을 갈퀴를 이용해 긁어모으는 방법을 배울 수 있다는 걸 입증했다. 수천 번의 테스트 끝에 그 원숭이는 노련한 카지노 딜러만큼이나 손놀림이 민첩해졌다. 갈퀴로 음식 조각을 끌어오는 데 그야말로 1초도 안 걸리게 된 것이다. 손목만 한 번 휙 꺾으면 끝이었다. 그 원숭이는 훨씬 멀리 떨어진 음식을 끌어오기 위해, 중간 크기의 갈퀴를 이용해 더 긴 갈퀴를 끌어오는 방법까지 알아냈다. 이런 종류의 연장 활용법을 학습하면서 원숭이의 뇌에서 엄청난 변화가 일어났다. 피질의 특정 영역, 즉 전두정엽(인간의 경우 손 움직이기, 글 쓰기, 물체 잡기, 망치나 펜치 쓰기 같은 일에 관여)에서 에너지 소모가 눈에 띄게 늘었다. 또한 새로운 유전자들이 발현됐고 시냅스들의 움직임이 활발해졌으며 수상돌기와 축삭돌기 나무가 급증했다. 그러면서 이 전문가 원숭이의 피질 두께가 무려 23퍼센트나 늘었다. 모든 시냅스의 연결 또한 드라마틱한 변화를 겪었다. 멀리 떨어진 영역, 즉 측두엽과 만나는 지점들에서 축삭돌기들이 나와 몇 밀리미터로 자랐고, 전에는 이 신경세포들과 연결되지 않았던 전두정엽의 일부로까지 뻗었다.

이 모든 것은 뇌 가소성이 시간 및 공간에 미치는 영향을 보여 준다. 자, 핵심 사항들을 되짚어 보자. 우리가 기억하고 싶어 하는 사건이나 개념을 암호화하는 일련의 신경세포들이 우리의 뇌 안에서 활성화된다. 그러면 이 기억은 어떻게 저장되는가? 처음에는 두 신경세포를 이어 주는 미세한 연결점인 시냅스들에 저장된다. 그리고 이 시냅스의 힘은 자신이 연결하는 신경세포들이 함께 활성화될 때 더 강해지는데, 이것이 도널드 헵의 원칙이다. 즉 함께 활성화되는 신경세포들은 함께 연결된다는 것. 그리고 힘이 더 강해진 시냅스는 생산성이 늘어난 공장과 같다. 그 결과 시냅스 전 부분에 더 많은 신경전달물질을 모이고, 시냅스 후 부분에 더 많은 수용기 분자가 모인다. 그리고 크기도 더 커져 그 모든 걸 수용하게 된다.

신경세포가 무언가를 배우면 그 모양도 변한다. 시냅스가 자리 잡는 수상돌기에 '수상돌기 가시'라는 버섯 모양의 구조가 생긴다. 필요할 경우 두 번째 시냅스가 나타나 첫 번째 시냅스의 두 배가 되

며, 같은 신경세포에 자리 잡는 다른 시냅스들 역시 더 강해진다.[18]

따라서 학습 기간이 길어지면 뇌의 해부학적 구조 자체가 완전히 변한다. 최근 현미경 기술이 발전하면서, 특히 레이저 및 양자 물리학에 토대를 둔 혁신적인 2광자 현미경이 출현했다. 학습하는 동안 시냅스와 축삭돌기 버튼들이 자라나는 걸 이제 봄에 자라는 꽃나무를 보듯 직접 볼 수 있다. 이런 일이 누적되면 수상돌기와 축삭돌기의 변화가 몇 밀리미터나 될 정도로 커지며, 인간의 경우 MRI를 통해서도 관찰될 정도가 된다. 음악 연주[19]나 독서[20] 또는 저글링[21]을 배우거나 심지어 대도시에서 택시 운전을 배울 때도[22] 피질의 두께와 피질 내 영역을 잇는 시냅스의 연결 강도가 눈에 띄게 증가한다. 우리가 많이 사용할수록 뇌의 고속도로들이 더 넓고 좋아지는 것이다.

시냅스가 학습의 척도는 아니며, 뇌에서 변화를 일으키는 유일한 메커니즘도 아니다. 우리가 뭔가를 배울 때, 새로운 시냅스가 폭발적으로 늘면서 신경세포들 역시 수상돌기와 축삭돌기라는 새로운 가지를 뻗는다. 시냅스와는 별도로 유용한 축삭돌기들이 자신을 미엘린이라는 절연 피복으로 감싸는데, 이는 절연을 위해 전선을 감싸는 접착테이프와 비슷하다. 축삭돌기가 더 많이 사용될수록 이 피복은 더 많은 층을 형성하고, 그 결과 절연 효과도 좋아져 더 빠른 속도로 정보를 전송할 수 있게 된다.

학습이라는 게임에 참여하는 건 비단 신경세포뿐만이 아니다. 학습이 진전되면 신경세포를 둘러싼 모든 환경 또한 변화한다. 신경세포들에 영양분을 공급하고 치유도 하는 주변 교세포glial cell들과 신경세포들에 산소와 포도당과 영양분을 공급하는 동맥 및 정맥 혈관 네트워크도 변화하는 것이다. 이 단계에서 전체 신경세포 회로는 물론 그 지원 구조도 변화한다.

일부 과학자들은 모든 학습에서 시냅스의 역할이 절대적이라는 견해에 이의를 제기한다. 최근 데이터에 따르면, 소뇌에 있는 특수한 신경세포인 푸르키네 세포가 시간 간격을 기억할 수 있으며, 시냅스는 사실 학습 과정에서 아무 역할도 하지 않는다고 주장한다. 기억 메커니즘이 순전히 세포 내부에서 일어나는 걸로 보인다는 것이다.[23] 시간 차원(소뇌가 전담)은 시냅스에 의존하지 않는 다른 진화 방식으로 기억 속에 저장된다. 각 소뇌 신경세포는 DNA 속의 안정된 화학적 변화를 통해서 혼자 힘으로 여러 시간 간격들을 저장할 수 있는 것으로 보인다.

학습으로 인한 이 같은 변화들이(시냅스의 변화든 다른 변화든) 어떻게 '생각의 언어'에 토대를 둔 가장 정교한 형태의 학습을 가능하게 하는지, 또 어떻게 기존 개념들을 빠른 속도로 재결합하게 하는지 규명하는 연구도 진행 중이다. 지금껏 봐 왔듯 인공신경망의 전통적인 모델들을 가지고도, 우리가 어떻게 변화하는 수백만 개의 시냅스들을 통해 숫자나 물체 또는 얼굴을 알아보는 걸 배우는지에 관해 만족할 만한 설명이 가능하다. 그러나 신경망 속의 시냅스 변화들이 어떻게 언어나 수학 법칙을 습득하는 데 도움을 주는지 만족스럽게 설명해 주는 모델은 없다. 우리의 뇌가 기억을 저장하는 데 사용하는 생물학적 암호에 대해 제대로 알려면 아직 멀었다. 그러니 마음을 활짝 열도록 하자.

영양분은 학습의 핵심 요소

분명한 것은 우리가 뭔가를 배울 때 아주 큰 생물학적 변화들이 일어난다는 것이다. 신경세포들이 수상돌기와 축삭돌기들의 뼈대 안에서 변화할 뿐 아니라, 주변의 교질 세포들도 변화한다. 이 모든 변화에는 시간이 걸린다. 각 학습 경험에는 대대적인 생물학적 변화들이 필요한데, 여러 날에 걸쳐 일어나기도 한다. 뇌 가소성을 전담하는 많은 유전자가 발현되어야 하며, 세포들이 필요한 단백질과 막들을 생산해 새로운 시냅스와 수상돌기와 축삭돌기를 내놓는다. 이 과정에서 많은 에너지를 흡수하며, 특히 어린아이의 뇌는 몸이 필요로 하는 에너지의 50퍼센트까지 소비한다. 뇌가 제대로 성장하려면 포도당과 산소, 각종 비타민, 철분, 요오드, 지방산 같은 다양한 영양분이 반드시 필요하다. 그러니까 뇌는 지적인 자극만 필요로 하는 게 아니다. 초당 수백만 개의 시냅스를 만들고 제거하려면 균형 잡힌 식사와 적절한 산소 공급 그리고 육체적 운동이 필요하다.[24]

발달 중인 뇌에 적절한 영양분을 공급하는 게 얼마나 중요한지 잘 보여 주는 슬픈 일화가 있다. 2003년 11월, 이스라엘에서 아이들이 갑자기 알 수 없는 병에 걸렸다.[25] 하룻밤 새에 수십 명의 아기들이 이스라엘 전역의 소아과 병원에 온 것이다. 아기들은 심한 신경 관련 증상들을 보였다. 무기력증과 구토, 시력 장애, 각성 문제를 보였고, 때로는 혼수상태에 빠졌으며, 두 아기는 목숨까지 잃었다. 시간과의 싸움이 시작됐다. 이 새로운 병은 무엇인가? 왜 갑자기 이런 병이 생겼는가?

조사 과정에서 결국 영영분 문제까지 살펴보게 되었다. 탈이 난 아기들은 전부 콩으로 만든 동일한 분유를 타 먹이고 있었다. 분석한 결과 가장 우려했던 일이 밝혀졌다. 분유 라벨에 있는 영양 성분 표에 따르면 비타민 B1으로 더 잘 알려진 티아민이 385밀리그램 함유되어 있어야 했다. 그런데 실제로 티아민은 흔적도 찾을 수 없었다. 분유 제조업자는 2003년 초부터 분유의 성분을 바꿨다는 걸 직접 인정했다. 경제적 이유로 티아민 추가를 중단했다는 얘기였다. 그런데 문제는 이 비타민이 뇌에 꼭 필요한 영양분이라는 것이다. 인체는 티아민을 저장하지 않는다. 따라서 음식으로 티아민을 섭취하지 않으면 곧 심각한 결핍증을 보인다.

신경학자들은 성인들, 특히 술고래의 경우 티아민이 결핍되면 심각한 신경 장애인 베르니케-코르사코프 증후군에 걸린다는 사실을 이미 알고 있었다. 급성 베르니케-코르사코프 증후군에 걸리면 베르니케 뇌병변으로 목숨을 잃을 수도 있다. 정신착란과 안구 운동 장애, 운동 조직화 불능, 각성 결함의 증상을 보이고 혼수상태에 이르거나 목숨을 잃기도 한다. 이스라엘의 아기들에게서 나타난 증상들이 모든 면에서 이 베르니케-코르사코프 증후군 증상과 닮았다.

결정적 증거는 치료 과정에서 나타났다. 식단에 필수 비타민인 비타민 B1을 재공급하자, 아기들은 며칠도 안 돼 증상이 호전돼 집에 돌아갈 수 있었다. 당시 추산에 따르면 약 600에서 1,000명에 이르는 생후 몇 개월된 이스라엘 아기들이 2~3주간 티아민을 공급받지 못했다. 아기들은 분명 균형 잡힌 식단으로 복원하면서 목숨을 구한 것이다. 그러나 몇 년 후 그 아기들에게서 심각한 언어 장애가 나타났다. 이스라엘 심리학자 나아마 프리드먼Naama Friedmann은 그 아기들이 6세에서 7세쯤 됐을 때 약 60명을 상대로 검사했다. 그랬더니 대부분의 아이가 언어 이해 및 산출에서 문제를 안고 있었다. 특히 문법 능력에 문제가 많아서 한 문장을 읽거나 들은 후에 누가 무엇을 누구에게 했는지 파악하는 데 어려움을 겪었다. 일부는 양 사진을 보고 동물 이름을 맞추는 단순한 문제도 어려워했다. 그러나 그 아이들의 개념 처리 능력에는 별 문제가 없어 보였다. 그래서 털실 뭉치 사진을 보면 사자보다는 양의 이미지를 떠올렸다. 그리고 다른 모든 부분, 특히 지능(그 유명한 IQ 테스트)과 관련해서는 정상으로 나타났다.

이 일은 뇌 가소성의 한계를 보여 주기도 한다. 언어 학습을 뒷받침하는 것은 분명 아기 뇌의 엄청난 가소성이다. 아기들은 중국어에서 남아프리카공화국 반투 족 언어까지 세상 그 어떤 언어도 배울 수 있다. 특정 공동체에서 살면서 아기의 뇌가 그에 맞춰 적절히 변화하기 때문이다. 그러나 이런 가소성은 무한한 것도 아니요 마법 같은 것도 아니다. 특정 영양분과 에너지 입력이 필요한 철저히 물질적인 과정으로, 몇 주만 그런 영양분과 에너지가 결핍되어도 영구적 장애에 이를 수 있다. 그리고 뇌 조직은 그야말로 모듈식으로 되어 있어, 그런 장애는 문법이나 어휘 같은 특정 인지 영역에만 한정된다. 소아과 문헌을 뒤져 보면 비슷한 사례가 아주 많다. 태아 알코올 증후군도 한 가지 예인데, 이 병은 태아가 엄마가 마신 알코올에 노출될 때 일어난다. 알코올은 기형 유발 물질로 인체와 뇌의 태아 기형을 일으킬 수 있다. 발달 중인 신경계에 치명적인 독이므로 임신 기간 중에는 절대 멀리해야 한다. 또한 수상돌기 나무들이 번성하게 하려면 뇌의 정원에 필요한 모든 영양분을 공급해주어야 한다.

시냅스 가소성의 힘과 한계

영양 공급이 제대로 된 뇌의 가소성은 어느 정도나 될까? 뇌의 시냅스 연결들을 완전히 뒤바꿔 놓을 수도 있을까? 경험에 따라 뇌의 해부학적 구조가 드라마틱하게 바뀔 수도 있을까? 가소성은 무언가를 배우는 데 꼭 필요한 변화 가능한 특성이지만, 현재의 우리(정해진 게놈과 특정 경험의 결합)를 존재하게 하는 모든 종류의 유전적 제약에 의해 제한된다.

이제 이 책 1장에서 소개한 젊은 예술가 니코(〈컬러 삽입 도판 1〉 참고)에 대해 좀 더 자세히 이야기할 때가 됐다. 니코는 한쪽 뇌, 즉 좌뇌만 이용해 그 멋진 그림들을 그린다. 그는 생후 3년 7개월 되던 때에 '반구 절제hemispherectomy'라는 수술을 받았다. 끊임없이 괴롭히던 간질 증상을 중단시키기 위해 좌뇌를 제거하는 수술을 받은 것이다.

가족과 의사들과 하버드 교육대학원 연구원 안토니오 바트로Antonio Battro의 도움으로, 니코는 부에노스아이레스에 있는 초등학교에 입학할 수 있었고, 거기에서 마드리드에 있는 고등학교에 진학해 18세가 될 때까지 다녔다. 현재 그의 말하기와 쓰기, 기억력 그리고 공간지각능력은 다 뛰어나다. 심지어 대학에서 IT 분야를 전공해 학위까지 받았다. 그리고 무엇보다 그는 그림에 뛰어난 재능을 보이고 있다.

그럼 이것이 뇌 가소성이 제대로 작동되고 있다는 걸 보여 주는 좋은 예일까? 보통 사람 같으면 우뇌에서 관장하는 많은 일들을 니코는 좌뇌로 다 해내고 있다는 걸 보면 분명 그렇다. 니코는 사진 전체를 주의 깊게 들여다본 뒤 그 공간 배열을 그림으로 재연해 낼 수 있으며, 대화의 억양은 물론 그 안에 담긴 아이러니한 면을 이해할 수 있고, 자신이 얘기하는 상대의 생각을 짐작할 수도 있다. 원래 같은 병변이 다른 성인의 뇌에서 일어났다면 이런 기능들은 회복 불가능할 정도로 훼손되는 법이다.

그러나 니코의 뇌 가소성은 분명히 한정되어 있다. 그의 뇌 가소성은 주로 신경세포 회로들에 한정되어 있는데, 이는 모든 아이의 경우와 마찬가지이다. 니코를 상대로 모든 검사를 해 본 결과, 우리는 그가 자신이 배운 모든 재능을 손상되지 않은 좌뇌로 넣고 있다는 사실을 알았다. 좌뇌 조직에 특별한 혼란을 주지 않고 말이다. 실제로 그의 경우 우뇌의 전통적 기능들이 전부 원래 있어야 할 우뇌 위치와 대칭이 되는 좌뇌 위치에 들어가 있었다. 얼굴에 반응하는 피질 영역은 보통 우뇌의 측두엽에 위치하지만, 니코의 경우 좌뇌에 위치해 있었다. 원래 있어야 할 우뇌에서의 위치(일반적인 아이들이 사람의 얼굴을 보면 활성화되는 위치)와 정확히 대칭이 되는 좌뇌의 위치였다. 그의 뇌는 재조직됐지만, 모든 인간이 공통으로 가진 기존 뇌 조직의 틀은 벗어나지 않았다. 그러니까 태어날 때부터, 심지어는 자궁 내에 있을 때부터 모든 아기의 뇌 가소성이 그렇듯, 니코의 뇌 가소성 역시 일반적 피질 구조의 한계를 벗어나진 않았다.

뇌 가소성의 힘과 한계는 시각 능력에서 가장 눈에 띈다. 놀랄 일도 아니지만 니코는 반맹 상태, 즉 시각이 둘로 쪼개진 상태였다. 오른쪽 절반은 온전히 보이는데(양쪽 눈 모두에서), 왼쪽 절반은 전혀 보이지 않았다(역시 양쪽 눈 모두에서). 그래서 뭔가를 볼 때마다 오른쪽 일부는 정상적으로 보이지만, 왼쪽은 보이지 않았다. 그는 안 보이는 왼쪽을 보기 위해 눈을 돌려야 했다. 시각 경로들은 좌우가 엇갈리기 때문에, 시야의 왼쪽에서 들어오는 이미지는 원래 니코의 우뇌로 들어가야 하지만, 거기엔 아무것도 없어 처리될 수 없었다. 20년 가까운 시각 경험이 축적됐음에도 불구하고, 니코의 뇌는 여전히 이 근본적인 문제를 해결하지 못했다. 니코의 시각 관련 뇌 부위의 발달은 워낙 어린 시절에 중단되어, 왼쪽 시야는 완전히 손상될 수밖에 없었다.

이제 다른 어린 환자 이야기를 해 보겠다. 이름 첫 글자가 A.H.라는 것만 아는 열 살 소녀의 이야기이다.[26] 니코와 마찬가지로 이 아이는 좌뇌만 갖고 있었지만, 니코와 달리 미발달 기형이었고, 그 바람에 임신 7주가 되기 전에 우뇌의 발달이 완전히 중단됐다. 다시 말해, A.H.는 사실상 평생 우뇌 없이 산 것이다. 그럼 초기의 뇌 가소성이 그녀의 뇌를 급격히 변화시켰을까? 그렇지는 않았다. A.H의 뇌 가소성은 니코보다 조금 더 뇌의 변화에 개입했다. A.H.는 니코와 달리 왼쪽 시야에 있는 약간의 빛과 모양 그리고 움직임을 볼 수 있었는데, 그것들은 사실 사라진 우뇌에 투영되어야 할 것들이었다. 그래서 그녀는 시력이 완전하지 못했지만, 시야 중심에 가까운 부분에 있는 빛과 움직임은 감지할 수 있었다. 뇌 영상촬영 결과 A.H.의 시각 관련 뇌 영역들은 부분적으로 재배치되어 있었다(《컬러 삽입 도판 11》 참고). 손상되지 않은 좌뇌 뒷부분, 즉 시각을 관장하는 후두엽 피질 안에는 지극히 정상적인 세상 만물의 오른쪽 부위 지도가 들어 있었지만, 왼쪽 부분에 반응하는 비정상적인 조각들도 들어 있었다. 또한 망막 절반(정상적인 상태에서는 볼 수 없어야 할)에서 나온 축삭돌기들은 뇌의 다른 쪽으로 방향을 튼 것으로 보였다. 이는 태아기 가소성의 극단적 경우로, 정상 시력을 되찾기에는 뇌의 재조직화가 너무 부분적이며 불충분하다. 시각계에서는 유전적 제약이 지배하며, 가소성도 그 좁은 한계에서만 작동된다.

과학자들은 이런 유전적 제약이 어디까지 영향력을 미칠 수 있는지 알고 싶어 했다. 그와 관련된 한 실험이 특히 유명하다. MIT 공대의 신경과학자 므리강카 수르Mriganka Sur는 흰담비의 청각 피질을 시각 피질로 바꾸는 데 성공했다.[27] 그는 흰담비 태아에 가벼운 외과 처치를 해 청각 회로들을 절단했다. 그 회로들은 원래 와우각에서 뇌줄기로 간 뒤 정확한 청각 시상 영역에 도달해 마침내 청각 피질로 들어가게 되어 있었다. 이 회로를 절단한 결과 흰담비들은 예상했던 대로 소리를 듣지 못했다. 그러다 한 가지 흥미로운 변화가 일어났고 시각 섬유들이 절단된 청각 회로 안으로 침투했다. 마치 사라진 청각 입력을 대신하듯 말이다. 그러자 놀랍게도 원래 청각 반응을 전담해야 할 피질의 한 영역 전체가 시각 반응에 움직였다. 그리고 정상 시각 피질과 마찬가지로 빛에 민감한 신경세포들의 전체 지도가 담기게 됐다. 그러자 시냅스들은 이 새로운 배열에 자신을 맞추었고, 원래 청각에 관여해야 하지만 시각 처리기로 재활용된 신경세포들 간의 연관성을 암호화하기 시작했다.

이런 결과를 보고 인간 뇌는 백지 상태로 태어난다고 주장하듯, 뇌 가소성은 정말 '대단하며' 피질을 조직화하는 것은 경험이라는 결론을 내려야 할까?[28] 그건 수르의 결론도 아니었다. 반대로 그는 이것이 병적 상황이며, 재조직화는 완벽과 거리가 멀다고 주장했다. 청각 피질 안에서 시각 지도들은 기대한 만큼 차별화되지 않는다는 것이다. 시각 피질은 유전적으로 시각을 지원할 준비를 하고 있다. 정상적인 뇌 발달 상황에서라면 각 피질 영역은 많은 발달 관련 유전자들의 영향력 아래 아주 일찍부터 전문화된다. 그래서 축삭돌기들은 이미 정해진 화학적 경로들을 따라(발달 중인 뇌 안에서 원래의 지도들을 찾아) 제 갈 길을 간다. 다만 그 경로의 끝에 이르면 점점 커져 가는 외부로부터의 신경세포 활동에 영향을 받아 거기에 적응한다. 그리고 신경세포들이 조정되면서 작지만 중요한 변화들이 뒤따를 수 있다.

또한 시냅스들이 변화할 때면(신경세포 활동의 영향을 받을 때조차) 뇌에 흔적을 남기는 건 꼭 환경만이 아니라는 걸 알아야 한다. 그보다는 뇌가 시냅스 가소성을 활용해 자기조직화를 할 수도 있다. 처음에는 주변 환경으로부터의 입력 없이 순전히 안으로부터 활동 패턴을 만들고, 시냅스 가소성과 함께 그 활동 패턴을 활용해 뇌 회로에 변화를 준다. 외부로부터의 감각 입력이 있기도 전인 자궁 내 시절부터, 뇌와 각종 근육들과 심지어 망막까지도 이미 자연발생적 활동을 보여 준다(자궁 안에서 태아들이 움직이는 이유이기도 하다). 신경세포는 흥분을 잘한다. 그래서 자연발생적으로 활성화될 수 있으며 그 활동 잠재력에 의한 자기조직화로 뇌에 물결치듯 거대한 활성화를 일으킬 수 있다. 자궁 안에 있을 때에도 태아의 망막에서는 이 같은 무작위적인 신경세포 활성화 물결이 일며, 이는 엄밀한 의미에서의 시각 정보를 전혀 실어 나르지 않지만, 피질에 도달하자마자 피질 시각 지도를 조직화하는 데 도움을 준다.[29] 따라서 시냅스 가소성은 처음에는 외부 세계와의 상호작용 없이도 작동한다. 이미 잘 조직화된 뇌가 내부 및 외부 세계 모두에 적응하면서 천성과 교육 간의 경계가 사라진다. 아기가 태어난 뒤에도 감각 입력과 관련 없는 무작위한 신경세포 활성화는 피질 전체에 걸쳐 계속 일어난다. 이처럼 내인성 활동은 감각 기관의 영향 아래 아주 서서히 진화된다. 이 과정은 '베이지안 뇌'의 이론적 틀 내에서 정확히 설명할 수 있다.[30] 초기의 내인성 활동은 통계학자들이 말하는 '선행 지식'인 뇌의 예상들, 즉 환경과의 상호작용 이전 뇌의 진화론적 추정들을 나타낸다. 이후에는 이런 추정들이 점차 환경 신호에 적응하며, 생후 몇 개월 후면 자연발생적 신경세포 활동은 통계학자들이 말하는 '후속 지식'을 닮아 간다. 뇌의 확률 분포가 현실 세계의 통계 수치를 반영하는 쪽으로 변화하는 것이다. 우리가 신경세포 회로 속에 넣고 다니는 내부 모델은 뇌 발달 과정에서(각 내부 모델이 감각 입력에서 나오는 통계 수치를 통합하면서) 점점 더 잘 다듬어지게 된다. 그 최종 결과가 타협이다. 사전조직화에 도움이 되는 최선의 내부 모델을 선택하는 것이다.

민감기란 무엇인가?

바로 앞서 우리는 뇌 가소성이 무궁무진하면서 동시에 한계가 있다는 걸 살펴보았다. 모든 시냅스 연결은 살고 성장하고 배우는 과정에서 변할 수 있고 또 변해야 한다. 그러나 정말 중요한 시냅스 연결은 태어날 때부터 이미 우리의 뇌에 자리 잡고 있으며 근본적으로 너 나 할 것 없이 모두 같다. 학습은 전부 아주 미세한 조정들에서, 주로 마이크로회로 수준이나 밀리미터 규모에서 이루어진다. 신경세포들이 성숙해져 그 말단 가지들이 새로운 시냅스 버튼들로 자라 다른 신경세포들에까지 도달하면 그렇게 만들어진 뇌 회로들이 유전학적 제약 안에서 깊이 뿌리 내린다. 또한 신경세포 경로는 주변 환경에 맞춰 자신의 시냅스 연결 상태, 연결 강도 그리고 수초화 현상myelination(미엘린 절연 덮개들로 자신을 감싸는 것―옮긴이)에 변화를 주며, 그 결과 메시지 전송 속도가 빨라져 정보가 뇌의 한 영역에서 다른 영역으로 전송되는 속도가 빨라진다. 하지만 신경세포 경로들이 스스로 방향을 바꾸진 못한다.

장거리 시냅스 연결과 관련된 이 같은 공간적 제약은 임시 제약들로 인해 더 심해진다. 많은 뇌 영역 안에서 제한된 시간 간격에만 가소성이 최고조에 달하는데, 그 기간이 '민감기sensitive period'이다. 어린 시절에 시작되어 이후 절정에 달하며, 나이가 들면서 점차 준다. 전체 과정을 마치는 데는 여러 해가 걸리며, 기간은 뇌 영역에 따라 다르다. 감각 영역은 한두 살 때쯤 가소성이 절정에 이르지만, 전두엽 피질처럼 보다 높은 수준의 영역은 유아 시절의 훨씬 늦은 시기 또는 청소년기 초에 절정에 이른다. 분명한 사실은 나이가 들면 뇌 가소성이 떨어져, 배우는 게 멈추지는 않지만, 점점 힘들어진다는 것이다.[31]

　나는 아기들이 그야말로 학습 기계라고 확신한다. 아기들의 뇌는 생후 1년간 왕성한 시냅스 가소성을 보인다. 아기들의 신경세포 수상돌기들은 아주 빠른 속도로 증가한다. 막 태어났을 때 유아의 피질은 허리케인이 휩쓸고 지나간 숲 같아서 여기저기 듬성듬성 앙상한 나무들만 서 있다. 그러나 6개월쯤 지나면 뇌는 문자 그대로 봄날을 맞은 것 같아진다. 시냅스 연결과 신경세포 가지가 크게 늘면서 울창한 정글처럼 변한다.[32]

　이처럼 신경세포 나무들이 점점 복잡해진다는 것은 환경이 뇌에 그만큼 많은 영향을 주며, 또 뇌가 많은 데이터를 축적하면서 성장한다는 의미일 수도 있다. 그러나 현실은 훨씬 난해하다. 미성숙한 뇌에서는 학습량에 정비례해 많은 시냅스가 만들어지지 않는다. 그보다는 시냅스가 과도하게 많이 만들어지며, 환경은 유용성에 따라 그 시냅스들을 유지하거나 쳐내는 역할을 한다. 유아 시절에는 시냅스의 밀도가 성인의 두 배에 달하나, 그때만 그렇고 그 뒤 서서히 감소한다. 그리고 피질의 각 영역에서 끊임없는 시냅스 과잉생산에 이어 불필요한 시냅스의 선별적 제거가 뒤따르거나, 반대로 가치가 입증된 시냅스와 수상돌기 및 축삭돌기 가지가 대폭 증가한다. 어린아이를 볼 때 이런 생각을 해 보라. '이 아이의 뇌에서는 매순간 수백만 개의 시냅스가 생기거나 제거되겠구나.' 이처럼 폭발적인 시냅스의 증가와 감소는 민감기의 존재를 설명한다. 어린 시절에는 아직 그

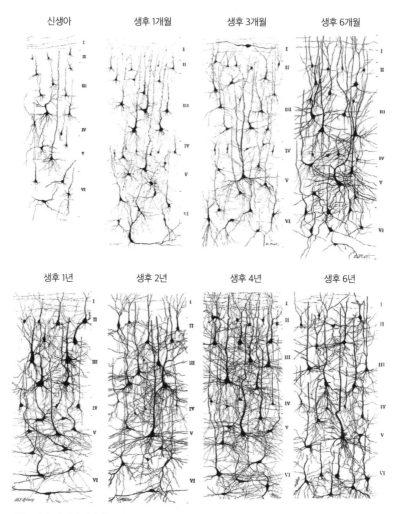

| 신생아 | 생후 1개월 | 생후 3개월 | 생후 6개월 |

| 생후 1년 | 생후 2년 | 생후 4년 | 생후 6년 |

생후 1년간 뇌 안의 신경세포 나무들은 아주 빠른 속도로 자라 미로처럼 복잡한 숲을 이룬다. 생후 2년이 된 아기의 뇌는 시냅스 수가 성인에 비해 거의 두 배나 된다. 그리고 뇌 발달 과정에서 수상돌기 나무들은 신경세포들의 활동에 영향을 받아 다듬어진다. 결국 유용한 시냅스는 보존되고 늘며, 불필요한 시냅스는 제거된다.

많은 수상돌기와 시냅스 가지가 수시로 큰 변화를 일으키지만, 이후 뇌가 성숙해질수록 학습은 제한적인 변화만 일으킨다.

그런데 이러한 폭발적인 시냅스 과잉생산과 가지치기는 뇌 안의 모든 곳에서 동시에 일어나지 않는다.[33] 다른 감각 영역들과 마찬가지로 1차 시각 피질은 보다 높은 수준의 피질 영역보다 훨씬 빨리 성숙해진다. 피질 내 초기 감각 영역에서의 조직화를 중단시킴으로써 뇌의 입력을 최대한 빨리 안정시키고, 그러면서 상위 계층의 피질 영역은 훨씬 오래 변화되게 놔두는 것이 조직화의 원칙으로 보인다. 따라서 전두엽 피질처럼 상위 계층에 있는 피질 영역은 가장 마지막에 안정된다. 청소년기는 물론 이후까지 계속 변화되는 것이다. 인간의 시냅스 과잉생산은 시각 피질의 경우 생후 2년에 절정에 이르고, 청각 피질은 생후 3~4년에, 전두엽 피질은 5세부터 10세에 절정에 이른다.[34] 축삭돌기를 절연체로 감싸는 수초화도 같은 패턴을 따른다.[35] 생후 첫 몇 개월간 감각 영역들의 신경세포들은 가장 먼저 미엘린 절연막의 도움을 받는다. 그 결과 시각 정보 처리 속도가 드라마틱하게 빨라져, 망막에서 시각 피질 영역까지의 정보 전송 지연이 생후 첫 몇 주 만에 4분의 1초에서 10분의 1초로 떨어진다.[36] 추상적 생각과 주의 그리고 계획을 관장하는 영역인 전두엽 피질로 뻗는 신경섬유 덩어리의 수초화는 훨씬 더디다. 그래서 어린아이는 몇 년간 하이브리드 뇌를 갖고 있게 된다. 감각 회로와 운동 회로는 아주 빨리 성숙되지만, 상위 계층의 피질 영역들은 계속 수초화되지 않은 회로 상태에서 느리게 움직인다. 그 결과 생후 첫해에는 얼굴의 존재 같은 기본 정보를 파악하는 데 성인보다 네 배나 시간이 걸린다.[37]

연이은 시냅스 과잉생산과 수초화에 발 맞춰 학습 민감기 또한 관련 뇌 영역에 따라 다른 시기에 시작되고 끝난다. 초기 감각 영역은 가장 먼저 학습 능력을 잃는 피질 영역 중 하나이다. 인간과 동물 양쪽 모두에서 가장 많이 연구된 사례가 양안시binocular vision이다.[38] 깊이를 측정하기 위해 시각계는 양쪽 눈에서 들어온 정보를 취합한다. 그러나 그런 '양안 융합binocular fusion'은 민감기 때 시각 피질이 양쪽 눈에서 들어오는 고품질의 입력들을 제대로 받아들일 때만 가능하다. 그 민감기가 고양이의 경우 몇 개월간, 인간의 경우 몇 년간 지속된다. 만일 민감기 때 한쪽 눈이 폐쇄되거나 흐릿해지거나 심한 사시가 생겨 제대로 정렬이 안 된다면, 양안 융합을 관장하는 피질 회로 형성이 불가능해지며 그 문제가 영구적으로 유지된다. 약시amblyopia라 불리는 이 문제는 생후 1년 안에 그리고 3세 이전에 교정해 주는 게 가장 좋으며, 그러지 않으면 시각 피질이 영구적 손상을 입는다.

우리로 하여금 모국어의 음들을 마스터할 수 있게 해 주는 시기 역시 민감기이다. 아기는 언어 학습의 챔피언이다. 태어나자마자 세상 모든 언어의 음소를 구분할 줄 안다. 어디서 태어났든 유전적 배경이 어찌 됐든 아기는 그저 스스로 언어(한 가지 언어든 두 가지 언어든 심지어 세 가지 언어까지)에 푹 잠기기만 하면 몇 달 내에 자기 주변에서 쓰이는 언어의 음운 체계에 귀가 트인다. 그러나 성인은 이런 학습 능력을 이미 잃었다. 앞서 언급했듯 일본어를 쓰는 사람은 영어권 국가에서 평생 /R/ 음과 /L/ 음을 잘 구분 못 해 right와 light, red와 led, election과 erection을 혼동하며 살게 된다. 그러나 당신이 영국인이나 미국인이라고 우월감 같은 걸 갖진 말라. 영어를 모국어로 쓰는 사람은 인도 힌디어를 쓰는 사람이 아주 쉽게 구분하는 자음 / T/의 치음과 권설음을 평생 구분하기 힘들 것이며, 핀란드인이나 일본인의 단모음과 장모음은 물론 네 개의 중국어 성조도 구분하기 어려울 것이다.

연구에 따르면 우리는 생후 1년 정도가 지나면 이런 능력을 잃는다.[39] 아기 시절에 우리는 귀에 들려오는 음들에 대한 통계 수치를 모으며, 뇌는 주변 사람들이 사용하는 음소들의 분포에 적응한다. 생후 12개월쯤 되면 이런 과정이 수렴되면서 우리 뇌에서 뭔가가 동결된다. 즉 배우는 능력을 잃는 것이다. 예외도 있지만, 우리는 두 번 다시 일본어나 핀란드어나 힌두어를 모국어처럼 쓰는 사람으로 행세할 수 없다. 우리의 음운 체계가 이미 변경 불가능한 상태가 됐기 때문이다. 성인이 외국어의 음을 구분하는 능력을 되찾으려면 상당한 노력을 기울여야 한다. 일본 성인의 경우 맹렬하고 집중적인 재활 과정을 거쳐야, 즉 /R/ 음과 /L/ 음이 다르게 들리게 만드는 차이를 자세히 살피고 연습해야 이 두 자음을 제대로 구분할 수 있게 된다.[40]

과학자들이 이 시기를 '결정적 시기'라 하지 않고 '민감기'라 부르는 것도 이 때문이다. 학습 능력이 줄지만, 결코 완전히 제로 상태가 되진 않는 것이다. 성인의 경우, 외국어 음소를 파악하는 능력이 얼마나 남았는가는 사람에 따라 다르다. 대부분 성인이 되어 외국어를 제대로 배우려면 엄청난 노력이 필요하다. 이런 이유로 미국을 찾는 대부분의 프랑스인은 영화 〈핑크 팬더 The Pink Panther〉에 나오는 형사 클루조처럼 말한다("Where is the telephone?"을 "베레 이즈 제 텔레포운?" 식으로). 그런데 놀랍게도 어떤 사람들은 외국어의 음운 체계를 배우는 능력을 계속 유지하는데, 이런 능력은 그 사람의 청각 피질 내 시냅스 연결 수와 크기 그리고 모양을 보면 어느 정도 예측 가능하다.[41] 그런 행운의 뇌는 보다 유연한 시냅스 연결을 안정화시킨 걸로 보이며 어디까지나 법칙이 아닌 예외의 경우이다.

외국어의 음운 체계를 마스터하는 데 필요한 민감기는 빨리 끝난다. 생후 1년만 되어도 이미 생후 몇 개월 된 아기보다 그런 능력이 훨씬 떨어진다. 문법 학습 능력처럼 보다 높은 수준의 언어 처리 능력은 좀 더 오래 유지되지만, 그 능력 또한 사춘기쯤 되면 끝나기 시작한다. 이 같은 사실을 우리는 외국으로 이민을 가거나 입양되는 아이들에 대한 연구를 통해 잘 안다. 그런 아이들은 새로운 외국어 습득에 뛰어난 능력을 보이지만, 그 외국어 억양이나 문법에서 종종 사소한 실수를 한다. 모국어가 아닌 데서 오는 한계인 것이다. 3~4세에 외국으로 이민 가거나 입양된 아이에게서는 거의 보이지 않지만, 청소년이나 성인이 되어 이민을 간 젊은이들에게서는 현저히 많이 보인다.[42]

최근의 한 논문에서는 인터넷상에서 제2언어를 배우는 수백 만 명에 대한 데이터를 수집해, 인간의 평균 언어 학습 곡선을 그려 보았다.[43] 그 결과 문법 학습 능력은 아이 시절에 서서히 떨어지다가 17세쯤 되면 급격히 떨어지는 걸로 나타났다. 학습에는 시간이 필요하며, 그래서 과학자들은 10세가 되기 훨씬 전에 학습을 시작할 것을 권한다. 또한 관심 있는 언어를 쓰는 국가에 머무는 것의 중요성을 강조한다. 사회적 교감보다 중요한 건 없기 때문이다. 교실에서

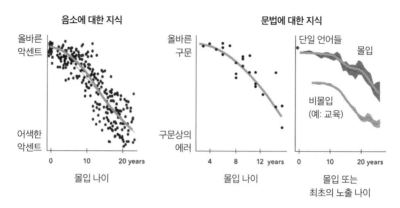

제2외국어 습득 능력의 점진적 상실

음소에 대한 지식

올바른
악센트

어색한
악센트

0　　　10　　　20 years

몰입 나이

문법에 대한 지식

올바른
구문

구문상의
에러

4　　8　　12 years

몰입 나이

단일 언어들　　몰입

비몰입
(예: 교육)

0　　　10　　　20 years

몰입 또는
최초의 노출 나이

입양아의 모국어에 대한 회상

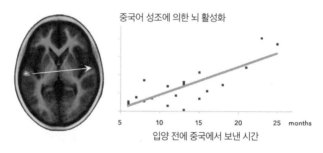

중국어 성조에 의한 뇌 활성화

5　　10　　15　　20　　25 months

입양 전에 중국에서 보낸 시간

외국어 습득 능력은 나이와 함께 현저히 떨어지며 이는 뇌 가소성을 위한 민감기가 끝났음을 보여 준다. 언어를 늦게 배울수록 어색한 억양과 문법적 실수 없이 언어를 배울 기회가 줄어든다(위쪽). 반대로 입양아가 입양 전에 자신이 태어난 나라에서 보낸 시간이 길수록 뇌는 휴면 상태에서도 무의식적으로 모국어를 더 오래 떠올린다(아래쪽).

또는 TV 시청을 통해 외국어를 배우는 경우보다 그 나라에서 직접 점심 식사 주문도 하고 버스도 타기 위해 외국어를 배우는 경우가 외국어 습득에 성공할 가능성이 훨씬 높다. 다시 강조하지만, 언어 학습은 이를수록 좋다. 문법 학습을 위한 뇌 가소성이 사춘기가 끝날 때쯤이면 현저히 줄어든다. (물론 이 모든 게 뇌 가소성의 쇠퇴 때문만은

아니며, 동기부여 및 사회화와 관련된 다른 요소들 역시 중요한 역할을 한다)

지금까지 우리는 제2의 언어 습득 능력에 대해서만 살펴봤는데, 중요한 건 이 능력이 10년 정도에 걸쳐 비교적 서서히 떨어지지, 갑자기 뚝 제로로 떨어지진 않는다는 것이다. 그건 그 능력이 적어도 부분적으로는 모국어 습득 과정에서 이미 형성된 뇌에 의존하기 때문일 것이다. 만일 생후 얼마 안 된 아기에게 언어 습득 기회를 일절 박탈해 버린다면 어떻게 될까? 전해 오는 이야기에 따르면, 이런 의문을 처음 제기한 사람은 이집트의 파라오 프삼티크 1세였다고 한다. 그는 한 양치기에게 두 아기를 돌보게 하면서 절대 아기들에게 말을 하지 못하게 했는데, 그런데도 두 아기는 결국 말을 했다고 한다. 프리지아어로! 이런 '실험'은 13세기에 신성로마제국의 황제 프리드리히 2세Frederick II에 의해 반복됐고, 15세기에 스코틀랜드 왕 제임스 4세James IV에 의해, 그리고 16세기에 무굴 제국의 황제 잘라루딘 무하마드 아크바르에 의해 반복됐는데, 언어 습득 기회를 박탈당한 아이 중 일부는 죽은 걸로 추정된다. 아마 자크 라캉Jacques Lacan(프랑스 정신분석학자. 언어를 통해 인간의 욕망을 분석하는 이론을 정립했다—옮긴이)을 추종하는 정신분석학자들이 이 이야기를 들으면 불같이 화를 낼 것이다.

서글프게도 이런 이야기는 굳이 더 멀리 알릴 필요도 없다. 전 세계 모든 나라에서 수시로 일어나는 일이기 때문이다. 매일 아이들이 귀가 먹은 채로 태어난다. 그 아이들은 별도의 도움이 없다면 평생 침묵의 벽 안에 갇혀 지내야 한다. 우리는 이제 적어도 생후 첫해에 그 아이들에게 언어를 접할 기회를 주어야 한다는 걸 안다. 가장

자연스러운 언어인 수화든(수화는 진정한 언어이며, 수화를 할 줄 아는 아이
는 아주 정상적인 발달 과정을 밟는다) 음성 언어든(인공와우를 이식받은 아이는
듣는 능력을 일부 회복할 수 있다) 언어를 접하게 해 주어야 한다. 연구 결
과에 따르면 이 일 역시 아주 신속하게 행해져야 한다.[44] 생후 8개월
이후에 인공와우를 이식하면 아이들은 이미 구문 능력에 영구적 결
함을 보인다. 이 아이들은 특정 구문 요소들이 이동하면, 즉 '구문 요
소 이동' 현상이 생기면 문장을 제대로 이해하지 못한다. "Show me
the girl that the grandmother combs"(할머니가 머리를 빗어 주는 저 소녀
를 내게 보여 달라)라는 영어 문장의 경우, 첫 번째 명사구인 'the girl'이
동사 'comb'의 주어가 아니라 실은 목적어라는 게 분명치 않다. 귀
가 먹은 아이들이 생후 1~2년이 지난 뒤 인공와우를 이식받을 경우
이런 문장을 여전히 이해하지 못하게 되며, 그래서 할머니가 소녀의
머리를 빗어 주는 그림과 소녀가 할머니의 머리를 빗어 주는 그림
중에 맞는 걸 고르라는 테스트를 통과하지 못하게 된다.

유아기 초기는 구문 요소 이동을 이해하는 데 꼭 필요한 기간으
로 보인다. 생후 1년이 다 되어갈 때 뇌에서 언어 교류 능력이 박탈
되면, 이 같은 구문에 대한 뇌 가소성이 뚝 떨어진다. 2003년 이스라
엘에서 죽어 가던 아이들을 잊지 말라. 생후 몇 개월 된 아기들에게
단 몇 주 동안 티아민 공급이 중단됐는데도 아기들의 구문 감각은
영구적인 손상을 입었다. 그 유명한 '아베롱의 빅토르Victor of Aveyron'(약
1788-1828)처럼 가족에게 버림받아 야생 상태로 자란 아이들에 대한
연구는 물론 아이러니하게도 '지니Genie'라 불렸지만 언어 습득의 기
회 없이 13년간 벽장 안에 갇혀 지낸 어린 미국 소녀처럼 학대받은

아이들에 대한 연구에서도 같은 결과가 나왔다. 빅토르와 지니는 그 오랜 세월 후 문명 세계로 돌아오자 말을 하기 시작하고 일부 어휘를 습득했지만, 문법 능력은 영구적으로 손상된 채 살아야 했다.

따라서 인간의 경우 언어 습득은 음운과 문법 면에서 민감기가 필요한 아주 좋은 예이다. 또한 뇌 조직이 모듈 방식으로 서로 독립되어 있다는 걸 보여 주는 좋은 예이기도 하다. 그래서 언어 문법 및 음에 대한 학습 능력은 일찍 끝난다 해도, 새로운 단어들과 그 의미를 배우는 능력과 함께 다른 능력들은 평생 가능한 상태가 유지된다. 그리고 이처럼 남아 있는 가소성 덕에 우리는 어떤 나이에도 fax, iPad, meme(밈), geek(괴짜) 같은 새로운 단어나 askhole(어리석고 무의미한 질문을 계속 해 대는 사람) 또는 chairdrobe(옷장이나 드레스룸 대신 의자 위에 옷을 쌓아 두는 것) 같은 유머러스한 신조어의 의미를 배울 수 있다. 그리고 다행히 어휘 습득을 위해 우리 성인의 뇌는 평생 동안 계속 일정 수준으로 아이와 같은 가소성을 유지한다. 왜 어휘 회로는 민감기를 타지 않는지 그 생물학적 이유에 대해서는 아직 밝혀진 바가 없다.

시냅스는 시작되거나 아니면 끝나야 한다

시냅스 가소성은 왜 끝나게 되는 걸까? 어떤 생물학적 메커니즘들 때문에 가소성이 중단되는 걸까? 민감기의 시작과 끝은 현대 신경과학 분야의 중요한 연구 주제이다.[45] 민감기의 끝은 흥분과 억제 간의 균형 문제와 관련 있어 보인다. 아이들의 경우 흥분 관련 신경세포가 빠른 속도로 발달되지만, 억제 관련 신경세포는 보다 서서히 발달된다. '파르브알부민'이라는 단백질이 함유된 일부 신경세포들은 '신경원 주위 망perineuronal net'이라 불리는 격자 모양의 단단한 망으로 꾸준히 자신을 감싸는데, 이 신경원 주위 망은 점점 촘촘해져 결국 시냅스가 더 자라거나 이동하지 못하게 하는 역할을 한다. 또한 신경원 주위 망에 갇힌 신경세포 회로들은 더 이상 변화할 수 없게 된다. 예를 들어 우리가 플루옥세틴(프로작이란 항우울증 약으로 더 잘 알려져 있다—옮긴이) 같은 약물을 써서 이 망으로부터 신경세포들을 해방시켜 줄 수 있다면 시냅스 가소성을 회복할 수도 있을 것이다. 이는 뇌졸중 치료에 큰 희망이 되고 있는데, 환자들이 뇌병변 주변의 잘 보존된 뇌 영역을 활용해 잃은 능력을 되찾을 수도 있기 때문이다.

이 외에도 민감기를 끝내는 데 한 몫 하는 다른 요소들이 있다. 링스1Lynx1이란 단백질이 있는데, 신경세포 안에 이 단백질이 있으면 시냅스 가소성에 기여하는 아세틸콜린의 아주 큰 영향력이 억제된다. 그래서 관심사들에 대해 신호를 보내고 시냅스 가소성을 높여 주는 신경전달물질인 아세틸콜린이 링스1이 침투된 성인 뇌 회로에는 영향을 주지 못하게 된다. 과학자들은 그간 유전학적으로 링스1에 개입하거나 약학적으로 아세틸콜린 메커니즘에 개입함으로써 시냅스 가소성을 회복시키려는 시도를 해 왔고, 동물에 대한 실험에서 어느 정도 희망적인 결과를 보고 있다.

어쩌면 인간에게 적용하기 더 쉬운 또 다른 가능성도 있는데, 전류를 활용해 신경세포의 극성을 없앰으로써 언제든 활성화될 수 있는 상태로 만드는 것이다.[46] 그 결과 자극을 받은 뇌 회로가 더 쉽게 활성화되고 조정될 수 있다. 빠르게 발전 중인 이 요법은 특히 심한 우울증에 걸린 환자들에게 희망을 안겨 주고 있다. 두피를 통해 소량의 전류를 흘려보내는 것만으로 환자가 정상 상태로 돌아가는 경우들이 있다.

여기서 신경계는 왜 자신의 가소성을 억제하려고 하는 걸까 하는 의문이 생길 수 있다. 높은 가소성이 발휘되는 초기 단계가 지나면 민감기가 끝나고 더 이상 뇌 회로가 변화되지 않는데, 거기에 뭔가 아주 큰 이점이 있는 게 분명하다. 신경망에 대한 시뮬레이션을 해 보면, 시각 피질 발달 초기 단계에서 낮은 계층에 속하는 신경세포들은 빠른 속도로 윤곽 감지기 같은 단순하면서도 재생 가능한 수용장receptive field들을 획득한다. 그래서 생후 몇 개월만 지나면, 그런 종류의 수용장들은 이미 거의 최적 상태에 도달해 있어, 계속 업데이트하는 건 더 이상 도움이 되지 않을 가능성이 높다. 우리 뇌의 입장에서는 이제 시냅스와 축삭돌기 들을 키우는 데 들어가는 에너지를 절약하는 편이 더 나은 것이다. 게다가 모든 지각 능력의 토대가 되는 초기 감각 영역들의 조직에 변화를 가한다면, 상위 계층의 피질 영역들에서 일대 혼란이 일어날 것이다. 이런 점으로 볼 때 일정 시간이 지나면 감각 관련 신경세포들은 더 이상 건드리지 않고 놔두는 게 더 좋을 것이며, 진화 과정에서 감각 피질 영역이 보다 상위 계층의 관련 영역들보다 빨리 발달을 멈추게 하는 메커니즘이 자리 잡은 것으로 보인다.

이에 대한 이점은 무엇일까? 우리의 뇌 회로들이 동결됨으로써, 어린 시절에 배운 것들에 대한 안정적이면서도 무의식적인 시냅스 추적을 살면서 내내 할 수 있다. 설사 초기에 습득한 것들이 보다 최근에 습득한 것들로 대체되면서 쓸모없게 된다 해도, 우리의 뇌 회로들은 휴면 상태에서도 계속 초기에 습득한 것들을 추적한다. 대표적인 예가 유아기 이후에 입양되어 제2의 모국어를 배우는 아이들이다. 20세기 후반에 한국은 해외로 입양을 가장 많이 보내는 나라였다. 1958년 이후 40년 넘게 거의 18만 명에 달하는 한국 아이들이 입양됐으며, 그중 대다수(약 13만 명)가 먼 나라로 떠났고, 프랑스로 간 아이들은 1만 명이 넘었다. 파리에 본사를 둔 우리 연구 센터에서 크리스토퍼 팔리어Christophe Pallier와 나는 그중 성인이 된 사람들의 뇌를 스캔해 보았다. 5세부터 9세 사이에 프랑스에 도착한 그 젊은 남녀 성인들은 사실상 자신이 태어난 나라에 대한 의식적인 기억이 (특히 음식 냄새와 관련된 몇 가지 후각 기억들 외에는) 전혀 없었다. 스캔 결과 그들의 뇌는 기본적으로 프랑스에서 태어난 아이의 뇌와 똑같이 움직였다.[47] 좌뇌에 있는 언어 관련 영역은 프랑스어 문장에 강하게 반응했지만, 한국어 문장에는(일본어 등 알지 못하는 다른 어떤 언어의 문장들에도) 전혀 반응하지 않았다. 따라서 어휘 및 구문 면에서는 새로운 언어가 예전 언어를 완전히 대체한 것으로 보였다.

그러나 다른 연구진이 보다 섬세한 접근 방식으로 연구한 바에 따르면, 입양아들의 피질 깊은 곳에서는 여전히 원래의 모국어 음 패턴들을 무의식적으로 추적한다고 한다.[48] 그 연구진은 중국에서 1년 정도만 있다가 캐나다로 입양된 9세부터 17세 사이 아이들의 뇌를 스캔해 보았다. 그리고 그들에게 단순히 문장들을 들어 보라는 게 아니라 중국어의 독특한 성조 패턴을 구분해 보라는 어려운 주문을 했다. 그들에게 중국어를 들려주면서 뇌 영상 촬영을 해 본 결과, 중국어에 노출된 적이 없는 토박이 캐나다 성인들은 성조 패턴을 전혀 구분하지 못한 채 우뇌에서 중국어를 멜로디 정도로 처리했지만, 입양된 중국계 캐나다인들은 토박이 중국인들과 마찬가지로 '측두평면planum temporale'이라 불리는 좌뇌 음운 관련 영역에서 중국어를 언어 음으로 처리했다. 따라서 생후 1년간 뇌 회로에는 모국어가 깊이 새겨지며, 이후 결코 완전히 사라지지 않는 걸로 보인다.

좋은 예가 또 있다. 우리는 앞서 이미 아이들에게 약시 증상이 있는데 내버려 둘 경우 뇌 안의 시각 회로들이 영구적인 손상을 입을 수 있다고 얘기했다. 생태학자이자 신경생리학자인 에릭 크누드센Eric Knudsen은 이 민감기 효과와 관련된 한 동물 모델을 연구했다. 그는 새끼 올빼미들을 길렀는데, 그 올빼미들한테 시야 전체를 오른쪽으로 약 20도 틀어 놓는 프리즘 안경을 씌웠다. 그 올빼미들을 데리고 그는 민감기의 신경세포 메커니즘들에 대한 가장 멋진 연구들을 했다.[49] 그랬더니 새끼 때부터 프리즘 안경을 쓴 올빼미들만 그 비정상적인 감각 입력에 적응할 수 있었다. 청각 반응이 망막에 맞춰 이동됐고, 그 결과 청각과 야간 시각 신호가 조화를 이뤄 밤에도 사냥을 할 수 있었다. 그러나 늙은 올빼미들은 몇 주 동안 프리즘 안경을 쓰고 나서도 야간 사냥에서 참담한 실패를 했다. 가장 흥미로운 사실은 새끼 때 훈련받은 올빼미들은 이후 살면서 내내 뇌 속에 초기 경험과 관련된 영구적인 신경세포 경로가 남는다는 것이다. 학습 후에는 두 갈래 경로의 회로가 관찰됐다. 중뇌 하구에 있는 청각 신경 세포들의 일부 축삭돌기들은 정상 위치를 지키지만, 나머지 축삭돌기들은 시각 지도에 맞춰 재정렬된다. 프리즘 안경을 벗기자 올빼미들은 빠른 속도로 원래 상태로 돌아가는 걸 배웠고, 프리즘 안경을 다시 씌우자 바로 청각 장면을 20도 틀면서 재적응했다. 2개 언어에

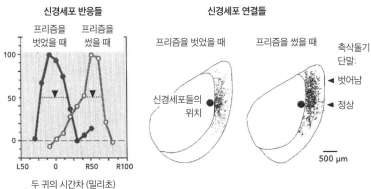

초기의 경험은 뇌 회로에 지대한 영향을 준다. 올빼미는 시야를 바꾸는 프리즘 안경을 씌우면 그에 적응하지만, 그런 비정상적 경험을 새끼 때 해야만 그렇다. 올빼미의 청각 신경세포는 음이 왼쪽 귀와 오른쪽 귀에 도착하는 미세한 차이를 토대로 각 물체의 위치를 파악하며, 시각 신호에 맞춰 스스로 적응시킨다. 축삭돌기는 0.5밀리미터 정도 대체된다. 이 같은 초기 경험 후 정상 회로와 대체된 회로는 올빼미의 뇌에서 계속 유지된다.

능통한 사람처럼 한 언어에서 다른 언어로 바로 옮길 수 있었던 것이다. 그 올빼미들의 뇌는 내내 두 세트의 변수를 영구 기록하면서 즉각적으로 뇌 신경세포 배열을 바꿀 수 있었다. 입양된 중국계 캐나다인들의 피질 내에 모국어 음과 관련된 경로가 영구적으로 남아 있었듯 말이다.

인간 역시 피아노 연습을 한다거나 양안시를 발달시킨다거나 첫 단어들을 습득하는 등 태어나 처음 배우는 것들은 피질 내에 영구적인 흔적을 남긴다. 성인의 경우 '병', '아빠', '기저귀' 같은 어린 시절에 처음 듣는 단어들을 더 빨리 알아듣는다. 초기의 시냅스 가소성 때문에 그런 단어들이 영구적으로 기억에 각인되기 때문이다.[50] 청소년기의 피질은 언어를 별 노력 없이도 쉽게 배우며, 그 지식을 피질의 축삭돌기와 수상돌기들 속에 영구 저장한다.

부쿠레슈티의 기적

생후 몇 년간 뇌 가소성이 가장 활발하다는 얘기는 곧 조기 교육이 최우선시되어야 한다는 얘기이기도 하다. 어린 시절은 아주 민감한 시기로, 그때 상당 부분의 뇌 회로들이 가장 쉽게 변화된다. 그 후에는 시냅스 가소성이 점차 떨어져 배우는 게 점점 더 어려워진다. 그러나 이처럼 점진적인 신경세포 회로들의 비활성화 덕에 우리 뇌가 어린 시절에 배운 모든 것들을 안정되게 추적할 수 있다는 걸 잊어선 안 된다. 그리고 그처럼 영구적인 시냅스 흔적들이 결국 현재의 우리를 만드는 것이다.

학습은 분명 일찍 행할수록 쉽다. 하지만 미국에서 일어난 '0세에서 3세까지 운동zero-to-three movement'에 주목해야 한다거나 모든 게 민감기에 좌우된다고 결론짓는다면 완전히 잘못된 일이 될 것이다. 그렇다. 대부분의 학습이 3세 전에 이루어지진 않는다. 다행히 우리 뇌는 그 후 여러 해 동안 유연함을 잃지 않는다. 축복 받은 생후 몇 년의 시기가 지나면 뇌 가소성은 줄지만, 그렇다고 완전히 사라지지는 않는다. 오랜 시간에 걸쳐 주변 감각 피질 영역들부터 서서히 가소성이 줄지만, 상위 계층의 피질 영역들은 적응할 수 있는 잠재력을 평생 유지한다. 이런 이유 때문에 많은 성인이 50대나 60대에도 악기 연주나 외국어를 배울 수 있다. 그리고 이 때문에 교육적인 개입이, 특히 신속하고 강도 높은 교육적 개입이 기적을 만드는 경우가 종종 있다. 재활 노력을 기울인다고 해서 모든 미묘한 시냅스 움직임을 회복한다거나 중국어 성조의 미묘한 차이를 인지할 수 있지는 않겠지만, 위험에 처한 아이가 성취감을 느끼고 책임감을 가진 젊은이로 변화될 수는 있다.

루마니아의 수도 부쿠레슈티의 고아들 이야기는 발달 중인 뇌가 가진 놀라운 회복력을 보여 주는 가슴 아픈 예이다. 1989년 12월 루마니아 국민들은 돌연히 공산주의 정권에 반기를 들고 일어섰다. 일주일도 안 돼 성난 루마니아 국민들은 독재자 니콜라에 차우셰스쿠 Nicolae Ceaușescu(1918-1989)와 그의 아내를 권좌에서 끌어내렸고, 둘은 서둘러 재판에 넘겨진 뒤 유죄 선고를 받고 크리스마스 날 총살당했다. 그 직후 전 세계는 유럽 한 구석에 있는 이 조그만 나라의 국민들이 얼마나 비참한 상태에 놓여 있는지를 알고 큰 충격에 빠졌다. 차마 눈 뜨고 볼 수 없던 광경 중 하나는 600여 곳에 달하는 루마니아 고아원들에 방치된 횅한 눈의 수척한 아이들의 모습이었다. 사실상 죽음의 집이나 다름없는 그 고아원들에서 15만 명 가까운 아이들이 거의 방치된 상태로 지내고 있었다. 차우셰스쿠 정권은 국가의 힘이 젊음에 달려 있다는 맹신에 가까운 믿음을 가졌고 광적인 출산 장려 정책을 폈다. 독신자나 아이를 낳지 않은 부부에게 과도한 세금을 매기고 피임과 낙태를 금지하며 심지어 낙태를 선택한 사람을 사형에 처하는 등 출산을 독려하는 온갖 수단이 동원됐다. 따라서 아이를 키울 여건이 안 되는 부부들은 아이를 정부에 맡기는 것 외에 선택의 여지가 없었다. 결국 수백 곳의 고아원이 만원이 됐고 정상적인 발달에 필요한 위생과 음식, 난방 그리고 최소한의 인간 접촉과 인지 자극을 전혀 제공하지 못했다. 말도 안 되는 국가 정책으로 수천 명의 아이들이 방치된 채 모든 영역에서 큰 인지적 결함과 정서적 결함을 갖게 되었다.

　루마니아가 걸어 잠갔던 빗장을 풀자 여러 비영리단체들이 대재앙에 가까운 이 상황을 면밀히 들여다보았다. 그 과정에서 '부쿠레슈티 조기 개입 프로젝트Bucharest Early Intervention Project'[51]라는 특별한 연구 프로젝트가 탄생한다. 루마니아 아동복지 사무국의 동의하에 하버드대학교 연구원 찰스 넬슨Charles Nelson이 과학적 열정을 가지고 고아원에 살면서 루마니아 고아들에게 생긴 문제와 그 고아들을 일반 가정에 입양시키면 문제를 해결할 수 있는지를 연구했다. 루마니아에는 적절한 입양 프로그램이 없었기 때문에, 그는 나름대로의 입양 선발 방식을 만든 뒤 자발적으로 한두 명의 고아를 입양할 의사가 있는 56개의 가정을 찾아냈다. 루마니아의 그 많은 고아들을 생각하면 말도 안 되게 적은 숫자였지만, 어쨌든 겨우 68명만 새로운 가정에 들어갈 수 있었다. 넬슨은 〈사이언스〉에 기고한 글에서 찰스 디킨스의 소설에나 등장할 만한 당시의 비참한 현실을 자세히 기술했다. 당시 그는 136명의 고아들을 모아 1부터 136까지 번호를 붙인 뒤, 커다란 모자에 1번부터 136번까지 적힌 종이쪽지들을 넣고 무작위로 번호를 뽑았다. 누가 고아원에 남고 누가 마침내 새로운 가정을 찾게 될 건지를 제비뽑기로 결정해야 했던 것이다. 충격적인 입양 결정 방법이라고 생각되겠지만, 달리 어떤 방법을 택할 수 있었겠는가? 워낙 인적 자원에 한계가 있던 상황이어서 무작위 추천이 가장 공정한 해결책이었는지도 모른다. 그러나 넬슨 팀은 지속적인 모금 활동을 통해 더 많은 아이를 비참한 수렁에서 건져내려 애썼고, 새로운 루마니아 정부를 상대로 시설 안에 있는 아이들 문제를 해결하는 데 필요한 여러 가지 조언도 해 주었다. 또한 넬슨이 〈사이언스〉에 올린 두 번째 글을 보면 초기의 노력은 과학적 연구에 필요한 윤리적 기준에도 부합됐다.[52]

그러나 무작위 추천 방식으로 인해 다음과 같은 의문이 제기됐다. 다른 모든 조건들이 동등하다는 전제하에서, 새로운 가정에 일찍 입양된 고아들은 과연 정상 상태로 돌아갔는가? 이 의문에 대한 답은 긍정적이었지만, 나이와 깊은 관련이 있었다. 생후 20개월 전에 입양된 아이들의 경우에만 고아원에 남은 아이들보다 훨씬 잘 지낸 것이다.

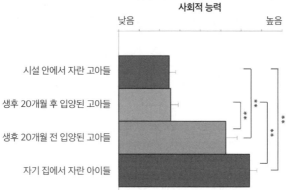

사회적 능력

낮음   높음

시설 안에서 자란 고아들

생후 20개월 후 입양된 고아들

생후 20개월 전 입양된 고아들

자기 집에서 자란 아이들

어린 시절의 상처는 뇌에 흔적을 남기지만, 조기에 개입하면 그 흔적을 최소화할 수 있다. 차우셰스쿠 독재 정권 중에 루마니아 고아원에 있던 아이들은 학대를 당했고 성인과 상호교류할 수 있는 기회도 박탈당했다. 고아원에 계속 머물러 있었거나 생후 20개월 후에 새로운 가정에 입양되었던 고아들은 거의 다 8세쯤 되자 여러 가지 사회적 능력 면에서 심각한 결함을 보였다. 그러나 생후 20개월 전에 입양된 고아들은 기본적으로 정상적인 사회적 능력을 보였다.

이전에 나온 수십 건의 연구들을 보면 정서적 고립과 사회적 고립이 뇌 발달에 미치는 현저한 영향을 자세히 알 수 있었는데, 부쿠레슈티의 연구도 예외는 아니었다. 일반적인 가정에서 태어난 아이들과 비교해, 고아들은 모두 인지 기능에 심각한 결함들이 나타났다. 심지어 포도당 대사 및 회백질의 양 같은 뇌 기능의 기본적 면에서도 결함이 나타났다. 그러나 그런 문제들 중 일부는 입양 후 빠른 속도로 해결됐다. 새로운 가정에 입양된 아이들은 6년 후, 그러니까 8세쯤 되자 비교군 아이들에 비해 모든 면에서 현저히 나아졌고, 태어날 때부터 자기 집에서 자란 이이들과 비교해도 더 이상 별 차이가 없을 정도가 되었다. 주의력과 경계심의 지표인 뇌의 알파파 강도를 비롯한 여러 수치들이 정상화되었으며, 사회적 능력과 어휘력도 놀랄 만큼 좋아졌다.

그러나 이처럼 극적인 개선에도 불구하고, 입양된 고아들의 경우 지속적인 아니 어쩌면 영구적인 회백질 부족 상태 같은 문제가 여전히 남아 있었다. 특히 생후 20개월 후에 입양된 아이들은 모든 분야에서 심각한 문제들을 노출했다. 따라서 가정에서 아무리 많은 관심과 사랑을 받고 자란다 해도 잃어버린 20개월의 사랑(또는 단순히 영양분)은 온전히 되찾을 길이 없고, 아이들은 늘 자신이 겪은 심각한 결핍의 상흔을 뇌 속에 간직한 채 살아야 하는 것이다. 그러나 한국 입양아들과 마찬가지로 부쿠레슈티 고아들은 우리로 하여금 절대 희망을 잃어선 안 된다는 사실을 상기하게 한다. 뇌 가소성은 분명 어린 시절에 가장 강력하지만, 그 후에도 계속 남아 있기 때문이다. 게다가 어린 시절의 트라우마는 그 영향력이 대단하지만, 신경세포 회로의 회복력 또한 대단하다. 따라서 가능한 한 일찍 치유에 나서기만 한다면 뇌 손상은 얼마든지 회복 가능하다.

당신의 뇌를 재활용하라

지금까지 살펴본 내용을 간단히 요약해 보자. 우선 '빈 서판the blank-slate' 추정은 분명히 잘못됐다. 아기들의 뇌는 태어날 때 이미 상당한 핵심 지식을 갖고 있다. 신생아들은 이미 앞으로 살면서 부딪칠 환경에 대한 보편적 추정을 이미 충분히 가지고 태어난다는 얘기이다. 아기들의 뇌는 태어날 때 이미 잘 조직화되어 있고, 물체, 사람, 시간, 공간, 숫자 등 모든 종류의 영역에 대해 뛰어난 통찰력을 보인다. 아기들은 통계학적 능력도 대단하다. 태어나자마자 이미 신출내기 과학자처럼 행동하며, 정교한 학습 능력으로 세상에 대한 가장 적절한 모델들을 스스로 만든다.

또한 아기들의 뇌 속에는 태어날 때부터 이미 큰 신경섬유 덩어리들이 자리 잡고 있다. 또한 뇌 가소성을 통해 자신의 단말 연결들을 재조직할 수 있다. 새로운 지식을 습득할 때마다 수백만 개의 시냅스에 가소성 변화가 일어난다. 학교에 보내 풍요로운 환경을 마련해 주면 아이의 뇌는 크게 향상되며 평생 지니고 다닐 다양한 능력을 갖추게 된다. 그런데 이런 뇌 가소성에는 제한이 있다. 시간과 공간(대략 몇 밀리미터)의 제약을 받으며, 많은 뇌 회로들이 생후 몇 개월이나 몇 년 후면 폐쇄되기 시작한다.

6장에서 나는 초기 뇌 발달에서 정식 교육이 하는 역할을 살펴볼 것이다. 사실 교육은 다음과 같은 역설을 야기한다. '호모 사피엔스는 대체 왜 분필이나 키보드를 다룰 줄 알고 글씨를 쓰고 계산도 할 수 있을까? 인간은 대체 어떻게 과거의 유전학적 진화 과정과 전혀 무관한 새로운 방향으로 자신의 능력을 확대시킬 수 있을까?' 우리 인간 영장류가 읽기나 계산을 배울 수 있다는 건 결코 놀랍지 않다. 이와 관련해 블라디미르 나보코프Vladimir Nabokov(1899-1977)는 이런 말을 했다. "유감스런 일이지만, 우리는 불멸의 이미지들과 복잡한 생각들 그리고 사람들과 함께 얘기하고 웃고 울며 어울려 사는 새로운 세상을 담을 수 있는 수단인 문자에 너무 익숙하다. 어느 날 아침에 눈을 떴는데 너 나 할 것 없이 다 글을 읽지 못하게 된다면 어떻겠는가?"[1]

나는 포르투갈과 브라질 그리고 아마존 지역의 성인들 가운데 가정 형편 때문이거나 주변에 학교가 없어 교육받지 못하고 문맹이 된 성인들의 정신과 뇌에 대한 연구를 오랫동안 해 왔다. 어떤 면들에서 그런 사람들의 언어 능력은 천차만별이다.[2] 단순히 글자를 알아보지 못하는 걸로 끝나는 게 아니라, 이런저런 모양이나 거울에 비친 상을 인지하는 데도[3] 어려움을 느끼며, 얼굴 일부를 주의 깊게 본다거나[4] 음성 언어를 기억하고 구분하는 데[5] 어려움을 느끼기도 한다. 그런데 플라톤은 읽기를 배우면 책에 대한 외부 기억에 의존할 수밖에 없어 우리의 내부 기억이 망가진다고 믿었다. 이것이야말로 정말 진실과 거리가 먼 믿음이다. 문맹인 시인은 엄청난 기억력을 동원하는 게 식은 죽 먹기라는 믿음 역시 그렇다. 잘못된 믿음이다. 우리는 모두 우리의 기억력을 갈고 닦아야 하며, 학교에 가 읽고 쓰기를 배우면 기억력이 나빠지는 게 아니라 더 좋아진다.

교육의 영향력은 수학 분야에서 특히 두드러진다.[6] 우리는 이런 사실을 학교에 다닐 기회가 전혀 없었던 아마존 지역의 많은 원주민을 연구하면서 알게 됐다. 무엇보다 먼저 그들 중 상당수는 한데 모아 놓은 물건들을 정확히 세는 법을 몰랐다. 그들이 쓰는 언어에는 아예 물건을 세는 표현이 없었다. 영어의 few(적은)와 many(많은)에 해당하는 단어도 거의 없고(피라하 족의 경우), 숫자 1부터 5까지에 해당하는 단어도 모호했다(문두루쿠 족의 경우). 그리고 스페인어나 포르투갈어 숫자 단어를 사용해 숫자 세는 법을 배운다 해도(티마네 족의 경우) 서구 지역의 아이들보다 한참 느렸다.[7] 둘째, 아마존 원주민들에게는 극히 초보적인 수학 관련 직관력밖에 없다. 그래서 그저 기본적인 기하학적 형태를 구분하고, 공간 구조를 이해하며, 직선으로 움직이고, 30개와 50개 같은 큰 단위로 수량의 차이를 구분하며, 숫자들이 왼쪽에서 오른쪽으로 배열된다는 걸 아는 정도였다. 우리는 그런 능력들을 진화 과정에서 물려받았고, 또한 갈까마귀나 짧은꼬리원숭이 그리고 막 부화한 병아리도 갖고 있다. 이런 능력은 교육에 의해 대거 향상된다. 교육받지 못한 아마존 원주민의 경우 연속된 두 숫자들 사이에는 동일하게 +1의 차이가 난다는 사실도 이해하지 못하는 듯하다. 교육을 통해 우리의 숫자 감각은 엄청나게 향상된다. 숫자 세는 법을 배우고 정확한 산수를 할 줄 알게 되면 모든 숫자 n 뒤에는 n+1이란 숫자가 온다는 걸 알게 된다. 그리고 마침내는 모든 연이은 숫자들은 간격이 같고 하나의 선축척을 이룬다는 걸 이해하게 된다. 반면에 아주 어린아이들이나 배우지 못한 성인들은 이 선을 압축된 것으로 보는데, 그건 큰 숫자들이 작은 숫자들보다 서로 더 가까운 걸로 보이기 때문이다.[8] 인간이 다른 동물들처럼 대략적인 숫자 감각만 가졌다면, 우리는 11과 12를 구분하지 못할 것이다. 우리의 정교하고 세련된 숫자 감각은 교육 덕이며, 수학의 모든 요소들은 그 같은 상징적인 토대 위에서 구축되었다.

신경세포 재활용 가설

교육은 어떻게 인간의 정신적 능력을 혁명적으로 향상시켜, 우리를 블라드미르 나보코프Vladmir Nabokov(러시아 태생 미국 작가), 존 스타인벡John Steinbeck(미국 작가), 알버트 아인슈타인Albert Einstein(독일 물리학자), 알렉산더 그로텐디크Alexander Grothendieck(독일 수학자)의 책을 읽는 영장류로 탈바꿈시켰을까? 지금까지 살펴봤듯 우리가 배우는 모든 것은 이미 구축된 뇌 회로들의 조정을 거치며, 그 뇌 회로들은 대체로 태어날 때 이미 조직화되지만, 그 후에도 계속 몇 밀리미터 규모로 변화한다. 따라서 그 다양한 인간 문화 역시 모두 우리의 신경세포들이 가진 제약 내에서 발전한다.

이런 역설을 해결하기 위해 나는 '신경세포 재활용 가설neuronal recycling hypothesis'을 제시해 왔다. 이 가설의 취지는 간단하다. 특히 어린 시절이 15년 내지 20년간 계속되는 인간의 경우 시냅스 가소성 덕에 뇌에 유연성이 있지만, 우리의 뇌 회로들은 진화 과정에서 유전된 강력한 해부학적 제약들에 영향을 받는다. 따라서 인간이 알파벳이나 아라비아 숫자 같은 새로운 문화를 만들 때는 뇌 회로들 사이에 그 문화가 들어갈 '틈새'를 찾아야 한다. 다시 말해 초기 기능은 새로운 문화의 역할과 비슷하면서도 그 새로운 문화의 활용에 적응할 수 있을 정도로 유연한 뇌 회로를 찾아내야 하는 것이다. 결국 문화와 관련된 모든 학습은 기존의 뇌 회로 구조를 변경하고 그 특성들을 재활용하는 작업이다. 따라서 인간에 대한 교육은 인간 뇌 회로의 다양성과 유난히 긴 뇌 가소성 시기를 활용하되 뇌 회로들의 본질적인 한계 내에서 이루어져야 한다.

이 가설에 따르자면, 결국 교육은 우리 인간의 기존 뇌 회로들을 재활용하는 작업이다. 우리는 수천 년 넘게 낡은 것에서 새로운 것을 만드는 법을 배워 왔다. 그리고 우리가 학교에서 배우는 모든 것들은 기존의 뇌 회로들을 새로운 방향으로 변화시키는 작업이다. 읽기나 계산을 배우기 위해 아이들은 원래 다른 용도로 진화된 기존의 뇌 회로들을 변화시켜야 하는데, 그 뇌 회로들은 뇌 가소성 덕에 결국 새로운 문화적 기능에 적응한다.

그런데 나는 왜 '신경세포 재활용'이란 낯선 말을 만들었을까? 영어 recycling에 해당하는 프랑스어 recyclage가 우리 뇌에서 일어나는 일을 특징짓는 두 가지 개념, 즉 독특한 특성들을 지닌 어떤 '물질의 재활용'과 '새로운 경력으로의 방향 전환'이라는 두 가지 개념을 완벽히 담고 있기 때문이다.

- 물질의 재활용이란 어떤 물질을 새로운 생산 주기 속에 집어넣어 제2의 삶을 준다는 의미이다. 그러나 그 같은 물질의 재활용은 한계가 있다. 재활용 종이로 자동차를 만들 수는 없다. 각 물질에는 용도에 따라 적용이 가능한 고유한 특성들이 있다. 마찬가지로 분자 특성과 국부 회로 그리고 장거리 시냅스 연결에 의해 뇌 피질의 각 영역에도 나름대로 타고난 특성이 있다. 그래서 학습 또한 그 같은 물질의 제약에 맞춰 진행되어야 한다.
- 프랑스어에서 recyclage란 단어는 새로운 일을 위해 교육받고 있는 사람에게 쓰이기도 한다. 그러니까 예상치 못한 경력상의 변화에 맞춰 재교육받는다는 의미인 것이다. 읽기나 계산을 배울 때 뇌 피질에서 일어나는 것이 이런 일이다. 교육을 통해 뇌 피질이 영장류 뇌의 정상 능력을 뛰어넘는 새로운 기능을 배울 수 있게 되는 것이다.

나는 이 신경세포 재활용 가설을 통해, 새로운 문화적 요소를 빠른 속도로 배우는 것과 느릿한 진화 과정에서 생물학 원리에 의해 낡은 것을 가지고 새로운 것을 만들어 내는 다른 많은 상황들을 구분하고 싶었다. 사실 자연선택에 의한 다윈의 진화 과정에서 낡은 물질들이 새로운 용도로 쓰이는 일은 흔하다. 유전적 재조합을 통해 아주 오래된 기관들이 혁신적이고 멋진 기계처럼 탈바꿈하기도 한다. 그 좋은 예가 새의 깃털이다. 이 오래된 체온 조절 장치는 하늘을 나는 공기 역학 장치로 바뀌었다. 파충류와 포유류의 다리는? 옛날 옛적에는 지느러미였다. 노벨상을 수상한 프랑스 생물학자 프랑수아 자코브Francois Jacob(1920-2013)는 진화란 위대한 땜장이라는 말을 했다. 그래서 그의 연구실에서는 폐가 부유 기관으로 바뀌었고, 오래된 파충류의 턱 조각이 내이inner ear(귀의 가장 안쪽에 있는 평형 및 청각 기관—옮긴이)로 바뀌었으며, 심지어 굶주린 육식 동물의 비웃음이 모나리자의 미묘한 미소로 바뀌기도 했다.

뇌도 예외는 아니다. 언어 관련 뇌 회로들은 이미 만들어진 피질 회로들을 복제하고 그 용도를 바꿔 인간으로 진화하는 과정에서 나타났는지도 모른다.[10] 그러나 이처럼 느릿한 유전적 변화는 내가 말하는 신경세포 재활용의 개념에 해당되지 않는다. 이런 개념을 나타내는 데 적절한 용어는 '굴절 적응exaptation'으로 하버드대학교 진화생물학자 스티븐 제이 굴드Stephen Jay Gould(1941-2002)와 예일대학교 고생물학자 엘리자베스 브르바Elisabeth Vrba가 만든 신조어이다. 'adaptation'(적응)을 토대로 나온 용어이다. 오래된 메커니즘은 다윈이 말한 진화 과정에서 다른 용도를 취할 때 굴절 적응된다. 어쩌면 다음처럼 연상하면 도움이 될 것이다. '굴절 적응, 즉 exaptation은 당신의 ex(예전 신경세포)를 새로운 일에 apt(적응)시키는 것이다.' 굴절 적응은 많은 개체를 통한 유전자 확산을 토대로 하기 때문에 종의 차원에서 수만 년에 걸쳐 이루어진다. 반면에 신경세포 재활용은 개

개인의 뇌 안에서 며칠에서 몇 년이라는 훨씬 짧은 기간에 이루어진다. 결국 뇌 회로를 재활용한다는 것은 유전적인 변화 없이 단순히 학습과 교육을 통해 뇌 회로 기능을 변화시킨다는 얘기이다.

내가 신경세포 재활용 가설을 제시한 것은 우리 인간에게 정상적인 생태학적 위치를 넘어설 수 있는 독특한 재능이 있다는 걸 설명하기 위해서였다. 실제로 우리 인간은 읽기, 쓰기, 숫자 세기, 계산, 노래, 옷 입기, 말 타기, 자동차 운전 같은 새로운 능력 습득에 남다른 재능을 가졌다. 우리는 확장된 뇌 가소성 외에 새로운 학습 알고리즘들까지 갖추고 있어 상당한 적응력을 발휘할 수 있다. 또한 우리 사회는 아이들에게 거의 매일 강력한 학교 교육을 제공함으로써 이 모든 능력을 강화시키는 방법을 알아냈다.

물론 인간이라는 종의 특이성을 강조함으로써 다른 동물의 경우에도 보다 작은 규모의 뇌 신경세포의 재활용이 일어나고 있다는 걸 부인하려는 것이 아니다. 최근의 기술로 원숭이가 새로운 기술을 습득할 때 여러 주 동안 수백 개의 동일한 신경세포들의 활동을 기록할 수 있다. 그 결과 신경세포 재활용 가설의 검증도 가능해졌다. 그리고 그걸 통해 신경세포 재활용 가설에 대한 다음과 같은 간단하면서도 근본적인 예측도 가능해졌다. '학습으로 특정 뇌 회로 내 신경세포 암호를 근본적으로 변화시킬 수 있을까? 아니면 신경세포 재활용 가설에서 예측하듯, 학습이 오직 뇌 회로의 방향만을 변화시킬 수 있을까?'

최근의 실험에서 연구진은 원숭이의 뇌와 컴퓨터를 연결한 뒤 교육을 통해 자신의 뇌를 제어하는 법을 배우게 했다. 커서를 오른쪽으로 가게 하려면 특정 뇌 신경세포 10개를 활성화해야 하고, 커서를 위로 올라가게 하려면 다른 뇌 신경세포 10개를 활성화해야 한다는 식의 교육을 시킨 것이다.[11] 놀랍게도 효과가 있었다. 몇 주 후 원숭이는 마음먹은 대로 커서를 움직이려면 임의로 고른 신경세포 10개를 활성화해야 한다는 걸 배운 것이다. 그런데 중요한 점은 이 것이다. 원숭이는 교육 받기 전 자신의 뇌 피질이 자연스레 하던 신경세포 활동에서 크게 벗어나지 않는 신경세포 활동을 요구받을 경우에만 커서를 움직일 수 있었다. 즉 원숭이에게 가르치려는 신경세포 활동은 재훈련을 받는 뇌 회로들의 원래 레퍼토리에 있던 신경세포 활동이어야 했다.

이 연구 결과를 제대로 이해하려면, 먼저 뇌 회로들의 역학에 한계가 있다는 걸 알 필요가 있다. 뇌는 자신이 할 수 있는 신경세포 활동을 전부 다 알려고 하지 않는다. 이론상 100개로 이루어진 신경세포 집단 안에서 뇌 활동은 100차원 공간에 걸쳐 이루어져 셀 수 없이 많은 수의 상태(각 신경세포가 따로 활성화되거나 비활성화된다는 걸 고려하면, 이 수는 2의 100승을 넘는다)가 만들어진다. 그러나 실제로 뇌 활동은 이 거대한 우주의 극히 일부에만 미치며, 대개는 10차원 정도로 제한된다. 이를 염두에 두면 학습에 대한 제약은 다음과 같이 간단히 정리된다. 원숭이는 우리가 그 뇌 피질을 향해 이처럼 이미 존재하는 제약에 '맞춰 보라고' 할 때에만 새로운 일을 배울 수 있다. 반면에 원숭이에게 이전의 뇌 활동에서 전혀 관찰된 적 없는 신경세포들을 활성화시키라고 하면 참담한 실패를 하게 된다.

습득한 행동 그 자체가 완전히 새로울 수 있다는 데 주목해야 한다. 언젠가는 침팬지 같은 영장류가 컴퓨터 스크린 상에서 커서를 완전히 제어하게 되지 않으리라는 법도 없다. 그러나 이 같은 행동을 가능케 하는 신경세포 상태는 피질 활동 패턴들에 맞춰져야 한다. 이런 결과는 신경세포 재활용 가설의 다음과 같은 예견이 옳다는 걸 입증해 준다. 새로운 능력을 습득하는 데 뇌 피질 회로들의 급격한 변화는 필요 없고 그저 기존 피질 회로들의 조직만 다른 용도로 변화시키면 된다는 것이다.

뇌의 각 영역이 학습에 나름대로의 제약을 가하고 있다는 사실이 분명해지고 있다. 두정엽 영역 안 신경세포 활동은 주로 한 가지 차원, 즉 고차원 공간 속의 직선에만 한정되어 있다.[12] 이 두정엽 신경세포들은 크든 작든 한 축을 중심으로 외부에서 들어오는 모든 데이터를 암호화하며, 데이터의 양과 그 상대적 크기들을 암호화하는 데 더없이 적절하다. 그 역할이 너무 제한되어 있는 것처럼 보일 수 있지만, 일견 단점 같아 보이는 점이 크기나 숫자, 영역 또는 그 외 다른 여러 변수들을 다루는 데 이점이 될 수도 있다. 어쩌면 피질의 이 두정엽 영역은 양을 암호화하는 일을 하게끔 이미 정해져 있는지도 모른다. 실제 우리가 각종 숫자나 사회적 지위(사회 계층에서 누가 누구 '위에' 있나) 같은 선형 축 상의 양 문제를 다룰 때 두정엽 영역이 활성화된다.[13]

다른 예로 내후각 피질을 생각해 보자. 내후각 피질은 공간 문제와 관련 있는 그 유명한 격자 세포들(4장 참고)이 들어 있는 측두엽의 한 영역이다. 이 내후각 피질 안에서 신경세포 암호는 2차원적이다. 이 영역 안에 신경세포가 수백만 개나 있지만, 그 신경세포들의 역할은 평면, 정확히 말하면 고차원 공간 안에서의 2차원에만 한정될 수밖에 없다.[14] 두정엽의 경우와 마찬가지로 이런 특성은 단점이기는커녕 환경 지도를 그리는 데 더없이 이상적이며, 실제로 이 내후 각 피질 영역은 마음속 GPS 역할을 해 줘가 공간 안에서 자신의 위치를 파악하게 해 준다. 놀랍게도 최근의 연구 결과에 따르면, 우리가 2차원 지도상에서 데이터를 나타내는 걸 배울 때 이 영역이 활성화된다. 그 데이터가 공간 데이터도 아닌데 말이다.[15] 한 실험에서 새들은 목 길이나 다리 길이를 2차원적으로 변화시킬 수 있었다. 일단 이 특이한 '새 공간bird space'을 나타내는 방법을 배우자, 인간 실험 참가자들은 자신의 다른 몇몇 영역들과 함께 내후각 피질을 이용해 마음속으로 그 공간을 헤쳐 나갔다.

이 외에도 이런 예는 얼마든지 많다. 복측 시각 피질은 시각적 선과 형태를 나타내는 데 뛰어나며, 브로카 영역은 구문 트리를 암호화하는 데 뛰어나다.[16] 뇌의 각 영역이 나름대로 더 잘하는 역할이 있으며 실제로도 그런 역할에 충실하다. 또한 뇌의 각 영역은 각자의 가설 공간을 세상에 투영한다. 그래서 어떤 영역은 직선상에서 들어오는 데이터에 맞추려 애쓰고, 어떤 영역은 그 데이터를 지도상에 나타내려 애쓰며, 또 어떤 영역은 데이터를 트리 상에 나타내려 애쓰고……. 이런 가설 공간들은 학습에 우선하며, 어떤 면에서는 학습을 가능하게 해 준다. 물론 우리는 새로운 사실을 배울 수 있지만, 그런 사실들은 뇌 신경세포들 사이에 들어갈 틈새를 찾아야 한다.

자, 이제 이런 아이디어가 학교 학습의 가장 대표적인 분야인 산수와 읽기에 어떻게 적용되는지 알아보도록 하자.

수학은 뇌 회로를 재활용해 근사한 수치를 찾아낸다

먼저 수학을 예로 들어보자. 나의 저서 《숫자 감각The Number Sense》 [17]에서도 설명했듯, 수학 교육은(학습의 다른 많은 면들과 마찬가지로) 녹은 밀랍에 도장을 찍는 일과 달리 뇌에 잘 찍히지 않는다는 걸 보여주는 증거가 얼마든지 있다. 그와 반대로 수학은 타고난 기존의 수량 표현 속에 녹아들며, 그런 뒤 거기에서 확대 및 수정된다.

인간과 원숭이 모두 전전두엽과 두정엽 안에 숫자들을 근사하게 나타내는 뇌신경 회로가 들어 있다. 그리고 정식 교육을 받기 전에도 이미 그 회로 안에 근사치의 물체에 민감한 신경세포들이 들어 있다.[18] 그럼 학습은 무얼 하는 걸까? 수량을 비교하는 훈련을 받은 원숭이들은 전두엽 안에서 숫자 감지 신경세포의 양이 늘어난다.[19] 가장 중요한 점은 이렇다. 원숭이들이 근사치라는 개념보다 아라비아숫자라는 숫자 기호에 의존하는 법을 배우면 전두엽 신경세포 중 일부가 그런 숫자에 맞춰 변화한다.[20] 숫자 기호들의 문화적 개입을 취합하기 위한 뇌 회로의 이 같은 부분적 변화야말로 신경세포 재활용의 아주 좋은 예이다.

인간은 더하기와 빼기 같은 기본 산수를 배울 때 전두엽 영역을 계속 재활용하지만, 그 부근에 있는 후두정엽 회로도 재활용한다. 후두정엽은 우리가 시선과 주의를 바꿀 때 사용하는데, 그런 기능이 숫자 공간 안에서 움직일 때에도 재활용되는 것으로 보인다. 더하기를 할 때 우리의 주의를 오른쪽으로, 즉 보다 큰 숫자 방향으로 돌리는 그 뇌 회로들이 활성화되고, 반대로 빼기를 할 때면 우리의 주의를 왼쪽으로 돌리는 뇌 회로들이 활성화된다.[21] 또한 우리는 모두 머리 속에 일종의 숫자 선, 즉 마음 속 숫자 축을 갖고 있어, 계산할 때 그 축 위에서 움직이는 법을 배운다.

최근 내 연구팀은 신경세포 재활용 가설과 관련해 보다 엄격한 실험을 했다. 인지과학자로 전향한 젊은 수학자 마리 아말릭Marie Amalric과 함께, 앞서 말한 두정엽 회로가 수학에서 가장 추상적인 개념을 나타내는 데도 관여하는지 알아보려 했던 것이다.[22] 우리는 실험에 15명의 뛰어난 수학자들을 참여시켰고, 그들만 알 수 있는 난해한 수학 관련 표현들, 즉 $\int_s \nabla \times F \cdot dS$ 같은 공식과 "모든 정방 행렬은 순열 행렬과 같다."라는 수학적 정의 등을 제시하면서 fMRI로 그들의 뇌를 스캔해 보았다. 예측했던 대로 고차원의 수학 공식과 정의를 접한 수학자들의 뇌에서는 신생아가 하나, 둘, 세 개의 물체를 볼 때[23] 또는 아이들이 숫자 세는 법을 배울 때(〈컬러 삽입 도판 12〉 참고)[24] 활성화되는 회로들이 활성화됐다. 독일 수학자 알렉산더 그로텐딕의 '토포스topos'에서 함수 공간에 이르는 모든 수학 주제들은 그 뿌리를 어린 시절에 나타나는 기본 신경 회로들의 재조합에 두고 있다. 그러니까 초등학교 학생에서 수학의 노벨상이라는 필즈 메달Fields Medal을 수상한 위대한 수학자에 이르는 모든 사람이 그 특정 뇌 회로의 신경세포 암호를 끊임없이 향상시킨다는 말이다.

그리고 그 뇌 회로의 조직화는 강력한 유전적 제약을 받으며, 그 보편적 유전적 자질의 제약 때문에 현재의 우리가 만들어진다. 또한 우리는 학습을 통해 많은 새로운 개념을 습득하지만, 전반적인 구조는 경험과 관계없이 모든 사람에게 동일하게 유지된다. 어릴 때부터 눈이 멀어 보통 사람과 전혀 다른 감각 경험을 해 온 수학자들의 뇌 조직화를 연구하면서, 나와 동료들은 이런 견해를 뒷받침할 강력한 증거들을 발견했다.[25] 얼핏 놀라운 일처럼 보일지 모르지만, 사실 눈이 먼 사람이 뛰어난 수학자가 되는 경우는 그리 드물지 않다. 대표적인 인물을 꼽으라면 영국 수학자 니콜라스 손더슨Nicholas Saunderson(1682-1739)이 있다. 그는 8세 무렵에 실명했지만, 워낙 총명해 나중에 케임브리지대학교에서 루카스 석좌 교수(아이작 뉴턴, 스티븐 호킹도 루카스 석좌 교수였다―옮긴이)가 되었다.

손더슨은 뇌 스캔을 해 볼 수 없었다. 그래서 마리 아말릭과 나는 눈이 먼 수학자 세 사람에게 어렵게 연락했는데, 전부 프랑스에서 대학에 적을 두고 있는 수학자들이었다. 그중 한 사람인 엠마누엘 지룩스는 수학계의 진정한 거물로, 현재 프랑스 리옹에 있는 대학원 에콜 노르말 수페리외르 내 연구소에서 60여 명의 연구원을 이끌고 있다. 11세에 눈이 먼 그는 중요한 접촉기하학 정리를 멋지게 증명한 사람으로 유명하다.

눈 먼 수학자들이 존재한다는 사실 자체가 인간의 뇌는 '빈 백지들'이 많은 '노트'와 같아서 감각 경험으로 점차 메워 가게 된다는 앨런 튜링의 경험론적 관점을 무색하게 만든다. 만일 추상적인 수학 개념을 만들 수 있는 뇌 회로를 이미 갖고 태어나는 게 아니라면, 대체 어떻게 눈 먼 사람이 그렇게 제한된 경험으로부터 눈이 잘 보이는 수학자처럼 추상적인 수학 개념을 추론할 수 있겠는가? 이와 관련해 엠마누엘 지룩스는 《어린 왕자The Little Prince》에 나온 말을 이용해 이런 말을 했다. "기하학에서 가장 중요한 것들은 눈에 보이지 않는다. 그걸 잘 볼 수 있는 건 마음뿐이다." 수학에서 감각 경험은 그리 중요하지 않다. 정말 중요한 건 아이디어와 개념이다.

만일 뇌 피질의 조직화를 결정짓는 게 경험이라면, 만지고 듣는 걸로 세상을 배운 우리의 눈 먼 수학자들은 수학을 할 때 눈이 잘 보이는 수학자들과 아주 다른 뇌 부위들이 활성화되어야 할 것이다. 그러나 신경세포 재활용 가설에 따르면 수학자들의 뇌 회로는 이미 정해져 있다. 다만 애초부터 특정 뇌 영역들은 새로운 아이디어나 개념을 받아들일 수 있게 변경될 수 있다. 그리고 그런 사실은 우리가 눈 먼 세 수학 교수들의 뇌를 스캔하는 과정에서도 확인됐다. 우리가 예측한 대로 어떤 수학 명제를 머릿속에 떠올리거나 그 참값을 낼 때, 그 세 수학자들의 뇌 안에서는 눈이 잘 보이는 수학자들과 마찬가지로 두정엽과 전두엽 일대가 활성화됐다(〈컬러 삽입 도판 13〉 참고). 감각 경험과는 무관하게 뇌의 두정엽과 전두엽 영역만이 추상적인 수학 개념에 반응한 것이다.

유일한 차이가 있다면, 자신이 좋아하는 분야에 대해 생각할 때 눈 먼 세 수학자들의 경우 뇌의 다른 부위, 즉 일반적으로 망막에 맺히는 이미지를 처리하는 후두극 내 초기 시각 피질 부위도 활성화됐다는 것이다. 사실 이는 또 다른 뛰어난 수학자로서 필즈 메달 수상자이기도 한 세드리크 빌라니Cedric Villani가 이미 직감적으로 예견했던 일이기도 하다. 눈이 안 보이는 수학자들을 상대로 한 실험을 앞두고 이런저런 논의를 하는 자리에서 그는 농담 삼아 내게 이런 말을 했다. "그런데 말이에요. 엠마누엘 지룩스가 정말 위대한 수학자이긴 한데, 정말 운 좋은 사람이기도 했어요. 눈이 안 보이니 훨씬 많은 뇌 피질 영역들을 수학에 쏟을 수 있었으니 말예요."

빌라니의 말은 옳았다. 정상적인 시력을 가진 사람의 경우, 후두부 영역은 초기 시각 처리만으로도 너무 바빠 수학 문제를 푸는 다른 일을 할 여유가 없다. 그러나 눈 먼 사람의 경우 시각 관련 일에서 해방되어, 암산이나 수학 같은 보다 추상적인 일을 할 여유가 있다.[26] 그리고 태어날 때부터 눈이 먼 사람에게는 이런 재조직화가 훨씬 극단적으로 일어나는 것 같다. 시각 피질이 브로카 영역과 마찬가지로 숫자와 수학뿐 아니라 구어체 언어의 문법에도 전혀 예상치 못한 반응들을 보인다.[27]

눈이 먼 사람들의 시각 피질 안에서 이처럼 추상적인 반응이 일어나는 이유에 대해서는 이론이 분분하다. 이 같은 뇌 피질의 완전한 재조직화는 신경세포 재활용의 대표적인 사례일까 아니면 뇌 가소성의 극단적 증거에 지나지 않는 걸까?[28] 나는 개인적으로 신경세포 재활용 쪽에 더 가깝다고 생각하는데, 그건 이 뇌 부위의 기존 조직화가 사라지지 않는다는 증거가 있기 때문이다. 마치 뇌 가소성이 시각 피질이란 이름의 칠판을 깨끗이 지워 버릴 수 있는 스펀지 역할이라도 한 것처럼 말이다. 실제로 눈이 먼 사람의 시각 피질은 대체로 평상시의 연결과 신경세포 지도를 그대로 유지하면서 동시에 다른 인지 기능에 재활용되기도 하는 듯하다.[29] 사실 뇌 피질의 이 부분은 그 크기가 아주 커서 눈 먼 사람의 '시각' 영역은 수학과 언어는 물론 글자와 숫자(점자로 된), 물체, 장소, 동물에도 반응하는 걸로 알려져 있다.[30] 가장 놀라운 점은 감각 경험상의 이렇게 큰 차이에도 불구하고 카테고리별로 달라지는 이 뇌 영역들이 눈 먼 사람과 정상적인 사람 모두의 피질에서 동일한 곳에 위치한다는 것이다. 쓰인 글자들에 반응하는 뇌 영역은 눈 먼 사람과 정상인 사람 모두 같은 곳에 있으며, 차이가 있다면 눈 먼 사람의 경우 인쇄된 글자가 아니라 점자에 반응한다는 정도이다. 다시 말하지만, 이 뇌 영역의 기능은 유전학적으로 대개 언어 분야 외에 타고난 다른 특성들에 연결되는 걸로 보이며, 따라서 감각 입력이 변한다고 해서 따라 변하지는 않는다.[31] 결국 눈 먼 사람은 정상인 사람과 비슷한 뇌 영역들을 활용해 같은 카테고리와 아이디어와 개념에 반응한다.

수학과 관련해 신경세포 재활용 견해를 뒷받침하는 것은 가장 기초적인 수학 개념($1+1=2$)과 가장 고급스런 수학 개념($e^{-i\pi}+1=0$)이 모두 같은 뇌 영역을 사용한다는 사실만이 아니다. 심리학적 특성에 대한 다른 연구 결과들을 보면, 우리가 학교에서 배우는 수학은 근사 수량approximate quantity에 관여하던 이전 뇌 회로들의 재활용에 의존한다는 걸 알 수 있다.

숫자 5를 생각해 보라. 지금 당신의 뇌는 4와 6에 가깝고 1과 9에서 먼 근사 수량을 나타내려 한다. 다시 말해 5 부근에서 절정에 이르는 동조곡선을 그리면서 동시에 4와 6이란 인근 수량들에 가중치를 두면서, 다른 영장류에서 발견되는 숫자 신경세포들과 아주 유사한 숫자 신경세포를 활성화시키고 있는 것이다. 이처럼 애매한 신경세포 동조곡선은 어떤 물체 세트들이 정확히 4개인지 5개인지 또는 6개인지를 한눈에 아는 게 어려운 주요 원인이다. 자, 이제 5가 6보다 큰지 작은지 결정해 보라. 아마 바로 맞는 답, 즉 작다는 걸 맞출 것이다. 그런데 실험에 따르면 당신의 답은 근사 수량의 영향을 받는다. 즉 5와 9처럼 멀리 떨어진 숫자보다는 5와 6처럼 가까이 붙은 숫자에 답하는 데 훨씬 더 시간이 걸린다. 이 같은 거리 효과(숫자 비교들의 거리 효과)[32]는 당신이 숫자를 세고 계산하는 법을 배울 때 재활용한 숫자들의 예전 표현 특징 중 하나이다. 아무리 기호 자체에 집중하려 해도 뇌는 이 두 수량의 신경세포 표현을 활성화하며, 이는 두 수량이 가까울수록 더 중복된다. 학교에서 배운 모든 기호 지식을 총동원해 정확히 5를 생각하려 해도, 당신은 이런 지식이 근사 수량의 태곳적 묘사를 재활용한다는 사실에 반하는 행동을 하고 있는 것이다. 심지어 8과 9 두 숫자가 같은지 다른지를 결정해야 할 때는 즉각 답이 나와야 하는데도, 당신은 계속 두 숫자 간의 거리에 영향을 받게 된다. 흥미롭게도 이는 아라비아숫자 기호들을 구분하는 법을 배우는 원숭이에게도 그대로 적용된다.[33]

예를 들어 9-6처럼 두 숫자 간에 빼기를 할 때 걸리는 시간은 빼는 수의 크기에 정비례해,[34] 9-4나 9-2보다는 9-6에 시간이 더 걸린다. 모든 일이 마치 우리가 마음속으로 숫자 선을 따라 움직이는 것처럼 일어난다. 그러니까 첫 번째 수에서 출발해 내딛는 걸음 수만큼, 즉 빼는 수만큼 시간이 걸려, 멀리 가야 할수록 시간이 더 걸리는 것이다. 우리는 디지털 컴퓨터처럼 기호를 해독하지 않는다. 그보다는 숫자 선을 따라 천천히 그리고 순차적인 공간 동작으로 움직인다. 마찬가지로 가격에 대해 생각할 때 숫자가 커질수록 그 가치를 어림짐작으로 판단하게 된다. 숫자가 커질수록 정확도가 떨어지는 영장류 숫자 감각의 흔적이다.[35] 이런 이유 때문에 전혀 합리적이지 못하지만, 우리는 값비싼 아파트 가격을 놓고 협상을 벌일 때는 뒷자리 몇 천 달러도 쉬 포기하면서, 빵을 살 때는 단돈 몇 센트를 놓고도 흥정을 벌인다. 우리가 감내할 수 있는 부정확성의 정도는 숫자의 가치에 비례한다. 이는 짧은꼬리원숭이나 우리 인간이나 같다.

이런 사례는 얼마든지 더 있다. 등가, 음수, 분수 같은 개념은 모두 우리가 진화 과정에서 물려받은 수량 묘사에 근거한다.[36] 디지털 컴퓨터와 달리 우리는 각종 기호를 추상적으로 조정하지 못하며, 늘 구체적으로 그리고 종종 근사 수량으로만 해독한다. 교육받은 뇌에서 이런 아날로그 효과들이 지속되는 것은 우리의 숫자 개념에 대한 태곳적 뿌리에 반하는 것이다.

근사 숫자들은 수학이 그 토대로 삼고 있는 옛 기둥들 중 하나이다. 그러나 이 같은 숫자 개념은 교육을 통해서도 아주 풍성해진다. 숫자 세는 법과 계산하는 법을 배울 때, 우리는 새로 습득하는 수학 기호들을 통해 그 일을 더 잘해낼 수 있다. 이는 일대 혁명이다. 수백만 년 동안 진화해 오면서도 우리 인간은 대략적인 수량들에 만족했기 때문이다. 기호 교육은 변화를 이끌어 내는 강력한 요소이다. 우리의 뇌 회로들은 교육에 의해 변화되어 정확한 숫자를 다루는 게 가능해졌다.

숫자 감각은 분명 수학의 유일한 토대가 아니다. 앞서 살펴보았듯 우리는 진화 과정에서 장소 세포와 격자 세포 그리고 머리 방향 세포가 들어 있는 전문화된 신경 회로와 함께 공간 감각도 유전 받는다. 또한 형태 감각도 있어 걸음마를 배우는 아기들도 직사각형과 정사각형과 삼각형을 구분할 수 있다. 수학을 배울 때, 단어와 숫자 같은 기호의 영향 아래 우리가 아직 잘 알지 못하는 이유로 이런 개념들이 재활용된다. 인간의 뇌는 이런 개념들을 생각의 언어로 재결합해 새로운 개념을 만들 수 있는 것이다.[37] 진화 과정에서 우리에게 유전되는 기본적인 건축 블록들은 새롭고 생산적인 언어의 토대가 되며, 수학자들은 매일 그 언어로 새로운 페이지를 써 나간다.

읽기는 시각 및 음성 언어 회로들을 재활용한다

읽기를 배우는 경우는 어떨까? 읽기는 신경세포 재활용의 또 다른 예이다. 읽기를 할 때 우리는 원래 시각과 음성 언어를 관장하는 광범위한 뇌 영역들을 재활용한다. 나의 다른 저서 《글 읽는 뇌》[38]에서 읽기와 관련된 뇌 회로에 대해 자세히 설명한 바 있다. 읽기를 배울 때 우리의 시각 피질 영역은 일련의 글자들을 인식하는 일을 전담하며, 그 글자들을 음성 언어 영역들로 보낸다. 그 결과 읽기를 잘하는 사람들의 경우, 결국 쓰인 단어들이 음성 언어로 처리된다. 읽기를 통해 우리의 언어 관련 뇌 회로에 새로운 시각 관문이 생겨나는 것이다.

읽는 법을 배우기 한참 전에 아이들은 이미 정교한 시각 시스템을 갖고 있어 각종 물체와 동물과 사람을 알아본다. 또한 3차원 공간 안에서 그 크기와 위치 또는 방향과 관계없이 어떤 이미지든 알아볼 수 있으며, 그 이미지에 어떤 이름을 결부시켜야 하는지도 안다. 읽기는 이미 존재하는 이 같은 그림 명명 뇌 회로의 일부를 재활용한다. 읽기를 배울 때는 내 동료 로랑 코헨Laurent Cohen과 내가 '시각 단어 형태 영역visual word form area'이라 부르는 시각 피질 영역이 활성화된다. 이 영역은 우리가 배운 글자들에 대한 지식에 워낙 집중해 우리 뇌의 '우편함'으로 여겨질 정도이다. 우리가 그 크기와 위치, 폰트 또는 대소문자에 관계없이 단어를 알아볼 수 있는 것도 뇌의 시각 단어 형태 영역 덕이다.[39] 글을 읽고 쓸 줄 아는 사람이라면 모두 뇌의 동일한 곳(몇 밀리미터의 차이는 있을지언정)에 위치한 이 영역은 두 가지 역할을 한다. 먼저 배운 글자들을 알아보고, 그다음 뇌 속 언어 영역들과의 직접적 연결을 통해[40] 그 글자들을 음과 의미로 전환시킨다.

글을 모르는 아이나 성인이 읽기를 배우는 과정에서 그 뇌를 스캔해 본다면 어떻게 될까? 신경세포 재활용 이론이 맞는다면, 문자 그대로 뇌의 시각 피질이 재조직화되는 걸 볼 것이다. 신경세포 재활용 이론에 따르면 읽기를 배울 때는 평소 비슷한 기능을 관장하던 뇌 피질 영역이 변화되어 새로운 일에 맞춰 재조직화된다. 그 결과 온갖 물체와 몸과 얼굴과 식물 그리고 장소를 인지하는 시각 피질의 기존 기능과 경쟁을 벌이게 된다. 그럼 읽기를 배우면서, 진화 과정에서 유전되어 온 우리의 시각 기능들 중 일부를 잃어버릴 수도 있을까? 아니면 적어도 그런 기능들이 대대적으로 재조정될까?

이렇듯 직관에 반하는 예측이 동료들과 내가 일련의 실험을 통해 입증했던 것이다. 글 읽기를 배움으로써 변화되는 뇌 영역들에 대한 지도를 만들기 위해, 우리는 글을 읽을 줄 모르는 포르투갈 및 브라질 성인들의 뇌를 스캔해 봤으며, 그걸 운 좋게 학교에서 글 읽는 법을 배운 같은 마을의 다른 아이들 또는 성인들의 뇌 스캔과 비교해 보았다.[41] 놀랄 일도 아닌지 모르겠지만, 그 결과 글 읽기를 배운 사람의 경우 광범위한 뇌 영역이 쓰인 단어들에 반응을 보였다 (〈컬러 삽입 도판 14〉 참고). 그러나 읽을 줄 모르는 사람들에게 한 단어 한 단어씩 문장을 보여 주면 그들의 뇌는 별 반응을 보이지 않았다. 물론 초기 시각 피질 영역이 조금 활성화됐지만, 글자들이 인식되지 않아 그걸로 끝이었다. 반면에 읽는 걸 배운 성인들에게 같은 단어들을 보여 주었더니 훨씬 더 광범위한 뇌 회로가 활성화됐는데, 그 활성화 정도는 각 개인의 읽기 능력에 정비례했다. 그리고 좌측 후두측두골 피질 내 '우편함'과 언어 이해와 관련된 전통적 언어 영역들 전체가 활성화되는 영역에 해당됐다. 가장 초기의 시각 피질 영역들에서도 반응이 늘어났다. 그 영역들은 읽기를 배우면서 점차 작은 글자들을 인식하는 데 적응하는 듯하다.[42] 글에 능숙해질수록 뇌의 이 영역들은 더 활성화되고 시냅스 연결 상태 또한 더 강해진다. 결국 글 읽는 과정이 점점 자동화되면서, 글자가 음으로 전환되는 속도도 빨라지는 것이다.

그러나 이와 반대되는 의문도 제기될 수 있다. '글 읽는 게 서툰 사람에게서 더 활성화되는 뇌 영역도 있을까? 그리고 읽는 걸 배우면 어떤 영역의 활성화가 줄어들까?' 답은 '예스'다. 문맹자의 경우 얼굴에 대한 뇌 반응이 더 강렬하다. 글 읽는 게 능숙해질수록 글자들이 자신이 들어갈 틈새를 찾는 좌뇌의 그 영역, 즉 뇌의 우편함 영역에서 얼굴에 대한 반응이 줄어든다. 이는 마치 뇌가 피질 안에 글자들이 들어갈 공간을 필요로 하는 것처럼 보이며, 그래서 뇌의 이 영역에서 이전에 하던 기능, 즉 얼굴과 물체를 알아보는 기능에 영향이 간다는 뜻이다. 그러나 물론 우리가 읽는 걸 배우면서 얼굴 인식하는 법을 잊는 건 아니고, 그 기능이 피질에서 사라지는 건 아니다. 우리가 관찰한 바에 따르면, 읽기를 배우면 얼굴에 대한 반응이 우뇌에서 증가한다. 얼굴 인식 기능이 원래 언어와 읽기를 관장하는 장소인 좌뇌에서 쫓겨나 우뇌에 피난처를 찾는 셈이다.[43]

우리는 먼저 글을 읽을 줄 아는 성인들과 읽을 줄 모르는 성인들에게서 이런 현상을 관찰했지만, 곧 글 읽기를 배우는 중인 아이들에게서도 동일하게 나타났다.[44] 글 읽기를 배우기 시작하자마자 아이들의 좌뇌에서는 '시각 단어 형태 영역'이 반응을 보이기 시작한다. 한편 이와 대칭되는 위치에 있는 우뇌 쪽 영역에서는 얼굴에 대한 반응이 강화된다(《컬러 삽입 도판 15》참고). 이런 현상은 워낙 뚜렷해, 얼굴에 대한 특정 연령대 아이의 뇌 활성화를 컴퓨터 알고리즘으로 관찰해 보는 것만으로도 그 아이가 읽는 법을 배웠는지 안 배웠는지를 정확히 알 수 있다. 그리고 아이가 난독증을 보인다면 뇌의 이 영역들은 정상적으로 성장하지 못한다. 좌뇌에서는 시각 단어 형태 영역이 나타나지 못하고, 우뇌에서는 방추형 피질이 얼굴에 강한 반응을 보이지 못하는 것이다.[45] 글자에 대한 좌측 후두측두골 피질의 반응이 줄어드는 것은 모든 나라의 난독증 검사에서 확인하는 보편적 증상이다.[46]

최근에 우리는 대담한 실험을 하고자 관계 당국의 허가를 받았다. 우리는 읽기 관련 뇌 회로가 아이들에게서 나타나는 걸 직접 보고 싶었다. 그래서 같은 아이들이 유치원 과정을 끝낸 뒤 초등학교

신경세포 재활용 가설에 따르면, 읽는 법을 배울 때 시각 피질의 예전 기능, 즉 얼굴 인식 기능도 관여하게 된다. 완전한 문맹 상태에서 전문가 수준으로 읽기 능력이 높아지면, 좌뇌에서 글자에 대한 활성화가 증가하며, 얼굴에 대한 활성화 현상은 좌뇌에서 우뇌로 옮겨 간다.

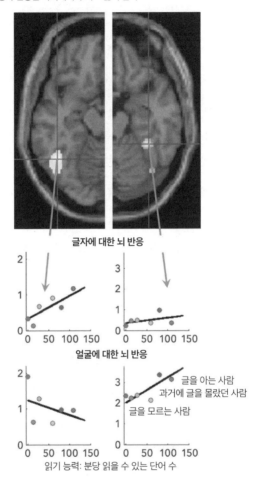

1학년을 마칠 때까지 한 달마다 우리 뇌 영상촬영 센터로 데려와 뇌 스캔을 해 보았다. 실험 결과는 우리의 예상에 부응했다. 처음 아이들의 뇌를 스캔했을 때는 그리 눈에 띄는 게 없었다. 아직 글 읽기를 배우지 않았을 때는 아이들의 뇌 피질이 각종 물체와 얼굴과 집에

선별적 반응을 보였지만, 글자에는 반응을 보이지 않았다. 그러나 학교에 들어가고 두 달이 지나자, 성인의 경우와 같은 뇌 위치, 즉 좌측 후두측두골 피질에서 글자에 대한 반응이 나왔다. 아주 서서히 얼굴들에 대한 표현이 바뀌었다. 아이들이 글을 읽는 데 능숙해질수록, 읽기 능력에 정비례해 우뇌에서의 얼굴 반응들이 늘었다. 여기서도 역시 신경세포 재활용 가설대로, 우리는 읽기 능력 습득이 좌측 후두측두골 피질의 이전 기능, 즉 얼굴에 대한 시각적 인지 기능과 경쟁을 벌이는 걸 볼 수 있었다.

우리는 이 실험을 하면서 그 같은 경쟁이 두 가지 가능성으로 설명될 수 있다는 걸 알게 되었다. 첫 번째는 우리가 '녹아웃 모델knockout model'로 부르는 것이다. 태어날 때부터 사람의 얼굴은 좌뇌의 시각 피질에 자리를 잡으며, 나중에 읽기를 배우면 다시 우뇌로 밀려난다는 것이다. 두 번째는 우리가 '차단 모델blocking model'이라 부른다. 그러니까 뇌 피질 안에서는 각종 얼굴과 장소, 물체를 전문적으로 인지하는 영역들이 서서히 발달하는데, 그 영역들에 글자들이 들어오면 활용 가능한 공간을 점령해 다른 시각 관련 공간들은 더 이상 확대될 수 없다는 것이다.

그럼 결국 글 읽기를 배우면 뇌 피질이 녹아웃 상태나 차단 상태에 이르게 된다는 말인가? 우리의 실험 결과는 후자에 가까웠다. 즉 글 읽기를 배우면 좌뇌의 얼굴 인식 영역의 성장이 차단되는 것이다. 우리는 한 달 걸러 찾아오는 아이들이 글 읽기를 배우는 과정에서 얻게 된 MRI 촬영 영상 덕에 그 같은 차단 현상을 목격했다.[47] 아이들이 6~7세쯤 되면 피질 영역 전문화는 아직 미완성 단계이다. 일부 영역은 이미 얼굴, 물체, 장소에 전문적으로 반응하지만, 아직 특정 카테고리에 전문화되지 않은 피질 영역이 많다. 그런데 우리는 그런 영역이 점차 전문화되는 과정을 지켜볼 수 있었다. 아이들이 초등학교 1학년이 되면서 읽기를 배우기 시작하자, 글자들이 아직 전문화되지 않은 그 영역들 중 한 곳에 들어가 그곳을 재활용한 것

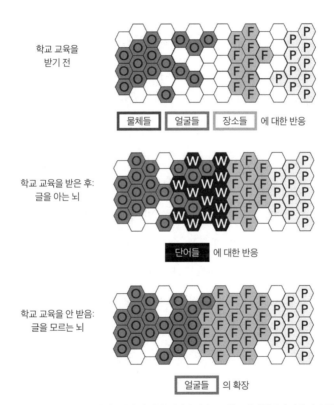

아직 뇌 피질이 유연한 어린 시절에 배우기가 더 쉽다. 어린아이가 초등학교에 입학하기 전에 뇌의 일부 시각 영역은 이미 물체와 얼굴 그리고 장소를 알아보는 일에 전문화되지만, 여전히 거의 또는 전혀 전문화되지 않은 큰 영역들(텅 빈 육각형 부분들)이 있다. 읽기 학습을 하면 글자들이 아직 안정되지 않은 이 회로들 속에 들어가 다른 카테고리들의 성장을 차단한다. 즉 아이가 읽기를 배우지 않으면 이 뇌 영역들이 얼굴 및 물체 인식에 관여하면서 점차 글자를 배우는 능력을 잃게 된다.

이다. 애초에 예상했던 것과 달리 글자들이 기존의 얼굴 인식 영역을 완전히 장악하지는 않았다. 바로 다음 문 안으로, 즉 자유로운 피질 영역 안으로 옮긴 것이다. 마치 공격적인 대규모 슈퍼마켓이 조그만 식품점 바로 옆에 매장을 내듯이 말이다. 하나가 확장되면 다른 하나가 멈춘다. 그리고 글자들은 좌뇌에 정착하고, 그 좌뇌는 언어가 지배하기 때문에, 결국 얼굴 인식은 우뇌로 옮겨가는 것 외에 달리 선택의 여지가 없다.

간단히 말해, 복측 시각 시스템은 초등학교 첫 몇 년 동안 여전히 큰 규모의 재조직화 과정을 거친다. 우리의 학교들이 아이들에게 대개 6세부터 8세 사이에 글 읽기를 가르친다는 사실은 그 시기에 뇌 가소성이 높다는 증거와 기막히게 딱 들어맞는다. 결국 우리는 시각 피질이 특히 유연한 '민감기'를 최대한 잘 활용할 수 있게 교육 제도를 다듬어 온 것이다. 인간의 하측두 피질의 경우 그 전반적인 구조가 태어날 때부터 상당한 제약을 받지만, 다양한 형태에 적응하고 모든 종류의 이미지를 배우는 데 뛰어난 능력을 가졌다. 그래서 글자 수천 개에 노출되면, 뇌의 이 영역은 공교롭게도 태어날 때부터 언어 회로들에 연결되는 특정 영역 안에서 이 새로운 언어활동을 위해 자신을 재활용한다.

나이가 들면 시각 피질은 점차 활동이 둔화되고 새로운 이미지에 적응하는 능력도 상실하는 걸로 보인다. 민감기가 서서히 끝나면 뇌 피질이 글자들과 그 조합을 효과적으로 파악하기가 힘들어진다. 동료들과 나는 성인이 된 뒤 글 읽기를 배우려는 두 사람을 연구했다. 한 사람은 학교를 전혀 다니지 못했고, 다른 한 사람은 뇌의 시각 단어 형태 영역에 작은 손상을 입어 글을 읽지 못하는 '실독증'에 걸려 있었다. 우리는 2년간 두 사람의 뇌를 규칙적으로 스캔해 보았다.[48] 두 사람의 뇌 발달은 믿기 어려울 만큼 더뎠다. 첫 번째 사람은 마침내 글자를 전담하는 뇌 영역이 생겨났으나, 그것이 얼굴 인식 영역에는 아무 영향을 주지 않았다. 얼굴을 인식하는 뇌 회로들은 이미 그의 뇌에 각인되어 더 이상 움직일 수 없는 듯했다. 반면에 뇌 손상을 입은 사람의 경우 끝내 시각 피질 안에 새로운 '우편함'이 다시 생기지 않았다. 그의 읽기 능력은 개선됐지만, 속도가 워낙 느려 마치 암호를 해독하듯 애먹는 초심자를 보는 듯했다. 성인이 되면서 신경세포 가소성을 잃어 버려 뇌 피질 일부를 자동 독서 기계로 재활용하는 게 불가능했던 것이다.

음악, 수학, 얼굴

결론은 간단하다. 우리의 시각 피질을 제대로 재활용해 글 읽기 능력을 높이려면, 어린 시절 절정에 달하는 신경세포 가소성을 최대한 잘 활용해야 한다는 것이다. 우리는 연구 과정에서 다른 몇 가지 사례도 볼 수 있었다. 악보 읽기를 예로 들어 보자. 어린 시절에 악보 읽는 법을 배운 음악가는 음악 공부를 전혀 하지 않은 사람에 비해 음악 기호 읽기를 전담하는 시각 피질 표면이 거의 두 배나 넓어진다.[49] 이렇게 넓어진 표면이 피질 표면의 일부를 차지하면서, 시각 단어 형태 영역은 원래의 자리에서 밀려나는 걸로 보인다. 음악가들의 경우 글자에 반응하는 피질 영역, 즉 뇌의 '우편함'이 원래 위치에서 거의 1센티미터 옆으로 밀려난다.

다른 사례는 수학 방정식들을 푸는 우리의 능력이 변화된다는 것이다. 뛰어난 수학자라면 $\pi = 3.141592...$, $\psi = 1.61803394...$, $f(x) = a_0 + \sum_{n=1}^{\infty}(a_n \cos\frac{n\pi x}{L} + b_n \sin\frac{n\pi x}{L})$ 또는 $e^x = 1 + \frac{x}{1!} + \frac{x^2}{2!} + \frac{x^3}{3!} + \cdots$ 같은 이해하기 힘든 수식을 보통 사람이 소설에서 문장을 읽듯 한눈에 알아볼 수 있어야 한다. 나는 언젠가 한 회의에 참석했는데 거기서 뛰어난 프랑스 수학자 알랭 콘Alain Connes(또 다른 필즈 메달 수상자)이 무려 25줄이나 되는 아주 난해한 등식을 소개했다. 그는 모든 걸 아우르는 그 수학 등식에 알려진 모든 소립자의 모든 물리적 영향이 담겨 있다고 설명했다. 그때 한 수학자가 손가락을 뻗어 칠판을 가리키며 말했다. "13번째 줄에 저거 잘못된 거 아닌가요?" 그러자 알랭 콘이 당황한 기색도 없이 바로 답했다. "아뇨. 그걸 보정하는 항이 여기 14번째 줄에 있어요."

수학자의 뇌는 대체 어떻게 그 복잡한 수학 등식에 대해 이렇듯 놀라운 통찰력을 발휘할까? 뇌 영상촬영을 해 보면 이 같은 수학 등식은 좌뇌와 우뇌 양쪽 모두의 후두부 측면을 파고든다. 수학 교육을 받은 수학자의 이 뇌 영역은 대수식에 대해 일반인보다 훨씬 크게 반응한다. 그리고 여기서도 역시 얼굴 인식 기능과의 경쟁이 목격된다. 단 이번에는 얼굴에 반응하는 피질 영역들이 좌뇌와 우뇌 모두에서 위축된다.[50] 읽기를 배울 때는 얼굴 인식 기능이 좌뇌에서 밀려나 우뇌로 이동하지만, 숫자와 수학 등식을 깊이 파고들 때는 좌뇌와 우뇌 모두에서 얼굴 인식 기능이 영향을 받으며, 결국 얼굴 인식 시각 회로 자체가 크게 위축되는 것이다.

이는 자신의 수학 등식 외에는 아무것도 관심이 없고 이웃은 물론 자신의 개, 심지어 거울에 비친 자신의 모습까지 몰라보는 괴짜 수학자에 대한 유명한 이야기를 떠올리게 하는 연구 결과라 아니할 수 없다. 실제 모든 일에 무심한 수학자에 대한 일화와 농담이 많다. 예를 들어 내성적인 수학자와 외향적인 수학자의 차이는 무엇일까? 내성적인 수학자는 당신과 얘기하면서 자기 신발을 쳐다본다. 그러나 외향적인 수학자는 당신과 얘기하면서 당신의 신발을 쳐다본다.

사실 우리는 얼굴에 대한 뇌 피질 반응의 감소가 사회성 부족(이는 사실 잘못된 믿음에 더 가까워, 많은 수학자들은 사회성이 뛰어나다)과 직접 연관 있는지에 대해 정확히 알지 못한다. 가장 중요한 점은 그 인과관계가 여전히 미지수로 남아 있다는 것이다. 수학자들의 경우 평생 수학 공식을 다루다 보니 얼굴에 대한 반응이 약해지는 걸까? 아니면 반대로 수학 공식을 푸는 게 사회적 교류를 하는 것보다 더 쉽다 보니 등식의 바다에 빠져 지내는 걸까? 그 답이 무엇이든 피질 경쟁은 엄연히 실재하는 현상이며, 얼굴에 대한 우리 뇌의 반응은 학습 또는 학교 교육에 워낙 민감하게 반응해, 뇌를 스캔해 보면 어떤 아이가 수학이나 음악 또는 읽기를 배웠는지 여부를 금방 알 수 있을 정도이다. 신경세포 재활용은 분명한 사실이다.

풍요로운 환경의 이점

여기서 우리가 얻을 수 있는 교훈은 천성과 교육 논란에서 양쪽 주장이 다 옳다는 것이다. 아이들의 뇌는 조직적이면서 동시에 유연하다. 모든 아이들은 수억 년에 걸친 진화 과정에서 선택되고 유전되어 온 전문화된 뇌 회로들을 갖고 태어난다. 이 같은 자기조직화 덕에 아기들의 뇌는 중요한 여러 지식 분야에 대한 깊은 직감 같은 걸 갖고 있다. 아기들은 태어날 때부터 온갖 물체 및 자신의 움직임을 지배하는 물리학에 대한 감각, 공간 탐색에 대한 능력, 숫자와 확률과 수학에 대한 직관력, 다른 인간에게 다가가려는 경향, 심지어 언어들에 대한 천재성까지 가졌다. 신생아의 뇌를 빈 서판에 비유하는 것은 틀려도 보통 틀린 게 아니다. 한편으로 진화는 다른 많은 학습 기회들에도 활짝 문을 열어 두었다. 아이들의 뇌 안에서는 모든 게 이미 정해진 것이 아니다. 그와 반대로 뇌 신경세포 회로들의 세세한 부분들이 몇 밀리미터 규모로 외부 세계와의 상호작용을 향해 가능성을 열어 두고 있다.

태어나서 처음 몇 년간 우리의 유전자들은 신경회로들을 과잉 생산한다. 필요한 시냅스의 두 배 가까이 생산하는 것이다. 우리가 아직 잘 알지 못하는 어떤 방식으로, 초기의 이 풍요로운 신경회로 덕에 우리 안에는 외부 세계의 모델을 얼마든지 많이 수용할 공간이 생긴다. 그래서 어린아이의 뇌는 온갖 가능성으로 차고 넘치며, 성인의 뇌보다 훨씬 폭넓은 가설들을 탐구하게 된다. 아기들은 모든 언어, 모든 글씨, 모든 가능한 수학에 열려 있다. 물론 우리 인간의 유전적 한계 안에서 말이다.

아기들의 뇌는 또 다른 타고난 재능도 가졌다. 강력한 학습 알고리즘이다. 아기들은 알고리즘을 이용해 가장 유용한 시냅스들과 회로들을 선택하며, 자신을 둘러싼 환경에 나름대로 잘 적응해 간다. 그래서 생후 며칠만 지나도 아기의 뇌는 각 영역별로 전문화되어 나름의 구조를 띠기 시작한다. 그리고 처음 발달이 마무리되는 영역은 감각 영역이다. 초기 시각 영역은 몇 년 만에 성숙되며, 청각 영역은 생후 12개월도 안 돼 아이의 모국어 모음과 자음에 적응한다. 뇌 가소성의 민감기들은 그렇게 하나하나 끝나 가며, 우리는 단 몇 년 만에 특정 언어를 모국어로 쓰게 되고 또 특정 문화에 익숙해진다. 그리고 만일 우리가 부쿠레슈티의 고아이거나 브라질리아 교외에 사는 문맹자여서 특정 뇌 영역에 대한 자극을 박탈당한다면, 우리는 그 분야의 지식에 대한 정신적 유연성을 영구적으로 잃을 수 있다.

그렇다고 아주 어린 시절이 아니라면 외부 개입이 다 소용없다는 뜻은 아니다. 뇌는 평생, 특히 전전두엽 피질같이 가장 상위 계층의 피질 영역들에서 그 가소성의 일부를 계속 유지한다. 그러나 모든 걸 감안할 때 일찍 개입할수록 그 효과는 극대화된다. 목표가 올빼미에게 프리즘 안경을 씌우는 것이든, 입양된 아이에게 제2의 언어를 가르치는 것이든, 눈 또는 귀가 멀거나 한쪽 뇌 피질 전체를 잃은 아이가 그런 상황에 적응하게 돕는 것이든, 개입은 빠르면 빠를수록 좋다.

우리의 학교는 발달 중인 뇌의 가소성을 최대한 잘 활용하게끔 만들어진 교육 기관이다. 아이들은 뇌 회로의 일부를 재활용하고 용도를 변경해 읽기나 수학 같은 새로운 활동에 적응하는 놀라운 유연성을 가졌는데, 교육이 뇌의 그런 특성에 의존하는 바가 크다. 학교 교육이 일찍 시작되면 모든 걸 바꿔 놓을 수 있다. 많은 실험 결과에 따르면, 저소득층의 아이가 일찍 교육적 개입으로 도움을 받으면 몇 십 년 후 여러 분야에서 좋은 성과들(범죄율 감소, IQ 상승, 수입 증가, 건강 증진)을 보게 된다.[51]

그러나 학교 교육이 무슨 마법의 약은 아니다. 부모와 가정 역시 아이의 뇌를 자극해 주고 최대한 환경을 풍요롭게 만들어 줄 의무가 있다. 모든 아기는 중력과 떨어지는 물체에 대한 실험을 좋아하는 신출내기 물리학자이다. 물론 자동차 유아용 카시트에 몇 시간씩 붙들어 매놓지 않고 무언가를 땜질하고 쌓고 실패하고 다시 시작할 수 있게 허용해 줄 때 그렇다. 모든 아이는 세고 측정하고 선과 원을 그리고 이런저런 형태를 조립하는 걸 좋아하는 신출내기 수학자이다. 물론 자와 컴퍼스와 종이를 주고 매혹적인 수학 퍼즐을 내 줄 때 그렇다. 모든 유아는 유쾌한 언어학자이다. 생후 18개월만 되어도 하루에 10개에서 20개의 단어를 쉽게 습득한다. 물론 누군가가 말을 붙여 줄 때 그렇다. 가족과 친구들이 아이의 이런 지식 욕구를 채워 주어야 하며, 가능하면 풍부한 어휘를 동원해 문법에 맞는 문장을 들려주어야 한다. 많은 연구 결과에 따르면 3~4세 된 아이의 어휘는 생후 첫해에 주변에서 아이에게 해 준 말의 양에 정비례한다. 수동적인 노출로는 충분치 않다. 적극적인 일대일 상호작용이 필수이다.[52]

모든 연구 결과가 놀랍게도 한 가지 사실로 귀결된다. 즉 어린아이의 환경을 풍요롭게 만들어 주면, 그 아이가 더 나은 뇌를 가진다는 것이다. 매일 밤 잠들기 전 아이에게 책을 읽어 주면 음성 언어를 관장하는 뇌 회로들이 다른 아이들보다 더 강해진다. 그리고 뇌 피질 경로들이 강해지면, 훗날 그 아이는 글을 잘 이해하게 되고 복잡한 생각도 잘 표현하게 된다.[53] 마찬가지로 운이 좋아 두 언어를 쓰는 가정에 태어난 아이는 각 부모가 아이에게 자신의 모국어로 말하는 멋진 선물을 주게 되어, 별 노력 없이 무료로 두 가지 어휘, 두 가지 문법, 두 가지 문화를 습득하게 된다.[54] 결국 두 언어에 익숙해진 아이의 뇌는 평생 두 언어 처리는 물론 제3, 제4의 언어를 습득하는 데도 더 나은 능력을 가진다. 그리고 이런 아이의 뇌는 훗날 나이가 들어서도 알츠하이머병으로 뇌가 황폐해지는 일에 더 오래 저항할 수 있는 걸로 보인다. 또한 올빼미가 프리즘 안경 쓰는 법을 배워 평생 더 다양한 수상돌기를 유지하고 한 행동에서 다른 행동으로 전환하는 능력이 커지듯, 발달 중인 아이의 뇌에 뭔가 자극을 주는 환경에 노출시키면 그 뇌가 더 많은 시냅스, 더 큰 수상돌기 그리고 더 유연한 뇌 회로를 유지할 수 있게 된다.[55] 우리 아이들의 초기 학습 능력을 다양화시켜 주자. 아이의 뇌가 얼마나 멋지게 꽃 피우는가 하는 것은 주변 환경으로부터 얼마나 풍부한 자극을 받느냐에 달려 있다.

3부

배움의
네 기둥

시냅스 가소성의 존재만 가지고는 인간이 다른 동물에 비해 유독 큰 성공을 거둔 이유를 설명하기 어렵다. 사실 그런 가소성은 동물의 세계에서 워낙 흔히 볼 수 있다. 심지어 집파리와 선충과 해삼도 변형 가능한 시냅스를 갖고 있다. 우리 '호모 사피엔스'가 '호모 도센스', 즉 스스로 가르치는 종으로 발전했고, 배움이 우리의 성공을 뒷받침하는 생태학적 장점이자 주요 원인이 되었다면, 그건 인간의 뇌가 다른 동물에게 없는 여러 능력을 가졌기 때문이다.

인간은 진화 과정에서 주변 환경으로부터 정보를 얻는 속도를 최대한 단축시키는 네 가지 중요한 기능들을 갖게 됐다. 나는 그 기능들을 배움의 네 기둥이라 부르는데, 각 기능이 우리의 정신 구조를 안정시키는 데 더없이 중요한 역할을 하기 때문이다. 네 기둥 중 하나만 없거나 약해져도 전체 구조가 흔들린다. 역으로 뭔가를 배워야 하고, 그것도 빨리 배워야 한다면 네 기둥을 이용해 시간과 노력을 절약할 수 있다. 배움의 네 기둥은 다음과 같다.

· **주의**: 우리가 중시하는 정보를 확대시킨다.
· **적극적 참여**: '호기심'이라고도 불리는 알고리즘으로 우리의 뇌로 하여금 끊임없이 새로운 가설을 테스트하게 한다.
· **에러 피드백**: 예측과 현실을 비교해 세계에 대한 우리의 마음속 모델을 바로잡는다.
· **통합**: 배운 것을 완전히 자동화하며 잠이 핵심 요소로 포함된다.

사실 이런 기능들은 유독 인간만 가진 게 아니며 다른 많은 종도 가졌다.

그러나 사회적인 뇌와 언어 능력 덕에 인간은 특히 가정과 학교와 대학에서 다른 어떤 동물보다 효과적으로 이 기능들을 잘 활용하고 있다.

주의와 적극적 참여, 에러 피드백 그리고 통합은 성공적인 배움, 즉 성공적인 학습의 비밀스런 요소이다. 그리고 우리 뇌 구조의 기본적인 이 요소들은 가정과 학교 모두에서 활용되고 있다. 학생들로 하여금 이 네 가지 기능을 전부 활용할 수 있게 도울 수 있는 교사는 학생이 뭔가를 배울 때 그 속도와 효율성을 극대화시켜 줄 수 있다. 따라서 우리 모두 이 네 가지 기능을 마스터하는 법을 배워야 한다.

주의

비행기 시간에 딱 맞춰 공항에 도착했다고 가정해 보자. 이런저런 행동을 하면서도 주의는 온통 한 가지에 집중된다. 오가는 여행객들한텐 눈길조차 주지 않고, 오로지 출발 예정 항공편이 나오는 전광판만 쳐다본다. 그리고 출발 예정 항공편들을 잽싸게 훑어 내려 당신이 탈 항공편을 찾는다. 각종 광고가 사방에서 유혹하지만, 당신은 쳐다보지도 않는다. 대신 바로 탑승 수속 창구로 향한다. 그때 갑자기 뒤를 돌아본다. 뜻밖에도 사람들 속에서 친한 친구가 당신의 성을 생략한 채 이름만 부른다. 이 메시지는 뇌에 의해 시급한 일로 간주되며 당신의 주의를 빼앗고 또 당신의 의식 속에 침투해…… 당신은 어떤 탑승 수속 창구로 가야 하는지를 깜빡 잊는다.

위의 가정에서 당신의 뇌는 몇 분 사이에 주의에서 가장 중요한 상태들, 즉 경계와 각성, 선택과 집중 분산, 지향과 여과를 거의 다 거쳤다. 인지과학에서 '주의'란 뇌가 정보를 선택하고 확대하고 내보내고 처리하는 그 모든 메커니즘을 가리킨다. 이런 것들은 진화 과정에서 태곳적 매커니즘에 해당한다. 그래서 개가 귀를 쫑긋하거나 쥐가 부스럭 소리에 꼼짝 않는 경우, 우리와 마찬가지로 주의 회로를 돌리고 있는 중이다.[1]

그렇다면 왜 그렇게 많은 동물 종 사이에서 주의 메커니즘이 진화했을까? 주의가 '정보 포화'라는 아주 일반적인 문제를 해결해 주기 때문이다. 우리의 뇌는 끊임없이 자극을 받는다. 시각, 청각, 후각, 촉각이 매순간 뇌에 수백만 비트의 정보를 보낸다. 처음에는 이 모든 메시지가 특정 신경세포들에 의해 동시에 처리되지만, 제대로 소화하기는 불가능하다. 뇌의 자원이 충분치 않기 때문이다. 그래서 많은 주의 메커니즘이 거대한 필터처럼 조직화되어 선택 및 분류 작업을 한다. 그리고 각 단계에서 뇌는 이런저런 입력 정보의 중요성을 판단해, 가장 중요하다고 판단한 정보들에만 자원을 할당한다.

뭔가를 배울 때 적절한 정보를 선택하는 건 기본이다. 따라서 만일 주의가 없다면, 많은 데이터 속에서 어떤 패턴을 찾는다는 건 건초 더미에서 바늘을 찾는 일과 다름없다. 전통적인 인공신경망의 처리 속도가 느릴 수밖에 없는 큰 이유 중 하나이기도 하다. 불필요한 정보를 거르고 적절한 정보에 집중하는 게 아니라, 주어진 데이터를 가지고 예상 가능한 모든 조합을 분석하는 데 많은 시간을 허비하는 것이다. 그러다가 2014년에 이르러 마침내 두 연구원, 캐나다인 요슈아 벤지오Yoshua Bengio와 한국인 조경현이 인공신경망에 주의를 접목시키는 방법을 찾게 된다.[2] 두 사람이 만든 첫 번째 인공신경망 모델은 문장을 한 언어에서 또 다른 언어로 번역하는 법을 배웠다. 그들은 인공신경망이 주의 집중을 통해 엄청난 도움을 받는다는 걸 입증했다. 그들의 인공신경망은 각 번역 단계에서 원래 문장의 관련어들에 주의를 기울이면서 더 빨리 더 잘 배운 것이다.

인공신경망이 주의를 집중하는 법을 배운다는 아이디어는 곧 인공지능 분야에서 들불처럼 번졌다. 오늘날 인공지능 시스템이 어떤 사진을 보고 정확히 묘사를 해낸다면('공원에서 프리스비를 던지는 한 여성' 식으로) 그건 그 시스템이 이미지의 각 해당 부분에 스포트라이트를 비춤으로써 주의를 활용해 정보를 다루기 때문이다. 프리스비에 대해 묘사할 경우 시스템은 프리스비 이미지의 해당 픽셀에 자신의 모든 자원을 집중시키고, 사람과 공원 이미지의 해당 픽셀은 잠시 제거한 뒤 나중에 되돌린다.[3] 오늘날 모든 정교한 인공지능 시스템들은 더 이상 모든 입력 내용을 모든 출력 내용에 연결시키지 않는다. 입력 정보의 모든 픽셀이 출력 단계에서 모든 적절한 단어를 예측하는 평범한 인공신경망에서, 학습이 두 가지 모듈(주의를 집중하는 법을 배우는 모듈과 첫 번째 모듈로 필터링되는 데이터를 선택하는 걸 배우는 모듈)로 나뉘는 체계적인 인공신경망으로 대체되면, 학습 속도가 더 빨라진다는 걸 잘 아는 것이다.

주의는 꼭 필요한 것이지만, 문제를 일으킬 수도 있다. 주의가 잘못된 방향으로 흐르면 배우는 일이 진퇴양난에 빠질 수 있다.[4] 내가 프리스비에 집중하지 않는다면, 이미지의 그 부분은 지워진다. 마치

공원에서 <u>프리스비</u>를 던지는 여성

곰 인형과 함께 침대에 앉아 있는 어린 <u>소녀</u>

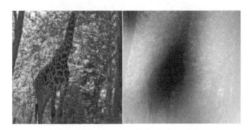

뒤로 <u>나무들</u>이 보이는 숲에 서 있는 기린

배움의 첫 번째 기둥은 주의로, 워낙 근본적 메커니즘이어서 현재 대부분의 최신 인공신경망 안에 통합되어 있다. 여기에서는 지금 기계가 이미지를 묘사하는 데 적절한 단어를 찾는 법을 배우고 있다. 선택적 주의는 이미지의 특정 부분은 밝히고 나머지 부분은 모두 사라지게 하는 스포트라이트 역할을 한다. 따라서 어떤 순간에든 주의를 통해 선정된 데이터에 배우는 노력을 집중할 수 있다.

프리스비라는 물체가 아예 존재하지도 않는 듯 정보 처리가 된다. 그래서 프리스비에 대한 정보는 먼저 버려지며, 그야말로 초창기의 감각 영역에만 머문다. 주의를 두지 않는 물체는 뇌에서 그저 미약한 활성화만 일어나고, 배움은 거의 또는 전혀 이루어지지 않는다.[5]

이는 우리가 어떤 물체에 주의하고 그걸 의식할 때 뇌에서 활발한 활성화가 일어나는 것과 극명히 대조된다. 의식적 주의를 통해 어떤 물체를 암호화하려는 감각 및 개념 신경세포들의 활동이 눈에 띄게 증가한다. 그러면서 그 신경세포들의 메시지들이 전전두엽 피질 속으로 전파되며, 거기에서 다시 모든 신경세포들이 활성화되어 해당 이미지의 원래 지속 시간보다 더 오래 지속된다.[6] 이렇게 활기찬 신경세포 활성화야말로 시냅스들이 자신들의 힘을 변화시키기 위해 필요로 하는 것, 즉 신경과학자들이 말하는 이른바 '장기 상승 작용 long-term potentiation'이다. 학생이 선생님이 방금 알려준 외국어 단어에 의식적 주의를 두면, 그 단어는 학생의 뇌 피질 회로 깊숙이 파고들어 결국 전전두엽 피질 안까지 들어간다. 그러면 그 단어는 기억될 가능성이 훨씬 높아진다. 의식을 하지 않거나 주의를 두지 않는 단어는 대개 뇌의 감각 회로들 안에만 머물며, 그 결과 단어에 대한 이해와 의미 기억을 지원하는 보다 깊은 어휘 및 개념 영역에 이를 기회를 전혀 못 갖게 된다.

그래서 모든 학생은 주의를 집중하는 법을 배워야 하며, 교사들은 학생의 주의를 집중시키는 것에 더 많은 관심을 두어야 한다. 학생이 올바른 정보에 주의를 집중하지 않으면 무언가를 배울 가능성은 아주 낮다. 따라서 끊임없이 아이들의 주의를 붙잡아 옳은 길로 인도해 주는 것이야말로 교사의 가장 중요한 역량이다.

주의는 적절한 정보를 선별하는 데 워낙 중요한 역할을 하므로 뇌의 여러 회로 안에서 그 모습을 드러낸다. 미국 심리학자 마이클 포스너Michael Posner는 중요한 주의 시스템들을 다음과 같이 세 가지로 구분한다.

1. **경계:** 언제 주의를 집중할지 알려주고 우리의 경계 수준을 조정해 준다.
2. **정향:** 무엇에 주의를 집중할지 알려주고 주의의 대상을 확대시켜 준다.
3. **집행:** 주의를 기울인 정보를 어떻게 처리할지 결정하고, 주어진 일에 적합한 절차를 선택하며, 그 집행을 제어한다.

이 세 가지 시스템이 뇌의 활동에 지대한 영향을 주어 배움을 촉진하지만, 배움을 잘못된 방향으로 이끌 수도 있다. 자, 이제 이 세 가지 시스템을 하나씩 살펴보자.

경계: 뇌의 각성

진화 과정에서 가장 오래된 이 첫 번째 주의 시스템은 우리에게 언제 주의해야 하는지를 알려준다. 이 시스템은 상황상 필요할 경우 몸 전체를 움직일 준비를 하라는 경고 신호를 보낸다. 포식 동물이 가까이 다가오거나 강력한 감정이 우리를 집어삼키려 할 때, 하부 피질 신경세포 전체가 즉각 뇌 피질 전체의 각성과 경계를 촉구한다. 이 시스템은 세로토닌, 아세틸콜린, 도파민 같은 신경 조절 물질의 분비를 주관한다(《컬러 삽입 도판 16》 참고). 많은 가지가 뻗어 나간 기다란 축삭돌기들을 통해 경고 메시지들이 사실상 피질 전체에 도달해, 피질의 활동과 배움에 지대한 영향을 준다. 어떤 과학자들은 '지금 출력now print' 신호라고 이야기한다. 마치 이 메시지들이 뇌 피질을 향해 신경세포 활동의 현재 내용을 그대로 기억하라고 경고하는 것처럼 말이다

동물 실험 결과들에 따르면, 경고 시스템의 활성화로 피질 지도가 급격히 변화할 수 있다(〈컬러 삽입 도판 16〉 참고). 미국 신경생리학자 마이클 머제니치Michael Merzenich는 여러 차례의 실험을 통해, 쥐의 하부 피질 도파민 또는 아세틸콜린 회로에 전기 자극을 가함으로써 쥐의 경고 시스템을 속여 활성화되게 만들어 보았다. 그 결과 쥐의 뇌 피질 지도에 큰 변화가 일어났다. 자극을 준 순간 활성화된 모든 신경세포들이 마치 객관적인 중요성을 전혀 갖지 않는다는 듯 대폭 확대되었다. 어떤 음, 그러니까 고음이 일순간 도파민 또는 아세틸콜린과 연관을 맺자, 쥐의 뇌가 그 자극에 심하게 편향되었다. 그리고 이 임의의 메시지가 청각 지도 전체에 침투했다. 쥐는 이 민감한 음에 가까운 소리들을 점점 더 잘 구분하게 되었지만, 다른 음의 주파수들을 구분하는 능력은 일부 상실했다.[7]

놀랍게도 경고 시스템이 개입되면서 나타나는 이 같은 피질 가소성은 다 성장한 동물들한테서도 나타난다. 관련 뇌 회로들을 분석한 결과, 세로토닌과 아세틸콜린 같은 신경 조절 물질은 특히 니코틴성 수용체(니코틴에 민감한 수용체로 각성과 경계에 중요한 역할을 한다)를 통해 억제 중개 신경세포의 활성화를 조정해 흥분과 억제 간의 균형을 깨뜨린다.[8] 억제는 시냅스 가소성 민감기들을 끝내는 데 핵심 역

할을 한다는 걸 잊지 말라. 쥐들의 경우 뇌 피질 회로들은 경고 신호에 의해 탈억제되고 새끼 때의 가소성 중 일부를 회복하며, 그 결과 뇌가 더없이 중요하다고 여기는 신호에 대한 민감기가 재개되는 걸로 보인다.

그렇다면 호모 사피엔스의 경우는 어떨까? 작곡가나 수학자가 열정을 가지고 자신의 분야에 뛰어들 때, 특히 그 열정이 어린 나이에 시작될 때도 비슷한 뇌 피질 지도의 재조직화가 일어나는 것 같다. 작곡가 볼프강 아마데우스 모차르트나 수학자 스리니바사 라마누잔 같은 사람들은 워낙 큰 열정에 빠져 있어, 문자 그대로 음악 또는 수학에 대한 마음속 모델이 그들의 뇌 지도에 침투하게 된다. 게다가 이런 현상은 천재에게만 해당되는 게 아니라, 육체노동자에서 로켓 과학자에 이르는 모든 사람, 즉 자신의 일에 열정을 가진 모든 사람에게 해당된다. 뇌 피질 지도에 큰 변화를 줌으로써 열정이 재능을 키우는 것이다.

모든 사람이 모차르트나 라마누잔처럼 될 수는 없지만, 경각심과 동기부여를 위한 뇌 회로는 모든 사람의 뇌 안에 존재한다. 그렇다면 그 뇌 회로는 일상생활의 어떤 환경에 의해 활성화될까? 트라우마나 강한 감정에 반응할 때만 활성화될까? 그렇지 않을 것이다. 일부 연구에 따르면 비디오게임, 특히 생과 사를 오가는 액션 게임을 할 때 우리의 주의 메커니즘이 효과적으로 발휘된다고 한다. 비디오게임은 우리의 경고 및 보상 시스템을 활용함으로써 학습에 지대한 영향을 준다. 그렇다면 우리가 액션 게임을 할 때 도파민 회로가 활성화될까?[9] 심리학자 다프네 바벨리어Daphne Bavelier의 연구에 따르면, 액션 게임은 배우는 속도를 높이는 데 도움이 된다.[10] 가장 격렬한 액션 게임들이 가장 효과가 좋다고 믿어지는데, 그런 게임들이 뇌의 경고 회로를 가장 활발히 움직이기 때문일 것이다. 그런 액션 게임을 10시간 정도 하면 시각 탐지 기능이 좋아지고 스크린상의 물체 수를 빠른 속도로 파악하게 되며 딴 데 정신 파는 일 없이 표적에 집중하는 능력이 커진다. 또한 비디오게임을 하다 보면 성과를 저하시키지 않고 엄청나게 빠른 결정들을 내릴 수 있게 된다.

요즘 부모들과 교사들은 아이들이 컴퓨터와 태블릿, 게임 콘솔에 빠져 지내다가 곧 다른 활동을 하는 등 한 가지 일에 집중하지 못한다고 하소연한다. 그런데 그건 사실이 아니다. 비디오게임은 사실 집중력을 떨어뜨리는 게 아니라 오히려 높여 준다. 그렇다면 앞으로는 비디오게임이 성인과 아이 모두의 시냅스 가소성을 재활성화시키는 역할을 할까? 비디오게임이 주의를 집중시키는 강력한 자극제라는 사실에는 의심의 여지가 없다. 내 연구실에서 인지과학 원칙들을 토대로 다양한 수학 및 읽기 교육용 태블릿 게임들을 개발한 것도 이런 이유 때문이다.[11]

물론 비디오게임에는 부정적인 면도 있다. 사회적 고립, 시간 손실, 게임 중독처럼 잘 알려진 문제들을 야기한다. 다행히 뇌의 사회적 감각을 살리면서 동시에 경계 시스템의 효과를 십분 발휘하는 방법들은 많다. 학생의 주의를 사로잡는 교사, 독자를 끌어들이는 책, 관객들을 사로잡아 실제 같은 경험을 하게 하는 영화와 연극 역시 우리의 뇌 가소성을 자극하는 강력한 경고 신호를 보낸다.

정향: 뇌의 필터

우리 뇌 안에서 작동되는 두 번째 주의 시스템은 우리가 무엇에 주의를 두어야 하는지를 결정짓는다. 이 방향 설정 시스템은 외부 세계를 상대로 스포트라이트 역할을 한다. 우리한테 쏟아져 들어오는 수많은 자극들 가운데 시급하거나 위험하거나 매혹적이거나 단순히 현재 목표에 부합되어 우리의 정신적 자원을 할당해야 할 자극을 선택하는 것이다.

미국 심리학의 창시자 윌리엄 제임스William James(1842-1910)는 자신의 저서 《심리학의 원리The Principles of Psychology》(1890)에서 주의의 방향 설정 기능에 대해 멋진 정의를 내렸다. "외부로부터의 수많은 대상들이 내 감각들을 자극하지만, 그것들은 결코 내 경험 속으로 들어오지 못한다. 왜? 내 주의를 끌지 못하기 때문이다. 내가 주의를 두기로 한 것들만 내 경험이 된다. 내 마음에 영향을 준다고 생각하는 대상들만 말이다."

선택적 주의는 모든 감각 영역, 심지어 가장 추상적인 감각 영역에서도 작동한다. 우리는 주변 음들에 주의를 둘 수 있다. 개들은 뭔가에 주의를 기울일 때 귀를 움직이지만, 인간은 뇌 속 내부 포인터가 집중하기로 마음먹은 것을 향해 움직이고 또 거기에 맞춘다. 그래서 시끌벅적한 칵테일파티에서도 목소리와 의미를 토대로 열 가지 대화 중 한 가지 대화를 선택할 수 있다. 시각적 측면에서 주의의 정향 시스템은 보다 명백히 보이곤 한다. 보통 우리의 눈과 머리는 주의를 끄는 것에 향한다. 시선을 움직임으로써 주의 둘 대상을 '중심와fovea.'(망막 중심부의 가장 민감한 부위)로 불러들이는 것이다. 그러나 실험 결과들에 따르면 눈을 움직이지 않고도 여전히 그 장소나 물체에 주의를 둘 수 있으며 그 특징들을 확대할 수도 있다.[12] 또한 동시에 이루어지는 여러 대화 중 한 대화에만 집중할 수 있듯, 겹쳐진 여러 그림 가운데 한 그림에만 집중할 수도 있다. 그리고 당신이 어떤 그림의 색깔, 곡선의 모양, 달리는 사람의 속도, 작가의 문체, 화가의 기법에 주의를 두는 걸 막을 수 있는 건 없다. 그 무엇이든 우리 뇌에서 묘사되는 것에는 주의를 집중할 수 있다.

이 모든 사례의 효과는 동일하다. 즉 주의의 정향 시스템은 스포트라이트를 받는 모든 걸 확대시킨다. 주의를 둔 정보를 암호화하는 신경세포들은 더 활성화되지만, 다른 신경세포들의 시끄러운 잡음은 묵살된다. 또한 그 영향은 배가된다. 주의는 관련 신경세포들을 우리가 적절하다고 생각하는 정보에 더 반응하게 만들지만, 무엇보다 뇌의 나머지 부분들에 대한 그 신경세포들의 영향력을 높인다. 신경세포 회로는 우리가 눈과 귀와 마음을 주는 자극을 그대로 재연한다. 결국 확대된 뇌 피질은 우리의 주의 한복판에 놓인 모든 정보를 암호화한다.[13] 주의는 확대기이면서 선택적 필터 역할도 하는 것이다.

프랑스 철학자 알랭Allain(1868-1951)은 이런 말을 했다. "주의를 두는 기술은 위대한 기술이지만, 가장 위대한 기술인 주의를 두지 않는 기술을 필요로 한다." 실제로 주의를 집중하는 일에는 무시할 것을 선택하는 일도 포함된다. 한 대상이 스포트라이트를 받으려면, 다른 수많은 대상은 어둠 속에 묻혀 있어야 한다. 주의를 집중하는 일은 고르고 필터링하고 선택하는 일이다. 그래서 인지과학자들이 선택적 주의를 얘기하는 것이다. 이런 형태의 주의는 선택되는 신호를 확대하지만, 동시에 무관하다고 여겨지는 신호를 극적으로 축소시킨다. 이런 메커니즘을 전문 용어로 '편향 경쟁biased competition'이라고 한다. 어떤 순간에든 많은 감각 입력 정보들이 서로 우리의 뇌 자원을 차지하려고 경쟁을 벌이는 것이다. 그리고 선택된 신호의 묘사는 강화하고, 나머지 신호들은 묵살해 버림으로써, 주의는 이런 경쟁을 편향되게 만든다. 이런 점에서 스포트라이트 비유는 한계가 있다. 피질의 한 영역을 더 밝히기 위해, 뇌의 주의 스포트라이트는 다른 영역들의 밝기를 떨어뜨린다. 이 메커니즘은 간섭하는 전기 활동의 파동에 의존한다. 즉 뇌의 한 영역을 진압하기 위해 뇌는 그 영역에 알파 주파수 대역(8~12헤르츠)의 느린 파동을 쏟아부어 뇌 회로가 일관된 신경세포 활동 발달을 방해하지 못하게 한다.

따라서 무언가에 주의를 둔다는 것은 원치 않는 정보를 억제하는 것이며, 그렇게 함으로써 뇌는 자신이 보지 않기로 선택한 것들을 보지 못한다. 정말 보지 못할까? 그렇다. 문자 그대로 보지 못한다. 그 유명한 '보이지 않는 고릴라' 실험[14]을 비롯한 여러 실험의 결과로 주의를 두지 않는 것은 전혀 보이지 않는다는 게 밝혀졌다. 고전적인 이 고릴라 실험에서 당신은 흰 옷을 입은 농구선수들과 검은 옷을 입은 농구선수들이 앞뒤로 공을 패스하는 짧은 비디오를 보게 된다. 당신이 할 일은 흰 옷을 입은 팀이 공을 패스한 수를 최대한 정확히 세는 것이다. 아마 식은 죽 먹기라 생각할 것이며, 실제 30초 후 의기양양하게 정확한 답을 한다. 그런데 그때 실험 진행자가 당신에게 이상한 질문을 던진다. "고릴라를 봤나요?" 고릴라? 웬 고릴라? 비디오테이프를 되돌리자 놀랍게도 온 몸에 고릴라 의상을 걸친 남자 배우가 무대를 가로질러 와 중앙에 잠시 서더니 몇 초간 두 손으로 자기 가슴을 치는 게 보인다. 그걸 못 보고 지나친다는 건 불가능해 보인다. 게다가 알고 보니, 어떤 시점에서 당신의 두 눈은 그 가짜 고릴라를 똑바로 쳐다보기도 했다. 그런데도 그걸 못 본 것이다. 이유는 간단하다. 당신의 주의가 온통 흰 옷 입은 팀에 가 있어, 검은 옷을 입은 선수들에게(고릴라 포함) 정신 파는 걸 적극 제지했기 때문이다. 마음속 작업 공간이 패스된 공의 수를 세느라 바빠 금방 눈에 띄는 가짜 고릴라의 존재를 알아채지 못한 것이다.

이 보이지 않는 고릴라 실험은 인지과학에 한 획을 그은 실험으로 지금도 쉽게 재연되고 있는 실험이다. 다양한 환경에서 단순히 뭔가에 주의를 집중하면 주의 밖의 자극을 전혀 보지 못한다. 내가 당신에게 어떤 음이 고음인지 저음인지를 맞춰 보라고 하면 당신은 곧이어 나오는 단어 같은 다른 자극을 전혀 보지 못한다. 심리학자들은 이런 현상을 '주의 깜빡임attentional blink'[15]이라 한다. 그러니까 당신의 두 눈은 크게 떠 있지만, 마음은 잠시 '깜빡'하는 것이다. 즉 하고 있는 일로 바빠 그 외 다른 것에는(심지어 단순한 단어 하나에도) 전혀 주의를 두지 못하는 것이다.

이런 실험에서 우리는 두 가지 착각에 빠진다. 우선 고릴라나 단어를 보지 못하는데, 실은 그것만으로도 아주 안 좋다. (다른 실험들에 따르면 제대로 주의를 두지 않으면 빨간 신호등을 놓쳐 행인을 칠 수도 있다. 그러니 절대 운전 중에는 휴대폰을 사용하지 말라) 그러나 두 번째 착각은 훨씬 더 안 좋다. 우리는 자신이 알아채지 못한다는 걸 스스로 알아채지 못한다는 것이다. 우리는 비디오에 나오는 건 분명 다 봤다고 확신한다. 보이지 않는 고릴라 실험에 참여한 대부분의 사람은 자신이 보지 못한다는 걸 믿지 못한다. 그러면서 자신에게 속임수를 쓴다고 생각한다. 서로 다른 비디오 두 개를 보여 줬다는 것이다. 대부분의 사람은 고릴라가 정말 나왔다면 자신이 분명 봤을 거라고 판단한다. 안타깝게도 사실은 그렇지 못하다. 우리의 주의는 극도로 제한되어 있다. 우리의 생각이 한 대상에 집중되면 아무리 중요하고 재미있는 대상도 관심 밖이어서 계속 눈에 띄지 않는다. 의식의 이 같은 본질적 한계 때문에 우리는 다른 사람의 인지 능력을 과대평가하게 된다.

고릴라 실험은 모든 사람, 특히 부모와 교사가 알면 좋은 실험이다. 학생을 가르칠 때 무지하다는 게 무엇인지 잊는 경우가 많다. 우리는 눈에 보이면 다른 모든 사람의 눈에도 보인다고 생각한다. 그 결과 가르치려 하는 걸 아이들이 문자 그대로 왜 보지 못하는지 이해를 못 하는 경우가 많다. 고릴라 실험은 우리에게 분명한 메시지를 준다. 보기만 해선 안 되고 주의도 있어야 한다는 메시지이다. 만일 학생들이 어떤 이유에서든 정신이 딴 데 가 있어 주의를 집중하지 못한다면, 교사가 주려는 메시지를 전혀 인지하지 못한다. 그리고 인지하지 못한 것은 배울 수도 없다.[16]

미국 심리학자 브루스 맥캔들리스Bruce McCandliss가 최근 실시한 실험을 보자. 그는 읽기를 배울 때 주의가 맡은 역할에 대해 연구했다.[17] 단어의 개별 글자에 주의를 두는 게 더 좋을까 아니면 단어 전체의 형태에 주의를 두는 게 더 좋을까? 그걸 알아보기 위해 맥캔들 리스와 동료들은 성인들에게 우아한 곡선들로 이루어진 독특한 문자 체계를 가르쳤다. 그리고 먼저 실험 참가자들에게 16개의 단어로 훈련을 시켰다. 그들이 그 16개 단어를 읽는 법을 배우는 동안 그들의 뇌 반응을 스캔해 보았다. 실험 참가자들은 그러면서 동일한 문

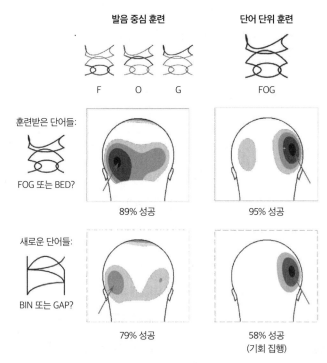

선택적 주의는 학습 방향을 올바른 방향으로 이끌 수도, 잘못된 방향으로 이끌 수도 있다. 이 실험에서 성인들은 발음 중심 접근법이나 단어 단위 접근법을 이용해 새로운 문자 체계를 읽는 법을 배웠다. 단어 전체의 형태에 주의를 둔 실험 참가자들은 300번의 시도 후에도 그 단어들이 글자들로 이루어져 있다는 걸 깨닫지 못했다. 단어 전체에 주의를 두는 접근법은 학습 방향을 우뇌의 부적절한 회로로 이끌어, 실험 참가자들이 자신이 배운 걸 새로운 단어들에 일반화하는 걸 방해했다. 그러나 주의를 글자들의 존재에 기울이면서 사람들은 좌뇌 복측 시각 피질 안에 있는 적절한 읽기 회로를 활용해 알파벳을 해독하고 새로운 단어를 읽을 수 있었다.

자 체계로 된 단어 16개를 새로 배웠다. 또한 맥캔들리스와 동료들은 실험 참가자들이 전혀 눈치 못 채게 그들의 주의에 영향을 주었다. 실험 참가자의 절반에게는 곡선의 전체 형태에 주의를 두라고 했는데, 한자처럼 각 곡선이 한 단어에 해당됐기 때문이다. 반면에 실험 참가자의 나머지 절반에게는 곡선들이 실제 세 가지 겹쳐진 글자들로 되어 있다고 말하고, 각 글자에 주의를 두는 게 배우는 데 더 좋다고 했다. 그래서 첫 번째 그룹은 단어 단위에 주의를 두었고, 두 번째 그룹은 개별 글자에 주의를 두었다(글을 쓸 때에도 마찬가지 방식으로).

이 실험의 결과는 어땠을까? 양쪽 그룹 모두 결국 처음 16개의 단어들을 기억해 냈지만, 주의는 새로운 단어들을 해독하는 능력에 아주 큰 영향을 주었다. 글자에 집중한 두 번째 그룹의 실험 참가자들은 글자와 음 간에 많은 관련성을 찾았고 79퍼센트의 새로운 단어들을 읽을 수 있었다. 게다가 뇌를 스캔해 본 결과 그들의 좌뇌 복측 시각 피질 영역에 있는 적절한 읽기 회로가 활성화됐다. 그러나 단어 전체의 형태에 집중한 첫 번째 그룹의 경우, 새로운 단어를 일반화하는 능력을 발휘하지 못했다. 결국 이들은 새로운 단어를 읽지 못했고, 우뇌의 시각 영역 안에 있는 전혀 엉뚱한 뇌 회로가 활성화됐다.

실험이 주는 메시지는 명확하다. 주의는 뇌의 활동에 아주 큰 영향을 준다는 것이다. 단어의 전체 형태에 주의를 두면 알파벳을 제대로 해독하지 못할 뿐 아니라 뇌의 활성화 또한 반대쪽 뇌에 위치한 부적절한 회로에서 일어난다. 읽기를 배우기 위해서는 발음 중심의 훈련이 꼭 필요한 것이다. 글자와 음의 관련성에 주의를 두어야만 직질한 읽기 회로가 활성화되고 적절한 형태의 학습이 이루어진다. 그래서 초등학교 1학년 학생에게 읽기를 가르치는 교사라면 이런 데이터를 잘 알고 있어야 한다. 아이의 주의를 올바른 방향으로 이끄는 게 얼마나 중요한지 알 수 있다. 많은 데이터가 발음 중심 접근법이 단어 단위 접근법보다 낫다는 걸 설득력 있게 보여 준다.[18]

아이가 각 글자에 주의를 집중해 왼쪽에서 오른쪽으로 각 글자를 손가락으로 짚어 가면서 배운다면 훨씬 쉬워진다. 반면에 주의를 둘 만한 단서를 전혀 주지 않고 아이가 글자 내부 구조에 주의를 두지 못한 채 그저 쓰인 단어를 전체로 본다면 아무것도 배우지 못하게 된다. 결국 주의는 성공적인 배움의 필수 요소인 것이다.

그래서 잘 가르치려면 무엇보다 늘 아이의 주의에 관심을 기울여야 한다. 또한 교사는 아이가 무엇에 주의를 갖게 할지를 신중히 잘 선택해야 한다. 주의의 대상이 될 수 있는 것만이 아이의 뇌에 효과적으로 배울 수 있는 힘을 주기 때문이다. 반면에 주의의 대상에서 멀어진 나머지 자극들은 아이의 시냅스 가소성에 거의 또는 전혀 영향을 주지 못한다.

능률적인 교사는 학생의 상태에 꾸준히 관심을 기울인다. 주의를 끌 만한 수업으로 끊임없이 호기심을 자극해 모든 수업이 기억에 남을 경험이 되게 한다. 또한 각 아이의 주의력 지속 시간에 맞춰 가르침으로써, 모든 학생이 모든 수업을 제대로 잘 따라 오게 만든다.

집행 제어: 뇌의 스위치보드

우리의 세 번째이자 마지막 주의 시스템은 주의에 둔 정보를 어떻게 처리할 것인지 결정한다. '중앙 집행central executive'이라고도 불리는 집행 제어 시스템은 그야말로 잡탕 회로들로 우리가 어떤 행동 방침을 선택해 계속 밀고 나갈 수 있게 해 준다.[19] 주로 전두엽 피질(이마 밑에 위치한 커다란 피질로, 인간 뇌의 거의 3분의 1을 차지한다) 안에 있는 모든 계층의 피질 영역들이 이 집행 제어 시스템에 관여한다. 인간의 전두엽은 다른 영장류에 비해 더 확대되어 있고 더 잘 연결되어 있으며 더 많은 신경세포가 몰려 있다. 게다가 각 신경세포는 더 폭넓고 복잡한 수상돌기 트리를 가졌다.[20] 따라서 인간의 인지 능력이 다른 그 어떤 영장류의 인지 능력보다 훨씬 더 발달된 건 놀랄 일이 아니다. 특히 인간의 인지 능력은 최상위 수준의 계층에 속해 있어, 우리로 하여금 자신의 정신 작용을 감독하고 잘못을 알 수 있게 해 준다. 문자 그대로 집행 제어 시스템 역할을 해 주는 것이다.[21]

마음속으로 23 곱하기 8을 한다고 상상해 보자. 일련의 모든 관련 정신 작용이 처음부터 끝까지 잘 이루어지게 하는 것이 집행 제어 시스템이다. 먼저 1자리에 있는 수(3)에 집중하며 거기에 8을 곱하고, 그 결과(24)를 기억 속에 저장한다. 이제 10자리 수(2)에 집중하며 역시 거기에 8을 곱해 16을 얻고, 당신이 지금 10자리 계산을 하는 중이라는 걸 기억한다. 결국 16은 160에 해당된다. 마지막으로 24에 160을 더해 최종 결과 184에 이른다.

집행 제어는 뇌의 스위치보드이다. 정신 과정을 이끌고 지시하고 통제한다. 혼잡한 철도역 안에서 각종 스위치를 조작하며, 적절한 방향 지시 스위치를 선택해 모든 열차가 올바른 트랙으로 갈 수 있게 하는 철도 전문가를 연상해 보라. 뇌의 중앙 집행자는 여러 주의 시스템 중 하나로 여겨지는데, 다른 집행자들과 마찬가지로 많은 가능성 중에서 하나를 선택하기 때문이다. 다만 이번 경우에는 우리에게 들어오는 자극 가운데서 선택하는 게 아니라, 활용 가능한 정신 작용 가운데서 선택한다는 것이 다르다. 따라서 공간 주의와 집행 주의는 서로 보완 관계에 있다. 우리가 암산을 할 때, 공간 주의는 수학책을 보고 23×8이란 문제에 스포트라이트를 맞추는 시스템이다. 그러나 그 스포트라이트를 차근차근 이끌고, 먼저 3과 8을 선택하게 하고, 뇌 회로들을 돌려 이후의 곱하기 과정을 밟게 하는 것은 집행 주의다. 중앙 집행자는 관련 작용들을 활성화시키고 부적절한 작용들을 막는 역할을 한다. 또한 정신 프로그램이 늘 부드럽게 잘 돌게 해 주며 언제 전략을 바꿔야 할지도 결정한다. 대상엽의 전문화된 하위 회로 안에서 우리가 실수하거나 목표에서 이탈하는 걸 감지해, 즉각 행동 계획을 바로잡는 것도 집행 제어 시스템이다.

집행 제어와 인지 과학자들이 말하는 '작업 기억working memory' 간에는 밀접한 관련이 있다. 정신 알고리즘을 따르고 그 집행을 제어하기 위해, 우리는 늘 진행 중인 프로그램의 모든 요소, 즉 중간 결과와 이미 수행된 단계, 아직 수행할 일을 염두에 두어야 한다. 따라서 집행 주의는 내가 이름 붙인 '글로벌 신경세포 작업공간global neural workspace'의 입력 정보와 출력 정보들을 제어한다. 글로벌 신경세포 작업공간은 일종의 의식적인 임시 기억으로, 이 기억 안에서 우리는 특히 우리와 관련 있어 보이는 정보를 단기간 유지할 수 있고 다른 모듈로 넘길 수도 있다.[22] 글로벌 작업공간(글로벌 신경세포 작업공간)은 각종 정보를 어떻게 어떤 순서로 뇌의 다른 여러 프로세서들로 보낼지를 결정하는 뇌의 발송 담당자와 같다. 이 단계에서 정신 작용은 느리고 순차적이다. 정보를 한 번에 하나씩 처리하며, 한 번에 두 가지 정신 작용을 수행하기는 불가능하다. 이런 현상을 가리켜 심리학자들은 '중앙 병목central bottleneck' 현상이라 한다.

그럼 우리는 정말 한 번에 정신적인 프로그램 두 가지를 수행할 수 없는 걸까? 우리는 동시에 두 가지 일을 할 수 있다거나 전혀 다른 두 갈래 생각을 좇을 수 있다고 생각하는 경우가 종종 있는데, 그건 100퍼센트 착각이다. 아주 간단한 실험을 해 보자. 누군가에게 아주 간단한 두 가지 과제를 주어 보라. 예를 들어 고음이 들릴 때는 왼손으로 키보드의 한 키를 누르고, 글자 Y가 보일 때는 오른손으로 다른 키를 누르게 하는 것이다. 두 가지 표적이 동시에 나타나거나 거의 연이어 나타날 경우, 첫 번째 일은 정상 속도로 해내지만, 두 번째 일의 집행 속도는 현저히 떨어져 첫 번째 결정을 하는 데 보낸 시간에 정비례해 지연된다.[23] 첫 번째 일 때문에 두 번째 일이 늦춰지는 것이다. 글로벌 작업공간이 첫 번째 결정을 내리는 일로 바쁘기 때문에, 두 번째 결정은 기다려야 한다. 그렇게 지체되는 시간은 꽤 길어 쉽게 몇 백 밀리초까지 간다. 게다가 첫 번째 일에 너무 집중하면 두 번째 일을 완전히 놓칠 수도 있다. 그런데 놀랍게도 우리는 동시에 두 가지 일을 할 때 이렇게 크게 지체되는 걸 알아채지 못한다. 어떤 정보가 의식적인 작업공간 안에 들어오기 전에는 인지하지 못하기 때문이다. 첫 번째 자극이 의식적으로 처리되는 동안 두 번째 자극은 글로벌 작업공간이 비는 순간까지 문 밖에서 기다려야 한다. 그러나 우리는 기다리는 그 시간을 전혀 인식하지 못한다. 그래서 누가 기다리는 그 시간에 대해 물으면 첫 번째 자극을 끝낸 그 순간에 두 번째 자극이 나타났으며 그걸 정상 속도로 처리했다고 생각한다.[24]

다시 강조하지만, 우리는 우리의 정신적 한계를 알지 못한다(그래서 자신의 인식 부족을 깨닫는 순간 말도 안 된다고 생각한다). 우리가 동시에 여러 가지 일을 할 수 있다고 믿는 이유는 단 하나이다. 동시에 여러 가지 일을 할 때 이렇게 지체된다는 걸 모르는 것이다. 그래서 지금도 많은 사람들이 운전 중에 문자를 보낸다. 문자를 보내는 일만큼 주의력을 분산시키는 일이 없다는 증거가 넘치고 넘친다. 오늘날 같은 디지털 시대에 휴대폰 스크린의 유혹과 멀티태스킹 능력에 대한 착각의 조합만큼 위험한 것도 없다.

훈련을 하면 어떨까? 그러면 한 번에 여러 가지 일을 하는 진정한 멀티태스커로 변신이 가능할까? 둘 중 하나에 강도 높은 훈련을 하면 가능할지도 모르겠다. 의식적인 작업공간은 자동화를 통해 자유로워질 수 있다. 행동을 일상화함으로써 뇌의 중앙 자원을 동원하지 않고도 무의식적으로 할 수 있게 되는 것이다. 강도 높은 훈련을 하면 피아니스트는 다른 사람과 얘기하면서도 연주를 할 수 있고, 타이피스트는 라디오를 들으면서 문서 타이핑을 할 수 있다. 그러나 이는 아주 예외적인 일로, 심리학자들 사이에선 여전히 이견이 많다. 그것은 집행 주의가 거의 감지되지 않고 한 가지 일에서 다음 일로 빠른 속도로 옮기는 게 가능하기 때문이다.[25] 기본 원칙은 다음과 같다. 어떤 멀티태스킹 상황에서든 주의의 제어 아래서 동시에 여러 인지 작업을 수행할 경우 적어도 한 가지 작업은 지체되거나 완전히 잊힌다.

주의가 분산될 때 생기는 이런 심각한 영향 때문에 집중하는 법을 배우는 것은 배움에서 필수 요소이다. 우리는 아이나 성인에게 두 가지를 동시에 배우길 기대하면 안 된다. 가르칠 때는 주의력의 한계에 관심을 두어야 하며, 조심스레 특정 작업에 우선순위를 두어야 한다. 주의가 분산되면 일이 지연되고 시간과 노력이 낭비된다. 여러 일을 동시에 하려 할 경우 우리의 중앙 집행자는 바로 혼란을 겪는다. 이런 점에서 우리는 연구실에서 행해지는 인지과학 실험들에서 교훈을 얻을 수 있다. 현장 실험에 따르면, 지나치게 장식된 교실은 학생의 주의를 분산시켜 집중할 수 없게 만든다.[26] 최근에 행한 다른 연구 결과에 따르면, 학생들에게 수업 중 스마트폰 사용을 허용할 경우, 몇 달 후 그날 수업 내용과 관련된 시험을 볼 때 학생들의 성적이 떨어진다.[27] 그래서 최적의 학습을 위해서는 뇌의 주의 분산을 피해야 한다.

주의 집중하는 법 배우기

집행 주의는 이른바 집중concentration 또는 자기통제self-control에 대략 부합한다. 중요한 사실이지만, 이 시스템은 아이들에게 바로 통용되지 못한다. 아이들의 전전두엽 피질이 완전히 성숙하려면 15년에서 20년은 걸린다. 뇌가 경험과 교육을 통해 점차 스스로 제어하는 법을 배우는 가운데, 집행 제어 능력은 어린 시절과 청소년기 내내 서서히 그 모습을 드러낸다. 또한 뇌의 중앙 집행자가 주의가 분산되는 걸 피하면서 조직적으로 적절한 전략을 선택하고 부적절한 전략을 배제할 수 있게 되기까지는 많은 시간이 필요하다.

인지 심리학 분야에는 아이들이 집중력을 키우고 부적절한 전략을 배제하면서 점차 자신의 잘못을 바로잡는 사례가 아주 많다. 처음 이런 사실을 알아낸 사람이 심리학자 장 피아제Jean Piaget이다. 더 어릴수록 어처구니없는 실수를 하는 경우가 많다. 장난감을 몇 차례 장소 A에 감췄다가 장소 B에 감춘다면, 한 살이 안 된 아기는 계속 장소 A를 쳐다본다(장소 B에 숨기는 걸 뻔히 보고도 그렇다). 이것이 그 유명한 'A-not-B 에러'이다. 이를 보고 피아제는 유아는 대상 영속성object permanence 파악 능력이 부족하다는, 즉 물체가 숨겨져 있어도 계속 존재한다는 걸 아는 능력이 부족하다는 결론을 내렸다. 그러나 지금 우리는 그런 해석이 잘못됐다는 걸 안다. 아기들의 눈을 주의 깊게 관찰한 바에 따르면, 아기들은 숨겨진 장난감이 어디에 있는지 안다. 단지 정신적 갈등을 제대로 해결하지 못하는 것뿐이다. A-not-B 에러 실험에서, 이전 시도에서 배운 반응은 아기들에게 장소 A를 보라고 말하지만, 보다 최근의 작업 기억은 현재의 시도를 토대로 습관적 반응을 억제해 장소 B를 봐야 한다고 말한다. 그런데 생후 10개월까지는 습관적 반응이 더 강하다. 그 나이에 부족한 것은 집행 제어 능력이지 대상 영속성 파악 능력이 아니다. 실제로

A-not-B 에러는 생후 12개월을 전후로 사라진다. 전전두엽의 발달과 정비례해 사라지는 것이다.[28]

아이들이 저지르기 쉬운 실수의 또 다른 대표적 예는 수와 크기의 혼동이다. 여기서도 역시 피아제는 아주 중요한 발견을 했지만, 해석을 잘못했다. 그는 생후 3년 정도가 되지 않은 어린아이들은 무리지어 있는 물체들의 수를 판단하는 데 어려움이 있다는 걸 발견했다. 그의 고전적인 '수 보존number conservation' 실험에서 피아제는 아이들에게 같은 간격을 유지하는 두 줄의 구슬들을 보여 주었는데, 가장 어린아이들도 그 두 줄의 구슬들이 수가 같다고 했다. 그런 다음 그는 한 줄의 구슬들만 간격을 벌려 놓았다.

oooooo   oooooo   →   o o o o o o   oooooo

놀랍게도 아이들은 이제 그 두 줄의 구슬들이 다르며, 더 긴 줄의 구슬이 더 많다고 했다. 정말 어처구니없는 우스운 실수이다. 그러나 피아제의 생각과는 반대로, 그 나이의 아이들이 '수 보존' 개념이 없다는 뜻은 아니다. 우리가 여태껏 살펴봤듯, 물체들의 간격과 관계없이 또는 그 숫자들에서 보이는 감각 양상과 관계없이 심지어 신생아도 이미 추상적 수 감각을 갖고 있다. 그렇다. 여기서도 이 모든 차이는 집행 제어에서 비롯된다. 그래서 아이들은 두드러진 특징(크기)을 억제하고 보다 추상적인 특징(수)을 확대하는 법을 배워야 한다. 심지어 성인의 경우에도 그런 선택적 주의에서는 실패할 수 있다. 예를 들어 우리 성인들도 보다 작은 그룹의 물체들이 공간상 더 넓게 퍼져 있고 크기도 크다면 두 그룹 가운데 어느 게 더 많은지 결정하는 데 어려움을 겪는다. 커다란 7과 작은 9 가운데 더 큰 수를 선택하는 데도 어려움을 겪는다. 나이와 경험과 함께 수 체계에 대한 정확성도 발달하지만, 사실 그보다 더 발달하는 것은 밀도나 크기 같은 무관한 단서들에 정신이 팔리지 않고 효율적으로 그 정확성을 활용하는 능력이다.[29] 여기서도 이런 작업의 진행이 전전두엽 피질 내 신경세포 반응의 발달과 관련 있는 걸 알 수 있다.[30]

나는 이런 예들을 얼마든지 더 들 수 있다. 삶의 모든 단계에서 그리고 인지적인 것이든 감정적인 것이든 지식의 모든 분야에서, 우리는 주로 집행 제어 능력의 발달과 함께 이런저런 실수들을 피하게 된다.[31] 자, 이제 당신의 뇌를 대상으로 테스트해 보자. 다음 각 단어가 인쇄되어 있는 '잉크의 색'(검은색 또는 흰색)을 말해 보라.

> dog house well because sofa too
> white black white black white black

두 번째 줄로 넘어가면서 답하기가 더 힘들어지지 않았는가? 대답 속도가 느려지고 실수도 나오지 않았는가? 이런 효과(이는 이 단어들이 컬러로 인쇄될 경우 훨씬 두드러진다)가 나오는 것은 당신의 집행 제어 시스템이 개입했기 때문이다. 단어와 색이 충돌할 때 중앙 집행자는 잉크 색 맞추는 일에 집중하기 위해 단어 읽기를 억제한다.

이제 다음 문제를 풀어 보도록 하라. "메리는 26개의 구슬을 갖고 있다. 이것은 그레고리보다 4개 더 많은 것이다. 그렇다면 그레고리는 구슬을 몇 개 갖고 있는가?" 혹 두 숫자를 더하고 싶은 충동과 싸워야 하지 않았는가? 그래서 올바른 답으로 22대신 30을 생각하지 않았는가? 이 문제는 빼기를 해야 함에도 불구하고 '더'라는 단어를 사용하고 있는데, 바로 그것이 많은 아이들이 빠지는 함정이다. 즉 적절한 산술 연산을 선택하기 위해 자신의 충동을 제어하고 이런 수학 문제의 뜻을 더 깊이 생각해야 하는데, 많은 아이들이 그러지 못한다. 주의 및 집행 제어 능력은 전전두엽 피질의 점진적인 성숙과 함께 발달하며 생후 약 20년간 성숙한다. 그러나 뇌의 다른 모든 회로들과 마찬가지로 이 회로에는 가소성이 있으며, 많은 연구 결과에 따르면 훈련과 교육에 의해 그 발달이 촉진될 수 있다.[32] 또한 아주 다양한 인지 활동에 개입하므로 많은 교육 활동을 통해 집행 제어 능력을 효과적으로 발달시킬 수 있다. 미국 심리학자 마이클 포스너Michael Posner는 어린아이의 집중력을 향상시킬 수 있는 교육 소프트웨어를 처음 개발한 인물이다. 그는 컴퓨터 화면 중앙에 있는 물고기의 방향에 집중해야 하는 게임도 만들었다. 그 표적 물고기는 반대 방향으로 향하고 있는 다른 물고기들 사이에 끼어 있다. 점점 난이도가 높아지는 이 게임을 하면서 아이는 표적 물고기의 친구들에게 집중력을 잃지 않는 법을 배운다. 집중과 억제를 가르치는 아주 간단한 게임인 것이다. 또한 즉각적이고 반사적인 반응을 억제하고 깊은 생각을 장려하는 많은 방법 중 하나이기도 하다.

컴퓨터가 발명되기 한참 전에 이탈리아 의사이자 교사였던 마리아 몬테소리Maria Montessori(1870-1952)는 어린아이의 집중력을 발달시킬 수 있는 실용적 활동이 아주 다양하다는 걸 알아냈다. 오늘날의 몬테소리 학교에서는 아이들이 땅바닥에 그려진 타원형 선을 따라 걷되, 두 발이 선에서 떨어지지 않게 해야 한다. 그 일에 성공하면 입에 스푼을 물고 걷고 다음에는 그 수저 위에 탁구공을 얹고 걷는 식으로 난이도가 점점 높아진다. 실험적 연구들에 따르면, 몬테소리 접근 방식은 아이들의 발달에 여러 긍정적 효과를 보인다.[33] 다른 연구에 따르면, 비디오게임과 명상 또는 악기 연주 훈련도 집중력을 높이는 데 효과가 있다. 어린아이의 입장에서 두 손을 균형감 있게 움직이면서 몸과 시선과 호흡을 잘 제어한다는 건 엄청나게 힘든 일일 수 있다. 그래서 어린 나이에 악기 연주를 배우면, 전전두엽 피질의 두께가 눈에 띄게 늘어나는 등 뇌의 주의 관련 회로들에 아주 큰 영향을 준다.[34]

훈련을 통해 집행 제어 능력을 키우면 심지어 IQ까지 변화될 수 있다. 놀라운 일로 보일 수 있는데, IQ가 아이의 정신적 잠재력을 결정짓는 기본적이면서도 미리 정해진 요인으로 믿기 때문이다. 그러나 IQ, 즉 지능지수intellectual quotient는 단순한 행동 능력이며, 교육에 의해 얼마든지 변화할 수 있다. 그리고 우리의 다른 능력들과 마찬가지로 IQ 역시 그 시냅스 가중치가 훈련에 의해 변화될 수 있는 특정 뇌 회로들에 의존한다. 추론하고 새로운 문제를 푸는 능력인 '유동 지능fluid intelligence'은 뇌의 집행 제어 시스템을 대대적으로 활용한다. 집행 제어 능력과 유동 지능 모두 비슷한 뇌 영역, 특히 배외측

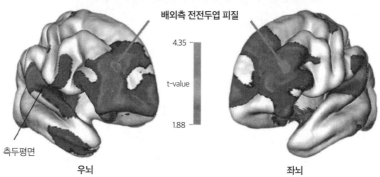

배외측 전전두엽 피질

4.35

t-value

1.88

측두평면

우뇌   좌뇌

집중하고 자신을 통제하는 능력인 집행 주의는 나이와 교육과 함께 발달한다. 어린 나이에 악기 연주를 배우는 것은 집중력과 자기통제력을 기르는 많은 방법 중 하나이다. 음악가들은 비음악가들에 비해 뇌 피질, 특히 배외측 전전두엽 피질이 더 두껍다. 배외측 전전두엽 피질은 집행 제어에서 중요한 역할을 한다.

전전두엽 피질이 활성화된다.[35] 사실 유동 지능의 표준화된 측정 방법들은 인지 심리학자들이 집행 제어 능력을 측정하는 데 사용하는 테스트들과 비슷하다. 둘 다 주의와 집중력을 중시하며 또한 전반적인 목표를 놓치지 않으면서 신속히 한 행동에서 다른 행동으로 옮기는 능력도 중시한다. 실제로 작업 기억과 집행 제어 능력을 중심으로 이루어지는 훈련 프로그램들은 유동 지능도 조금 높여 준다.[36] 이 같은 연구 결과들은 이전 연구 결과, 즉 지능이 유전자 결정론과 무관하지 않지만, 교육을 비롯한 환경 요인에 의해 극적으로 변화될 수 있다는 연구 결과와도 일치한다. 그리고 이런 효과는 엄청나다. 사회경제적 지위가 높은 집안이나 낮은 집안에 입양된 IQ가 낮은 4~6세 아이들을 상대로 한 연구가 있었다. 잘사는 집에 입양된 아이들의 경우 청소년기에 IQ가 20 늘어났지만, 어려운 집에 입양된 아이들은 8밖에 안 늘어났다.[37] 최근에는 메타 분석을 통해 교육이 지능에 미치는 영향을 알아 봤는데, 결론은 학교 공부로 매년 IQ가 1에서 5 정도씩 오르게 된다는 것이다.[38]

최근에는 인지 훈련의 효과를 극대화하고 그 한계를 명확히 하는 연구들이 이루어지고 있다. 인지 훈련의 효과가 몇 년씩 지속될 수도 있을까? 삶의 다양한 상황에서 어떻게 그 효과가 훈련 받은 일의 범위를 벗어나게 할 수 있을까? 쉬운 일이 아니다. 뇌는 원래 사례별로 각각의 일에 전문화된 방법을 개발하기 때문이다. 어쩌면 학습 경험의 다양화에 그 해결책이 있는지 모르며, 최선의 결과를 보려면 아주 다양한 상황에서 작업 기억 및 집행 주의의 핵심 인지 능력을 자극하는 교육 프로그램을 활용해야 할 것이다.

일부 연구 결과를 보면 낙관적이 되지 않을 수 없다. 작업 기억과 관련해 조기에, 특히 유치원 시절에 훈련하면 집중력 향상에 긍정적 효과가 있으며 읽기와 수학 같은 학교 수업과 직결된 부분 외에 여러 방면에서도 도움이 된다고 밝혀졌다.[39] 우리는 이미 여러 해 전부터 작업 기억이 훗날 수학 분야에서의 성공을 가장 잘 예측하는 예측 변수 중 하나라는 걸 알았고, 이는 놀랄 일이 아니다.[40] 기억 훈련에 '수직선number line' 개념에 대한 더 직접적인 교육을 곁들인다면 훈련의 효과는 배가될 것이다. 수직선 개념은 숫자들이 직선 축 위에서 조직화되며, 더하기나 빼기는 그 직선 축 위에서 오른쪽 또는 왼쪽으로 움직인다는 개념이다.[41] 이 같은 교육적 개입은 모두 불리한 배경에서 자라는 아이들에게 가장 도움이 되어 보인다. 그래서 사회경제적 지위가 낮은 집안에서는 조기 개입, 즉 유치원 때부터 학습과 주의의 기초를 가르치는 것이 가장 큰 교육적 투자가 될 수 있다.

당신이 주의를 기울인다면 나도 주의를 기울인다

인간은 본성적으로 사회적(또는 정치적) 동물이다.

- 아리스토텔레스(기원전 350년경)

유인원을 포함한 모든 포유류는 주의 시스템을 가졌다. 그런데 인간의 주의는 학습을 촉진하는 독특한 특성, 즉 사회적 주의 공유의 특성을 보인다. 호모 사피엔스는 다른 어떤 영장류보다 주의와 학습이 사회적 신호에 좌지우지된다. '당신이 주의를 기울인다면 있다면 나도 그러겠다. 그러니 당신이 가르치는 것을 배우겠다.'라는 식이다.

유아들은 이른 나이부터 사람의 얼굴을 쳐다볼 때 주로 눈에 집중한다. 상대가 자신한테 말할 경우, 바로 나오는 아기들의 첫 반응은 장면 전체를 보는 게 아니라 자신과 교감 중인 상대와 눈맞춤을 하는 것이다. 일단 눈맞춤이 이루어지면 비로소 상대가 쳐다보는 물체를 본다. '주의의 공유shared attention'라고 불리는 이런 놀라운 사회적 주의 공유 능력은 아이의 학습에 지대한 영향을 준다.

나는 앞서 아기들에게 'wog'라는 장난감 이름 같은 새로운 단어의 의미를 가르치는 실험을 얘기했다. 말하는 사람의 시선을 좇아 그 장난감을 쳐다보면서 wog라는 말을 몇 차례 반복해 듣는다면, 아기들은 별 어려움 없이 그 말을 배운다. 그러나 같은 물체를 가리키더라도 wog라는 말을 확성기로 몇 차례 반복해 내보내면 아기들은 그 단어를 배우지 못한다. 이는 발음을 배울 때도 마찬가지이다. 생후 9개월의 미국 아기가 중국인 유모와 교감을 나눈다면, 단 몇 주 만에 중국어 음소들을 습득할 수 있다. 그러나 같은 양의 음성 자극을 고품질의 비디오를 통해 받는다면 아기는 아무것도 배우지 못한다.[42]

헝가리 심리학자 게르겔리 치브라Gergely Csibra와 기오르기 게르겔리는 다른 사람을 가르치고 배우는 것이 인간의 기본적인 진화론적 적응 결과라고 가정한다.[43] 호모 사피엔스는 사회적 동물로 뇌에 '자연스런 교육학natural pedagogy'을 위한 회로들이 있으며, 다른 사람이 우리에게 가르치려는 것들에 주의를 두자마자 바로 활성화된다. 인간이 모든 동물을 제치고 진화에 가장 성공한 이유 중 적어도 일부는 한 가지 진화론적 특징, 즉 다른 사람과 주의를 공유하는 능력 덕이다. 그러니까 우리가 배우는 정보의 대부분은 개인의 경험 덕이기보다 다른 사람들의 덕인 것이다. 이런 식으로 인간은 집단 문화 덕에 개인이 혼자 발견할 수 있는 것보다 훨씬 많은 것을 발견할 수 있다. 이것이 미국 심리학자 마이클 토마셀로Michael Tomasello가 말하는 이른 바 '문화적 래칫cultural ratchet(한쪽 방향으로만 회전하는 톱니바퀴—옮긴이) 효과이다. 래칫 덕에 엘리베이터가 아래로 떨어지지 않듯, 사회적 공유 덕에 문화가 퇴보하지 않는 것이다. 그래서 한 사람이 어떤 유용한 걸 발견하면, 그것은 바로 그룹 전체로 퍼진다. 사회 학습 덕에 문화적 엘리베이터가 떨어지거나 중요한 발명이 잊히는 경우는 거의 없다.

우리의 주의 시스템은 이런 문화적 환경에 적응해 왔다. 게르겔리와 치브라의 연구에 따르면, 아주 어린 시절부터 아이들의 주의는 성인의 각종 사회적 신호들에 맞춰져 있다. 무언가를 설명하기에 앞서 먼저 아이를 쳐다보는 인간 스승의 존재는 학습에 지대한 영향을 미친다. 눈맞춤은 아이의 주의를 끌 뿐 아니라, 스승이 아이에게 중요한 걸 가르치려 한다는 신호도 준다. 아기들도 그런 신호에 민감하다. 눈맞춤은 아기들로 하여금 뭔가를 배울 준비를 하게 하고, 그 결과 중요하고 일반화할 수 있다고 생각하게 한다.

한 가지 예를 들어 보자. 한 젊은 여성이 활짝 웃는 얼굴로 물체 A를 쳐다본다. 그런 다음 인상을 쓰며 물체 B를 쳐다본다. 생후 18개월 된 아기가 그 광경을 지켜본다. 아기는 어떤 결론을 내릴까? 모든 건 아이와 여성이 주고받는 신호에 달려 있다. 눈맞춤이 없었다면 아기는 그저 다음과 같은 한 가지 정보만 기억한다. '이 사람은 물체 A를 좋아하고 물체 B를 싫어하는구나.' 그러나 눈맞춤이 있었다면 아기는 훨씬 많은 걸 추론한다. 그 젊은 여성이 자신한테 뭔가 중요한 걸 가르치려 한다고 믿게 되며, 그래서 보다 일반적인 결론을

주의의 공유:

성인이 아이를 쳐다본다.

그런 다음 웃으면서 물체를 본다.

이번에는 찡그리며 다른 물체를 본다.

다른 사람이 물체를 달라고 한다.

대다수의 아이들이 웃으며 본 물체를 준다.

69%

의도의 이해:

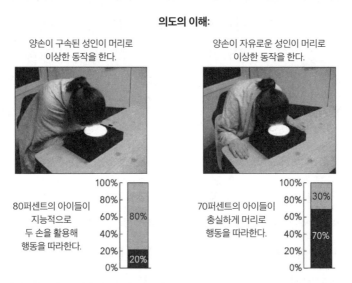

양손이 구속된 성인이 머리로 이상한 동작을 한다.

양손이 자유로운 성인이 머리로 이상한 동작을 한다.

80퍼센트의 아이들이 지능적으로 두 손을 활용해 행동을 따라한다.

80%

20%

70퍼센트의 아이들이 충실하게 머리로 행동을 따라한다.

30%

70%

사람 간의 상호작용은 인간의 학습 알고리즘에서 아주 중요한 요소이다. 얼마나 잘 배우는가는 다른 사람의 의도를 얼마나 잘 이해하느냐에 달려 있다. 생후 18개월 된 아기들도 당신이 눈을 똑바로 쳐다보면 중요한 정보를 주려 한다는 걸 안다. 눈맞춤을 통해 효과적으로 배우며, 일반화를 더 잘하게 된다(위쪽 사진). 생후 14개월 된 아기들도 이미 의도를 해석할 줄 안다. 누가 머리를 이용해 불을 켠다면 아기들은 여러 방법으로 따라 한다. 그러나 두 손이 자유롭다면 이제 머리 대신 손으로 버튼을 누를 수 있다는 걸 안다(아래쪽 사진).

내리게 된다. 특별히 그 여성에게뿐 아니라 모든 사람에게 물체 A가 좋은 것이고 물체 B가 나쁜 것이라는 결론을 내리는 것이다. 아이들은 자발적 교감으로 보이는 것에는 아주 많이 주의를 기울인다. 누가 자신과 교감하고 싶다는 명백한 신호를 보내면 아이들은 그 사람이 순전히 자신의 독특한 호불호를 가르치는 게 아니라 추상적인 정보를 가르치고 싶어 한다고 추론한다.

중요한 건 눈맞춤만이 아니다. 아이들은 손가락으로 가리키는 행동 뒤에 숨은 커뮤니케이션의 의도 역시 빠른 속도로 알아챈다(침팬지는 이런 손가락 제스처를 전혀 알아채지 못한다). 심지어 어린 아기도 누가 자신의 주의를 끌려 하고 중요한 정보를 주려 한다는 걸 알아챈다. 생후 9개월 된 아기도 누가 자신의 주의를 끌려고 어떤 물체를 손으로 가리키는 걸 본다면, 나중에 그 물체만의 독특한 점을 기억해 낸다. 자신의 대화 상대에게 중요한 정보라는 사실을 알기 때문이다. 반면에 같은 사람이 자신을 쳐다보지 않고 그 물체에 다가가는 걸 볼 경우, 아기들은 나중에 그 물체의 위치만 기억하지 물체의 특성은 기억하지 못한다.[44] 부모와 교사는 늘 이 중요한 사실을 잊지 말아야 한다. 아이의 입장에서는 당신의 태도와 시선이 전부이다. 시각적 접촉과 언어 접촉을 통해 아이의 주의를 끌면 당신과 주의를 공유하며, 전하려는 정보를 받아들일 가능성도 높아진다.

가르친다는 것은 다른 누군가의 지식에 주의를 집중하는 것이다

그 어떤 종도 우리 인간처럼 가르치지 못한다. 이유는 간단하다. 다른 사람의 마음에 주의를 기울일 수 있고 또 다른 사람의 생각(그들이 다른 사람에 대해 어떤 생각을 하는지 등)을 상상할 수 있는 능력을 가진 유일한 동물이기 때문이다. 이는 인간의 뇌만 가진 독특한 특성으로 교육학적 인간관계에서 더없이 중요한 역할을 한다. 따라서 교육자는 학생이 무얼 모르는지에 대해 끊임없이 생각해야 하며, 교사는 학생의 지식을 최대한 빨리 늘릴 수 있도록 말을 조심하고 스스로 모범을 보여야 한다. 그리고 학생은 자기 선생님이 자신이 모른다는 사실을 안다는 걸 안다. 이처럼 일단 배울 자세를 취하면 아이들은 교사의 행동 하나하나를 자신에게 지식을 전하려는 노력으로 본다. 그리고 그런 선순환은 계속 이어진다. 어른은 아이 자신이 모른다는 사실을 어른이 알고 있다는 사실을 아이가 안다는 걸 알고…… 그 결과 아이가 일반화하려 할 거라는 걸 알고 어른 스스로 모범을 보이는 것이다.

이런 교육학적 관계는 호모 사피엔스 특유의 관계로, 다른 종에서는 존재하지 않는 듯하다. 2006년에 〈사이언스〉에 실린 역사적인 논문[45]에 따르면, 몽구스 과에 속하는 남아프리카공화국의 작은 포유동물인 미어캣들 사이에서는 일종의 가르침이 행해진다고 한다. 그러나 내가 보기에 그 연구에서는 가르침이란 말의 정의를 잘못 사용하고 있다. 어떤 내용이었냐고? 가장 큰 가족 행사인 먹을 걸 준비하는 법을 배우는 일에 대한 것이었다. 몽구스들은 요리에 대한 아주 심각한 문제를 안고 있다. 그들은 극도로 위험한 사냥감인 전갈을 먹고 사는데, 그걸 먹으려면 사전에 치명적인 독침을 제거해야 한다. 이들의 역경은 복어를 손질해야 하는 일본 요리사의 역경과 비슷하다. 복어는 간, 난소, 눈, 껍질에 전신마비를 일으키는 치명적인 독극물 테트로도톡신이 들어 있다. 요리 과정에서 실수하면 그대로 사망에 이를 수 있다. 그래서 일본인 요리사들은 3년간의 훈련을 거친 뒤에야 첫 복어 요리를 할 수 있다. 그런데 미어캣들은 대체 어떻게 전갈 요리 노하우를 습득하는 걸까? 〈사이언스〉에 실린 그 논문은 성인 미어캣이 새끼 미어캣에게 먼저 독침을 제거한 전갈로 만들어진 '준비된' 먹이를 줌으로써 도움을 준다는 걸 설득력 있게 설명한다. 새끼 미어캣이 자라는 과정에서 성인 미어캣은 점점 더 많은 살아 있는 전갈 부위들을 제공하는데, 이는 새끼 미어캣이 독립적인 사냥꾼이 되어 가는 데 분명 도움이 된다. 그 논문의 저자들에 따르면 다음과 같은 가르침의 세 가지 기준이 충족된다. 성인 미어캣이 새끼 미어캣들이 있는 데서 특정 행동을 수행해 모범을 보인다. 이런 행동에는 성인 미어캣의 노력이 필요하다. 그리고 새끼 미어캣들은 성인 미어캣이 개입하지 않는 경우보다 더 빨리 지식을 습득함으로써 이득을 본다.

미어캣의 이런 사례는 분명 주목할 만하다. 미어캣의 진화 과정에서 분명 생존에 도움이 되는 한 가지 메커니즘이 생겨난 것이다. 하지만 이게 정말 가르침일까? 내 견해로는 이 정도 데이터를 가지고 미어캣이 새끼들에게 정말 가르침을 준다는 결론을 내릴 수 없다. 한 가지 꼭 필요한 요소가 빠졌기 때문이다. 미어캣의 이 사례에서는 서로의 지식에 대한 주의의 공유가 없다. 성인 미어캣들이 새끼들이 알고 있는 것에 주의를 기울인다거나, 반대로 새끼 미어캣들이 성인 미어캣들의 교육학적 자세에 주의를 둔다는 증거가 없다. 성인 미어캣들은 그저 새끼들이 나이가 들어감에 따라 점점 더 위험한 먹이를 제공할 뿐이다. 우리가 아는 한 이런 메커니즘은 전갈 요리와 관련해 완전히 사전 프로그래밍된 특정 메커니즘일 수 있다. 그 유명한 꿀벌들의 춤이나 홍학들의 퍼레이드처럼 복잡해 보이지만, 아주 단순한 행동일 수도 있는 것이다.

간단히 말해, 우리가 미어캣과 전갈 이야기에 우리의 선입견을 적용하려 해서 그렇지, 더 자세히 들여다보면 그들의 행동이 우리 인간의 행동과 얼마나 다른지 알 수 있다. 그러나 그 분명한 한계들에도 불구하고, 새끼들에게 전갈 요리를 가르치는 미어캣 이야기는 우리 인간이 얼마나 독특하고 귀한 종인지와 관련해 시사하는 바가 많다. 우리의 학교와 대학에서 볼 수 있는 교육학적 인간관계에는 교사와 학생 간의 강한 정신적 유대가 포함되어 있다. 훌륭한 교사는 자기 학생들, 그들의 능력, 그들의 실수에 대한 마음속 모델을 구축하며, 행동 하나하나로 학생들의 마음을 더 풍요롭게 만든다. 따라서 훌륭한 교사에 대한 이런 이상적 정의에서 학생들의 사전 지식과 기대치에 맞춰 수업하려는 노력 없이 그저 기계적으로 틀에 박힌 수업이나 하는 교사들은 제외된다. 그렇게 무심하고 방향 없는 가르침은 효과도 없다. 가르침은 교사가 자신의 지식을 전하기 위해 최선을 다하고 있다고 학생 스스로 설득될 만한 이유가 있을 때만 효과가 있다. 모든 건강한 교육학적 인간관계의 바탕에는 서로에 대한 관심, 경청, 존중 그리고 상호신뢰가 깔려 있어야 한다. 현재 그런 '마음 이론theory of mind', 즉 학생과 교사가 서로의 마음 상태에 주의를 기울인다는 이론이 인간 외 다른 동물들 사이에 존재한다는 증거가 없다.

또한 미어캣의 그 어쭙잖은 가르침으로는 인간 사회에서 교육이 하는 역할을 제대로 설명할 수 없다. "모든 사람은 인류이며 세계사이다." 프랑스 역사가 쥘 미슐레Jules Michelet(1798-1874)가 한 말이다. 교육을 통해 우리는 우리 이전 수천 세대가 갖고 있던 가장 뛰어난 생각들을 다른 사람들에게 전파한다. 우리가 배우는 모든 말, 모든 개념이 우리 조상들이 우리에게 건네 준 조그만 전리품이다. 언어가 없고 문화적 전달이 없고 공동체 교육이 없다면, 우리 가운데 그 누구도 혼자 지금 우리의 육체적·정신적 능력을 확장시켜 주고 있는 그 모든 도구들을 찾아낼 수 없을 것이다. 교육과 문화를 통해 우리 한 사람 한 사람이 다 광대한 인류의 지혜를 계승하게 된다.

그러나 호모 사피엔스가 사회적 커뮤니케이션과 교육에 의존하는 것은 축복이면서 저주이기도 하다. 동전의 다른 면을 보자면, 인간 사회에서 잘못된 종교적 믿음이나 가짜 뉴스가 그렇게 쉽게 전파되는 것 또한 교육 때문이다. 아주 어린 시절부터 우리 뇌는 옳든 그르든 관계없이 주변에서 들려주는 얘기들을 있는 그대로 믿고 받아들인다. 사회적 맥락에서 보자면, 우리 뇌가 완전히 방심해 가드를 내리는 것이다. 그래서 우리는 더 이상 신출내기 과학자처럼 행동하지 않고 아무 생각 없이 앞 동료들만 따라가는 레밍처럼 되어 버린다. 물론 이것은 우리가 과학 선생님의 지식을 신뢰할 때처럼 좋은 일일 수도 있다. 갈릴레오 갈릴레이 시대 이후에 행해진 모든 실험을 재연할 필요는 없을 테니까. 그러나 우리가 조상들로부터 물려받은 믿을 수 없는 '지혜'를 집단적으로 전파할 때처럼 해로운 일일 수도 있다. 의사들이 실제 효과를 검증해 보지도 않은 채 수세기 동안 피 뽑기와 부항 요법을 시행해 온 것이 좋은 예이다. (의아해할지 모르지만, 실제로 많은 질병에서 피 뽑기와 부항 요법은 해롭다)

한 유명한 실험을 통해 우리는 사회적 학습이 총명한 아이들을 아무 생각 없이 모방이나 하는 아이들로 변화시킬 수 있다는 걸 알 수 있다. 아기들은 생후 14개월쯤 될 때 벌써 사람의 행동을 흉내 낸다. 설사 이해가 안 되는 행동까지, 아니 이해가 안 되는 행동을 특히 더 흉내 낸다.[46] 이 실험에서 유아들은 두 손이 숄로 묶인 한 어른이 머리로 버튼을 누르는 걸 본다. 유아들은 두 손이 자유롭다면 그냥 버튼을 누를 수 있다고 추론하고, 어른의 행동을 자세히 따라 하기보다 슬쩍 흉내 내는 정도로 끝낸다. 그러나 같은 어른이 두 손이 자유로운 게 훤히 보이는 상황에서 아무 이유 없이 머리로 버튼을 누르는 걸 본다면, 유아들은 모든 추론을 포기하고 맹목적으로 그 어른을 믿는 것 같다. 그래서 그야말로 무의미한 동작임에도 불구하고 머리로 버튼을 누르는 행동을 그대로 따라 한다. 유아들의 이런 행동은 인간의 사회와 종교에서 영원히 계속되는 수많은 무의미한 제스처들과 관습들의 상징처럼 보인다. 선의 길이를 짐작하는 사소한 지각 판단조차 사회적 맥락의 영향을 받는다. 그래서 이웃이 다른 결론을 내리면 그것이 전혀 타당성이 없어 보일 때조차 우리는 종종 판단을 바꿔 그들의 결론에 맞춘다.[47] 우리 속의 사회적 동물이 합리적인 동물에 우선하는 순간이라 할 수 있겠다.

간단히 말해 우리 호모 사피엔스의 뇌는 두 가지 학습 모드를 병행한다. 하나는 뛰어난 과학자처럼 외부 세계를 상대로 각종 가설을 직접 검증해 보는 적극적 학습 모드이고, 다른 하나는 직접적인 검증 없이 다른 사람들이 전해 주는 걸 그대로 받아들이는 수용적 학습 모드이다. 문화적 래칫 효과를 통한 두 번째 학습 모드는 지난 5만 년간 인간 사회를 엄청나게 발전시켜 온 모드이다. 그러나 첫 번째 학습 모드를 특징짓는 비판적 사고가 없다면, 두 번째 학습 모드는 가짜 뉴스의 확산에 취약해진다. 지식에 대한 적극적 검증, 단순히 전해들은 말의 수용 거부, 각종 의미에 의한 개인들의 구성은 잘못된 구전과 가짜 전문가로부터 우리를 지키는 데 꼭 필요한 여과 장치이다. 따라서 우리는 이 두 가지 학습 모드 사이에서 절충점을 찾아야 한다. 그래서 학생은 선생님의 지식에 관심과 신뢰를 가져야 하지만, 동시에 자주적이며 비판적인 사고를 하고 자기 학습의 주체가 되어야 한다.

자, 그럼 이제 배움의 네 기둥 가운데 두 번째 기둥인 '적극적 참여'에 대해 얘기해 보자.

적극적 참여

새끼 고양이 두 마리가 있다. 첫 번째 새끼 고양이는 비교적 자유롭게 움직일 수 있도록 가슴줄을 묶는다. 두 번째 새끼 고양이는 마구에 넣어 움직일 수 없도록 한다. 마지막으로 두 새끼 고양이를 회전목마 장치에 연결해, 둘의 움직임이 완전히 연결되게 만든다. 결국 두 동물이 같은 시각적 입력 정보를 받지만, 한 마리는 적극적이고 다른 한 마리는 수동적이다. 전자는 스스로 주변 환경을 열심히 살피지만, 후자는 같은 방식으로 움직이면서도 전혀 스스로 통제할 수 없다.

이는 1963년 리처드 헬드Richard Held(1922-2016)와 앨런 하인Alan Hein이 실시한 전통적인 회전목마 실험으로, 그때만 해도 동물 실험에 대한 윤리적 문제가 오늘날만큼 중시되지 않았다. 이는 아주 단순한 실험이었지만, 한 가지 중요한 사실이 밝혀진다. 적절한 시력 발달을 위해서는 세상에 대한 적극적인 탐구가 꼭 필요하다는 사실이다. 몇 주에 걸쳐 하루에 세 시간씩 두 새끼 고양이는 수직 막대들이 줄지어 서 있는 커다란 원통 안에서 살았다. 시각 입력 정보가 아주 비슷했지만, 두 새끼 고양이는 시력 발달 면에서 전혀 다른 모습을 보였다.[1] 순전히 수직 막대들밖에 없는 황량한 환경에도 불구하고, 적극적인 새끼 고양이는 시력이 정상적으로 발달됐다. 그러나 수동적인 새끼 고양이는 시각 능력을 상실했고 실험이 끝날 무렵에는 기본적인 시각 탐구 테스트도 통과하지 못했다. 절벽 테스트에서는 새끼 고양이를 다리 위에 내려놓았는데, 그 다리는 높은 절벽 쪽이나 그보다 낮은 쪽 중 한 곳으로 나올 수 있게 되어 있었다. 정상인 새끼 고양이는 잠시도 주저하지 않고 바로 쉬운 쪽으로 뛰어 나갔다. 그러나 수동적인 새끼 고양이는 나가는 쪽을 닥치는 대로 골랐다. 또 다른 테스트에서 수동적인 새끼 고양이들은 시각적 공간에 대한 적절한 모델이 발달되지 못하고, 정상인 고양이들처럼 자신의 네 발로 주어진 환경에서 벗어나려 하지 않았다.

수동적인 생명체는 배우지 못한다

헬드와 하인이 실시한 회전목마 실험은 배움의 두 번째 기둥인 적극적 참여에 대한 상징과도 같다. 다양한 분야에서의 결과들을 보면 수동적인 생명체는 거의 또는 전혀 배우지 못한다. 효율적으로 배운다는 것은 수동성을 거부하고 참여하며 탐구하고 적극적으로 가설을 세우며 그 가설을 외부 세계에서 직접 검증한다는 걸 의미한다.

뭔가를 배우기 위해 우리 뇌는 먼저 외부 세계에 대한 마음속 가설 모델을 만들어야 한다. 그런 다음 그걸 주변 환경에 투영하고, 자신이 예측한 것들을 실제 감각을 통해 받아들인 것들과 비교함으로써 직접 검증한다. 이런 알고리즘은 결국 적극적으로 참여하며 관심을 갖는 자세를 뜻한다. 이때 동기부여가 필수이다. 우리는 명확한 목표를 갖고 그걸 달성하기 위해 전력투구할 때만 제대로 배울 수 있는 것이다.

그렇다고 내 말을 오해하지는 말라. 적극적 참여가 필요하다고 해서 아이들로 하여금 수업 시간 내내 뭔가를 하라고 독려하라는 건 아니다. 언젠가 한 학교를 방문했을 때, 그곳 교장 선생님이 내 접근 방식을 적용하고 있다며 자랑스레 말했다. 그는 학생들의 책상 아래에 페달을 달아 놓아, 학생들이 수학 시간에 계속 적극적으로 움직인다고 했다. 그야말로 내 접근 방식의 핵심을 완전히 놓친 것이다. 게다가 회전목마 실험의 한계도 여실히 보여 준 셈이다. 적극적으로 참여한다는 것은 몸을 움직여야 한다는 의미가 아니다. 적극적인 참여는 손발에 의해 이루어지는 일이 아니라 뇌에서 일어나는 일이다. 뇌는 관심을 갖고 집중하고 적극적으로 마음속 모델을 만들 때 비로소 효율적으로 배운다. 새로운 개념을 더 잘 소화하기 위해, 적극적인 학생은 늘 그 개념을 자기 나름의 말이나 생각으로 바꾼다. 그러나 수동적 학생 특히 주의가 산만한 학생은 그 어떤 수업에서도 뭔가를 배우지 못한다. 그들의 뇌가 외부 세상에 대한 마음속 모델을 업데이트시키지 못하기 때문이다. 이는 적극적인 움직임과 아무 상관이 없다. 두 학생은 각종 생각의 내부 움직임 면에서 판이하게 다를 수 있다. 한 학생은 수업 내용을 적극적으로 따라가는 데 반해, 다른 학생은 수업에 적극 참여하지 못해 수동적이 되거나 주의가 산만해지는 것이다.

실험 결과들에 따르면, 수동적으로 감각 통계수치들을 축적하는 것만으로는 무엇 하나 제대로 배우지 못한다. 이런 일은 실제 일어나기도 하는데, 주로 낮은 수준의 감각 및 운동 시스템에서 일어난다. 아이가 수백 개의 음절을 듣고 음절들(/bo/와 /t^l/ 같은) 간의 전이 확률을 계산해 결국 단어들('bottle')의 존재를 알아내는 실험을 상기해 보라. 이런 유형의 암묵적 학습은 유아들이 잠잘 때도 계속되는 걸로 보인다.[2] 그러나 이는 규칙을 증명하는 예외이다. 대부분 경우에는 그리고 학습이 높은 수준의 인지 특성들에 관련되기 무섭게(단순한 단어 형태보다 단어 의미들에 대한 외현 기억의 경우처럼), 배우는 사람이 관심을 갖고 생각과 기대를 하며 실수할 위험을 무릅쓰고 각종 가설들을 제시할 때만 배움이 가능해지는 것 같다. 관심과 노력과 깊은 성찰이 없다면 배움은 뇌 속에 별 흔적도 남기지 않고 그냥 사라진다.

보다 깊은 처리, 보다 깊은 배움

인지 심리학 분야에서 접할 수 있는 고전적 예인 '단어 처리 깊이

word processing depth' 효과에 관해 얘기해 보자. 내가 세 집단의 학생들에게 60개의 단어들로 이루어진 명단을 보여 준다고 가정하자. 첫 번째 집단에게는 그 단어들의 글자들이 대문자인지 소문자인지를 맞춰 보라 하고, 두 번째 집단에게는 단어들이 'chair'와 운이 맞는지를 알아보라 하고, 세 번째 집단에게는 단어들이 동물 이름인지 아닌지를 맞춰 보라 한다. 학생들이 과제를 다 끝내면 기억력 테스트를 한다. 어떤 집단의 학생들이 단어를 가장 잘 기억할까? 테스트 결과 세 번째 집단, 즉 글자 차원에서든(33퍼센트 성공) 운 차원에서든(52퍼센트 성공) 단어들을 보다 피상적인 감각 차원에서 처리한 다른 두 집단보다 단어들을 의미 차원에서 깊이 있게 처리한 집단의 학생들이 단어를 가장 잘 기억한다(75퍼센트).[3] 또한 세 집단의 학생들 모두에게서 암묵적이고 무의식적인 단어들의 희미한 흔적이 발견된다. 학습은 철자 및 음운 체계 내에 부지불식간에 영향을 미치는 것이다. 그러나 깊이 있는 의미론적 처리 방식에서만 단어에 대한 분명하고 세세한 기억이 보장된다. 동일한 현상이 문장 차원에서도 일어난다. 교사의 도움 없이 스스로 문장을 이해하려는 학생이 훨씬 더 정보를 잘 기억한다.[4] 이와 관련해 미국 심리학자 헨리 로디거Henry Roediger가 이런 말을 했다. "학습 여건들을 제대로 조성하는 게 어렵고, 그래서 학생들에게 보다 많은 인지 노력을 기울이게 하면 더 효과적인 경우가 많다."[5]

뇌 영상촬영은 이 같은 단어 처리 깊이 효과의 기원을 명확히 해 주는 출발점이다.[6] 보다 깊이 있는 처리는 기억 속에 더 강한 흔적을 남기는데, 그것이 의식적인 단어 처리에 관여하는 전두엽 피질 영역을 활성화시키며, 이 영역들이 정보를 명확한 일화 기억의 형태로 저장하는 해마 영역과 함께 강력한 연결 고리를 형성한다.

프랑스 영화감독 크리스 마르케Chris Marker가 만든 컬트영화 〈활주로La Jetee〉에서는 화면에 보이지 않는 해설자의 목소리가 심오한 진리가 담긴 듯한 말을 한다. "기억들은 평범한 순간들과 구분이 되지 않으며, 나중에야 뒤늦게 그 상처들로 인해 스스로 구분되게 된다." 멋진 말이지만…… 맞는 말은 아니다. 뇌 스캔을 해 보면, 살면서 일어나는 일 중에 기억에 새겨질 일은 기억 암호화가 시작되는 순간 이미 아무 흔적도 남기지 않을 일들과 구분되기 때문이다. 그러니까 더 깊은 차원에서 처리되는 것이다.[7] 어떤 사람이 그저 어떤 단어와 이미지를 보고 있는 순간에 뇌 스캔을 해 보면, 우리는 각 자극 중 이후에 어떤 자극이 잊히고 어떤 자극이 기억될지 예측할 수 있다. 가장 중요한 예측 변수는 어떤 자극이 전두엽 피질과 해마와 주변 해마 곁 피질 영역 내에서의 활동에 의해 일어난 것인가 하는 점이다. 이런 영역들의 적극적인 참여 여부가 해당 단어들과 이미지들이 뇌 속에서 얼마나 깊이 있게 처리되는지를 보이며, 그런 자극들이 기억에 남길 흔적의 강도를 예측할 수 있게 한다. 무의식적 이미지는 감각 영역으로 들어오지만, 전전두엽 피질 안에서는 미약한 활성화밖에 일어나지 않는다. 그러나 그 미약한 활성화도 주의와 집중, 처리 깊이, 의식적 인식에 의해 쓰나미 같은 활성화로 변화되어, 전전두엽 피질을 파고들어 이후의 기억이 극대화된다.[8]

적극적 참여와 처리 깊이가 기억을 촉진시킨다는 사실은 학교와 관련된 맥락에서 교육학적 연구들을 통해 입증되고 있다. 대학에서 물리학을 배우는 것이 좋은 예이다. 학생들은 각 운동량과 교류 모터 최소 토크처럼 추상적 개념을 배워야 한다. 우리는 그 학생들을 두 그룹으로 나눈다. 한 그룹에게는 10분간 자전거 바퀴를 가지고 실험하게 하고, 다른 한 그룹에게는 10분간 말로 설명해 주고 다른 학생들을 관찰하게 한다. 이 경우 결과는 확실하다. 물체와의 적극적 상호작용으로 도움을 받은 그룹이 훨씬 잘 배운다.[9] 보다 깊이 보다 적극적으로 참여하는 것이 정보 습득 및 기억에 더 효과적인 것이다.

이 같은 결론은 최근 STEM(science, technology, engineering, mathematics의 줄임말—옮긴이) 과정들에 대한 200가지 이상의 교육학 연구들을 검토한 결과와도 일치한다. 그에 따르면, 교사가 50분간 강의하는 동안 학생들이 수동적으로 듣기만 하는 전통적인 강의식 교육은 학습 효과가 적다.[10] 적극적인 참여를 권장하는 교수법들에 비해 체계적인 강의식 교수법은 성과가 낮은 것이다. 수학에서 심리학, 생물학, 컴퓨터 과학에 이르는 모든 학문 분야에서 적극적인 학생들이 학습 성과가 더 좋다. 적극적인 참여를 하는 학생은 시험 성적도 표준 편차의 절반 가까이 높은데 이는 상당한 것이다. 게다가 과목 낙제율도 10퍼센트 넘게 줄어든다. 그런데 학생들의 참여도를 가장 높이는 전략은 무엇일까? 기적 같은 한 가지 방법은 없지만, 학생으로 하여금 스스로 생각하게 만드는 방법은 꽤 다양하다. 실용적 활동, 모든 사람이 참여하는 토론, 소집단 작업 또는 수업 도중 학생들에게 어려운 질문을 던져 스스로 잠시 생각하게 만드는 방법이 그 예들이다. 학생들로 하여금 편안함을 주는 수동적 자세를 포기하게 만드는 방법이라면 다 효과가 있다.

발견 중심 학습의 실패

이 모든 건 전혀 새로운 사실이 아니다. 당신 역시 생각하고 있을 수 있고, 많은 교사들이 이미 이런 개념들을 적용하고 있다. 그러나 교육학적 분야에서는 전통도 통찰력도 신뢰할 수가 없다. 교육으로 인해 학생들의 이해도와 기억이 실제로 향상되는지 아닌지를 과학적으로 검증해 봐야 하는 것이다. 그리고 이는 내 입장에서 아주 중요한 구분을 명확히 할 수 있는 기회이다. 아이들이 관심을 갖고 적극적으로 자신의 학습에 참여해야 한다는 기본적으로 옳은 견해는 고전적인 구성주의 학습 방법이나 발견 학습 방법들(매혹적인 아이디어들이지만 안타깝게도 그 비효율성이 되풀이해서 나타나고 있다)과 혼동되어서는 안 된다.[11] 이는 아주 중요한 차이인데도 사람들이 잘 알지 못한다. 후자의 학습 방법 또한 적극적인 학습 방법이라고 알려져 있어 혼동을 줄 여지가 많다.

발견 학습이라는 말을 할 때 우리는 대체 무슨 의미로 그 말을 할까? 이 교육학적 견해의 뿌리를 따라가면 장-자크 루소Jean-Jacques Rousseau 시대까지 거슬러 올라간다. 이후 존 듀이John Dewey(1859-1952), 오비드 데크롤리Ovide Decroly(1871-1932), 셀레스탱 프레네Celestin Freinet(1896-1966), 마리아 몬테소리 그리고 보다 최근에는 장 피아제와 시모어 페퍼트Seymour Papert(1928-2016) 같은 유명한 교육학자들을 거쳐 오늘에 이른다. 루소는 자신의 논문 《에밀: 교육에 대하여》에서 이렇게 적었다. "내가 지금 여기서 감히 모든 교육의 가장 중요하면서도 가장 유용한 원칙을 소개해도 되겠는가? 그건 시간을 절약시켜 주는 원칙이 아니라 시간을 낭비하게 하는 원칙이다." 루소와 그의 후계자들의 견해로는, 설사 많은 시간을 낭비하는 한이 있더라도 아이들로 하여금 스스로 발견해 지식을 쌓아 가게 하는 게 늘 더 바람직한 일이다. 루소는 그런 시간을 결코 헛되게 날리는 게 아니라고 믿었다. 그렇게 해서 결국 독립적인 정신을 키우게 되어, 이런 저런 지식을 수동적으로 받아들이고 이미 정해진 천편일률적인 해결책을 내놓는 게 아니라 모든 걸 스스로 생각하고 어려운 문제들도 스스로 해결할 수 있게 된다. 루소는 말했다. "학생들에게 자연 현상들을 관찰해보라고 가르쳐라. 그러면 곧 호기심을 일깨워 줄 것이다. 그러나 그 호기심이 자라는 걸 보고 싶다면, 너무 성급하게 만족해하지 말라. 학생 앞에 문제들을 내 주고 스스로 해결하게 내버려두어라."

정말 매력적인 이론인데…… 불행히도 수십 년간 여러 연구들이 나와, 이 이론의 교육학적 가치가 제로에 가깝다는 주장을 펼쳤다. 그리고 이런 결과는 너무도 자주 반복되어, 자신의 논문 제목을 〈순수한 발견 학습 원칙에 대한 삼진 아웃 룰이라도 있어야 하는 걸까?〉로 정한 사람도 있을 정도였다. 아무 개입 없이 그냥 내버려 둘 경우 아이들은 어떤 분야를 지배하는 추상적 원칙을 발견하는 데 아주 큰 어려움을 겪으며, 설사 어렵게 뭔가를 배운다 해도 아주 더디다. 이게 놀라야 할 일일까? 그런데 상상하기도 힘든 일이지만,

인류가 몇 세기에 걸쳐 알아낸 일들을 아이들은 외부의 도움 없이 몇 시간 만에 알아낸다. 어쨌든 실패는 지금 모든 분야에서 일어나고 있다.

- **읽기 분야에서**: 아이들에게 글자들의 존재와 언어음들의 연관성에 대해 명쾌한 설명도 해 주지 않고 무작정 쓰인 글들을 보여 주기만 해서는 아무 학습 효과도 못 올린다. 쓰이는 언어와 말해지는 언어의 연관성을 스스로 알아내는 아이는 거의 없다. 장-프랑수아 샹폴리옹Jean-François Champollion(프랑스인 이집트학 전문가로 로제타석에 새겨진 이집트 상형문자를 처음 해독했다—옮긴이) 같은 언어 천재도 어린 시절에 /R/ 음으로 시작되는 모든 단어들의 맨 왼쪽 끝에 'R' 또는 'r'이 있다는 걸 발견하려면 얼마나 뛰어난 지력이 필요했을지 상상해 보라. 교사가 아이들에게 잘 선택된 예들과 간단한 단어들 그리고 떨어진 글자들에 대해 세심한 설명을 해 주지 않는다면 사실상 거의 불가능한 일이다.
- **수학 분야에서**: 위대한 수학자 카를 가우스Carl Gauss(1777-1855)는 겨우 7세 때 순전히 혼자 힘으로 1부터 100까지의 합을 빨리 구하는 방법을 발견해 냈다고 한다. (한번 생각해 보라. 답은 이 책 말미의 주12에 있다.) 그러나 가우스의 이 얘기는 예외이며, 다른 아이들에게는 적용하지 못한다. 이런 점에서 연구 결과는 분명하다. 학생들에게 비슷한 문제를 직접 풀어 보라고 하기 전에 교사가 먼저 어느 정도 자세한 예시를 보여 줄 때 학습 효과가 가장 크다는 것이다. 설사 아이가 혼자 해결책을 발견할 정도로 똑똑하다 해도,

나중에는 먼저 문제 푸는 법을 보여 준 뒤 직접 풀어 보게 한 아이들에 비해 학습 성과가 떨어지게 된다.

- **컴퓨터 과학 분야에서**: 자신의 저서 《마인드스톰즈Mindstorms》(1980)에서 컴퓨터 과학자 시모어 페퍼트는 자신이 왜 로고Logo 컴퓨터 언어(스크린상에 거북이 패턴들이 그려지는 것으로 유명)를 발명했는지 설명했다. 직접 해 보는 경험을 통해 아이들이 별도의 지침 없이 스스로 컴퓨터 프로그래밍을 배우게 하자는 게 그의 취지였다. 그러나 그 실험은 실패로 끝났다. 몇 개월 후에 아이들은 고작 간단한 프로그램들만 만들 수 있었다. 아이들은 컴퓨터 과학의 추상적 개념을 전혀 이해하지 못했고, 문제 해결 테스트에서도 훈련 받지 않은 아이들에 비해 특히 더 나은 게 없었다. 컴퓨터 언어를 조금 배운 것이 다른 분야에까지 영향을 주진 못한 것이다. 당시의 연구 결과에 따르면, 아이들은 설명과 직접 해 보는 경험을 곁들여 가르칠 때, 로고 컴퓨터 언어와 컴퓨터 과학을 훨씬 깊이 이해했다.

나는 가정용 개인 컴퓨터의 탄생을 직접 경험했다. 내 나이 15세 때 아버지가 16킬로바이트 메모리에 48×128 픽셀 그래픽을 지원하는 탠디Tandy TRS-80 컴퓨터를 사 주셨다. 내 세대의 다른 사람들과 마찬가지로 나는 선생님도 없이 그리고 별도의 수업도 받지 않고 프로그래밍 언어 BASIC으로 프로그래밍을 배웠다. 물론 나는 혼자가 아니었다. 형과 함께 그야말로 구할 수 있는 온갖 잡지와 책과 예들을 다 끌어 모아 읽어 댔다. 그렇게 해서 나는 결국 제법 뛰어난 프로그래머가 되었는데…… 그러다 컴퓨터 과학 석사 과정에 들어가면서, 내가 부족한 게 턱없이 많다는 걸 깨달았다. 그러니까 그간 각종 컴퓨터 프로그램의 깊은 논리적 구조에 대한 이해 없이, 그리고 그걸 분명히 해 줄 적절한 조치도 없이 내내 땜빵 식으로 덮고 넘어왔던 것이다. 이것이 아마 발견 학습의 가장 큰 폐단인지도 모른다. 학생들로 하여금 어떤 분야의 보다 깊은 개념들을 제대로 알아 볼 기회나 방법도 주지 않은 채 마치 그 분야를 마스터했다는 착각을 안겨 준다.

간단히 말해, 학생에게 동기를 부여하고 적극적으로 참여하게 해 주어야 한다. 하지만 그렇다고 학생을 뭐든 자기 뜻대로 하게 내버려 두어야 한다는 건 아니다. 전통적인 구성주의 학습 방식이 통하지 않는다는 것은 명확한 교육학적 지침이 필요하다는 얘기이기도 하다. 교사는 학생에게 최대한 빨리 그러나 점진적으로 목표 지점에 오를 수 있게 할 조직적 학습 환경을 제공해야 한다. 학생으로 하여금 학습에 적극적으로 참여하게 하면서 동시에 교사 입장에서 세심하면서 사려 깊은 교육 과정을 제공하는 것이 가장 효과적인 교육 전략이다. 이와 관련해 교육 심리학자 리처드 메이어Richard Mayer는 이런 말을 했다. "행동 활동보다는 인지 활동이 중시되고, 순수한 발견보다는 교육 지침이 중시되고, 비구조적인 탐구보다는 교육 과정이 중시되는 교육 방식이 가장 좋은 교육 방식이다."[13] 성공적인 교사들은 학생들에게 기초부터 시작되는 명확하면서도 엄격한 순서를 제공한다. 그들은 늘 학생들이 어느 정도 숙달됐는지 평가하고 의미의 피라미드를 쌓아 올리게 해 준다.

오늘날 몬테소리의 영향을 받은 대부분의 학교에서 실제 그렇게 하고 있다. 그 학교들에는 아이들이 아무것도 하지 않고 생각만 하게 내버려 두지 않는다. 그보다는 합리적이고 체계적인 온갖 활동을 하게 하는데, 교사들이 먼저 세심한 시범을 보이고 그다음에 학생들이 각자 독립적으로 수행한다. 적극적인 참여와 즐거움 그리고 자율성이 강조되는 가운데, 교육 방식에 대한 분명한 지침이 주어지고 흥미로운 학습 재료들이 제공되는 것이다. 그리고 이런 교육 방식은 실제로 계속 그 효과가 입증되고 있다.

학생들이 스스로 학습한다는 개념인 순수한 발견 학습은 옳은 방식이 아니라는 게 입증됐지만, 이상하게 아직도 인기가 많다. 발견 학습은 교육 현장에 안 좋은 영향을 미치는 괴담 수준의 교육 방식들 중 하나로, 다음과 같은 두 가지 잘못된 믿음과도 관련 있다.[14]

- **디지털 네이티브에 대한 잘못된 믿음**: 새로운 세대의 아이들은 자기 부모들과 달리 아주 어린 시절부터 컴퓨터와 각종 전자 제품들 속에 파묻혀 산다. 이 잘못된 믿음에 따르면 디지털 기기를 원어민처럼 자유자재로 다룬다는 이른바 디지털 네이티브 또는 네이티브 호모 재피엔스Homo zappiens는 디지털 세계의 챔피언들로, 그들은 비트와 바이트에 너무도 익숙하며 디지털 미디어를 아주 쉽게 다룬다. 그러나 이는 사실과 너무 거리가 멀다. 연구 결과에 따르면, 아이들의 첨단 기술에 대한 숙련도는 의외로 얕은 경우가 많으며, 멀티태스킹에서도 우리 성인만큼 서툰 경우가 많다. (앞서 살펴보았듯, 우리가 동시에 두 가지 일을 못하는 가장 큰 이유

는 우리 뇌 구조의 기본 특성 탓이다.)

• **학습 스타일들에 대한 잘못된 믿음**: 이 믿음에 따르면, 각 학생
  은 나름대로 좋아하는 학습 스타일이 있다. 어떤 학생은 주로 시
  각 위주의 학습을, 또 어떤 학생은 청각 위주의 학습을 좋아하며,
  또 어떤 학생은 자신이 직접 해 보는 식의 학습을 좋아한다는 것
  이다. 따라서 교육은 각 학생이 좋아하는 지식 습득 방식에 맞춰
  야 한다는 것이다. 이 또한 명백히 잘못된 믿음이다.[15] 놀라운 얘
  기인지 모르겠지만, 아이들이 좋아하는 학습 방식이 크게 다르
  다는 견해를 뒷받침하는 연구는 없다. 진실은 어떤 교육 전략들
  이 다른 교육 전략들보다 효과적이라는 것이다. 그러나 어떤 교
  육 전략들이 효과가 있을 때, 그건 단지 우리 가운데 일부가 아니
  라 전부에게 적용된다. 실험 결과에 따르면, 우리는 너 나 할 것
  없이 전부 음성 언어보다는 그림을 더 잘 기억하며, 또 정보가 시
  각과 청각 모두에 전달될 때, 즉 시청각적 경험을 할 때 더 잘 기
  억한다. 이 역시 모든 아이들에게 해당되는 얘기이다. 어쨌든 아
  이들이 좋아하는 학습 스타일이 저마다 판이하다는 걸 보여 주
  는 증거는 없다. A 타입의 아이들은 A 전략으로 더 잘 배우고, B
  타입의 아이들은 B 전략으로 더 잘 배운다는 얘기는 통하지 않
  는다. 우리 모두 알고 있듯이 모든 인간은 같은 학습 알고리즘을
  공유하고 있다.

그렇다면 교육을 각 아이의 필요에 맞춰야 한다고 주장하는 그
많은 교육 관련 책들과 소프트웨어는 대체 어찌 된 것일까? 다 쓸모

없는 것들일까? 꼭 그렇진 않을 것이다. 아이들은 학습 스타일 면에서가 아니라 학습 속도와 용이함 그리고 동기 면에서 극적으로 변화한다. 초등학교 1학년 때는 상위 10퍼센트의 아이들이 연간 400만 단어 이상을 읽지만, 하위 10퍼센트의 아이들은 6만 단어도 못 읽는다.[16] 난독증이 있는 아이들은 전혀 읽지 못할 수도 있다. 난독증과 난산증 같은 발달장애는 다양한 형태로 나타나기도 하는데, 학습 적응을 위해 장애의 정확한 본질을 진단하는 데 그것이 오히려 도움이 되는 경우도 많다. 아이들은 학습 내용이 특정 난이도에 맞춰진 교육학적 개입들에 도움을 받는다. 예를 들어 고등 수학을 배우면서도 분수 계산의 원리를 이해 못하는 경우가 많은데, 그런 경우 교사는 현재의 교과 과정을 무시하고 숫자와 산수의 기초 과정으로 돌아가야 한다. 그러나 교사들은 아이들이 모두 뭔가를 배울 때 동일한 기본 토대 위에 움직인다는 것도 염두에 두어야 한다. 즉 아이들은 모두 동시에 두 가지 일을 하기보다 한 가지에 집중하는 걸 더 좋아하며, 수동적 강의보다는 적극적 참여를, 입에 발린 칭찬보다는 구체적인 오류 정정을, 전통적인 구성주의 학습 방식이나 발견 학습 방식보다는 명쾌한 교육 방식을 더 좋아한다.

호기심 그리고 호기심을 북돋는 법

모든 인간은 천성적으로 알고 싶어 한다.

– 아리스토텔레스, 《형이상학》(기원전 335년경)

나는 특별한 재능이 없다. 그저 아주 호기심이 많을 뿐이다.
- 알버트 아인슈타인(1952)

적극적인 참여의 토대들 중 하나는 호기심이다. 배우고자 하는 욕망 또는 지식에 대한 갈구 말이다. 아이들의 호기심을 북돋아 주면 반은 이룬 거나 다름없다. 아이들이 일단 주의를 두고 적절한 설명을 찾게 되면, 남은 건 단 하나, 이제 이끌어 주기만 하면 된다. 유치원 시절부터 가장 호기심이 많은 아이들이 나중에 읽기와 수학도 더 잘한다.[17] 따라서 아이들로 하여금 계속 호기심을 갖게 하는 것이야말로 성공적인 교육의 핵심 요소 중 하나이다. 그런데 호기심이란 정확히 무엇일까? 호기심은 대체 다윈의 진화론에서 어떤 필요성에 부응하며, 어떤 종류의 알고리즘과 관련되었을까?

이와 관련해 루소는 자신의 논문 〈에밀: 교육에 대하여〉에서 이런 말을 했다. "사람은 교육을 받는 정도까지만 호기심이 있다." 여기서도 역시 그의 견해는 잘못됐다. 호기심은 교육의 효과가 아니라, 우리가 습득해야 할 기능 내지 능력이다. 호기심은 어린 시절부터 이미 존재하는 인간 뇌 회로의 일부이자 우리 학습 알고리즘의 핵심 요소이기도 하다. 오늘날의 인공신경망들은 대부분 단순한 입력-출력 기능만 갖고 있어 주어진 환경에 수동적으로 반응하지만, 우리 인간은 새로운 정보가 우리한테 올 때까지 수동적으로 기다리지만은 않는다. 아리스토텔레스도 말했듯, 인간은 무언가를 알려는 열정을 갖고 태어나며, 늘 새로운 것을 추구하고, 주변 환경을 적극적으로 탐구해 배울 만한 것들을 찾아낸다.

호기심은 생명체를 움직이는 기본 동력원이다. 배고픔이나 갈증, 안전에 대한 갈구 또는 번식에 대한 욕구처럼 우리로 하여금 행동에 나서게 만드는 추진력이다. 그게 생존에 어떤 역할을 할까? 대부분의 동물 종은(포유동물뿐 아니라 새들과 물고기들도) 자기 주변 환경을 보다 잘 감시하기 위해 그 환경을 꼼꼼히 살핀다. 주변을 살펴보지도 않고 둥지나 은신처, 굴, 구멍 또는 집을 만드는 것은 위험하다. 포식자들이 우글거리는 위험한 우주 안에서 호기심은 그야말로 생과 사의 차이를 만든다. 대부분의 동물이 수시로 자기 영역을 순찰해 수상한 게 없나 주의 깊게 확인하고 낯선 소리나 광경을 살피는 이유이다. 호기심은 동물들로 하여금 새로운 지식을 습득하기 위해 안전지대에서 벗어나게 한다. 모든 게 불확실한 세계에서 정보는 그 가치가 아주 크며 궁극적으로는 다윈이 말한 보상, 즉 생존으로 보답 받는다.

따라서 호기심은 우리로 하여금 뭔가를 탐구하게 하는 힘이다. 이런 관점에서 볼 때 정보의 습득이라는 무형의 가치에 의해 동기부여가 된다는 점은 다르지만, 호기심은 모든 점에서 식량이나 섹스 파트너를 찾으려는 욕구와 비슷하다. 실제로 신경생물학적 연구들에 따르면, 이전에 알지 못했던 정보의 발견은 우리 뇌 속에서 나름대로의 보상을 받는다. 도파민 회로가 활성화되는 것이다. 잊지 말라. 도파민 회로는 먹을 것, 약물, 섹스에 반응해 활성화되는 회로이다. 영장류의 경우에는 그리고 어쩌면 모든 포유동물의 경우에도, 이 도파민 회로는 물질적 보상에만 반응하는 게 아니라 새로운 정보에도 반응한다. 일부 도파민 신경세포들은 미래에 있을 정보 습득에도 반응을 보인다. 마치 새로운 정보에 대한 기대감 덕에 만족한다는 듯이 말이다.[18] 이런 메커니즘 덕에 쥐들은 먹을 것이나 약물에만 반응을 보이는 게 아니라 새로운 것에도 반응을 보인다. 아무 일도 일어나지 않는 지루한 장소보다는 새로운 물체들이 포함된 장소를 빠른 속도로 더 좋아하게 되는 것이다.[19] 우리 역시 모든 풍경이 바뀌는 대도시로 이사를 가거나 최근의 소문을 찾고 싶어 페이스북이나 트위터를 열심히 볼 때도 비슷한 반응을 보인다.

어떤 지식에 대해 순수한 지적 호기심을 느낄 때 우리 도파민 회로 안에서는 지식에 대한 욕구가 꿈틀거리며 지나간다. 당신이 MRI 기계 안에 누워 있는 상태로 "엉클 샘이 처음 수염을 길렀을 때 미국 대통령은 누구였나요?" 식의 사소한 질문들을 받는다고 상상해 보라.[20] 각 질문에 대해, 실험 주관자는 당신의 호기심을 채워 주기에 앞서 그 답이 얼마나 알고 싶은지를 묻는다. 신경세포와 호기심에 대한 이 같은 주관적인 느낌 사이에는 어떤 관계가 있을까? 당신이 느끼는 호기심의 정도는 도파민 뇌 회로의 가장 중요한 두 영역인 측좌핵 및 복측 피개 영역의 활동과 아주 밀접한 관계가 있다. 호기심을 많이 느낄수록 이 두 영역이 더 활성화된다. 이 두 영역의 신호들은 답을 기대해 생겨난다. 호기심이 충족되기도 전에 곧 그 답을 알게 된다는 단순한 사실만으로도 도파민 회로가 자극받는다. 그러니까 긍정적인 일에 대한 기대만으로도 나름의 보상이 따르는 것이다.

이 같은 호기심 신호들은 당신이 얼마나 많이 배울 것인지 예측할 수 있게 하므로 아주 유용하다. 또한 기억과 호기심은 서로 연결되어 있어, 뭔가에 호기심이 클수록 그걸 더 잘 기억할 가능성이 높다. 호기심은 심지어 주변 일들에도 영향을 준다. 호기심이 한창 고조되어 있을 때는 주변을 지나가던 행인의 얼굴뿐만 아니라 당신이 배우고자 갈망했던 정보를 가르쳐 준 사람의 얼굴 같은 주변 상황까지 생생히 기억하게 된다. 결국 지식에 대한 갈망의 정도가 기억의 힘을 좌지우지하는 것이다.

배우고자 하는 우리 욕구에 대한 만족도 또는 그런 만족도에 대한 단순한 기대까지도 도파민 회로를 통해 크게 보상 받는다. 배움, 즉 학습에는 신경계에 관한 본질적 가치가 들어 있다. 그리고 우리가 말하는 호기심이란 결국 그런 가치의 활용에 지나지 않는다. 우리 인간은 이렇게 타의 추종을 불허하는 학습 능력 때문에 특별한지도 모른다. 인간화가 진전되면서 세계를 표현하는 우리의 능력 또한 진전됐다. 우리는 세상에 대한 공식적인 이론들을 생각 언어로 표현하는 유일한 동물이다. 거기다가 과학은 우리 인간만의 생태학적 장점이 되었다. 그렇게 해서 호모 사피엔스는 어떤 환경에든 적응하는 법을 배워 특정한 서식처가 없는 유일한 종이 되었다.

우리의 학습 능력이 획기적으로 확장된 것을 반영하듯, 인간의 호기심도 높아진 것 같다. 또한 인간은 진화 과정에서 이른바 '인식론적 호기심epistemic curiosity'이라는 확장된 형태의 호기심을 획득하게 된다. 인식론적 호기심이 있다는 것은 모든 분야에서 가장 추상적인 지식을 비롯한 온갖 지식에 대한 갈망을 갖는다는 뜻이다. 다른 포유동물과 마찬가지로 우리는 놀면서 탐구한다. 실제 움직임을 통해서뿐만 아니라 생각 실험들을 통해서도 말이다. 또한 다른 동물들은 자기 주변 공간을 방문하는 데 반해, 인간은 개념적인 세계들을 방문한다. 또한 인간은 지식에 대한 갈망을 이끌어 주는 특정한 인식론적 감정들을 경험한다. 예를 들어 수학 패턴의 순수한 아름다움과 대칭을 즐긴다. 또한 맛있는 초콜릿 한 조각보다 멋진 수학 정리에 훨씬 더 감동을 받기도 한다.

즐거움 또한 배움을 이끄는 독특한 인간의 감정들 가운데 하나로 보인다. 우리의 암묵적인 가정들 중 하나가 잘못됐다는 걸 갑자기 알 때 뇌 안에서 즐거움 반응이 일어나며, 그 결과 정신 모드를 급격히 변화시켜야 한다. 철학자 다니엘 데닛Daniel Dennett에 따르면, 즐거움은 전염성이 강한 사회적 반응으로, 뜻하지 않게 습득한 정보로 다른 사람들의 주의를 끌면서 퍼진다.[21] 그리고 실제 웃으면서 즐겁게 배우는 모든 것이 호기심을 더 키우며 이후 기억도 더 잘되는 듯하다.[22]

알고 싶은 욕구: 동기부여의 원천

그간 여러 심리학자들이 인간의 호기심을 뒷받침하는 알고리즘을 밝히려고 노력해 왔다. 사실 우리가 호기심의 알고리즘을 더 잘 안다면, 학습에 꼭 필요한 이 능력을 통제할 수 있을 것이며, 심지어는 결국 인간의 이 능력을 흉내 낼 수 있는 기계, 즉 호기심을 가진 로봇으로 호기심을 재연할 수도 있을 것이다.

알고리즘 중심의 이런 접근 방식은 이제 그 결실을 맺고 있다. 월

리엄 제임스에서 장 피아제 그리고 도널드 헵에 이르는 위대한 심리학자들도 호기심을 뒷받침하는 정신 작용의 특성에 대해 이런저런 추측을 했다. 그들에 따르면 호기심은 아이들이 이 세상을 이해하고 그 마음속 모델을 구축하는 데 필요한 동기의 직접적 표현이다.[23] 호기심은 우리의 뇌가 우리가 이미 알고 있는 것과 우리가 알고 싶어 하는 것 사이의 괴리, 즉 잠재적인 학습 소재를 찾아낼 때마다 생긴다. 매 순간순간 우리는 우리가 할 수 있는 다양한 행동들로부터 그 같은 괴리를 줄여 주고 유용한 정보를 습득하게 해 줄 가능성이 가장 큰 행동을 선택한다. 이 이론에 따르면, 호기심은 학습을 조절하는 인공두뇌 시스템을 닮았으며, 또한 증기 압력을 조절하고 일정 속도를 유지하기 위해 증기 엔진의 스로틀 밸브를 열거나 닫는 역할을 하는 그 유명한 '와트 거버너Watt governor'(진동자 속도 조절기)와 비슷하다. 호기심은 뇌의 통치자로 특정한 학습 압력을 유지하려 애쓰는 조절자이기도 한 것이다. 호기심은 우리를 우리가 배울 수 있다고 생각하는 것들로 이끈다. 호기심의 반대 개념인 따분함은 우리로 하여금 이미 알고 있는 것들에서 고개를 돌리게 하거나, 과거 경험상 배울 게 없을 것 같은 분야에서 고개를 돌리게 한다.

이 이론은 호기심이 왜 놀람이나 새로움의 정도와 직접 관련이 없고 대신 종형 곡선을 이루는지 설명해 준다.[24] 우리는 전혀 놀랍지 않은 것들, 즉 그간 수천 번은 봐서 질려 버린 것들에는 호기심을 갖지 않는다. 그러나 너무 새롭거나 놀라운 것들 또는 너무 혼란스럽거나 복잡한 것들에도 끌리지 않는다. 우리의 호기심은 너무 단순해 따분한 것과 너무 복잡해 거부감이 드는 것을 떠나 자연스레 새롭고 접근 용이한 것들로 향한다. 그러나 이 같은 끌림은 계속 변화한다. 우리가 호기심의 대상들을 마스터하면, 한때 끌리던 것들이 매력을 잃고, 호기심은 다시 새로운 대상으로 향한다. 아기가 처음에는 자신의 발가락을 잡기도 하고 두 눈을 감기도 하고 까꿍놀이도 하는 등 아주 사소한 것들에 큰 열정을 보이는 것도 이 때문이다. 아기에게는 모든 게 새롭고 잠재적인 학습 자원이다. 그러나 일단 그런 실험들을 통해 얻을 수 있는 지식을 다 쥐어짜 내고 나면 바로 흥미를 잃는다. 그 어떤 과학자도 갈릴레이의 실험을 더 이상 재연하지 않는 것도 이 때문이다. 이미 알려진 것은 따분해진다.

이런 알고리즘은 우리가 한때 매력적으로 보였지만, 너무 어려운 걸로 입증된 분야에서 눈을 돌리는 이유를 설명해 준다. 우리 뇌는 학습 속도를 측정하며, 충분히 빠른 속도로 발전하고 있지 못하다는 걸 뇌가 알아채는 순간 호기심이 사라진다. 연주회를 다녀 온 아이가 바이올린에 대한 열정을 갖게 됐다가…… 몇 주 후 악기를 마스터하는 게 쉽지 않다는 걸 깨닫고 결국 바이올린 배우는 걸 포기하는 게 그런 경우이다. 바이올린 연주를 계속 하는 사람은 보다 온건한 목표(매일 조금씩 더 낫게 연주한다는 식)를 세웠거나 정말 프로 음악가가 될 목표를 갖고 부모와 사회적 지지 속에 부단히 자신의 장기적 목표를 상기하면서 계속 스스로 동기부여하는 사람이다.

프랑스 엔지니어 프레더릭 카플란Frederic Kaplan과 피에르-이베 오데이에Pierre-Yves Oudeyer는 로봇에게 호기심을 심어 보았다.[25] 그들이 만든 알고리즘에는 여러 모듈이 포함돼 있다. 첫 번째 모듈은 고전적인 인공학습 시스템으로 바깥세상의 상태를 예측하는 역할을 한다. 두 번째 모듈은 보다 혁신적인 모듈로 첫 번째 모듈의 성과를 평가하며, 최근의 학습 속도를 측정하고 그걸 활용해 로봇이 최대한 많은 걸 배울 분야를 예측한다. 세 번째 모듈은 보상 회로로, 보다 효율적인 학습에 이를 것으로 예측되는 행동들에 더 큰 가치를 둔다. 결국 이 시스템은 자연스레 스스로 가장 많은 걸 배울 거라고 믿는 분야들에 집중하게 되는데, 카플란과 오데이에에 따르면 바로 이런 것이 호기심의 정의이다.

이런 알고리즘으로 무장된 호기심을 가진 그들의 로봇은 아기 매트 위에 내려놓으면 정말 어린아이같이 행동한다. 잠시 특정 물체에 푹 빠져 내내 코끼리 봉제 인형의 귀 한 짝을 들어 올렸다 내렸다 하는 식의 행동을 하는 것이다. 그러다 점차 그것 말고도 배울 게 많다는 걸 알게 되면서 로봇의 호기심은 줄어든다. 그래서 어떤 시점이 되면, 고개를 돌려 자극이 될 만한 다른 물건을 열심히 찾는다. 한 시간이 지나면 아기 매트를 살펴보는 일을 중단한다. 로봇이 자신이 배울 만한 건 다 배웠다고 믿게 되면서 디지털 신호로 된 따분함을 느낀다.

이 로봇을 어린아이에 비유하는 건 흥미롭다. 태어난 지 몇 개월 안 되는 아기들조차 너무 단순하지도 너무 복잡하지도 않은 중간 정도의 복잡성을 가진, 그러면서도 그 구조가 곧바로 배울 수 있는 정도인 그런 자극을 추구한다. (유아들이 보이는 호기심의 이런 특성은 흔히 '골디락스 효과Goldilocks effect'라 한다. 골디락스는 너무 뜨겁지도 너무 차갑지도 않은 적당한 상태를 뜻한다—옮긴이)[26] 아기들의 배움을 극대화시키기 위해, 우리는 의욕을 꺾지 않을 정도의 자극을 주는 새로운 물체를 계속

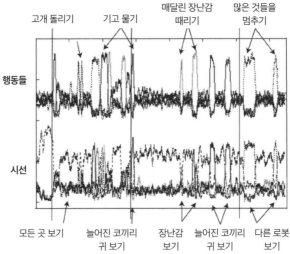

호기심은 우리 인간 학습 알고리즘의 필수 요소로, 기계의 경우에는 이제 막 재연되기 시작했다. 여기에서는 작은 로봇이 놀이 매트 위를 탐구한다. 이 로봇은 보상 기능에 의해 호기심이 발동되며, 그래서 뭔가를 배울 수 있는 가능성을 극대화시켜 주는 행동을 선택한다. 그 결과 로봇은 매트 위에 있는 장난감을 하나하나 건드려 보면서 자기 마음대로 행동한다. 그리고 일단 세상의 한 면을 마스터하면 바로 흥미를 잃고 다른데로 주의를 돌린다.

제공해 아기의 환경을 풍요롭게 만들어 주어야 한다. 아기에게 잘 짜인 교육 체계를 제공해 지식 및 새로운 것에 대한 욕구를 끊임없이 자극해 꾸준히 발전할 수 있게 돕는 게 어른의 책임인 것이다.

이런 비전의 호기심을 통해 우리는 흥미로운 예측을 해 볼 수 있다. 즉 아이들이 계속 호기심을 갖기 위해서는 자신이 아직 모르는 게 있다는 걸 알아야 한다. 어린 시절부터 '메타인지metacognition' 능력을 가져야 한다는 것이다. 메타인지는 인지의 상위 인지이다. 우리의 정신 과정을 모니터하는 보다 높은 차원의 인지 시스템이다. 호기심은 우리 뇌가 우리가 이미 알고 있는 것과 알고 싶어 하는 것 사이의 괴리에서 생겨난다는 호기심 괴리 이론에 따르면, 메타인지 시스템은 우리의 학습을 끊임없이 관리감독하며, 우리가 아는 것과 모르는 것을 확인하고, 옳은지 아닌지 또 학습 속도가 빠른지 느린지 등을 평가한다. 메타인지는 우리가 우리 자신의 마음에 대해 알고 있는 모든 것들을 아우른다.

메타인지는 호기심에도 중요한 역할을 한다. 실제로 호기심을 가지려면 뭔가를 알고 싶어야 하는데, 그건 곧 당신 자신이 아직 뭔가를 모른다는 사실을 안다는 의미이기도 하다. 다시 강조하지만, 최근의 실험 결과들에 따르면 생후 1년 후부터 아니 어쩌면 더 일찍부터 아이들은 자신이 모르는 것들이 있다는 걸 안다.[27] 실제로 그 나이의 아기들은 어떤 문제를 혼자 해결할 수 없을 때 선뜻 자신의 보호자에게 도움을 청한다. 자신이 뭔가를 모른다는 걸 알 때 더 많은 정보를 얻기 위해 도움을 요청하는 것이다. 이는 인식론적 호기심, 즉 뭔가를 알려는 거부할 수 없는 욕구의 조기 발현이다.

학교가 호기심을 망치는 세 가지 방식

부모들은 다 자신의 자식이 호기심에 가득 차 있던 갓난아기 시절을 그리워한다. 2세에서 5세 사이의 아이들은 모든 것에 호기심이 많다. 그래서 그 애들이 좋아하는 단어도 '왜why'인 경우가 많다. 아기들은 지식에 대한 갈증을 채우기 위해 어른에게 끝없이 질문을 던지며 또 세상을 상대로 계속 실험을 한다. 그런데 놀랍게도 절대 채워지지 않을 듯하던 그 욕구가 학교에 입학한 뒤 몇 년 후면 결국 사라진다. 일부 아이들은 계속 모든 것에 호기심을 보이지만, 대부분의 아이들은 스스로 호기심을 접는다. 그러면서 적극적인 참여는 따분한 소극성 내지 수동성으로 바뀐다. 그 이유를 과학적으로 설명할 수 있을까? 우리는 아직 모든 답을 찾지 못했지만, 나는 다음과 같은 몇 가지 가설을 제시하고 싶다.

첫째, 아이들은 자신의 필요에 맞는 인지 자극들이 부족해 호기심을 잃는 것일 수 있다. 우리가 앞서 살펴본 호기심 알고리즘에 따르면, 호기심은 시간이 지나면서 줄어드는 게 지극히 정상이다. 학습이 진전되면서 기대되는 학습 이점이 줄어들기 때문이다. 어떤 분야를 마스터하면 할수록 그 분야가 제공할 수 있는 것들은 점점 줄어들게 되며, 그 결과 그 분야에 대한 우리의 관심 또한 줄어들게 된다. 따라서 아이들의 호기심을 유지시켜 주기 위해, 학교는 슈퍼컴퓨터 같은 아이들의 뇌에 계속 지능에 맞는 자극을 제공해야 한다. 물론 늘 그런 건 아니다. 표준적인 교실에서 가장 앞서가는 학생들은 자극이 부족한 경우가 많다. 그래서 몇 개월도 안 돼 그 아이들의 호기심은 사그라지고 더 이상 학교에 많은 걸 기대하지 않게 된다. 안타까운 일이지만, 그 아이들의 메타인지 시스템이 학교에서는 더 배울 게 별로 없다는 걸 깨닫기 때문이다.

반면에 학교생활을 어렵게 해 나가고 있는 학생들은 그 반대 이유로 호기심이 사그라진다. 역시 이번에도 주범은 메타인지이다. 이 아이들은 시간이 어느 정도 지나면 더 이상 호기심을 가질 이유가 없게 되는데, 자신이 제대로 배우고 있지 못하다는 걸 깨닫기 때문이다. 그때까지의 경험이 이 아이들의 메타인지 회로 깊이 다음과 같은 간단한(그러나 잘못된) 규칙을 심은 것이다. 나는 이러이러한 과목(수학, 읽기, 역사)에 재능이 없어. 이런 실망은 드문 일이 아니다. 많은 여학생은 수학이 영 적성에 맞지 않는다고 확신한다.[28] 또한 불우한 집안 출신의 아이들은 학교 자체가 자신에게 적대적이며 미래에 도움이 되는 걸 전혀 가르쳐 주지 않는다고 믿는 경우가 많다. 이런 메타인지적 판단은 아주 해로운데, 그런 판단은 아이들의 의욕을 꺾고 호기심이 싹도 트기 전에 잘라 버린다.

그런 아이들에게 얼마든지 잘 배울 수 있으며 나중에 그 보상이 있을 거라는 확신을 심어 줌으로써 잃어버린 자신감을 하나씩 회복시켜 주는 게 해결책이다. 호기심 이론에 따르면, 아이들이 학교에서 너무 앞서든 너무 뒤처져 의욕을 상실한 경우든 아이의 현재 수준에 맞춰 자극을 주는 문제들을 조심스레 제공함으로써 배움에 대한 욕구를 회복시키는 게 가장 중요하다. 먼저 아이들은 새로운 걸 배우는 즐거움을 재발견하고, 그런 다음 서서히 자신의 메타인지 시스템이 배울 수 있는 걸 배우는데, 그 과정에서 잃어버렸던 호기심을 되찾게 된다.

아이들로 하여금 관심 내지 호기심을 잃게 하는 또 다른 시나리오는 호기심에 처벌을 하는 것이다. 발견하고자 하는 아이의 욕구는 지나치게 엄격한 교육학적 전략에 의해 꺾일 수 있다. 예를 들어 전통적인 강의식 교육은 아이의 참여 의욕은 물론 심한 경우 생각할 의욕마저 꺾는다. 아이로 하여금 수업이 끝날 때까지 그저 입 다물고 조용히 자리를 지키고 앉아 있어야 한다고 믿게 만드는 것이다. 이런 상황에 대한 신경생리학적 해석은 간단하다. 도파민 회로 내에서 호기심과 그 만족감에 의해 생겨나는 보상 신호들이 외부 보상 및 처벌과 경쟁을 벌이게 된다. 따라서 탐구 노력에 대한 처벌로 인해 호기심이 꺾일 가능성이 있는 것이다. 계속해서 적극적인 참여에 나섰다가 조직적으로 혼나거나 조롱받거나 처벌되는 아이를 상상해 보라. "그런 바보 같은 질문이 어딨어? 입 다물고 있어. 안 그러면 방과 후 30분간 학교에 남아 있어야 할 거야." 이 아이는 곧 수업 중에 호기심을 보이거나 참여하려는 게 금물이라는 걸 배운다. 도파민 회로가 기대하는 호기심을 토대로 한 보상, 즉 새로운 걸 배우는 일의 즐거움이 도파민 회로가 받아들이는 부정적 신호들에 의해 좌절된다. 반복적인 처벌은 학습된 무기력증으로 이어진다. 이는 스트레스 및 불안감과 관련 있는 일종의 육체적·정신적 마비 상태로, 동물의 학습 의욕을 꺾는다고 알려져 있다.[29]

그렇다면 해결책은? 대부분의 교사들은 이미 그 해결책을 알고 있다. 그저 호기심에 대해 처벌할 게 아니라 보상을 하면 된다. 질문을 하라고 격려하고(그 질문이 아무리 미숙하다 해도), 아이들이 좋아하는 주제에 대해 발표하게 하며, 솔선하는 아이에게 보상을 하는 것이다. 동기부여에 대해 신경과학이 시사하는 바는 극히 분명하다. 행동 X를 하고 싶다는 욕구는 기대되는 보상(그것이 음식, 편안함, 사회적 지지 같은 물질적인 것이든 정보의 습득 같은 인지적인 것이든)과 관련되어야 한다는 것이다. 지금 너무도 많은 아이들이 뼈아픈 경험을 통해 학교에서는 아무 보상도 기대할 수 없다는 걸 깨닫고 호기심을 다 잃어버리고 있다. (곧 다시 살펴보겠지만, 이 서글픈 상황에 성적이 개입되는 경우가 많다)

아이들의 호기심을 꺾을 수 있는 세 번째 요소는 지식의 사회적 전파이다. 인간 속에는 두 가지 학습 모드가 공존한다는 걸 잊지 말라. 아이들이 뛰어난 신출내기 과학자처럼 끊임없이 실험하고 질문을 던지는 적극적인 학습 모드와 아이들이 그저 다른 사람들이 자신에게 가르쳐 주는 걸 기록하는 수용적 학습 모드가 그것이다. 학교는 두 번째 학습 모드만 권장하는 경우가 많다. 이 경우 학생이 교사가 늘 자신보다 모든 걸 더 잘 안다고 가정한다면 첫 번째 학습 모드를 꺾을 수도 있다.

그렇다면 교사의 태도가 정말 아이의 자연스런 호기심을 꺾을 수 있을까?[30] 안타까운 일이지만, 최근 실시된 실험들에 따르면 그 답은 '예스'이다. MIT 공대에 있는 자신의 아동 인지 연구실에서 미국 발달 심리학자 로라 슐츠Laura Schulz는 유치원생들에게 이상한 기계 장치를 하나 보여 준다. 여러 곳이 감춰진 일련의 플라스틱 튜브로 그 속에는 거울, 뿔, 빛으로 하는 게임, 뮤직박스 같은 온갖 뜻밖의 장난감들이 담겨 있다. 당신이 만일 아무 말도 없이 그런 기계 장치를 아이에게 준다면 곧바로 호기심을 자극하게 된다. 아이들은 감춰진 보상들을 거의 다 찾을 때까지 연구실 여기저기를 계속 뒤지고 찾는다. 자, 이제 새로운 그룹의 유치원생들을 데리고 수동적이고 수용적인 교육학적 모드로 끌고 들어간다. 당신이 할 일은 단 하나, 아이들에게 어떤 물체를 주며 이렇게 말하는 것이다. "봐라! 내 장난감을 보여 줄게. 이건 이렇게 하는 건데……." 그러면서 뮤직박스를 연주한다. 이런 것들이 아이들의 호기심을 자극할 거라고 생각하는 사람도 있겠지만…… 결론은 반대이다. 이런 종류의 소개를 하면 탐구욕이 현저히 떨어진다. 그리고 아이들은 교사가 최대한 자신들을 도와 주려 하고 있으며, 그래서 그 기계 장치의 모든 흥미로운 기능들을 설명해 주었을 거라고 추정할 수 있다. 그렇다 보니 굳이 뒤지고 찾을 필요가 없는 것이다. 호기심 자체가 아예 봉쇄된다.

이어진 실험에 따르면, 아이들은 교사의 과거 행동을 염두에 둔다. 그래서 교사가 늘 진을 뺄 정도로 상세히 설명해 주면 학생들은 호기심을 잃는다. 교사가 새로운 장난감의 기능들 중 하나만 실연해 보여 주어도, 아이들은 그 장난감의 모든 면들을 탐구하지 않는다. 자신들이 알아야 할 것들을 이미 교사가 다 설명했다고 생각한다. 반면에 교사가 자신이 늘 모든 걸 다 아는 게 아니라는 걸 입증해 보이면 아이들은 계속 탐구한다.

그렇다면 대체 올바른 접근 방식은 무엇일까? 나는 늘 적극적인 참여 개념을 마음속에 갖고 있으라고 권한다. 아이들을 최대한 적극적으로 참여시키려면 늘 그 아이들에게 상상력을 자극해 더 깊이 파고들게 만드는 질문과 말을 해 주어야 한다. 학생으로 하여금 모든 걸 스스로 발견하라고 하는 건 어불성설로, 그럴 경우 발견 중심 학습의 덫에 빠지게 된다. 가장 이상적인 시나리오는 아직 발견해야 할 게 수없이 많다는 걸 알려 줘 아이의 창의력을 자극하면서 동시에 체계적인 교육 지침을 제공하는 것이다. 내가 아는 한 교사는 여름 방학 직전에 내게 이런 말을 했다. "있잖아요. 방금 내가 풀 수 없는 수학 문제를 하나 봤는데요……." 그렇다. 나 역시 그 교사가 할 수 있는 것보다 더 잘 해내기 위해 그 여름 내내 이 문제에 매달렸다.

아이들의 적극적인 참여를 이끌어 내려면 필요한 또 다른 일을 병행해야 한다. 즉 아이들의 잘못을 용인하면서 빨리 시정해 주어야 한다. 이것이 배움의 세 번째 기둥인 '에러 피드백'이다.

에러 피드백

모든 사람이 기꺼이 실수하는 법을 배워야 한다. (……)
생각한다는 것은 한 가지 실수에서 다른 실수로 옮겨 간다는 것이다.

- 알랭, 《교육 이야기》(1932)

절대 실수하지 않는 사람은 오직 아무것도 하지 않는 사람뿐이다.

- 시어도어 루스벨트(1900)

1940년, 어린 알렉산더 그로텐디크는 겨우 11세 내지 12세 정도
였다. 그는 자신이 훗날 모든 세대의 사람들에게 영감을 주는 20세
기의 가장 영향력 있는 수학자 중 한 사람이 되리라는 걸 몰랐다. (그
의 혁신적인 아이디어들은 1958년, 훗날 10명 이상의 필즈상 수상자를 배출하는 그

유명한 프랑스 고등과학연구원 탄생에 중요한 역할을 했다.) 그러나 사실 알렉산더는 어린 시절부터 이미 수학을 꽤 잘하고 있었다. 다음은 그의 회고록에서 발췌한 것이다.

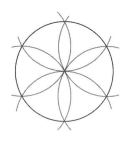

11세인가 12세 때 망드 부근의 리어코 강제수용소에 갇혀 있던 나는 컴퍼스 투사透寫 게임을 발견했다. 당시 나는 원주에 컴퍼스를 여섯 번 연이어 돌려 출발점으로 되돌아오면서 원을 균등하게 6개로 나눌 때 생겨나는 여섯 갈래의 장미 모양에 특히 매료됐다. 이 실험적인 관찰을 통해 나는 원주의 길이가 정확히 반지름의 6배라는 확신을 갖게 됐다. 훗날 나는 한 교과서에서 그 관계는 훨씬 더 복잡하다는 걸 알게 됐으며, L=2πR이고 π=3.14……라는 등식이 있다는 것도 알게 됐다. 나는 그 책이 잘못된 거라고 확신했다. 저자들이 π=3이라는 걸 분명히 보여 주는 이 간단한 컴퍼스 투사 게임을 간과한 게 틀림없다고 생각했다.

학교에서 배우거나 교과서에서 본 것들을 무조건 당연하다고 여기지 않고 자기 자신의 능력을 믿음으로써 어린아이도 나름대로의 통찰력이 있다고 믿는 건 값진 일이다. 그런데 사실 그런 믿음은 늘 꺾인다.

많은 사람들이 방금 내가 얘기한 경험을 어린아이다운 경솔함, 즉 나중에 널리 인정되고 있는 사실 앞에 무릎 꿇을 경솔함으로 볼 것이다. 모든 상황이 조롱거리가 될 만하니까. 그러나 나는 당시 그런 경험을 하면서 실망이나 조롱 같은 것을 전혀 느끼지 못했다. 그저 참된 교훈을 하나 얻었다는 느낌뿐이었다. 실수에서 배운다는 느낌 말이다.[1]

이 얼마나 보기 드문 고백이요 겸손함에 대한 교훈인가! 세계에서 가장 위대한 수학자 중 한 명이 한때 파이(π)=3이라고 믿는 어처구니없는 실수를 했었다고 인정했으니. 그러나 알렉산더는 한 가지 면에서는 아주 옳았다. 학습에서 실수가 얼마나 중요한 역할을 하는가 하는 면에서 말이다. 실수는 배울 때 쓸 수 있는 가장 자연스런 방법이다. 실수와 배움은 사실상 같은 말이다. 모든 실수는 배움을 얻을 수 있는 기회를 주기 때문이다.

이런 개념은 내가 어렸을 때 인기 있었던 프랑스 TV 애니메이션 시리즈 〈샤독Les Shadoks〉을 통해 통용되는 원칙의 수준까지 되었다. "끊임없이 시도해야 비로소 성공할 수 있어. 그러니까 실패를 많이 할수록 성공할 가능성도 더 높아진다고." 그 애니메이션 시리즈에서 그들이 쏴 올리려고 한 로켓은 성공 가능성이 100만 분의 1밖에 안 됐지만, 그들은 무려 99만 9,999번이나 실패하고 결국 100만 번째 시도에서 성공한다.

그리고 유머로 하는 말이 아니라, 실제로 실수를 하더라도 일단 시작하지 않는다면 발전할 수도 없다. 개선 방법을 알려 주는 피드백을 받는 한 실수는 늘 용납된다. 이런 이유 때문에 에러 피드백이 배움의 세 번째 기둥이며, 가장 영향력 있는 교육 변수 가운데 하나이기도 하다. 그리고 우리가 받는 에러 피드백의 질과 정확도가 높을수록 배우는 속도 또한 빨라진다.[2]

놀람: 배움의 추진력

앞서 1장에서 살펴본 학습 알고리즘들을 상기해보라. 그 알고리즘들을 통해 사냥꾼은 자신의 조준경을 조정할 수 있고, 인공신경망은 자신의 숨겨진 가중치들을 조정할 수 있다. 원리는 간단하다. 일단 먼저 시도한다. 설사 실패하더라도 실수의 규모와 방향을 보고 다음 시도에서 어떻게 개선할지를 파악한다. 따라서 사냥꾼은 조준하고 사격해 표적에서 얼마나 빗나갔는지 확인하며, 그 에러 피드백을 이용해 다음 사격 때 조정한다. 명사수들은 이런 식으로 자신의 총을 미세 조정한다. 또한 보다 큰 규모에서는 인공신경망들이 수백만 가지 변수들을 조정해 외부 세상에 대한 내부 모델들을 다듬는다.

우리의 뇌 역시 이런 식으로 움직일까? 이런 가설을 뒷받침하는 데이터는 1970년대 초부터 이미 축적되었다. 두 미국 연구원 로버트 레스콜라Robert Rescorla와 앨런 와그너Allan Wagner가 다음과 같은 가설을 내놓았다. 뇌는 자신이 예측하는 것과 실제 받아들이는 것 사이에서 괴리를 인지할 때만 배우기 시작한다. 그리고 그 어떤 배움도 에러 신호 없이는 가능하지 않다. 그리고 생명체들은 자신의 예상과 다른 일이 일어날 때만 배운다.[3] 다시 말해, 예상 밖의 놀람은 배움의 기본 동력 중 하나인 것이다.

레스콜라-와그너 이론은 '고전적 조건 형성classical conditioning'이라는 학습 패러다임의 세세한 면들을 잘 뒷받침한다. 파블로프의 개 이야기는 모두 들어 봤을 것이다. 파블로프의 조건 형성 실험에서, 한 개에게 벨소리를 들려준다. 원래는 아무 의미도 효과도 없는 벨소리이다. 그러나 반복해서 먹을 것과 연결시키면 그 벨소리는 마침내 조건반사를 자극하는 소리가 된다. 그 개는 벨소리가 들리면 곧 먹을게 나온다는 걸 배우고, 그래서 벨소리가 들리면 바로 침을 흘리게 되는 것이다. 그럼 레스콜라-와그너 이론은 이런 발견들을 어떻게 설명할까? 레스콜라-와그너 이론은 뇌가 감각 입력 정보들(벨소리에 움직이는 감각들)을 활용해 이후에 있을 자극(먹을 것)을 예측한다고 추정한다. 그 작동 원리는 다음과 같다.

· 뇌가 감각 입력 정보들의 가중치 합을 계산해 예측을 한다.
· 뇌가 이런 예측과 실제 들어오는 자극 간의 차이를 계산한다. 그 차이가 이 이론의 기본 개념인 '예측 에러prediction error'로, 각 자극과 관련된 놀람의 정도를 나타낸다.
· 뇌가 이 놀람 신호를 활용해 내부 표현을 바로잡는다. 즉 내부 모델이 자극의 힘과 예측 에러의 값에 정비례해 변화되는 것이다. 그렇게 해서 원칙적으로 다음 예측은 현실에 더 가까워진다.

이 이론은 그 속에 이미 배움의 세 가지 기둥 모두의 씨앗들을 품고 있다. 뇌가 적절한 감각 입력 정보를 선정하고(주의), 그 정보를 활용해 예측하며(적극적 참여), 그 예측의 정확도를 확인할 때(에러 피드백)만 배우는 게 가능한 것이다.

레스콜라와 와그너가 1972년에 내놓은 등식은 꽤 선견지명이 있는 등식이다. 훗날 인공신경망에서 쓰이게 되는 '델타 규칙delta rule'과 사실상 같다. 둘 다 에러 역전달 원칙을 단순화시킨 버전으로, 사실상 현재 모든 지도형 기계학습 시스템에 쓰이고 있다(이 시스템들의 경우, 당연히 있었어야 할 반응에 대한 명쾌한 피드백이 네트워크에 주어진다). 게다가 보상 중심의 머신러닝(이 경우 네트워크에는 어떻게 잘못된 것인지만 알려준다) 분야에서는 아직도 비슷한 등식이 사용될 수 있다. 네트워크는 보상을 예측하고, 그 예측과 실제 보상 간의 차이가 내부 표현을 업데이트하는 데 사용되는 것이다.

따라서 반도체를 토대로 하는 오늘날의 머신러닝이 신경과학에서 직접 영감 받은 등식에 의존하고 있다고 해도 과언이 아니다. 지금까지 봐 왔듯 인간의 뇌는 훨씬 더 앞서 나가 있다. 인간의 뇌는 배울 때 최대한 많은 정보를 얻기 위해, 현재의 인공신경망보다 훨씬 더 세련된 통계학적 모델과 생각 언어를 사용한다. 그러나 레스콜라와 와그너의 기본 아이디어는 여전히 통한다. 우리 뇌는 받아들이는 입력 정보들을 예측하려 애쓰며, 놀람이나 에러의 정도에 따라 그 예측을 조정한다. 따라서 배운다는 것은 결국 예측 불가능한 것을 줄이는 작업이다.

레스콜라와 와그너의 이론은 상당한 영향력이 있었는데, '연합 학습associative learning'(자극과 자극 혹은 반응과 자극의 연결을 반복에서 그 결합을 인식함으로써 성립되는 학습—옮긴이) 개념을 토대로 한 이전 이론들을 상당히 개선한 이론이었기 때문이다. 과거에는 뇌가 벨소리를 듣고 먹을 것을 예측하는 게 아니라 그저 벨소리와 먹을 것을 연결시키는 법을 배울 뿐이라는 믿음이 일반적이었다. 그 같은 연합 학습 견해에 따르면, 뇌는 그저 자극과 반응 사이에 나타나는 모든 일치를 순전히 수동적으로 기록할 뿐이다. 그러나 이런 견해는 파블로프의 조건 형성 실험에서도 잘못됐다는 게 드러났다.[4] 개의 뇌조차도 단순히 연상들을 받아들이는 수동적인 기관이 아니다. 배움은 적극적인 활동이며, 우리의 예측과 어긋나는 데서 오는 놀람의 정도에 따라 달라진다.

'사전 차단forward blocking'은 연합론적 견해를 가장 강력히 반박하는 견해 중 하나이다.[5] 차단 실험에서는 개에게 두 가지 감각 단서, 즉 벨소리와 불빛이 주어지는데, 둘 다 먹을 것이 곧 나타난다는 걸 예측하게 해 주는 단서이다. 이제 개에게 벨소리와 불빛을 연이어 주어 본다. 불빛부터 시작한다. 개는 불빛이 들어올 때마다 먹을 게 나타난다고 예측할 수 있다는 걸 배운다. 그런 다음 불빛이 들어오고 동시에 벨소리가 울리면 먹을 것이 나타난다는 걸 예측하게 만든다. 마지막으로 벨소리 하나만 들려 줬을 때의 효과를 테스트한다. 놀랍게도 이번엔 아무 효과가 없다. 벨소리가 들려도 개가 침을 흘리지 않는 것이다. 마치 벨소리가 들리는 것과 먹을 것으로 보상되는 것의 반복된 연합 학습은 까맣게 잊은 듯하다. 어찌 된 일일까? 이 결과는 연합론적 견해와 맞지 않지만, 레스콜라-와그너 이론과는 완전히 맞아떨어진다. 최초의 연합(불빛과 먹을 것) 습득이 두 번째 연합(벨소리와 먹을 것) 습득을 차단했다는 게 그 핵심이다. 왜? 불빛 하나에 토대를 둔 예측이 모든 걸 설명해 주고도 남기 때문이다. 개는 이미 불빛이 먹을 것을 예측케 한다는 사실을 안다. 따라서 개의 뇌는 불빛과 벨소리를 동시에 사용해 먹을 것을 예측케 하는 두 번째 테스트에서 더 이상 예측 에러를 일으키지 않는다. 에러가 없으니 배움도 없는 것이다. 이제 개는 벨소리와 먹을 것 간의 연상 지식을 전혀 습득하질 않는다. 결국 먼저 배운 원칙이 두 번째 원칙을 배우지 못하게 차단하는 것이다.

이 사전 차단 실험은 배움이 연합론적 견해대로 작동되지 않는다는 걸 분명히 보여 준다. 어쨌든 벨소리-먹을 것 짝짓기 실험은 수백 번 되풀이됐지만, 개에게서는 그 어떤 학습도 일어나지 않았다. 또한 이 실험에서 우리는 놀람이 없으면 배움도 없다는 걸 확인했다. 적어도 개의 경우에는 예측 에러가 배움에 꼭 필요한 것이다. 그리고 예측-에러 시스템은 다른 모든 동물의 뇌에서도 작동한다는 증거들이 속속 나오고 있다.

지금 우리가 얘기하고 있는 에러 신호는 뇌 안을 돌아다니는 '내부' 신호라는 점에 주목할 필요가 있다. 뭔가를 배우기 위해 꼭 실제로 실수해야 할 필요는 없다는 얘기이다. 우리에게 필요한 건 단 하나, 예측한 것과 실제 얻은 것 간의 차이뿐이다. 간단한 양자택일을 생각해 보라. 화가 파블로 피카소Pablo Picaso의 성은 디에고Diego일까 아니면 로드리고Rodrigo일까? 운이 좋아, "디에고"라고 말해 한 번에 맞는 답을 했다고 가정하자(실제 그의 전체 이름은 이렇다. Pablo Diego

Jose Francisco de Paula Juan Nepomuceno Maria de los Remedios Cipriano de la Santisima Trinidad Ruiz y Picasso). 이 경우 내가 뭔가 배우는 게 있을까? 물론이다. 한 번에 맞는 답을 말했지만, 사실 확신은 없었다. 50 대 50의 확률에서 순전히 운이 좋아 맞는 쪽을 고른 것뿐이다. 확실치 않았기 때문에 내가 받은 피드백은 그 자체로 새로운 정보가 되었다. 그야말로 멋대로 고른 답이 실제로 100퍼센트 옳았다는 걸 확인시켜 주었다. 레스콜라-와그너 법칙에 따르자면, 이 새로운 정보는 내가 예측한 것(맞을 확률 50퍼센트)과 내가 이제 알게 된 것(옳은 답이라는 걸 100퍼센트 확신) 간의 차이를 측정해 줄 에러 시그널을 만든다. 뇌 안에서 이 에러 신호는 사방으로 퍼지면서 지식을 업데이트시키고, 그 결과 다음에 다시 같은 질문을 받으면 "디에고"라고 답할 가능성이 높아진다. 따라서 프랑스 TV 애니메이션 시리즈 〈샤독〉에서 로켓을 발사하기 위해 99만 9,999번이나 실패하듯, 배우는 일에서 많은 실수가 중요하다는 믿음은 잘못되었을 수 있다. 배움에서 정말 중요한 것은 배우는 사람의 불확실성을 줄여 주는 명확한 피드백이다.

놀람이 없으면 배움도 없다. 이 기본 원칙은 이제 어린아이를 포함한 모든 종류의 생명체에게서 검증된 듯하다. 놀람은 아기의 초기 능력을 보여 주는 기본 요소 중 하나라는 걸 잊지 말라. 아기들은 물리학과 산수, 확률 또는 심리학 법칙에 반하는 놀라운 마법 같은 게 아니면 더 이상 쳐다보지 않는다(109페이지의 표와 〈컬러 삽입 도판 5〉 참고). 그러나 아이들은 놀랄 때마다 단순히 쳐다보지만은 않는다. 반드시 뭔가를 배운다.

미국 심리학자 리사 페이겐슨Lisa Feigenson 역시 이런 결론에 도달했다. 일련의 실험들을 통해 아이들은 어떤 일이 불가능하거나 사실 같지 않다고 생각될 때 배움에 대한 욕구가 생긴다는 결론에 도달했다.[6] 어떤 물체가 신기하게 벽을 뚫고 지나가는 게 보이면 아기들은 그 불가능해 보이는 장면을 뚫어져라 쳐다보며…… 이후 그 물체가 내던 소리는 물론 심지어 어떤 어른이 그 동작을 묘사하는 데 쓴 동사("Look, I just bleeked the toy[봐, 내가 막 장난감을 블리크했어])도 더 잘 기억한다. 우리가 만일 아기에게 그 물체를 준다면, 아기는 물리학 법칙에 반하지 않는 비슷한 다른 장난감보다 그 물체를 훨씬 더 오래 가지고 논다. 개구쟁이 같은 아기들의 이런 행동은 사실 자기 주변에서 일어나는 일을 적극적으로 알려는 행동이다. 유아용 침대에 누워 있는 과학자들답게 자신이 본 걸 그대로 재연하기 위한 실험들을 하는 것이다. 예를 들어 물체가 벽을 통과해 지나가면 아기들은 그 물체를 두드려 본다. 마치 단단한 물체인지 확인하려는 듯. 또한 어떤 물체가 중력의 법칙에 반해 바닥에 떨어지지 않고 계속 공중에 떠 있는 걸 본다면, 아기들은 그걸 떨어뜨리려 한다. 마치 공중부양 능력이 있는 건지 확인하려는 듯. 즉 아기들은 자신이 관찰한 일이 뜻밖이라 놀라우면 이후 자신의 가설을 조정한다. 에러 역전달 이론이 예측하는 게 이것이다. 모든 뜻밖의 놀라운 일이 결국 세계에 대한 내부 모델의 조정으로 이어지는 것이다.

이 모든 현상이 생후 11개월 된 아기의 뇌 속에 자세히 기록되는데, 어쩌면 그보다 훨씬 더 일찍 기록되는지도 모른다. 이처럼 에러 정정을 통해 배우는 것은 동물 세계에서 아주 흔한 일로, 삶이 시작되자마자 에러 신호는 배움을 지배한다고 해도 과언이 아니다.

뇌는 에러 메시지들로 가득하다

에러 신호는 배우는 데 아주 기본적인 역할을 한다. 그래서 사실상 뇌의 모든 영역들에서 에러 메시지들이 오가는 게 보인다(《컬러 삽입 도판 17》 참고).[7] 아주 기본적인 예를 하나 살펴보자. 똑같은 음 A가 A A A A A 식으로 들린다고 상상해 보라. 각 A 음은 당신 뇌의 청각 영역에서 반응을 끌어낸다. 그러나 그 음이 계속 반복된다면 그 반응은 점차 줄어들게 된다. 이를 '적응adaptation'이라 한다. 뇌가 다음에 일어날 일을 예측하는 걸 배운다는 믿을 수 없을 만큼 단순한 현상이다. 그러다 갑자기 음이 A A A A A#로 바뀐다. 당신의 1차 청각 피질은 즉각 강한 놀람 반응을 보인다. 적응이 사라져 버리고, 뜻밖의 음에 대한 반응으로 새로운 신경세포들이 활성화된다. 적응을 일으키는 건 반복 자체가 아니다. 그 음들이 예측 가능하냐는 것이 중요하다. 그리고 이번에는 A B A B B가 들리면 예측 불가능한 반복으로 인해 놀람 반응이 일어난다.[8]

우리의 청각 피질은 단순한 계산을 하는 걸로 보인다. 얼마 안 된 과거의 경험을 활용해 미래를 예측하는 것이다. 그래서 어떤 음 하나 또는 일련의 음들이 반복되자마자, 뇌의 이 영역은 앞으로도 그렇게 계속 반복될 것이라고 결론 내린다. 예측 가능하고 따분한 신호들에 쓸데없이 많은 주의를 두지 않게 해 주니 이는 유용한 현상이다. 어떤 음이든 반복되는 음은 입력 정보 쪽에 쑤셔 넣어진다. 새로운 활동이 정확한 예측에 의해 무효화되기 때문이다. 입력 감각 신호가 뇌의 예측과 일치하는 한 그 차이는 제로이며, 이런 경우 상위 계층의 뇌 영역들에 그 어떤 에러 신호도 퍼지지 않는다. 예측이 빠지면 새로운 입력 정보가 차단되지만, 그건 어디까지나 그 새로운 입력 정보가 예측 가능할 때이다. 반면에 우리 뇌의 예측에서 벗어나는 음은 확대된다. 따라서 청각 피질의 간단한 회로가 필터 역할을 한다. 스스로 설명되지 않는 놀랍고 예측 불가능한 정보만 상위 계층의 피질 영역으로 보내지는 것이다.

이제 뇌의 어떤 영역에서 이해되지 못한 입력 정보는 다음 수준으로 넘겨져 다시 이해될 수 있는 기회를 가진다. 우리의 뇌 피질은 여러 계층으로 이루어진 거대한 예측 시스템으로 볼 수 있다. 각 계층은 입력 정보를 이해하려 애쓰며, 남은 에러 메시지들을 더 잘 이해할 수 있다는 희망을 가지고 다른 메시지들로 바꾼다.

예를 들어 C C G 음을 들으면 청각 피질 안에서 낮은 수준의 에러 신호가 생긴다. 마지막 G 음이 이전 음들과 다르기 때문이다. 그러나 더 상위 계층의 뇌 영역에서는 전체 음을 잘 알려진 멜로디(〈반짝 반짝 작은 별〉 도입부)로 파악할 수도 있다. 따라서 마지막 G음으로 인한 놀람은 그저 일시적인 것이다. 곧 보다 상위 계층의 뇌 영역에서 하나의 멜로디로 이해될 것이고, 그러면 놀람 신호는 그걸로 끝일 테니까. G음은 새롭긴 하지만, 하위 전전두엽 피질 안에서 놀람을 만들진 못한다. 전전두엽 피질이 전체 멜로디를 해독하기 때문이다. 반면에 C C C의 음 반복은 반대 결과를 낼 수 있다. 음이 단조로워 초기 청각 영역 안에서는 그 어떤 에러 신호도 만들지 못하지만, 전체 멜로디를 해독할 수 있는 상위 계층의 뇌 영역에서 놀람을 만든다. C C 음 다음에서 C음이 아닌 G 음을 예측하는 것이다. 놀랄 일이 없다는 게 오히려 놀랄 일인 것이다. 인간과 마찬가지로 짧은 꼬리원숭이도 청각 피질 안에 개별 음 처리와 전전두엽 피질 안에서의 전체 멜로디 처리라는 2단계 청각 처리 과정이 존재한다.[9]

이 같은 에러 신호들은 뇌의 모든 영역들에서 나타나는 것으로 보인다. 뇌 피질 전역에서 신경세포들은 반복적이고 예측 가능한 일들에 적응하며, 그러다가 놀라운 일이 일어날 때마다 더 강한 반응을 보인다. 뇌의 한 영역에서 다음 영역으로 변화되는 유일한 것은 감지 가능한 종류의 놀람이다. 시각 피질 안에서는 예측하지 못한 이미지의 출현으로 갑작스런 활성화가 일어난다.[10] 언어 영역은 한 문장 안에 들어 있는 비정상적인 단어에 반응한다. 다음 문장을 보자.

"I prefer to eat with a fork and a camel(나는 포크와 낙타로 먹는 걸 좋아한다)."

당신의 뇌에서는 지금 막 이전 문맥과 맞지 않는 단어나 이미지로 인한 에러 신호인 N400파가 만들어졌을 것이다(and a camel이 이상한 부분이다—옮긴이).[11] 이름에서도 대충 짐작할 수 있겠지만, N400파는 문제가 생기고 약 400밀리초 후에 생기는 부정적 반응의 뇌파로, 단어의 의미에 민감한 좌측두엽 피질의 신경세포들 사이에서 생긴다. 반면에 하위 전전두엽 피질 안에 있는 브로카 영역은 구문상의 에러에 반응한다. 뇌가 특정 카테고리의 단어를 예측했는데 엉뚱한 카테고리의 단어를 보거나 듣게 될 때 반응을 보이는 것이다.[12] 다음 문장이 좋은 예이다.

"Don't hesitate to take your whenever medication you feel sick."(몸이 안 좋을 때마다 주저하지 말고 약을 먹어라. whenever의 위치가 이상하다. "Don't hesitate to take your medication whenever you feel sick."이라고 써야 한다)

이번에는 예상치 못한 단어 'whenever'가 나온 직후 구문 관련 뇌 부위들에서 P600파가 방출되는데, 이는 약 600밀리초 후에 생겨나는 긍정적인 반응의 뇌파이다. 이 반응이 나온다는 것은 당신의 뇌가 문법적 에러를 감지해 그걸 바로잡으려 한다는 얘기이다.

예측 신호들과 에러 신호들이 가장 잘 눈에 띄는 뇌 회로는 보상 회로이다.[13] 도파민 네트워크는 실제 보상들에 반응할 뿐 아니라 늘 실제 보상들을 예측한다. 또한 복측피개 영역이라는 조그만 세포핵들 안에 있는 도파민 신경세포들은 단순히 섹스와 음식 등의 쾌락에만 반응하는 게 아니라, 예측한 보상과 실제 받은 보상 간의 차이, 즉 예측 에러에도 반응한다. 그래서 만일 어떤 동물이 사전 경고 없이 갑자기 어떤 보상, 예를 들어 예상치 못한 꿀물 한 방울을 받는다면 기분 좋은 놀람은 신경세포 활성화로 이어진다. 그러나 만일 보상 전에 그걸 예측하는 신호가 있다면 똑같이 달콤한 꿀물이라도 그 어떤 반응도 일으키지 않는다. 이 경우 도파민 신경세포들 안에서 갑작스런 활성화가 일어나게 하는 것이 예측 신호 그 자체이기 때문이다. 학습이 반응을 보상 예측 신호에 더 가깝게 바꿔 버린다.

이 같은 예측 배움 메커니즘 덕에, 임의의 신호들은 보상의 전달

자뿐만 아니라 도파민 반응 촉발자가 될 수도 있다. 이런 부차적인 보상 효과가 인간의 경우 돈과 같은 것으로, 그리고 약물 중독자의 경우 주사기를 보는 것만으로도 나타난다. 두 경우 모두 우리의 뇌는 미래의 보상을 기대한다. 1장에서 살펴보았듯, 이 같은 예측 신호는 배움에 지극히 유용하다. 어떤 인공신경망으로 하여금 스스로 평가할 수 있게 해 줄 뿐 아니라, 외부 검증까지 해 볼 필요도 없이 어떤 행동의 성공이나 실패를 미리 예측할 수 있게 해 주기 때문이다. 그리고 바로 이런 이유 때문에, 한 인공신경망이 또 다른 인공신경망의 행동을 평가하는 걸 배우는 '행동가-비평가actor-critic' 시스템은 현재 인공지능 분야에서 바둑 두는 걸 배우는 것처럼 가장 복잡한 문제들을 해결하는 데 활용되고 있다. 예측을 통해 자신의 에러를 찾고 스스로 고치는 시스템이야말로 효과적인 배움 내지 학습의 기본 토대이다.

에러 피드백은 처벌과 동의어가 아니다

나는 다른 교사들도 아닌 과학 교사들이 자기 학생들이
이해하지 못할 수도 있다는 걸 이해하지 못한다는 사실에
놀라는 경우가 많다. 에러, 무지, 무심함 등의 주제를
깊이 파고드는 과학 교사는 정말 드물다.
- 가스통 바슐라르, 《과학적인 정신의 형성》(1938)

우리의 신경세포들이 끊임없이 주고받는 에러 신호들을 대체 우리는 어떻게 최대한 활용할 수 있을까? 아이나 어른이 효과적으로 배우려면, 그들의 환경(부모든 학교든 대학이든 아니면 단순한 비디오게임이든)이 그들에게 신속하고 정확한 피드백을 제공해 주어야 한다. 아이들에게 상세한 에러 피드백(어디서 실수했는지 또 그러지 말고 어떻게 했어야 했는지 정확히 알려 주는)이 주어지면 배움은 그만큼 쉽고 빨라진다. 또한 교사들의 입장에서는 학생들에게 에러에 대한 신속하고 정확한 피드백을 제공함으로써, 학생들이 스스로 에러를 바로잡는 데 필요한 정보를 아주 풍부하게 제공해 줄 수 있다. 특히 인공지능 분야에서는 '지도형 기계 학습supervised learning'으로 알려진 이런 유형의 학습이 더없이 효과적이다. 기계로 하여금 실패의 원인을 신속히 파악해 스스로 바로잡을 수 있게 해 줄 수 있기 때문이다.

그러나 이런 에러 피드백은 처벌과 아무 관계없다는 걸 알 필요가 있다. 우리는 인공신경망을 처벌하지 않는다. 그저 잘못된 반응들에 대해 지적해 줄 뿐이다. 인공신경망이 자신의 에러 특성과 그 징후를 하나하나 파악할 수 있게 최대한 유용한 신호를 줄 뿐이다.

이런 점에서 컴퓨터 과학과 교육학은 아주 죽이 잘 맞는다. 실제로 호주 교육 전문가 존 해티John Hattie가 실시한 메타 분석에 따르면, 교사로부터 받는 에러 피드백의 질은 학생의 학업 성취도를 결정짓는 주요 요인 중 하나이다.[14] 명확한 학습 목표를 세워 주고, 설사 불가피한 실수를 하더라도 너무 확대 해석하지 않고, 학생이 점차 그 목표에 다가갈 수 있게 해 주는 것이 성공의 열쇠이다.

훌륭한 교사들은 이미 이런 사실을 잘 알고 있는 교사들이다. 그들은 매일매일 실생활에서 로마인들의 격언 'errare humanum est', 즉 To err is human(실수는 인간의 일이다)을 목격한다. 그들은 학생이 실수해도 연민의 눈으로 따뜻하게 지켜본다. 실수 없이 배우는 사람은 없다는 걸 잘 알기 때문이다. 그들은 또 자신이 최대한 냉정한 자세로 학생이 힘들어 하는 부분들을 진단해 가장 나은 해결책을 찾도록 도와야 한다는 것도 잘 안다. 또한 이런 교사들은 경험상 학생이 어떤 유형의 실수를 하는지 잘 안다. 학생들은 늘 계속 반복해 똑같은 덫에 빠지기 때문이다. 그리고 또 그들은 적절한 말을 찾아내 학생들을 격려하고 안심시키고 또 자신감을 회복시키며, 동시에 스스로 잘못된 생각을 바로잡게 해 준다. 평가가 아닌 진실을 말해 주기 위해 학생 곁에 있는 것이다.

물론 더없이 이성적인 내면의 당신은 이렇게 반문할지도 모른다. '엄밀히 따지면 같지 않은가? 학생에게 잘못됐다고 지적하거나 어떻게 했어야 한다고 말하거나 같은 게 아닌가?' 물론 애매하긴 하다. 100퍼센트 논리적 관점에서 보자면, 어떤 질문에 A나 B 둘 중 한 가지 답밖에 없고 학생이 틀린 답인 A를 골랐다면, 맞는 답이 B라고 말해 주는 거나 "틀렸어."라고 말해 주는 것은 다를 게 없다. 또한 같은 추론에 따르면 "맞아."라는 답을 듣든 "틀렸어."라는 답을 듣든 어차피 50 대 50의 확률에서 배우는 양은 완전히 같다. 그러나 아이들은 완벽한 논리학자들이 아니라는 걸 잊지 말자. 아이들의 경우 'A를 골라 틀렸다면, 맞는 답은 분명 B겠네.'라는 식으로 한 발 더 나간 추론이 그리 금방 나오지 않는다. 반면에 아이들은 중요한 메시지, 즉 '내가 틀렸네.'라는 메시지를 파악하는 데는 어려움이 없다. 사실 이런 실험이 행해졌을 때, 성인들은 보상과 처벌로부터 같은 양의 정보를 얻었지만, 아이들은 그렇지 못했다. 아이들은 실패보다 성공에서 더 잘 배운다.[15] 그러니 아이들을 쓸데없이 괴롭히지 말고, 될 수 있으면 최대한 중립적이고 유용한 피드백을 주도록 하자. 절대로 에러 피드백을 처벌과 혼동하면 안 된다.

성적, 에러 피드백의 형편없는 대체물

이제 온통 결점투성이이지만, 그것 없는 학교를 상상하기 힘들 만큼 전통에 깊이 뿌리 내린 교육 제도, 성적에 대해 몇 마디 해야겠다. 학습 이론에 따르면, 성적은 보상(또는 처벌) 신호에 지나지 않는다. 그러나 성적이 갖고 있는 명확한 결점들 중 하나는 정확도가 아주 떨어진다는 것이다. 시험 성적은 대개 단순한 합계에 지나지 않으며, 서로 다른 에러 원천들을 구분도 하지 못한 채 요약하게 된다. 따라서 줄 수 있는 정보가 부족하다. 그 자체로는 우리가 왜 실수했는지 또는 어떻게 바로잡아야 하는지에 대해 아무 설명도 해 주지 못한다. 가장 극단적인 경우 F 성적을 받으면 제공하는 정보가 제로이며, 무능력자라는 사회적 낙인만 남는다.

따라서 자세하고 건설적인 평가가 따르지 않으면 성적 자체는 형편없는 에러 피드백에 지나지 않는다. 성적은 부정확할 뿐 아니라 여러 주 후에나 나오는 경우가 많다. 그때쯤 되면 대부분의 학생은 이미 오래전에 자기 내부 추론의 어떤 면 때문에 에러를 범했는지

까맣게 잊는다.

　또한 시험 난이도는 대개 시간이 지날수록 어려워지기 때문에, 성적은 특히 수업 진도를 제대로 따라가지 못하는 학생의 입장에서 극도로 불공평하다. 비디오게임을 예로 들어 보자. 새로운 게임을 발견하면 처음에는 대체 어떻게 효과적으로 게임 실력을 늘려갈지 감이 잡히지 않는다. 무엇보다 당신은 당신 자신이 그 게임에 젬병이라는 사실을 계속 상기하게 되는 걸 원치 않는다. 비디오게임 개발자들이 게임을 거의 누구나 이길 수 있는 아주 쉬운 난이도부터 시작하게 만드는 것도 그런 이유 때문이다. 그러나 점차 게임 난이도는 올라가며, 그와 함께 실패나 좌절의 위험 또한 커진다. 그러나 게임 개발자들은 어떻게 하면 난이도가 높은 것과 낮은 게임을 적절히 섞어 실패나 좌절을 완화시키는지 안다. 그래야 당신이 같은 난이도의 게임에 필요한 만큼 맘껏 여러 차례 재시도할 수 있으니 말이다. 당신은 게임 점수가 차근차근 올라가는 걸 보게 되며…… 그러다 마침내 한동안 성공하지 못하던 제일 높은 난이도의 게임을 끝내는 기쁜 날이 온다. 자 이제 이걸 '문제' 학생들의 성적표와 비교해 보자. 그 학생들은 한 해를 낮은 점수로 시작하며, 교사들은 같은 시험을 통과할 때까지 반복해서 치르게 해 동기 부여를 해 주기는커녕, 매주 거의 늘 그 학생들의 능력을 넘어서는 새로운 과제를 준다. 결국 매주 그 학생들의 점수는 밑바닥에서 놀게 된다. 비디오게임 시장에 그런 게임을 내 놨다간 완전한 실패작으로 끝날 것이다.

　그리고 학교에서는 너무나 자주 성적을 처벌 수단으로 이용한다. 좌절감, 낙인찍기, 무력감……. 낮은 성적이 뇌의 감정 시스템들에 미치는 그 엄청나게 부정적인 영향들은 무시할 수가 없다. 다니엘 페낙Daniel Pennac의 통찰력 있는 얘기를 귀담아 들어 보자. 그는 2007년 자신의 책《스쿨 블루스School Blues》로 그 유명한 르노도상Prix Renaudot(콩쿠르상에 비견되는 프랑스의 4대 문학상 중 하나—옮긴이)을 받은 프랑스 작가지만, 학창 시절에는 성적이 매년 반에서 바닥을 기는 학생이었다.

내 학교 성적표는 매달 내게 이런 확신을 갖게 해 주었다. '이런 바보 멍청이! 이건 다 내 탓이야!' 그래서 생겨난 자기혐오와 열등의식과 특히 자책감 (……) 나는 스스로 아무짝에도 쓸모없는 인간이라 생각했다. 선생님들이 귀에 못이 박히게 말했듯 나는 무엇 하나 잘하는 게 없는 학생이었다. (……) 내겐 아무 미래도 보이지 않았고, 그래서 성인이 된 내 모습도 그려지질 않았다. 그리고 그 모든 건 내가 그 무엇도 원하지 않았기 때문이 아니라, 스스로 아무짝에도 쓸모가 없다고 생각했기 때문이다.[16]

페낙은 결국 그렇게 피폐해진 자신의 마음상태를 극복했지만(자살 시도까지 한 뒤에), 그렇게 강력한 의지를 발휘하는 아이는 그리 많지 않다. 학교에서 받는 스트레스의 영향은 특히 수학 분야에서 더 두드러진다. 수학은 많은 학생에게 불안감을 주는 과목으로 유명하다. 어떤 아이들은 수학 시간에 그야말로 순전히 수학으로 인한 우울증을 겪는다. 아무리 노력해도 제대로 해낼 수 없어 혼나리라는 걸 알기 때문이다. 수학 불안은 잘 알려지고 많이 연구되어 수량화까지 된 증상이다. 수학 불안 증후군을 가진 아이들의 경우 뇌 깊은 곳에 위치한 편도체 등, 부정적인 감정들과 연관된 고통 및 두려움 회로들이 활성화된다.[17] 물론 이런 학생들이 꼭 다른 학생들보다 지능이 떨어지는 건 아니지만, 이 학생들을 괴롭히는 감정의 쓰나미는 계산 및 단기 기억 능력 그리고 특히 학습 능력에 손상을 입힌다.

인간과 동물을 상대로 한 많은 연구 결과에 따르면, 스트레스와 불안감은 학습 능력을 급격히 떨어뜨릴 수 있다.[18] 쥐의 경우, 해마 안에서 '공포 조건화fear conditioning' 현상이 일어나면 뇌 가소성이 문자 그대로 경직된다. 쥐가 예측 불가능한 무작위 전기 충격으로 트라우마를 받으면, 뇌 회로는 민감기가 끝난 것과 비슷한 상태가 되어, 시냅스들이 단단한 신경원 주위 망들에 갇혀 더 이상 활동하지 못하게 된다. 반대로 두려움에서 벗어난 상태가 되면 자극을 주는 환경으로 인해 시냅스 가소성이 회복될 수 있으며, 그 결과 신경세포들이 자유로워지면서 젊음의 원천인 아이다운 운동성을 되찾는다.

따라서 낮은 성적을 매겨 아이들에게 일종의 처벌을 가하는 것은 아이들의 발전을 심각하게 저해할 수 있는 행위이다. 스트레스와 좌절감으로 인해 아이들이 아예 학습을 할 수 없게 되기 때문이다. 장기적으로는 아이들의 성격과 자아상까지 바꿔 놓을 수도 있다. 미국 심리학자 캐럴 드웩Carol Dweck은 이런 정신 상태의 부정적 효과들에 대해 연구해 오고 있다. 이런 정신 상태에서는 자신의 실패(또는 성공)를 이미 고정불변인 자기 성격의 특정 부분 탓으로 돌리는데, 그녀는 이를 '고정형 사고방식fixed mindset'이라 부른다. "나는 수학에 젬병이야.", "외국어는 나와 안 맞아." 등이 좋은 예이다. 그녀는 이런 사고방식이, 모든 아이들이 무궁한 발전 가능성을 갖고 있다는 사고방식, 즉 성장형 사고방식growth mindset과 대조된다고 말한다.

캐럴 드웩의 연구 결과에 따르면, 다른 요소들이 다 같다고 가정할 경우 사고방식은 학습에서 중요한 역할을 한다.[19] 모든 사람은 발전할 수 있다는 사고방식을 가지면 그 자체가 발전의 원동력이 된다. 반대로 사람의 각종 능력을 이미 정해진 고정불변이라고 믿고, 재능을 타고났든가 그렇지 않든가 둘 중 하나라고 믿는 아이들은 학습 성과가 안 좋다. 실제로 그런 고정형 사고방식은 학습 의욕을 꺾는다. 또한 주의도 적극적인 참여도 어렵게 만들며, 각종 실수들을 타고난 열등함의 증거라고 믿게 만든다. 그러나 앞서 살펴보았듯, 실수한다는 건 지극히 자연스런 일로, 우리가 뭔가 노력하고 있다는 증거이기도 하다. "절대 실수하지 않는 사람은 단 하나, 아무것도 하지 않는 사람뿐이다."라는 시어도어 루스벨트 미국 대통령의 말을 상기해 보라. 독일 수학자 알렉산더 그로텐디크가 만일 열한 살 때 파이(π)=3이라고 잘못 생각해 자신이 수학에 소질이 없다는 결론을 내렸더라면 어땠을까 상상해 보라.

연구 결과에 따르면, 성공한 학생들도 고정형 사고방식을 가질 수 있다. 따라서 그런 학생들 역시 지속적인 동기부여를 위해 나름대로 노력해야 하며, 우리는 또 그런 학생들에게 특별대우를 해 주어 '나는 재능이 있으니 열심히 노력하지 않아도 된다.'라는 잘못된 믿음을 심어 주어선 안 된다.

아이들에게 성장형 사고방식을 심어 주어야 한다고 해서, 자존

감을 살려 준다는 단순한 구실 하에 아이들에게 '네가 최고다.'라는 말을 해 줘야 한다는 의미는 아니다. 그보다는 아이들에게 참여를 권장하고 노력에 대해 보상을 주면서 아이들의 하루하루 발전에 관심을 기울여야 한다는 의미이다. 또한 아이들에게 노력해야 한다는 것, 늘 반응을 보이도록 해야 한다는 것, 또 실수하는 것(그리고 그 실수를 바로잡는 것)이야말로 유일한 학습 방법이라는 것을 알려 주는 등, 아이들에게 학습에 필요한 기본 사항들을 알려 주어야 한다.

이 이야기는 다니엘 페낙의 다음과 같은 말로 마무리하도록 하자. "교사들은 협박하기 위해서가 아니라 학습의 두려움을 극복하도록 돕기 위해 학생들 곁에 있는 것이다. 일단 학습의 두려움만 극복하면, 학생들은 지식에 대한 끝없는 갈망을 보인다."

스스로 테스트하라

만일 성적을 매기는 게 전혀 효과적인 교육 방식이 아니라면, 에러 처리에 대한 우리의 과학적 지식을 교실 안에 접목시킬 최선의 교육 방식은 무엇일까? 원칙들은 간단명료하다. 첫째, 학생들로 하여금 자신이 없더라도 수업에 참여하고 반응을 보이며 적극적으로 가설들을 만들 수 있게 해 주어야 한다. 둘째, 학생들로 하여금 즉각 객관적이며 비처벌적 피드백을 받아 자신의 에러를 바로잡게 해 주어야 한다.

이 모든 기준을 충족시켜 줄 전략이 있다. 교사들도 다 알고 있는 '테스팅testing'이란 것이다. 그리 잘 알려진 사실은 아니지만, 수십 편의 과학적 출간물들이 이미 이 전략의 효과를 입증하고 있다. 정기적으로 학생들의 지식을 테스트하는 이 전략을 흔히 '인출 연습retrieval practice'이라 하는데, 가장 효과적인 교육 전략들 중 하나로 손꼽힌다.[20] 정기적인 테스트는 장기적인 학습 효과를 극대화한다. 당신의 기억을 테스트하는 행위만으로도 그 기억은 더 강해진다. 이는 적극적인 참여와 에러 피드백 원칙들의 직접적인 반영이라 할 수 있다. 테스트를 통해 당신은 현실을 직시하게 되며, 알고 있던 것들을 더 내 것으로 만들고 모르고 있던 것들을 새로 알게 된다.

테스트가 학습 과정의 초석이라는 것은 자명한 사실이 아니다. 대부분의 교사와 학생들은 테스트를 성적을 매기기 위한 간단한 수단 정도로 여기고 있으며, 따라서 테스트의 역할은 교실에서든 공부하는 중에 어디서든 획득한 지식을 평가하는 것으로 끝난다. 그러나 사실 그런 성적 매기기는 테스트의 가장 덜 흥미로운 부분에 지나지 않는다. 중요한 건 당신이 받게 되는 마지막 성적이 아니라, 당신이 정보를 입수하기 위해 기울이는 노력과 당신이 받게 되는 즉각적인 피드백이다. 연구 결과에 따르면, 바로 이런 점 때문에 테스트는 적어도 수업 그 자체만큼이나 중요한 역할을 하는 경우가 많다.

이런 결론은 미국 심리학자 헨리 로디거와 그의 동료들이 실시한 유명한 일련의 실험들에서 얻은 결론이기도 하다. 한 연구에서 그들은 세 그룹의 학생들로 하여금 정해진 시간 내에 서로 다른 방식으로 단어들을 외우게 했다. 첫 번째 그룹은 8차례의 짧은 기간들 동안 전부 공부만 했다. 두 번째 그룹은 6차례 공부하고 2차례 테스트했다. 마지막으로 세 번째 그룹은 4차례 공부하고 4차례 테스트했다. 세 그룹 모두에게 같은 시간이 주어졌기 때문에, 테스트를 하면 결국 공부할 수 있는 시간이 그만큼 줄었다. 그 결과는 분명했다. 48시간 후 학생들이 외운 단어 수를 비교해 보니, 테스트할 기회가 많았던 학생들이 더 많은 단어를 외웠다. 번갈아가며 공부 시간과 테스트 시간을 가진 학생들의 경우, 참여도가 더 높아졌고 받는 피드백 또한 더 명백해졌던 것이다('이제 이 단어는 알겠는데, 이 단어는 아직 외워지지가 않아'). 이 같은 자기 인식 내지 메타 기억meta-memory은 학습에 도움이 된다. 다음 공부 시간에는 잘 외워지지 않는 단어들에 더 집중할 수 있기 때문이다.[21] 이 효과 또한 분명하다. 스스로 테스트를 많이 할수록, 학습해야 할 것들을 더 잘 외우게 되는 것이다.

여기 또 다른 예가 있다. 당신이 '썰매'를 뜻하는 이누이트 족 단어 '카무티익qamutiik' 같은 외국어 단어들을 배워야 한다고 상상해 보라. 먼저 '카무티익-썰매' 식으로 카드에 두 단어를 나란히 써 놓고 마음속으로 두 단어가 연상되게 하는 방법이 있다. 아니면 이누이트 족 단어를 먼저 읽고, 5초 후에 그 번역된 뜻을 읽는 방법도 있다. 두 번째 방법을 쓰면 다룰 수 있는 정보의 양이 줄어 든다는 데 주목하라. 처음 5초 동안은 그 의미를 알려 주지 않는 상태에서 그저 이누이트 족 단어 '카무티익'만 봐야 하니까. 그런데 의외로 가장 효과적인 방법이 되기도 한다.[22] 왜? 먼저 생각을 해야 해서 피드백을 받기 전에 그 단어의 의미를 기억하려 애쓰기 때문이다. 다시 강조하지만, 에러 후의 적극적 참여는 학습 효과를 극대화시킨다.

그런데 아이러니하게도 학생들도 교사들도 이런 효과를 잘 모른다. 그들에게 의견을 물어 보면, 모든 사람이 스스로 테스트를 하는 것은 집중력만 떨어뜨릴 뿐이며, 정말 중요한 건 공부를 하는 것이라고 답한다. 바로 이런 이유 때문에 학생들이든 교사들이든 모두 실험 결과와 반대되는 예측을 한다. 그러니까 공부를 더 많이 할수록 그 효과도 크다는 것. 그리고 이처럼 잘못된 생각에 따라, 대부분의 학생은 색색깔의 형광펜으로 여기저기 줄을 그어 가며 교과서와 강의 노트를 읽고 또 읽고 열심히 읽어 댄다. 잠시 스스로 테스트해 보는 최상의 전략을 놔 두고 효과도 훨씬 없는 전략들을 따르는 것이다.

그렇다면 우리는 대체 왜 시험을 앞두고 벼락치기 공부를 하는 게 최상의 학습 전략이라고 착각하고 있는 걸까? 우리 기억의 다양한 영역들 간의 차이를 구분하지 못하기 때문이다. 교과서와 강의 노트를 읽고 난 직후에는 그 정보가 마음속에 생생히 존재한다. 정보가 우리의 의식적인 작업 기억 안에 생생한 모습으로 존재하는 것이다. 그 정보가 우리의 단기 기억 저장 공간 안에 있기 때문에, 우리는 그 정보를 잘 안다고 느낀다. 그러나 이 단기 기억 저장 공간은 우리가 며칠 후 같은 정보를 끌어오려 할 때 필요로 하는 장기 기억과 아무 상관이 없다. 작업 기억은 몇 초 또는 몇 분 후면 벌써 사라지기 시작하며, 당신이 자신의 지식을 재테스트하지 않는 한 며칠 후면 완전히 사라진다. 그러니까 정보를 장기 기억 안에 저장하려면, 내내 공부만 해선 안 되며, 공부한 뒤 스스로 테스트해 보아야 한다.

이를 직접 실행에 옮기는 건 쉽다. 당신은 그저 플래시 카드만 준

마이크로 회로들

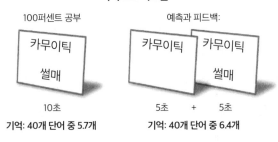

100퍼센트 공부

카무이틱

썰매

10초

기억: 40개 단어 중 5.7개

예측과 피드백:

카무이틱

카무이틱

썰매

5초 + 5초

기억: 40개 단어 중 6.4개

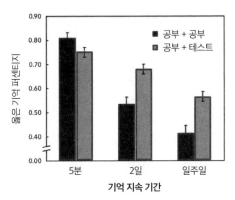

기억 지속 기간

학습에 간격 두기

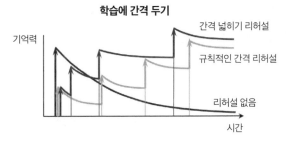

자기 테스트는 최선의 학습 전략 중 하나이다. 우리로 하여금 우리 자신의 실수들을 알 수 있게 해 주기 때문이다. 그래서 외국어 단어들을 공부할 때, 단순히 '외국어-해석' 식으로 짝지어 공부하는 방식보다 먼저 해당 단어를 기억하려 애써보고 그다음에 에러 피드백을 받는 방식이 더 낫다(맨 위). 실험 결과들 역시 내내 공부만 하는 것보다 공부와 테스트를 번갈아 가며 하는 게 더 좋다는 걸 보여 준다(중간). 장기적으로 보면, 리허설 기간들이 뚝 떨어져 있을 때, 특히 시간 간격들이 점차 늘어날 때가 훨씬 더 학습 효과가 좋다(맨 아래).

비하면 된다. 앞면에는 질문을, 뒷면에는 답을 적는다. 자, 이제 스스로 테스트해 보자. 카드를 한 장씩 꺼낸다. 그리고 각 카드의 앞면에 있는 문제를 보면서, 카드를 뒤집어 답을 확인하기 전에(에러 피드백) 그 답을 기억해내려 한다(예측). 만일 답이 틀렸다면, 그 카드는 쌓아 둔 카드들 맨 위쪽에 놓는다. 그래서 결국 조금 있다가 그 정보를 다시 테스트해 보게 한다. 답이 맞았다면 그 카드는 쌓아둔 카드들 맨 밑에 넣는다. 급히 다시 테스트해 볼 필요는 없지만, 조만간 기억이 사라지기 시작하면 다시 테스트해 볼 필요가 생길 것이다. 요즘에는 전화 및 태블릿 앱이 많아, 당신만의 플래시 카드들을 얼마든지 만들 수 있다. 그리고 요즘에는 이와 유사한 알고리즘이 학습 소프트웨어를 뒷받침해 주고 있다. 외국어 학습을 위한 그 유명한 소프트웨어 듀오링고Duolingo가 좋은 예이다.

황금률: 학습 간격 두기

왜 공부와 테스트를 번갈아 하는 경우 그렇게 좋은 결과가 나을까? 교육학이 발견한 가장 효과적인 전략 중 하나, 즉 훈련 기간들 사이에 간격을 두는 전략을 활용하기 때문이다. 이는 황금률이다. 한 번에 내리 파고드는 벼락치기 방법보다는 훈련 기간들 사이에 간격을 두는 방법이 더 좋은 것이다. 장기적인 기억 향상에 가장 좋은 방법은 학습 기간들 사이사이에 테스트 기간들을 넣어 시간 간격을 늘리는 것이다.

수십 년에 걸친 심리학적 연구에 따르면, 뭔가를 학습할 시간이 고정되어 있을 경우 몰아서 학습하는 것보다는 시간 간격을 두고 학습하는 것이 훨씬 더 효과적인 전략이다.[23] 학습을 여러 날에 걸쳐 분산하는 게 아주 효과가 있는 것이다. 실험 결과들에 따르면, 모든 걸 한 번에 학습하려는 방법보다는 일정한 간격을 두고 하는 방법이 기억도 세 배나 더 잘된다. 원리는 간단해 음악가라면 다 안다. 일주일간 매일 15분씩 연습하는 것이 일주일간 하루에 몰아서 두 시간 연습하는 것보다 더 나은 것이다.

간격을 두는 전략은 왜 이렇게 효과가 좋은 것일까? 뇌 영상촬영을 해 보면[24] 문제를 한 번에 몰아서 해결하려 할 경우 뇌의 활성화 자체가 잘 안 되는데, 그건 아마 반복되는 정보로 인해 점차 새로움이 사라지기 때문인 듯하다. 또한 반복할 경우 지식에 대한 착각, 즉 정보가 작업 기억 안에 있기 때문에 지나친 자신감이 생겨나는 듯하다. 다시 말해 해당 정보를 언제든 기억해 낼 수 있다고 착각해, 관련 뇌 회로들이 더 열심히 일해야 할 이유를 찾지 못하는 것이다. 반면에 학습에 간격을 두게 되면 뇌의 활성화가 더 잘 일어난다. 정보가 작업 기억에 저장되는 걸 막음으로써 '바람직한 어려움desirable difficulty' 효과가 생기고, 그로 인해 관련 뇌 회로들이 더 열심히 일하게 되는 것이다.

그렇다면 같은 학습이 두 번 반복될 때 가장 효과적인 시간 간격은 어느 정도일까? 관찰 결과에 따르면, 시간 간격이 24시간 정도 될 때 가장 학습 효과가 좋다. 잠시 후에 살펴보겠지만, 아마 우리가 배운 것들을 내 것으로 만드는 데 수면이 중요한 역할을 하기 때문일 것이다. 그러나 미국 심리학자 할 패쉴러Hal Pashler와 동료들이 연구한 바에 따르면, 최적의 시간 간격은 희망하는 기억 유지 기간에 따라 달라진다. 만일 어떤 정보를 단 며칠 또는 몇 주일만 기억해도 된다면, 일주일 간 매일 재검토하는 게 이상적이다. 반면에 어떤 지식이 여러 달 또는 여러 해 유지되어야 한다면, 재검토 간격 역시 그 기간에 맞춰 늘어나야 한다. 대략적으로 봤을 때, 희망하는 기억 지속 기간의 약 20퍼센트의 간격을 두고 정보를 재검토하는 게 좋다. 예를 들어 어떤 기억을 10개월 정도 지속시키고 싶다면 2개월 후에 재검토해 보는 것이다. 그 효과는 대단하다. 어떤 수업을 몇 주 후에 단 한 번 반복해도 몇 달 후 기억할 수 있는 항목의 수가 세 배나 늘어난다. 따라서 어떤 정보를 최대한 오래 기억하고 싶다면, 시간 간격 자체를 점차 늘려 가는 게 가장 좋다. 처음에는 어떤 정보를 매일 재검토하다가, 이후에는 한 주, 한 달 그리고 다시 1년 후에 재검토하는 것이다. 이런 전략을 쓰면 모든 시점에서 최적의 기억을 유지할 수 있다.[25]

위의 수치들을 보면 그 이유를 알 수 있다. 재검토를 할 때마다 학습 효과가 더 커지는 것이다. 재검토가 심적 표상의 힘을 새롭게 해 주고, 기억력의 특징인 기하급수적인 망각을 막아 주기 때문이다. 그리고 그 무엇보다, 학습 기간에 간격을 두면, 우리 뇌 속 모든 기억 관련 회로들 중에 가장 느린 망각 곡선을 그리는 회로를, 즉 정보를 가장 먼 미래까지 유지할 수 있는 회로를 찾아내는 듯하다.

사실 우리는 기억에 대해 잘못된 생각을 가져 왔다. 우리가 알고 있듯, 기억은 과거를 지향하는 시스템이 아니라, 미래로 데이터를 보내 훗날 우리가 그 데이터에 접근할 수 있게 해 주는 시스템이다. 그리고 같은 정보를 긴 간격을 두고 여러 차례 되풀이해 검토함으로써, 우리는 우리의 뇌로 하여금 그 정보가 미래의 우리 자신에게 전달해 주어야 할 만큼 가치 있는 정보라는 확신을 갖게 해 준다.

할 패쉴러는 자신의 연구에서 다음과 같은 몇 가지 결론을 얻었다. 첫째, 학습은 늘 여러 학습 기간에 걸쳐 분산될 때 더 효과가 있다. 둘째, 학교 학습의 경우 며칠 또는 몇 주 간격으로 재검토하는 걸로는 충분치 않다. 무언가를 오랜 기간 기억하고 싶다면, 적어도 몇 달씩 간격을 두고 그걸 재검토해야 하는 것이다. 이런 관점에서 보면, 우리는 교과서들의 전체 구성을 재고해야 한다. 대부분의 교과서들은 특정 주제를 중심으로 여러 장으로 나뉘어져 있으나(이건 좋다), 그 장의 말미에서는 늘 오직 그 장과 관련된 문제들만 나온다(이건 별로 좋지 않다). 이런 구성은 두 가지 부정적인 결과를 낳는다. 각 장이 규칙적으로 재검토되지 못하거나 충분한 간격을 두지 않고 있으며, 연습 문제들이 너무 단순해 학생들이 주어진 문제를 푸는 데 어떤 지식이나 전략을 사용해야 하는지 스스로 결정해야 할 필요가 없는 것이다. 실험 결과에 따르면, 가장 최근 배운 장에 대한 문제들로 한정시키지 말고 모든 종류의 문제들을 뒤섞어 출제하는 게 더 좋다. 그래야 자신이 알고 있는 모든 지식을 수시로 테스트해 볼 수 있다.[26]

학기말 시험이나 학년말 시험의 경우는 어떨까? 학습의 과학에 따르면 그것들은 이상적인 시험이 아니다. 규칙적으로 학습하는 것보다는 마지막 순간에 벼락치기하는 것을 조장하기 때문이다. 그럼에도 불구하고 그것들은 습득한 지식을 테스트하는 유용한 시험이다. 게다가 마지막 순간에 벼락치기하는 것이 꼭 비효율적인 것도 아니다. 학생이 그 이전 몇 달 동안 이미 열심히 공부했다면, 시험 직전의 강도 높은 공부를 통해 기억 속 지식이 새로워지고 더 오래 간다. 그러나 지식을 매년 규칙적으로 재검토하는 것이 학습 효과 면에서 훨씬 더 좋을 가능성이 높다. 고작 이전 몇 주 동안 배운 내용에 집중하는 단기적인 시험들은 장기 기억을 보장해 주지 못한다. 누적적인 재검토 방식, 그러니까 연초에 배운 내용부터 시작해 전체 내용을 재검토하는 방식이 학습 효과가 훨씬 좋다.

여기에서 당신은 이런 의문을 가질 수 있다. '한 학년 내내 같은 것들을 공부하는 학생들의 경우는? 그 학생들은 왜 이미 여러 번 끝낸 연습 문제를 반복해서 풀어야 하지? 계속 만점을 받는다면, 대체 뭘 배우긴 하는 건가?' 물론 그렇다. 이는 에러의 이점들을 살펴보는 장의 내용으로 불합리해 보일 수도 있지만, 피드백의 이점은 학생들이 에러를 범하는 항목들에만 한정되는 게 아니다. 그와는 반대로, 올바른 답을 고른 경우에도 피드백을 받는 건 기억력 향상에 도움이 된다.[27] 왜? 지식이 완벽하게 내 것이 되지 않는 한, 뇌는 훨씬 약하게라도 계속 배운다. 불확실한 면이 있는 한 에러 신호들은 우리 뇌 속에서 계속 퍼진다. 자신감 없는 처음의 답과 100퍼센트 확신 있는 이후의 정보 간의 차이는 유용한 피드백 신호 역할을 한다. 즉 우리가 범했을 수 있고 따라서 우리가 뭔가 배울 게 있는 가상의 에러도 체크하는 것이다.

이런 이유로 과한 학습도 늘 도움이 된다. 어떤 지식이 완전한 내 것이 되기 전까지는, 그 지식을 재검토하고 테스트하는 것이 특히 장기적으로 봤을 때 계속 학습 성과를 높여 준다. 게다가 우리 뇌의 입장에서 반복 학습에는 다른 이점도 있다. 우선 반복 학습은 어떤 지식이 무의식적인 지식이 될 때까지 계속 우리의 정신 작용들을 자동화시킨다. 이것이 바로 우리가 살펴볼 배움의 마지막 기둥인 '완전한 내 것으로 만들기', 즉 통합이다.

10

통합

배움의 세 가지 기둥들을 성공적으로 세우고 빠른 속도로 읽기도 배운 초등학교 1학년생을 생각해 보라. 이 학생은 호기심과 열정을 가지고 읽기에 적극적으로 참여했다. 모든 단어와 모든 글자를 왼쪽부터 오른쪽으로 주의를 기울여 읽는 법도 배웠다. 그렇게 몇 달이 지나 에러들이 줄면서, 이 학생은 글자와 음들 간의 관련성을 정확하게 해석하고 불규칙한 단어들의 철자들도 기억 속에 저장하기 시작했다. 그러나 이 학생은 아직 글을 유창하게 읽지 못해 천천히 간신히 읽어 낸다. 무엇이 부족한 걸까? 이 학생은 아직 배움의 네 번째 기둥인 '통합'을 제대로 활용하지 못하고 있다. 그러니까 읽기 위해 주의를 총동원하고 있지만, 아직 자동화 및 무의식화 단계에는 도달하지 못한 것이다.

이 어린 학생이 읽는 시간들을 분석해 보면 흥미로운 사실이 드러난다. 단어가 길수록 판독하는 데 더 오랜 시간이 걸린다(〈컬러 삽입 도판 18〉 참고). 선형 함수를 떠올리면 된다. 반응 시간은 글자가 하나 늘어날 때마다 약 5분의 1초씩 늘어난다. 이는 연속적이고 단계적인 과정의 특징이며 그래서 지극히 정상이다. 이 아이의 나이에서 읽기는 주의를 집중해 글자들을 하나하나 천천히 판독하는 과정이다.[1] 그러나 이런 서툰 읽기 단계가 영원히 지속되지는 않는다. 2년 정도의 훈련을 거쳐, 아이의 읽기 능력은 점점 빠른 속도로 향상되며 점점 더 유창해진다. 그렇게 2~3년간 강도 높게 훈련하면, 단어의 길이에 따른 판독 시간 지체 현상은 완전히 사라진다. 이제 이 학생의 노련한 뇌는 모든 단어들을 판독해 내며, 길이가 3자에서 8자 사이에 있는 어떤 단어든 빠른 시간 안에 읽게 된다. 시각 단어 인지 능력이 순차적인 처리 방식에서 동시다발적인 처리 방식으로 바뀌는 데 평균적으로 3년 정도의 훈련이 필요하다. 그러니까 우리의 시각 단어 형태 영역이 한 단어의 모든 글자들을 순차적으로 처리하는 게 아니라 동시다발적으로 처리하게 되는 것이다.

이는 모든 분야에서 일어나는 통합의 대표적인 예이다. 느리고 의식적이며 노력이 필요한 처리 방식이 빠르고 무의식적이며 자동화된 처리 방식으로 바뀌는 예 말이다. 우리의 뇌는 결코 배우는 일을 멈추지 않는다. 그래서 설사 어떤 기술을 마스터한다 해도 우리는 계속 그 기술을 과잉 학습하게 된다. 이때 자동화 메커니즘이 자주 활용하는 기능들을 보다 효율적인 일상사들로 바꿔 준다. 자동화 메커니즘을 통해 우리가 자주 활용하는 기능들이 의식적인 인식 밖에 있는 다른 뇌 회로들로 내보내지고, 거기에서 이미 진행 중인 다른 기능들을 방해하지 않고 서로 독립적으로 처리되는 것이다.

뇌 자원을 해방시키기

이제 막 읽기를 시작한 아이의 뇌를 스캔해 보면 무얼 보게 될까? 우선 일반적인 읽기 관련 뇌 회로들(글자 인식에 관여하는 시각 영역들과 음소 및 음절, 단어 처리에 관여하는 측두엽 영역들 등)이 활성화되지만, 그 외에 두정엽 및 전두엽 피질 영역들도 활발히 활성화되는 걸 볼 것이다.[2] 많은 노력과 주의와 의식적인 집행 제어가 필요하며 에너지 소비가 큰 이런 활발한 활성화 현상은 통합 과정과 함께 점차 사라져 가게 된다(〈컬러 삽입 도판 18〉 참고). 일단 읽기에 숙련되면 이런 뇌 영역들은 더 이상 읽기에 관여하지 않으며, 예를 들어 영어 단어 letters를 l e t t e r s 식으로 간격을 띄워 읽거나 뒤집어서 읽어 정상적인 읽기가 불가능할 때만 활성화되어, 숙련된 뇌로 하여금 느리게 읽는 초심자 모드로 되돌아가게 만든다.[3]

읽기를 자동화한다는 것은 우리가 자주 만나는 일련의 글자들을 전문화되고 한정된 뇌 회로로 보내 효과적으로 처리한다는 의미이다. 읽기를 배워나가는 과정에서, 우리는 가장 자주 만나는 글자들과 그 글자들의 조합들을 인식하기 위해 특별히 효과적인 뇌 회로를 발달시킨다.[4] 우리의 뇌는 통계 수치들을 뽑아 낸다. 그러니까 어떤 글자들이 가장 자주 보이는지, 그 글자들이 어디에서 가장 자주 나타나는지, 그리고 또 그 글자들이 어떤 연관성 속에서 나타나는지 파악하는 것이다. 1차 시각 피질 또한 가장 자주 나타나는 글자들의 모양과 위치들에 자신을 적응시킨다.[5] 과잉 학습을 몇 년 하게 되면, 이 회로는 일상적인 모드 상태로 들어가 의식적인 개입이 거의 없이 자동적으로 기능하게 된다.[6] 이 단계가 되면 두정엽 및 전전두엽 피질의 활성화도 사라지며, 우리는 이제 별 어려움 없이 읽을 수 있게 된다.

읽기에 적용되는 이런 원칙들이 학습의 다른 모든 분야에도 그대로 적용될 수 있을까? 타자를 배우든 악기 연주를 배우든 자동차 운전을 배우든, 우리의 몸짓들은 처음에는 전전두엽 피질의 통제를 받는다. 의식적으로 천천히 하나하나 배워나가는 것이다. 그러나 계속 훈련하다 보면 완벽해지게 된다. 시간이 지나면서 노력해야 할 일들은 다 사라지고, 우리는 다른 얘기를 하거나 다른 생각을 하면서도 그런 것들을 다 잘해내게 된다. 반복된 훈련을 통해 전전두엽 피질의 통제를 벗어나 운동 피질과 특히 기저핵의 통제를 받게 되는 것이다. 참고로 기저핵은 피질 하부 영역으로, 자동적이며 일상적인 우리의 행동들을(기도와 욕을 포함한) 기록하는 일을 한다. 산수 분야에서도 같은 변화가 일어난다. 산수를 처음 배우는 아이들에게 각 계산 문제는 에베레스트 산을 오르는 일과 같아, 전전두엽 피질 회로들을 총동원해야 하는 등 많은 노력을 기울여야 한다. 이 단계에서 계산은 순차적인 과정이다. 6+3이라는 문제를 풀기 위해 아이들은 대개 '6······ 7, 8······9!' 식으로 하나하나 숫자를 더해나간다. 통합 과정이 진전되면, 아이들은 기억으로부터 바로 결과를 찾기 시작하며, 두정엽 피질 및 복부 측두엽 피질 내 전문화된 회로들이 활성화되면서 선전두엽 피질의 활성화는 서서히 사그라진다.[7]

그렇다면 자동화는 왜 그렇게 중요한 걸까? 자동화 덕에 뇌 피질의 자원들이 자유로워지기 때문이다. 두정엽 및 전전두엽 집행 피질들은 포괄적인 집행 제어 네트워크 역할을 하면서 인지 능력에 병목 현상을 야기한다는 걸 잊지 말라. 다시 말해 한 번에 두 가지 일을 하지 못하는 것이다. 우리 뇌의 중앙 집행자는 한 가지 일에만 집중하며, 따라서 의식적인 그 나머지 결정들은 전부 지체되거나 취소된다. 그래서 한 가지 정신 기능에 노력이 필요하면 아직 과잉 학습에 의해 자동화되지 않은 것이므로, 정신 기능은 소중한 집행 주의 자원들을 흡수하며, 따라서 우리는 다른 무언가에 집중할 수 없게 된다. 결국 통합 과정이 꼭 필요한 것은 우리의 소중한 뇌 자원들을 다른 목적들에 활용할 수 있기 때문이다.

자, 이제 구체적인 예를 하나 들어보자. 당신이 수학 문제를 하나 풀어야 하는데, 읽기 능력이 아직 초보 단계에 머물러 있다고 상상해 보라. "A dryver leevz Bawstin att too oh clok and heds four Noo Yiorque too hunjred myels ahwey. Hee ar eye-vz at ate oh clok. Wat waz hiz avrij speed?"(A driver leaves Boston at two o'clock and heads for New York two hundred miles away. Here are at eight o'clock. What was his average speed?[한 운전자가 정각 2시에 보스턴을 떠나 200마일 떨어진 뉴욕으로 향하고 있다. 지금은 정각 8시이다. 그의 평균 속도는 얼마였을까?]) 내가 지금 무슨 말을 하려는지 알 것이다. 이처럼 동시에 두 가지 일을 하는 건 사실상 불가능하다. 읽는 게 어렵기 때문에 계산 능력이 제대

로 나오질 못한다. 발전하기 위해서는 읽기나 산수 능력같이 우리에게 가장 유용한 정신적 도구가 제2의 천성처럼 되어야 한다. 그런 도구들이 아무 노력 없이도 무의식적으로 작동될 수 있어야 한다. 그 모든 토대들의 통합 없이는 교육 피라미드의 최정상 수준에 도달할 수 없다.

수면의 중요한 역할

우리는 이미 학습에 일정한 시간 간격을 둘 때 훨씬 더 효과적이라는 걸 살펴보았다. 모든 내용을 하루에 몰아서 벼락치기하는 것보다는 분산해서 학습하는 게 더 낫다. 이유는 간단하다. 우리의 뇌는 매일 밤에 낮에 배운 것들을 통합하기 때문이다. 이는 지난 30년간 있었던 가장 중요한 신경과학 분야의 발견들 가운데 하나이다. 수면 시간은 단순히 아무 활동도 안하는 기간이거나 우리가 깨어 있는 동안 뇌가 축적한 폐기물들을 수거하는 기간이 아니다. 그와는 정반대다. 잠을 자는 동안에도 우리의 뇌는 계속 활동한다. 그러니까 특정 알고리즘을 작동시켜 전날 기록한 중요한 순간들을 재생해 보며, 서서히 그것들을 보다 효과적인 기억 영역으로 이동시키는 것이다.

수면이 밤새 하는 일과 관련된 이 같은 발견은 1924년에 이루어졌다. 그 해에 미국 심리학자 존 젠킨스John Jenkins(1901-1948)와 칼 달렌바흐Karl Dallenbach(1887-1971)는 기억에 대한 고전적 연구들을 재검토했다.[8] 그들은 특히 기억 분야 연구의 선구자인 독일 심리학자 헤르만 에빙하우스Hermann Ebbinghaus(1850-1909)의 연구를 재연구했다. 에빙하우스는 19세기 말에 이미 '시간이 갈수록 배운 것들에 대한 기억이 희미해진다.'라는 기억 관련 기본 법칙을 발견했다. 에빙하우스 망각 곡선은 아름다우면서도 단조로운 감소 지수를 보여 준다. 그런데 젠킨스와 달렌바흐는 그 곡선에서 한 가지 이상한 점을 발견했다. 뭔가 새로운 걸 배운 뒤 8시간부터 14시간 사이에는 기억 손실이 보이지 않는다는 것이다. 두 사람은 거기서 결정적인 힌트를 얻었다. 에빙하우스의 실험에서 8시간 시한은 같은 날 치러진 기억 테스트와 관련 있었고, 14시간 시한은 하룻밤 건너 치러진 기억 테스트와 관련 있었던 것이다. 사실 여부를 확인하는 과정에서 그들은 두 가지 변수, 즉 기억 테스트 이전에 흘러간 시간과 참여자들이 잠을 잘 기회가 있었는지 여부를 확인하는 새로운 실험을 고안했다. 그래서 그들은 자신의 학생들에게 잠자리에 들기 직전인 자정쯤이나 아침에 무작위 음절들을 가르쳤다. 그 결과는 분명했다. 에빙하우스의 지수 법칙에 따라 아침에 배운 것들은 시간과 함께 사라져 간다. 반면에 자정에 배운 것들은 시간이 지나도 안정된 상태로 남아 있다(학생들이 적어도 두 시간은 잠을 잔다는 전제 하에서). 다시 말해 수면이 망각을 막아 주는 것이다.

이 실험 결과에 대해서는 여러 가지 다른 해석도 있었다. 수면 기간 중에 제거되는 독성 물질들이 깨어 있는 시간에는 뇌에 축적되기 때문에, 어쩌면 기억은 낮 동안에 희미해지는지도 모른다는 가설도 그중 하나이다. 학습과 기억 테스트 기간 사이에 일어나는(수면 기간 중에는 일어나지 않는) 다른 일들로 기억이 방해 받는지도 모른다는 가설도 있었다. 그러나 이런 가설들은 1994년 전혀 사실이 아닌 걸로 결론 났다. 그해에 이스라엘 연구진에 의해 수면 시간에 추가적인 학습이 이루어진다는 사실이 밝혀졌다. 추가적인 훈련 없이도 수면 기간 이후에 인지 및 운동 수행 능력이 개선된 것이다.[9] 실험은 간단했다. 실험 참여자들은 낮에 망막상의 한 특정 지점에 있는 막대를 탐지하는 법을 배웠다. 그들의 수행 능력은 서서히 향상되다가 훈련 몇 시간이 지나자 정체됐다. 그걸로 한계에 도달한 것 같았다. 그런데 참여자들에게 잠을 자게 하자 놀라운 일이 일어났다. 그다음 날 아침에 일어났을 때 그들의 수행 능력은 훨씬 더 향상되었고, 그런 상태는 이후 며칠간 계속 유지됐다. 수면 시간에 추가적인 학습이 이루어지는 게 분명했다. 밤에 REM 수면(수면 단계 중 안구가 수차례 급속히 움직이는 단계—옮긴이) 단계 때마다 실험 참가자들을 깨울 경우, 아침에 그들의 수행 능력은 전혀 향상되지 않았기 때문이다.

이 같은 초기 발견들은 그간 많은 연구 결과들에 의해 입증되고 발전되었다.[10] 밤에 향상되는 수행 능력의 정도는 수면의 질에 따라 달라지는데, 수면의 질은 두피에 전극들을 연결해 숙면의 특징인 서파slow wave를 모니터링해 측정할 수 있다. 수면 지속 시간과 수면 깊이 모두 다음 날 깨어났을 때의 수행 능력 향상도를 예측하는 데 도움이 된다. 그리고 그 둘은 서로 정반대로 작동되어, 수면 필요성은 그 전날 있었던 자극과 학습의 양에 달려 있다. 동물들의 경우 뇌 가소성에 관여하는 유전자 zif-268이 REM 수면 기간 중에 해마와 피질 안에서 더 많이 발현되는데, 동물들이 이전에 자극이 많은 환경에 노출됐을 때 특히 더 그렇다. 자극을 많이 받은 경우 밤에 뇌 가

소성이 크게 늘어나는 것이다.[11]

수면의 각 단계가 하는 역할은 아직 완선히 밝혀지지 않았으나, 숙면 기간에는 지식의 통합 및 일반화(심리학자들은 의미 기억semantic memory 또는 서술 기억declarative memory이라고 한다)가 이루어지고, 뇌 활동이 깨어 있는 것이나 다름없는 REM 수면 기간에는 인식 및 운동 학습(절차 기억procedural memory)이 이루어지는 걸로 보인다.

수면 중에 뇌는 전날의 일을 되새긴다

수면 효과들에 대해서는 심리학적으로 아주 잘 입증된 편이나, 뇌가 깨어 있을 때보다 잠잘 때 더 잘 배우는 신경세포학적 메커니즘에 대해서는 아직 제대로 규명되지 않았다. 1994년 신경생리학자 매튜 윌슨Matthew Wilson과 브루스 맥노튼Bruce McNaughton은 놀라운 사실을 발견했다. 수면 중에 외부 자극도 전혀 없는 상황에서 해마 내 신경세포들이 자연발생적으로 활성화되는 걸 발견한 것이다.[12] 그리고 그 활성화는 무작위적인 게 아니었다. 낮에 돌아다닌 곳을 되짚어 가고 있었던 것이다.

앞서 4장에서 살펴보았듯 해마 안에는 '장소 세포들'이 들어 있다. 쥐가 어떤 공간 안에서 특정 지점에 있을 때(또는 스스로 그런 지점에 있다고 믿을 때) 활성화되는 신경세포들이 그 좋은 예이다. 이렇듯 해마 안에는 다양한 장소 관련 신경세포들이 들어 있고, 그 신경세포들은 각기 다른 장소를 더 좋아한다. 그런데 잘 관찰해 보면, 그런 장소들은 쥐가 돌아다니는 모든 공간에 걸쳐 있다. 쥐가 복도를 지나가면, 어떤 신경세포들은 입구에서 활성화되고, 어떤 신경세포들은 복도 한가운데서 활성화되며, 또 어떤 신경세포들은 복도 끝에서 활성화된다. 결국 신경세포들은 쥐가 지나가는 길 곳곳에서 연이어 활성화되는 것이다. 그러니까 실제 공간에서의 이동이 신경세포 공간 안에서의 시간 순서가 된다.

그리고 이런 사실은 윌슨과 맥노튼의 실험 결과들과도 일치한다. 그들이 발견한 바에 따르면, 쥐가 잠이 들면 쥐의 해마 내 장소 세포들이 다시 같은 순서로 활성화되기 시작한다. 신경세포들이 깨어 있던 낮의 궤적들을 재연하는 것이다. 차이가 있다면 속도뿐이다. 잠자는 동안에는 신경세포 방전이 20배나 더 활발해진다. 그러니까 쥐들은 잠자는 동안 아주 빠른 속도로 주변을 돌아다니는 꿈을 꾸는 것이다.

해마 내 신경세포들의 활성화와 동물의 위치 간의 관계는 워낙 믿을 만해, 신경과학자들은 어렵게 그 과정을 되짚어 가, 쥐의 신경세포 활성화 패턴들을 보고 꿈의 내용을 해독하기도 한다.[13] 또한 쥐가 깨어 있는 동안 실제 세계를 돌아다니면, 쥐의 위치와 그 뇌의 활성화 간의 관계가 체계적으로 기록된다. 그리고 이런 데이터들을 통해 해독기를 훈련시키는 게 가능해진다. 그러니까 컴퓨터 프로그램이 쥐의 위치와 그 뇌의 활성화 간의 관계를 되짚으면서 신경세포 활성화 패턴들을 보고 쥐의 위치를 추정하는 것이다. 이런 해독기가 수면 데이터에 활용되면, 우리는 쥐가 잠시 잠이 든 순간 그 뇌가 공간 속의 가상 궤적들을 되짚는 걸 보게 된다.

쥐의 뇌는 이렇게 전날 경험한 활성화 패턴들을 빠른 속도로 재언한다. 매일 밤에 낮의 기억들을 재연하는 것이다. 그리고 그런 재연은 해마 안에만 국한되지 않고 피질 전체로 퍼지며, 그렇게 해서 시냅스 가소성 및 학습의 통합에 결정적인 역할을 하게 된다. 이처럼 밤에 일어나는 재활성화 덕에, 우리의 삶에서 단 한 번 있었고 그래서 우리의 일화 기억에 단 한 번 기록된 일도 밤에 수백 번 재연된다(《컬러 삽입 도판 19》 참고). 그 같은 기억 전환이 수면의 주요 기능일 수도 있다.[14] 또한 해마가 빠른 단일 시행 학습 원칙을 활용해 전날 있었던 일들을 저장하는 걸 전담하고 있을 수도 있다. 밤에는 이 같은 신경세포 신호들이 재활성화되면서, 각 에피소드로부터 최대한 많은 정보를 끌어 낼 수 있는 피질 내 다른 신경망들로 퍼져간다. 실제로 새로운 일을 수행하는 걸 배우는 쥐의 피질 안에서는, 밤에 어떤 신경세포가 더 활발히 재활성화될수록 다음 날 그 일에 대한 그 신경세포의 참여도 또한 더 높아진다.[15] 해마의 재활성화가 피질 자동화로 이어지는 것이다.

인간의 뇌에서도 같은 현상이 일어날까? 그렇다. 뇌 스캔을 해 보면 잠자는 동안 우리가 전날 사용한 신경회로들이 재활성화되는 게 보인다.[16] 오랜 시간 테트리스 게임을 한 사람들을 상대로 그날 밤에 뇌 스캔을 해 보았더니, 그들은 그야말로 기하학적 패턴들이 폭포수처럼 쏟아지는 꿈을 꾸었고, 그 기하학적 패턴들의 움직임에 맞춰 그들의 눈 또한 위에서 아래로 움직였다. 게다가 최근의 연구에 따르면, 실험 참여자들이 MRI 기계 안에서 잠을 잤는데, 그들은 뇌파가 꿈을 꾸고 있다는 걸 보여 주는 순간 갑자기 잠에서 깼다.

MRI 관찰 결과, 그들이 깨기 직전 뇌의 여러 영역들이 자연스레 활성화되는 게 보였으며, 기록된 뇌 활성화 패턴들을 통해 꿈 내용도 예측할 수 있었다. 어떤 실험 참여자가 꿈속에서 사람들이 나왔다고 하면, 실험 주관자들은 얼굴 인식에 관여하는 뇌 피질 영역에서 활성화가 일어나고 있는 걸 감지하는 식이었다. 다른 실험들에서는 이 같은 재활성화의 정도를 보면 꿈의 내용은 물론 깨어난 뒤의 기억 통합 양도 예측할 수 있었다. 일부 신경외과의사들은 심지어 인간 뇌 속 신경세포들을 관찰해 기록하기 시작했는데, 그 결과 쥐의 경우에서와 마찬가지로 신경세포 활성화 패턴들을 보면 이전 날 경험한 일들의 순서를 되짚어볼 수 있었다.

수면과 학습은 아주 밀접한 관련을 맺고 있다. 많은 실험들의 결과 우선 수면 깊이 변화와 다음 날 수행 능력 변화 사이에는 밀접한 관련이 있다. 조이스틱 다루는 법을 배울 때면 그날 밤 그런 감각운동 학습에 관여하는 뇌의 두정엽 부위들에서 수면 서파의 빈도와 강도가 증가하며, 그 증가폭이 클수록 그 사람의 수행 능력은 더 크게 향상된다.[17] 마찬가지로 운동 학습 이후 뇌 스캐닝을 해 보면, 운동 피질과 해마 그리고 소뇌 영역에서는 활성화가 강화되고 일부 전두엽, 두정엽 그리고 측두엽 영역에서는 활성화가 둔화된다.[18] 또한 많은 실험 결과 다음과 같은 결론도 나왔다. 잠을 잔 후에는 뇌 활성화 위치가 이동하며, 낮에 습득한 지식의 일부는 더 강화되어 보다 전문화되고 자동화된 뇌 회로들로 옮아간다.

자동화와 수면은 밀접한 관련이 있지만, 모든 과학자들은 그 관계가 인과관계는 아니라는 걸 안다. 그걸 입증하기 위해, 우리는 뇌 속에 공명 효과를 만듦으로써 인위적으로 수면 깊이를 더할 수 있다. 수면 중에 뇌 활성화는 대략 분당 40~50번의 주기로 느린 주파수에서 왔다 갔다 한다. 뇌에 적절한 주파수로 약간의 추가 자극을 줌으로써, 우리는 이 리듬들을 공명시키고 또 그 강도를 올릴 수 있다. 마치 적절한 순간 그네를 밀어 큰 폭으로 왔다 갔다 하게 할 때처럼 말이다. 독일 수면 과학자 얀 본Jan Born은 두 가지 방법으로, 즉 두개골에 미세한 전류를 통과시키고 또 잠자는 사람의 뇌파와 일치되는 음을 연주함으로써 정확히 그런 효과를 냈다. 뇌파 음들에 흥분이 되든 차분해지든, 잠자는 사람의 뇌는 이 매혹적인 리듬들에 의해 무아지경에 빠지며 숙면의 특징인 서파를 눈에 띌 정도로 많이 발산한다. 그리고 어떤 경우든, 다음 날 이 같은 공명 덕에 보다 강력한 학습 통합이 이루어진다.[19]

한 프랑스 신생 기업이 이런 효과를 활용하기 시작했다. 조용한 음들을 들려주어 잠자는 뇌의 느린 뇌파 리듬들을 자극함으로써 숙면을 취하고 수면 깊이를 더해 준다는 헤드밴드를 판매하고 나선 것이다. 또한 밤에 뇌를 자극해 특정 기억들을 재활성화하게 함으로써 학습 효과를 높이는 시도를 하고 있는 연구원들도 있다. 당신이 교실에서 어떤 사실들을 배울 때 진한 장미 향기가 난다고 상상해 보라. 우리는 당신이 숙면에 빠져들 때, 당신의 침실에 바로 그 진한 장미 향기를 뿌린다. 실험 결과들에 따르면, 이런 경우 당신이 배운 정보는 다음 날 다른 냄새에 노출된 채 잠이 들었을 때보다 훨씬 더 기억 속에 잘 통합된다.[20] 장미 향기가 무의식적인 신호 역할을 해, 당신의 뇌가 낮에 있었던 특정 에피소드를 활성화하고, 그 결과 그

에피소드를 기억 속에 더 잘 통합시키는 것이다.

청각적인 신호를 가지고도 똑같은 효과를 낼 수 있다. 누군가가 당신한테 각기 특정 음(고양이의 야옹 소리, 젖소의 음메 소리)과 관련 있는 50가지 이미지들이 있는 장소들을 기억해 보라 한다고 상상해 보라. 50가지는 기억하기에 많은 수이다. 하지만 걱정 말라. 밤이 당신을 도와 줄 것이다. 한 실험에서 밤에 연구진이 25가지 음으로 실험 참여자들의 뇌를 자극했다. 숙면 속에 무의식적으로 그 음들을 들으면서 뇌 세포들이 재활성화됐고, 그 덕에 다음 날 아침에 실험 참여자들은 각 음에 해당하는 장소들을 더 잘 기억했다.[21]

우리는 미래에 학습 효과를 높이기 위해 우리의 잠을 마음대로 갖고 놀 수 있게 되지 않을까? 많은 학생들이 이미 자연스레 그렇게 하고 있다. 잠들기 직전에 중요한 학과 내용을 봄으로써, 자신도 모르는 새에 뇌 세포들의 수면 중 재활성화를 일으키고 있는 것이다. 그러나 그렇게 유용한 전략을 잠자는 동안 전혀 새로운 능력들을 습득할 수 있다는 잘못된 믿음과 혼동하진 말라. 잠자면서 무의식적으로 외국어를 배울 수 있게 해 준다는 녹음테이프를 파는 사기꾼들도 있다. 연구 결과에 따르면 그런 테이프는 아무 효과가 없다.[22] 더러 예외적인 경우도 있겠지만, 많은 증거들에 따르면 잠자는 동안 우리 뇌는 새로운 정보를 전혀 흡수하지 못한다. 이미 경험한 것들을 재활성화 또는 재연할 수 있을 뿐이다. 새로운 언어처럼 복잡한 걸 배우려면, 낮에 연습하고 밤에 자면서 이미 습득한 것들을 재활성화하고 통합하는 게 효과가 있다.

수면 중의 발견들

　수면은 단순히 기억력만 강화시킬까? 많은 과학자가 그렇게 생각하지 않는다. 밤에 자면서 이런저런 것들을 발견한다는 것이다. 가장 유명한 예가 독일 화학자 아우구스트 케쿨레 폰 스트라도니츠August Kekule von Stradonitz(1829-1896)의 경우이다. 그는 벤젠의 구조를 처음으로 생각해 냈다. 벤젠은 특이한 분자로, 6개의 탄소 원자들이 자기 꼬리를 물고 있는 뱀이나 반지처럼 닫힌 고리 형태를 하고 있다. 케쿨레는 그 운명의 밤에 자신이 꾼 꿈에 대해 이렇게 말했다.

　다시 그 원자들이 내 눈앞에서 깡총거리며 뛰어다니고 있었고 (……) 이런 환상을 되풀이해 보면서 보다 예리해진 내 마음의 눈은 이제 더 큰 여러 형태의 구조들을 구분할 수 있었다. 긴 줄들이 때론 더 바짝 들러붙으면서 뱀들처럼 비비 꼬며 움직였다. 그런데 보라! 저게 뭐지? 그 뱀들 중 하나가 자기 꼬리를 물고 있었고, 그런 모양으로 조롱하듯 내 눈앞에서 꿈틀거렸다.

　그러면서 케쿨레는 이렇게 결론지었다. "신사 여러분, 꿈꾸는 법을 배웁시다. 그러면 진리를 배우게 될 겁니다."
　수면은 정말 우리의 창의력을 키우고 우리를 진리로 이끌 수 있을까? 과학 역사가들은 케쿨레의 우로보로스Ouroboros(자기 꼬리를 입에 문 모습으로 우주를 휘감고 있다는 뱀—옮긴이) 이야기의 진위에 대해 의견이 갈리지만, 밤에 배운다는 생각은 과학자와 예술가들 사이에 광범위하게 퍼져 있다. 프랑스 디자이너 필립 스탁Philippe Starck은 최근 인터뷰에서 유머를 섞어 이런 말을 했다. "저는 매일 밤 책을 내려놓으면서 (……) 제 아내에게 말합니다. '나 이제 일하러 가.'"[23] 나 역시 가끔 아침에 눈 뜨자마자 어려운 문제에 대한 해결책을 발견하는 경험을 하곤 한다. 그러나 이런저런 일화들이 증거가 되진 못한다. 직접 실험을 해 봐야 하는데, 얀 본이 이끄는 연구팀이 바로 그런 실험을 했다.[24] 연구진은 낮에 실험 참여자들에게 복잡한 알고리즘 문제를 가르쳤는데, 그 알고리즘 문제의 경우 주어진 숫자에 일련의 계산을 해야 했다. 실험 참여자들은 몰랐지만, 그 문제에는 쉽게 풀 수 있는 숨겨진 해법이 있어, 그걸 활용할 경우 계산 시간을 상당히 줄일 수 있었다. 잠이 들기 전에 그 해법을 알아 낸 실험 참여자들은 거의 없었다. 그런데 숙면을 취하고 난 뒤 그 해법을 발견한 실험 참여자 수는 배로 늘었으나, 잠을 자지 못한 참여자들은 그런 '유레카' 순간을 맛보지 못했다. 게다가 그런 결과는 참여자들이 하루 중 어느 시간에 테스트를 받았는가와 관계없이 동일했다. 따라서 경과 시간은 결정적인 요소가 아니었다. 수면을 취했을 때만 통찰력이 생겨난 것이다.

그러므로 잠자는 시간의 통합 과정에서 기존 지식만 강화되는 게 아니다. 낮에 발견한 것들이 단순히 저장만 되는 게 아니라, 보다 추상적이고 일반적인 형태로 재코딩되기도 하는 것이다. 그리고 그 과정에서 결정적인 역할을 하는 게 잠자는 동안의 신경세포 재연임은 두 말할 필요도 없다. 매일 밤, 우리의 뇌 속에서 낮의 생각들은 수백 배 빠른 속도로 재활성화되며, 그래서 우리의 뇌 피질이 일리 있는 어떤 원칙을 발견할 가능성 또한 배가된다. 게다가 신경세포 방전이 20배나 가속화되어 정보들을 압축한다. 신경세포들이 빠른 속도로 재활성화된다는 것은 깨어 있을 때 긴 간격으로 활성화되던 신경세포들이 밤에는 서로 인접한 상태로 활성화된다는 의미이다. 이런 메커니즘은 '가공 안 된 정보를 끌어 모아 종합하고 압축해 활용 가능한 유용한 지식으로 전환'(이것이 인공지능 분야의 대가 데미스 하사비스Demis Hassabis가 말하는 지능의 정의이다)하는 데 이상적인 것으로 보인다.

미래에는 지능 있는 기계들도 우리처럼 잠을 자야 할까? 어처구니없는 질문처럼 들릴지 모르지만, 어떤 면에서 나는 그렇다고 생각한다. 기계들의 학습 알고리즘 역시 우리가 말하는 수면 비슷한 통합 단계가 필요할지도 모른다. 실제로 컴퓨터 과학자들은 그간 수면-기상 사이클 비슷한 학습 알고리즘을 이미 여럿 디자인한 바 있다.[25] 그 알고리즘들은 내가 이 책에서 주장하고 있는 새로운 비전의 학습에 필요한 모델들을 제공하고 있으며, 그 결과 학습이 곧 외부 세계의 내부 생성 모델 구축으로 이어지고 있다. 잊지 말라. 우리의 뇌는 많은 내부 모델들을 갖고 있고, 사실보다 더 생생한 여러 마음속 이미지들과 현실적인 대화들 그리고 유의미한 추론들을 재종합해 낼 수 있다. 그리고 깨어 있는 상태에서 우리는 이 모델들을 우리의 주변 환경에 맞춘다. 그러니까 우리는 외부 세계로부터 받아들이는 감각 데이터를 활용해 주변 환경에 가장 적합한 모델을 고른다. 이 단계에서 학습은 주로 상향식 활동이다. 외부 세계에서 들어오는 예상치 못한 감각 신호들이 우리 내부 모델들의 예측에 직면하면 예측-에러 신호들이 발생한다. 그리고 그 신호들은 보다 높은 계층의 뇌 피질 영역들로 올라가면서 각 단계에서 통계적 가중치들을 조정하며, 그 결과 우리의 하향식 모델들이 점차 정확도를 높여 간다.

여기서 새로운 사실은 잠자는 동안 우리의 뇌가 반대 방향으로, 즉 위에서 아래로 작동한다는 것이다. 밤에 우리는 우리의 생성 모델들을 활용해 예상치 못한 새로운 이미지들을 종합하며, 우리 뇌의 일부는 처음부터 그런 이미지들에 스스로 적응하는 훈련을 한다. 이처럼 향상된 훈련 덕에 우리는 상향식 관계들을 더 잘 다듬을 수 있다. 생성 모델의 변수들과 그 감각 순서들은 잘 알려져 있어, 지금은 그 양자 간의 관계를 발견하는 게 훨씬 더 쉽다. 바로 그런 이유 때문에, 우리는 지금 특정 감각 입력 정보 뒤에 숨어 있는 추상적인 정보를 점점 더 효과적으로 추출해 내고 있다. 그러니까 숙면을 취하고 난 뒤에는, 아주 사소한 단서만으로도 현실에 대한 가장 뛰어난 마음속 모델을(그것이 아무리 추상적이라 해도) 찾아 낼 수 있다.

이런 견해에 따르자면, 꿈은 향상된 이미지 훈련 세트나 다름없다. 그러니까 우리의 뇌는 현실에 대한 내부 재구축을 통해 낮에 있었던 제한된 경험을 증폭시키는 것이다. 또한 잠은 모든 학습 알고리즘들이 직면하고 있는 한 가지 문제, 즉 훈련에 필요한 데이터 부족 문제를 해결해 주고 있는 듯하다. 뭔가를 배우기 위해, 오늘날의 인공신경망들은 방대한 데이터를 필요로 한다. 그러나 우리의 삶은 너무 짧고, 우리의 뇌는 낮 동안 끌어 모을 수 있는 제한된 양의 정보를 가지고 모든 일을 해내야 한다. 따라서 잠이야말로 우리 뇌가 찾아 낼 수 있는 유일한 해결책인지도 모른다. 평생 가도 다 경험할 수 없을 정도로 많은 일들을 잠자는 시간에 아주 빠른 속도로 경험해 볼 수 있으니까.

이런 생각 실험들의 과정에서 우리는 가끔 이런저런 발견을 하게 된다. 우리의 마음속 시뮬레이션 엔진이 작동되면서, 종종 예상치 못한 발견들을 하는 것. 이보다 더 마법 같은 일도 없을 것이다. 이는 마치 체스 선수가 일단 체스 게임 규칙들을 완전히 내 것으로 만들고 나면, 이후 여러 해 동안 그 성과를 누릴 수 있는 것과 비슷하다. 사실 우리 인류가 발견한 위대한 과학적 사실들 중 일부는 상상력 덕이었다. 아인슈타인이 광자를 타고 여행하는 꿈을 꾸고, 뉴턴이 지구가 사과처럼 떨어지는 걸 상상하면서 위대한 물리학적 발견들을 한 게 그 좋은 예들이다. 상상력이 아니었다면, 아마 자유낙하 속도는 질량에 따라 달라지는 게 아니라는 걸 입증하기 위해 피사의 사탑에서 물체들을 떨어뜨린 갈릴레오의 그 유명한 실험도 이루어지지 않았을 것이다. 생각 실험만으로도 충분하다. 갈릴레오는 탑 꼭대기에서 무거운 구체와 가벼운 구체를 떨어뜨리는 상상을 했다. 그러면서 무거운 구체가 먼저 떨어질 거라고 생각했다. 그리고 자신의 마음속 모델들을 활용해 그것이 모순이라는 걸 입증했다. 이렇게 생각한 것이다. '그 두 구체를 무시해도 좋을 만한 질량을 가진 선으로 묶는다고 가정해 보라. 그러면 이제 더 무거운 하나의 물체가 된 그 두 구체는 더 빨리 떨어져야 한다. 그러나 이는 말도 안 되는 결론이다. 가벼운 구체는 더 천천히 떨어지므로, 그로 인해 무거운 구체의 속도까지 떨어질 테니 말이다.' 결국 모순은 이런 식으로 계속 이어져 단 하나의 가능성에 도달한다. "모든 물체는 질량과 관계없이 같은 속도로 떨어진다."

이것이 바로 우리의 마음속 시뮬레이터가 밤낮 없이 행하는 추론 방식이다. 이렇게 복잡한 마음속 풍경들 때문에, 우리는 우리 뇌 속 알고리즘이 얼마나 놀라운지 미루어 짐작할 수 있다. 물론 우리는 모든 걸 낮에 배우지만, 뇌 신경세포들의 재활성화 덕에 밤에 우리의 잠재력이 배가된다. 어쩌면 바로 이것이 우리 인간이 지구를 지배하게 된 비결들 중 하나일 수도 있다. 우리 인간의 수면이 그 어떤 유인원의 수면보다 더 깊이 있고 효과적이라는 걸 각종 데이터가 보여 주고 있기 때문이다.[26]

수면, 어린 시절 그리고 학교

아이들은 어떨까? 갓난아기들은 대부분의 시간을 잠자면서 보내며, 또 잠자는 시간이 나이가 들면서 줄어든다는 걸 모르는 사람은 없다. 이는 논리적으로도 맞는 일이다. 어린 시절은 그야말로 특혜를 받은 시기로, 그때 우리의 학습 알고리즘들은 유난히 더 많은 일을 한다. 실제로 실험 데이터에 따르면, 똑같은 시간 잠을 자도 아이들의 잠이 성인들에 비해 2~3배 더 효율이 높다. 예를 들어 강도 높은 학습을 한 뒤 열 살 난 아이들은 성인들에 비해 더 빨리 숙면에 빠져든다. 또한 아이들은 숙면을 취할 때 서파도 더 강한데, 그 결과는 명확하다. 뭔가를 공부한 뒤 깊은 잠이 들어 그다음 날 맑은 정신

으로 깨어날 때, 아이들은 성인들에 비해 더 많은 어떤 원칙 같은 것들을 발견한다.[27]

잠자는 시간의 통합 과정은 생후 몇 개월 만에 이미 시작된다. 예를 들어 한 살 미만의 아기들이 새로운 단어를 배울 때 이미 잠자는 시간에 통합 과정을 거친다. 한 시간 반 정도 짧은 낮잠을 자는 아기들의 경우, 잠들기 전 몇 시간 내에 배운 단어들을 더 잘 습득한다.[28] 무엇보다 일반화를 더 잘한다. 예를 들어 '말horse'이란 단어를 처음 들은 아기들은 그 단어를 한두 마리의 특정한 말하고만 연결 짓지만, 잠을 자고 나면 뇌가 그 단어를 한 번도 본 적 없는 새로운 종의 말과도 연결 지을 줄 알게 된다. 꿈속에서 벤젠 분자를 발견했다는 위대한 화학자 케쿨레처럼, 이 신출내기 과학자들은 잠자는 동안 이런저런 것들을 발견해 '말'이란 단어에 대해 더 발전된 이론을 가진 상태로 잠에서 깬다.

취학 연령의 아이들은 어떨까? 연구 결과는 역시 명확하다. 미취학 시절에는 낮에 잠깐만 낮잠을 자도 아침에 배운 것들에 대한 기억이 강화된다.[29] 이런 이점이 극대화되려면, 사실 잠은 학습 기간 내에 자야 한다. 그러나 이런 이점은 수시로 낮잠을 자는 아이들에게나 통한다. 뇌는 원래 낮 동안의 자극에 따라 수면의 필요성을 조정하기 때문에, 아이들에게 억지로 낮잠을 자게 하는 건 도움이 될 것 같지 않지만, 그런 필요를 느끼는 아이들에게는 낮잠을 권할 필요가 있다.

그러나 유감스럽게도 오늘날에는 사방에 널린 TV와 스마트폰과 인터넷 속에서 성인들의 수면과 마찬가지로 아이들의 수면 역시 모든 방면에서 위협받고 있다. 그 결과는 무엇일까? 만성적인 수면 박탈이 눈에 띄게 증가 중인 특정 학습 장애들을 일으키는 요인이 될 수 있을까? 이런 견해는 아직 가설에 지나지 않지만, 그에 대한 조짐들이 있기는 하다.[30] 지나치게 활동적이고 주의력이 결핍된 일부 아이들의 경우 만성적인 수면 부족 상태를 겪고 있을 수 있다. 또 어떤 아이들은 숙면을 취하지 못하는 수면무호흡증을 겪기도 한다. 이런 아이들은 기도를 정리해 주기만 해도 만성적인 수면 부족 문제뿐만 아니라 주의력 결핍 문제도 해결할 수 있다. 최근 실험 결과들에 따르면, 수면 중 뇌에 서파의 깊이를 늘리는 전기 자극을 주면 지나치게 활동적인 아이의 학습 장애 문제가 완화될 수 있다고 한다.

여기서 한 가지 분명히 짚고 넘어가야 할 게 있다. 최근의 이런 데이터는 아직 더 많은 분석이 필요하며, 그래서 나는 (주의력 훈련이나 때로는 리탈린 같은 약의 도움으로 아주 긍정적 효과를 볼 수 있는) 순수한 주의력 관련 질환들도 존재한다는 걸 부인하지 않는다. 그러나 교육적 관점에서 볼 때, 수면 길이와 질을 개선하는 게 특히 학습 장애를 가진 아이들에게 도움이 된다는 건 의심의 여지가 없다.

이는 십대들을 상대로 입증된 바 있다. 시간 생물학에 따르면 사춘기쯤에 수면 주기가 바뀐다. 그러니까 청소년들은 일찍 잠자리에 들 필요를 잘 못 느끼지만, 모두들 경험했듯 아침에 일어나기를 너무나 힘들어 한다. 그건 그들이 일어나기 싫어해서라기보다는, 그들의 수면-기상 사이클을 통제하는 신경망 및 호르몬 망 안에 큰 변화가 일어났기 때문이다. 그런데 유감스럽게도 아무도 그런 사실을 학교 교장들한테 알려 주지 않는 듯하며, 그래서 교장들은 허구한 날 학생들에게 아침에 일찍 등교하라고 윽박지른다. 이렇게 독단적인 전통을 바꾸는 게 그리 잘못된 일일까? 직접 실험해 본 결과들은 유망했다. 수업 시작 시간을 30분에서 한 시간 정도 늦추자, 출석률이 올라갔고 수업 중 주의력이 향상됐으며 성적도 크게 올랐다.[31] 그 외에도 긍정적인 효과가 많았다. 그래서 미국소아과학회는 지금 십대 비만과 우울증 그리고 각종 사고(예를 들면 졸음운전)에 대처하는 효과적인 방법으로 수업 시작 시간을 늦출 것을 강력히 권고하고 있다. 교육 시스템을 뇌 활동에 맞춰 잘 조정한다면, 큰 비용을 들이지 않고도 아이들의 전반적인 육체 건강과 정신 건강도 쉽게 개선될 수 있다.

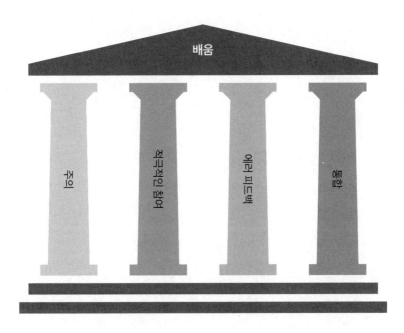

결론

교육과 신경과학의

조화

인간 과학에서 가장 크고 중요한 어려움은 아이들의 양육과 교육이다.

- 몽테뉴, 《수상록》(1580)

교육학은 의학과 같아서 정확한 과학적 지식에 토대를 둔 또는
토대를 두어야 하는 학문이다.

- 장 피아제, 《현대 교육학》(1949)

이제 이 긴 여정을 마무리하면서 나는 여러분에게 이런 말을 하고 싶다. 인지심리학, 신경과학, 인공지능, 교육학 분야에서의 최근 발전들 덕에 우리는 이제 우리 뇌의 학습 방식에 대해 상세한 지식을 갖고 있다. 그 결과 이제 학습에 대한 다음과 같은 우리의 잘못된

생각들은 대부분 폐기되어야 한다.

- '아기들은 빈 서판blank slate 상태와 같다.' 아니다. 아기들은 생후 1
  년만 되어도 이미 물체와 숫자, 확률, 공간 그리고 사람들에 대한
  방대한 지식을 갖고 있다.
- '아이의 뇌는 주변 환경의 구조를 그대로 빨아들이는 스펀지와
  같다.' 아니다. 전신마비 상태에 눈까지 멀게 된 브라질의 이야기
  꾼 펠리페나 케임브리지대학교 루카스 석좌 교수가 된 맹인 수
  학자 니콜라스 손더슨을 생각해 보라. 이 두 사람의 경우는 감각
  입력 정보가 제대로 또는 완전히 들어오지 못하게 된 상태에서
  도 추상적인 아이디어들을 이해할 수 있다는 걸 잘 보여 준다.
- '뇌는 입력 정보에 의해 좌지우지될 수밖에 없는 취약한 신경망
  에 지나지 않는다.' 아니다. 우리의 뇌 속에는 태어날 때부터 이
  미 큰 신경섬유 덩어리들이 자리 잡고 있으며, 아무리 필요한 것
  이라 해도 뇌 가소성은 대개 마지막 몇 밀리미터의 시냅스 연결
  들에만 영향을 미친다.
- '데이터나 강의에 단순 노출만 되어도 학습은 수동적으로 이루어
  진다.' 아니다. 그와 반대로, 인지심리학과 뇌 스캔에 따르면 아
  이들은 신출내기 과학자와 같아서 끊임없이 새로운 가설들을 만
  들어 내며, 또 뇌는 늘 깨어 있는 기관이어서 자신이 외부 세계에
  투영하는 모델들을 검증함으로써 학습한다.
- '실수는 못난 학생들이나 하는 짓이다.' 아니다. 실수하는 건 배움
  에 꼭 필요한 한 과정이다. 우리의 뇌는 자신이 예측한 것과 현실

간에 차이가 발견될 때만 자체 모델들을 조정하기 때문이다.

· '수면은 단순히 휴식을 취하는 기간이다.' 아니다. 수면은 학습 알고리즘에 없어선 안 될 부분이며, 우리의 뇌가 그 순환 고리 안에서 자체 모델들을 재활성화하는 특혜 받은 기간으로, 낮의 경험을 10배에서 100배 가까이 증폭시킨다.

· '오늘날의 학습 기계들은 이제 거의 인간의 뇌를 능가하려 한다.' 아니다. 우리 인간의 뇌는 적어도 지금까지 그 어떤 정보 처리 장치들보다 더 빠르고 효율적이며 에너지 효율 면에서도 더 뛰어나다. 그러니까 진정한 확률 기계로, 하루하루의 매 순간들로부터 최대한 많은 정보를 끌어내, 밤에 그걸 추상적이며 일반적인 지식으로 전화시키는데, 우리는 아직도 어떻게 이런 걸 컴퓨터 속에서 재연시킬지 그 방법을 알지 못한다.

컴퓨터 칩과 신경세포의 싸움도 그렇고, 기계와 뇌의 싸움도 그렇고, 아직은 후자들이 우세하다. 물론 원론적으로는, 현재 우리 인간 뇌의 메커니즘 가운데 기계가 흉내 내지 못하는 건 없다. 사실 내가 이 책에서 다룬 모든 아이디어들은 신경과학의 지대한 영향을 받고 있는 컴퓨터 과학자들도 이미 다 알고 있다.[1] 그러나 실제 기계들은 아직 가야 할 길이 멀다. 부족한 부분들을 개선하려면, 기계들은 우리가 여기서 다룬 많은 요소들을 필요로 할 것이다. 각종 개념들을 유연하게 재결합해 줄 내부 생각 언어, 확률 분포를 추론하는 알고리즘, 주의와 기억을 관리해줄 효과적인 시스템, 훈련 세트를 확장시키고 발견 기회를 높여 줄 수면-기상 알고리즘 같은 요소들 말이다. 현재 이런 종류의 알고리즘들이 서서히 그 모습을 드러내고 있지만, 새로 태어난 인간 아기의 수행 능력을 발휘하려면 아직도 멀었다. 아직은 인간의 뇌가 기계보다 우월한데, 나는 그런 상태가 한동안 갈 거라고 예측한다.

아이들의 잠재력을 극대화시켜 줄 13가지 메시지

나는 인간의 뇌에 대해 깊이 연구하면서 놀라는 경우가 많다. 그러나 나는 인간의 뇌가 연약하다는 것도 잘 안다. 자기 주변 환경에 많이 의존하기 때문이다. 지금 너무도 많은 아이들이 자신의 가정이나 학교가 이상적인 학습 여건들을 마련해 주지 않아 자신의 잠재력을 제대로 발휘하지 못하고 있다.

특히 국제적인 비교를 해 보면 놀라지 않을 수 없다. 지난 15년 내지 20년간 내 조국 프랑스를 비롯한 많은 서구 국가들의 학교들은 경쟁력이 뚝 떨어졌고, 싱가포르와 상하이 그리고 홍콩 같은 많은 아시아 국가들과 도시들의 학교들은 경쟁력이 쑥 올라갔다.[2] 예를 들어 프랑스는 한때 수학에 가장 큰 강점을 갖고 있었으나, 2003년부터 2015년 사이에 경쟁력이 워낙 떨어져 현재 TIMSS 설문조사(15세 학생들의 수학 및 과학 성취도를 평가)에서 유럽 최하위를 차지하고 있다.

우리는 이렇게 형편없는 성적표를 받아들고서 너무도 쉽게 모든 책임을 교사들에게 돌리려 한다. 사실 우리가 최근 들어 왜 이렇게 몰락했는지, 그 이유는 아무도 모른다. 부모와 학교들 또는 사회 모두의 책임일까? 수면 부족이나 주의력 결핍 아니면 비디오게임 탓을 해야 할까? 정확한 이유가 뭐든, 나는 최근에 이루어진 학습 과학 분야의 발전들이 이 암담한 트렌드를 뒤집는 데 도움이 될 거라 확신한다. 우리는 이제 학습 및 기억을 극대화할 여건들에 대해 더 많이 알고 있다. 부모들도 그렇고 교사들도 그렇고 우리 모두 집에서 그리고 또 교실에서 매일매일 그런 여건들을 조성하는 법을 배워야 한다.

내가 지금까지 설명한 과학적 사실들은 쉽게 적용할 수 있는 간단한 13개의 아이디어로 귀결된다. 이제 그것들을 하나하나 살펴보도록 하자.

· **아이들을 과소평가하지 말라.** 유아들은 태어나자마자 풍요로운 핵심 능력들과 지식을 갖고 있다. 대상 개념, 숫자 감각, 언어 능력, 사람들과 그 의도들에 대한 지식 등등 어린 아기들의 뇌 속에는 이미 너무도 많은 뇌 모듈들이 존재해, 이 기초적인 능력들이 나중에 물리학, 수학, 언어, 철학 수업 시간에 재활용된다. 그러니 아이들의 이 같은 초기 직관력들을 잘 활용하도록 하자. 아이들이 배우는 단어와 상징들은 그것이 아무리 추상적인 것이라 해도 다 이 같은 사전 지식과 연결되어 있다. 그리고 그런 연결이 아이들에게 의미를 주게 된다.
· **뇌의 민감기를 잘 활용하라.** 생후 몇 년간은 매일 수십억 개의 시냅스들이 만들어지고 파괴된다. 이렇게 활기찬 활동 덕에 아이

들의 뇌는 모든 걸 잘 수용하며, 특히 언어를 잘 수용한다. 그래서 우리는 아이들을 최대한 어린 나이에 제2 언어에 노출시켜야 한다. 우리는 또 뇌 가소성이 적어도 청소년기까지 연장된다는 걸 잊지 말아야 한다. 이 기간에 외국어를 배울 경우 뇌를 변화시킬 수 있다.

- **환경을 풍요롭게 만들라.** 배움에 관한 한 아이들의 뇌는 가장 강력한 슈퍼컴퓨터들이다. 따라서 우리는 그렇게 강력한 아이들의 뇌에 일찍부터 단어 게임, 건설 게임, 각종 이야기, 퍼즐 등 적절한 데이터를 제공해 경의를 표해야 한다. 망설이지 말고 우리 아이들과 진지한 얘기를 나누고 그들의 질문에 답하도록 하자. 또한 신중하게 어휘를 골라 우리가 이해하고 있는 세상에 대해 자세히 설명해 주자. 우리 아이들에게 특히 언어와 관련해 풍요로운 환경을 만들어줌으로써, 그들의 뇌 성장을 극대화시켜 주고 그들의 뇌 가소성을 늘려 주자.

- **모든 아이들이 다르다는 생각은 버려라.** 우리 모두 다른 학습 스타일을 갖고 있다는 건 잘못된 생각이다. 뇌 스캔을 해 보면, 우리 모두 아주 유사한 뇌 회로들과 학습 원칙들을 갖고 있다는 걸 알 수 있다. 읽기 및 수학을 관장하는 뇌 회로들은 몇 밀리미터의 차이는 있을지언정 너 나 할 것 없이 다 동일하며, 심지어 눈이 먼 아이의 경우도 동일하다. 우리 모두 유사한 학습 장애물들에 직면해 있으며, 동일한 교육 방식들로 그 장애물들을 넘을 수 있다. 설사 개인적인 차이가 존재한다 해도, 그건 아이들의 기존 지식, 동기 그리고 배우는 속도 정도의 차이일 뿐이다. 가장 관련성

있는 문제들을 선택하기 위해 각 아이의 현재 수준을 조심스레 판단해야 한다. 그러나 그 무엇보다 모든 아이들이 언어, 읽고 쓰기 그리고 모든 사람들이 필요로 하는 수학의 기초를 습득할 수 있게 해주어야 한다.

· **주의에 관심을 가져라.** 주의 또는 주의 집중은 학습으로 향하는 관문이다. 사실상 주의 집중과 의식을 통해 증폭시키기 전까지는 그 어떤 정보도 기억하지 못 한다. 따라서 교사들은 학생들의 주의를 사로잡아 중요한 것만 바라보게 하는 일을 마스터해야 한다. 다시 말해 주의를 분산시킬 만한 것들은 조심스레 다 제거해야 한다. 예를 들어 지나칠 정도로 삽화가 많은 교과서나 요란하게 장식된 교실은 정작 중요한 일에서 아이들의 주의를 분산시켜 집중력만 떨어뜨릴 뿐이다.

· **늘 적극적이고 호기심 많고 몰두하고 자율적인 아이로 만들어라.** 수동적인 아이들은 그리 잘 배우지 못한다. 적극적인 아이가 되게 하라. 또한 뭔가에 몰두하게 해, 그 마음이 호기심에 반짝거리게 하고 늘 새로운 가설들을 만들어 내게 하라. 그러나 스스로 모든 걸 발견할 거라 기대해선 안 되며, 체계적인 교육 과정을 통해 이끌어 주어야 한다.

· **학교에서의 나날을 즐겁게 만들라.** 보상 회로들은 뇌 가소성의 핵심 조절자들이다. 모든 노력에 대해 보상해 주고 모든 수업 시간을 즐겁게 만들어 주어, 보상 회로들이 활기차게 움직이게 하라. 물질적인 보상에 반응하지 않는 아이들은 없다. 그러나 그들의 사회적인 뇌는 미소와 격려에도 똑같이 반응한다. 인정해주

고 자신의 발전을 알아준다는 느낌은 그 자체가 보상이다. 반면에 학습, 특히 수학 학습에 방해가 되는 불안감과 스트레스는 제거해 주어라.

· **노력을 격려하라.** 즐거운 학교생활이라고 해서 '노력하지 않아도 된다'는 것은 아니다. 그 반대로, 읽기와 수학 또는 악기 연주처럼 가장 흥미로운 학습거리들은 수년간의 연습을 필요로 한다. 아이들이 모든 걸 쉽게 얻을 수 있다고 믿게 될 경우, 그러지 못할 때 자신을 지진아처럼 생각하게 된다. 모든 학생들은 열심히 노력해야 하며 그럴 때 비로소 모두 발전하게 된다는 걸 설명해주도록 하라. 고정형 사고방식이 아닌 성장형 사고방식을 갖게 하라.

· **아이들이 깊이 생각할 수 있게 도와주라.** 우리의 뇌는 정보를 깊이 처리할수록 더 잘 기억하게 된다. 피상적인 학습에 절대 만족하지 말라. 늘 보다 깊은 이해를 지향하도록 하라. 그리고 미국 심리학자 헨리 뢰디거Henry Roediger의 다음 말을 잊지 말라. "학습 여건들을 더 어렵게 만들어 학생들로 하여금 더 많은 인지 노력을 기울이게 하면, 학습 효과가 올라가는 경우가 많다."

· **학습 목표들을 명확히 세워 주어라.** 학생들은 학습 목표가 명확하게 주어지고 자기 뜻대로 할 수 있는 모든 것들이 그 목표를 향해 나아가는 걸 볼 때 가장 잘 배운다. 학생들에게 바라는 게 무언지를 명확히 설명해 주고 그 목표에 집중할 수 있게 하라.

· **잘못을 인정하고 바로잡게 해 주어라.** 마음속 모델들을 업데이트하기 위해, 우리의 뇌 영역들은 에러 메시지들을 교체해야 한다. 따라서 실수는 학습의 핵심 토대이다. 아이들에게 자세하면

서도 스트레스 없는 피드백을 줌으로써, 실수에 대해 혼내지 말고 즉시 바로잡게 하라. 교육기금재단의 연구 결과에 따르면, 교사가 학생들에게 주는 양질의 피드백은 학습 성취도를 높이는 가장 효과적인 지렛대이다.

· **규칙적으로 연습하라.** 일회성 학습으로는 충분치 않다. 아이들은 자신이 배운 지식을 통합해, 그 지식이 자동적이며 무의식적이고 반사적인 게 되게 해야 한다. 그런 일상화가 이루어지면, 우리의 전전두엽과 두정엽 회로들은 자유롭게 다른 활동들에 몰두할 수 있게 된다. 가장 효과적인 학습 전략은 매일 조금씩 간격을 두고 학습하는 것이다. 연습 또는 학습 기간에 간격을 두면 정보가 영구적으로 우리 기억에 각인된다.

· **학생이 충분히 잠을 잘 수 있게 해 주어라.** 수면은 우리의 학습 알고리즘에서 빼놓을 수 없는 핵심 요소이다. 잠을 자는 시간, 특히 잠시 낮잠을 자는 순간도 우리 뇌에 도움이 된다. 그러니 우리 아이들로 하여금 오래 깊이 자게 해 주자. 밤에 무의식 상태에서 일하는 우리 뇌를 최대한 잘 활용하려면, 잠들기 직전에 공부하거나 문제를 다시 읽어 보는 게 좋은 방법일 수 있다. 더욱이 청소년들은 수면 주기가 변하는 시기이니, 너무 일찍 깨우지 않는 게 좋다.

우리 자신에 대해 더 잘 알수록, 우리는 우리 뇌의 강력한 알고리즘들을 최대한 잘 활용할 수 있다. 그리고 특히 아이들의 경우 주의, 적극적 참여, 에러 피드백, 통합이라는 배움의 네 가지 기둥을 알면 큰 도움이 된다. 이 네 기둥은 다음과 같은 네 가지 슬로건으로 잘 요약된다. '완전히 집중하라', '수업에 참여하라', '실수에서 배워라', '매일 연습하고, 매일 밤을 활용하라'. 아주 간단한 메시지들이지만, 절대 잊지 말아야 한다.

미래 학교들의 동맹

우리는 우리의 학교 시스템과 인지과학 및 뇌 과학 분야에서의 발견들을 어떻게 조화시킬 수 있을까? 새로운 동맹이 필요하다. 의학계가 그 많은 생물학적 연구와 약품 제조 연구에 의존하듯, 나는 우리 교육계 역시 미래에는 점점 더 기본적인 연구실 실험들과 교실 차원에서의 실험 등, 증거에 기반을 둔 연구에 의존하게 될 거라고 믿는다. 교사와 부모 그리고 과학자들의 힘을 한데 모을 때만 비로소 모든 아이들 마음속에 호기심과 학습의 즐거움을 되살리는 목표를 달성할 수 있으며, 그 결과 아이들의 잠재적인 인지 능력을 극대화시킬 수 있다.

교육 전문가인 교사들은 곧 다가올 세상의 주역이 될 우리 아이들을 교육한다는 아주 중차대한 일을 맡고 있다. 그러나 우리는 교사들에게 그 중차대한 일을 해내기에 턱없이 부족한 자원을 제공하는 경우가 많다. 교사들은 더 큰 존경과 많은 투자를 받을 자격이 있다. 오늘날의 교사들은 점점 더 심해져가는 도전 과제들을 안고 있다. 자원은 줄고 있는데, 교실 규모는 늘고 있고, 학교 폭력이 날로

심해지고 있으며, 교과 과정을 따라가는 게 말도 못하게 힘들다. 그리고 놀랍게도 대부분의 교사들은 학습의 과학에 대해 전문적인 훈련을 받는 경우가 거의 없거나 아예 없다. 내가 보기에 현재의 상황은 시급히 바뀌어야 한다. 우리는 이제 과거와 달리 뇌의 학습 알고리즘들과 가장 효율적인 교육학에 대해 상당한 과학적 지식을 갖고 있기 때문이다. 나는 이 책이 교사 훈련 프로그램의 전 세계적 개선을 향한 조그만 한 걸음이 되기를, 그래서 아이들을 위해 헌신적인 노력을 기울이는 데 필요한 인지과학 분야 최고의 도구들을 교사들에게 제공해줄 수 있기를 희망한다.

또한 나는 교사들이 자신들의 교육학적 자유를 발달하고 있는 뇌 학습 과학에만 국한시키지 않게 하겠다는 데 동의하기를 희망한다. 그보다는 교사들로 하여금 그들의 자유를 더 잘 활용할 수 있게 해주자는 게 이 책의 또 다른 목표이다. 노벨 문학상을 수상한 포크 뮤지션 밥 딜런Bob Dylan은 이런 말을 했다. "나는 영웅이란 자신의 자유와 함께 주어지는 책임의 정도를 잘 아는 사람이라고 생각합니다." 활용 가능한 다양한 전략들에 대해 잘 알고, 그 가운데 신중히 적절한 것들을 선택할 수 있으며, 학생들에게 미치는 영향을 정확히 알 때 비로소 순수한 교육학적 창의력이 발휘될 수 있다. 내가 이 책에서 소개한 많은 원칙들은 많은 교육학적 접근방식들에 부합되며, 따라서 그 원칙들을 교실에 실제 적용할 경우 많은 일들을 해낼 수 있다. 나는 교사들의 창의력에 많은 기대를 건다. 아이들의 열정을 불러일으키는 데 교사들의 그런 창의력이 꼭 필요하다고 생각한다.

내 생각에 미래에는 학교가 부모에게 더 중요한 장소가 되어야 한다. 학교가 아이의 발달에 결정적 역할을 하기 때문이다. 그리고 집은 아이들이 교실에서 습득한 지식을 일과 게임을 통해 확대시킬 수 있는 기회를 갖는 곳이다. 가정은 1년 365일 내내 문을 열며 그래서 학교보다 더 잘 깬 상태와 잠자는 상태, 학습과 통합을 번갈아가며 잘 활용할 수 있다. 또 하나, 학교는 학부모 훈련에 더 많은 시간을 할애해야 한다. 가장 효과적인 개입 중 하나이기 때문이다. 잘 훈련받은 부모는 교사의 입장에서 너무도 소중한 팀 동료가 될 수 있고, 자기 아이의 문제를 그 누구보다 정확히 관찰할 수 있다.

마지막으로 과학자들은 교사 및 학교와 손잡고 발전하고 있는 교육학 분야를 더욱더 발전시켜 나가야 한다. 지난 30년간 인지과학 및 뇌 과학 분야에서 거둔 놀라운 발전에 비하면, 교육 분야 연구는 여전히 상대적으로 미진한 연구 분야로 남아 있다. 연구 단체들은 과학자들을 지원해 신경과학 및 뇌 영상촬영 분야부터 신경심리학, 인지심리학 그리고 교육사회학 분야에 이르는 모든 학습 과학 분야에서 중요한 연구 프로그램들을 진행할 수 있게 해 주어야 한다. 물론 모든 연구를 연구실에서 교실로 확대해 나간다는 것은 말처럼 쉬운 일이 아니지만, 여러 학교에서 대규모 실험을 진행해 볼 필요가 있다. 인지과학은 혁신적인 교육 도구들을 개발하고 평가하는 데 많은 도움이 될 것이다.

의학 분야가 생물학을 그 토대로 삼고 있듯, 교육학 분야는 체계적이고 엄격한 연구 생태계를 그 토대로 삼아야 하며, 그 결과 교사와 학부모와 연구원들이 힘을 합쳐 증거 중심의 보다 효과적인 학습 전략들을 찾아야 한다.

감사의 글

이 책은 많은 만남에 자극을 받아 탄생했다. 25년 전, 당시 오리건대학교에 몸담고 있던 마이클 포스너와 브루스 맥캔들리스가 처음으로 내게 인지과학이 교육에 큰 도움이 될 것이라고 얘기했다. 나는 그 두 사람이 언어학자 브루노 델라 키에사와 경제협력개발기구OECD의 도움을 받아 주관한 여러 과학 모임에서 많은 것을 배웠다. 그 후 10여 년간, 마르셀라 페냐, 시다르타 리베이로, 마리아노 시그만, 알레잔드로 마이체, 후안 발레 리스보아 등 놀라운 능력을 가진 남미 친구들이 교육, 인지 그리고 신경과학을 위한 라틴 아메리칸 스쿨에서 개최한 잊지 못할 연례 모임들에서 모든 세대의 젊은 과학자들을 이끌고 또 훈련시켰다. 나는 늘 그 친구들에게 고마움을 느끼며, 그 당시 내게 그 모든 모임에 참석할 수 있는 기회를 준 제임스 S. 맥도널 재단과

재단 책임자들인 존 브루어와 수전 피츠패트릭에게도 고마움을 잊지 못한다.

많은 자극을 준 그 모든 경험을 함께한 또 한 사람이 내 아내이자 동료인 기스라이네 데하에네-람베르츠이다. 우리는 지난 32년간 우리 아이들의 교육과 아이들의 뇌 발달 문제를 놓고 많은 얘기를 나눠 왔다. 두 말할 필요도 없지만, 이 책을 세심히 읽어 봐 주는 등 하나부터 열까지 그녀의 도움이 닿지 않은 데가 없다.

또 한 해가 지나, 내가 인지심리학자 자크 멜러와 장 피에르 샹구의 연구실에 합류한 지도 벌써 34년이 되었다. 두 사람은 내 사고에 지대한 영향을 주고 있어, 이 책을 보면 자신들의 평소 관심사가 많이 나온다는 걸 금방 알 것이다. 그건 두 사람의 가까운 동료이자 친구인 루시아 브라가, 로랑 코엔, 나아마 프리드먼, 베로니크 이자드, 레기네 콜린스키, 호세 모라이스, 라이오넬 나차체, 크리스토프 팔리에르, 마리아노 시그만, 엘리자베스 스펠케, 조시 테넨바움도 마찬가지일 것이다.

내가 마음과 뇌 그리고 교육에 대한 연구를 계속할 수 있게 끊임없이 격려해 준 내 친구 안토니오 바트로에게도 고마움을 전한다. 이 책에 자신의 그림들을 사용할 수 있게 허락해 준 놀라운 개성의 화가 니코를 소개해 준 것만으로도 너무 고맙다. 이 책에서 많은 도표들을 사용할 수 있게 허락한 요슈아 벤지오, 알랭 셰도탈, 기욤 데하에네와 데이빗 데하에네, 몰리 딜론, 제시카 두보이스, 죠르지 게르게이, 에릭 크누센, 레아 크루비처, 브루스 맥캔들리스, 조시 테넨바움, 페이 수, 로버트 자토레에게도 감사드린다.

또한 수년간 변함없이 내 연구를 지원해 준 모든 기관, 특히 국립보건의학연구소INSERM, 프랑스 대체에너지 및 원자에너지 위원회 CEA, 베텐코트슐러재단에도 고마움을 전하고 싶다. 그런 기관들 덕에 나는 총명하고 에너지 넘치는 학생 및 동료들과 함께할 수 있었다. 고마움을 전할 학생 및 동료들이 여기에 일일이 다 적기 힘들 정도로 많지만, 그들은 다음에 나올 긴 간행물 목록에서 자기 이름을 찾을 수 있을 것이다. 그들 중 함께 교육 소프트웨어와 학습 지원 도구를 개발한 애나 윌슨, 드로르 도탄, 카산드라 프티어-와트킨스는 특별히 따로 언급하고 싶다.

장-미셸 블랑케 프랑스 교육부 장관은 영광스럽게도 자신이 만든 과학위원회의 첫 위원장 자리를 맡아 달라며 내게 큰 신뢰를 보여 주었다. 그렇게 흥미로운 도전 기회를 준 그에게 진심으로 감사드린다. 에스더 두플로와 미셸 페욜, 마크 구르간드, 캐롤린 휴런, 엘레나 파스퀴넬리, 프랑크 라무스, 엘리자베스 스펠케, 요 지에글러 등 그 과학위원회의 모든 위원들과 사무국장 발레요-고메즈에게도 고마움을 전하고 싶다. 그들의 헌신에 대해 그리고 그들에게 배운 모든 것들에 대해.

이 책은 바이킹 출판사의 두 편집자 웬디 울프와 테레지아 시클의 비판적인 눈을 거치면서 아주 좋아졌다. 그리고 이 책은 브록만사의 내 에이전트인 존과 맥스의 끝없는 도움이 없었다면 바이킹 출판사와 연이 닿지 못했을 것이다. 두 사람의 끊임없는 지원과 소중한 피드백에 고마움을 전한다.

호주 옐링업에서, 2019년 4월 7일

서문

1 영화 〈미라클 워커〉The Miracle Worker(1962)와 〈마리 이야기: 손끝의 기적 Marie's Story〉(2014) 참조: 그 외 Arnould, 1900: Keller, 1903도 참조.

2 선충의 학습: Bessa, Maciel, and Rodrigues, 2013; Kano et at., 2008; Rankin, 2004.

3 영국 교육기부재단(EEF)의 웹사이트: educationendowment foundation.org.uk.

4 뇌는 끊임없이 불확실성을 좇는다: Meyniel and Dehaene, 2017; Heilbron and Meyniel, 2019.

1장 배움의 7가지 정의들

1 이 실험은 파리의 주요 박물관인 파리 과학산업관에 내가 마련해 놓은 C3RV34U 전시실에서 직접 해 볼 수 있다.

2 르네트 인공신경망: LeCun, Bottou, Bengio, and Haffner, 1998.

3 구글네트 인공신경망에서 숨겨진 유닛들의 계층 가시화: Olah, Mordvintsev,

and Schubert, 2017.

4   딥 신경망에 의한 10개 숫자들의 점진적 분리: Guerguiev, Lillicrap, and Richards, 2017.

5   강화 학습: Mnih et al., 2015; Sutton and Barto, 1998.

6   아타리 비디오 게임 하는 법을 배우는 인공신경망: Mnih et al., 2015.

7   바둑 두는 법을 배우는 인공신경망: Banino et al., 2018; Silver et al., 2016.

8   적대적 학습: Goodfellow et al., 2014.

9   합성곱 신경망: LeCun, Bengio, and Hinton, 2015; LeCun et al., 1998.

10 다윈의 자연도태 알고리즘: Dennett, 1996.

2장 우리의 뇌는 왜 기계보다 잘 배울까?

1   인공신경망들은 주로 뇌의 무의식적인 기능들을 수행한다: Dehaene, Lau, and Kouider, 2017.

2   인공신경망들은 데이터의 피상적인 규칙성들을 배우는 경향이 있다: Jo and Bengio, 2017

3   인공신경망은 물론 인간도 혼동하기 쉬운 이미지들: Elsayed et al., 2018.

4   캡차를 알아보는 법을 배우는 인공신경망: George et al., 2017.

5   인공신경망의 학습 속도에 대한 비판: Lake, Ullman, Tenenbaum, and Gershman, 2017.

6   인공신경망의 체계성 부족: Fodor and Pylyshyn, 1988; Fodor and McLaughlin, 1990.

7   생각의 언어 가설: Amalric, Wang, et al., 2017; Fodor, 1975.

8   프로그램 추론 배우기: Piantadosi, Tenenbaum, and Goodman, 2012; see also Piantadosi, Tenenbaum, and Goodman, 2016.

9   인간만 갖고 있는 특성인 반복 표현: Dehaene, Meyniel, Wacongne, Wang, and Pallier, 2015; Everaert, Huybregts, Chomsky, Berwick, and Bolhuis, 2015; Hauser, Chomsky, and Fitch, 2002; Hauser and Watumull, 2017.

10 인간만 갖고 있는 특성인 음의 기본적인 순서 코딩: Wang, Uhrig, Jarraya, and Dehaene, 2015.

11 원숭이들은 늦지만, 인간 아이들은 엄청나게 빠른 기하학적 원칙들의 습득.

12 의식적인 인간 뇌는 순차적인 튜링 기계를 닮았다: Sackur and Dehaene, 2009; Zylberberg, Dehaene, Roelfsema, and Sigman, 2011.

13 단어 의미의 빠른 학습: Tenenbaum, Kemp, Griffiths, and Goodman, 2011; Xu and Tenenbaum, 2007.

14 주의 공유를 토대로 한 단어 학습: Baldwin et al., 1996.

15 생후 12개월 된 아기의 한정사들과 다른 기능어들에 대한 지식: Cyr and Shi, 2013; Shi and Lepage, 2008.

16 단어 학습에서의 상호 배타성 원칙: Carey and Bartlett, 1978; Clark, 1988; Markman and Wachtel, 1988; Markman, Wasow, and Hansen, 2003.

17 두 언어를 사용하는 가정 아이들의 상호 배타성 의존도 감소: Byers- Heinlein and Werker, 2009.

18 수백 개의 단어를 배운 개 리코: Kaminski, Call, and Fischer, 2004.

19 '인공 과학자'의 모델링: Kemp and Tenenbaum, 2008.

20 '인과관계 원칙'의 발견: Goodman, Ullman, and Tenenbaum, 2011; Tenenbaum et al., 2011.

21 생성 모델로서의 뇌: Lake, Salakhutdinov, and Tenenbaum, 2015; Lake et al., 2017.

22 확률 이론은 과학의 논리이다: Jaynes, 2003.

23 피질 내 정보 처리에 대한 베이지안 이론 모델: Friston, 2005. For empirical data on hierarchical passing of probabilistic error messages in the cortex, see, for instance, Chao, Takaura, Wang, Fujii, and Dehaene, 2018; Wacongne et al., 2011.

3장 아기들의 보이지 않는 지식

1 유아들의 물체 개념: Kellman and Spelke, 1983.

2 물체들이 어떻게 떨어지는지 또 물체들을 그대로 있게 하려면 어떻게 해야 하는지에 대한 빠른 습득: Baillargeon, Needham, and DeVos, 1992; Hespos and Baillargeon, 2008.

3 유아들의 숫자 개념: Izard, Dehaene-Lambertz, and Dehaene, 2008; Izard, Sann, Spelke, and Streri, 2009; Starkey and Cooper, 1980; Starkey, Spelke, and Gelman, 1990. A detailed review of these findings can be found in the second edition of my book *The Number Sense* (Dehaene, 2011).

4 신생아들의 숫자들에 대한 다양한 모델: Izard et al., 2009.

5 유아들에게 작은 숫자 더하고 빼기: Koechlin, Dehaene, and Mehler, 1997; Wynn, 1992.

6 유아들에게 큰 숫자 더하고 빼기: McCrink and Wynn, 2004.

7 숫자 감각의 정확도는 나이가 들고 교육을 받으면서 더 나아진다: Halberda and Feigenson, 2008; Piazza et al., 2010; Piazza, Pica, Izard, Spelke, and Dehaene, 2013.

8 병아리들의 숫자 감각: Rugani, Fontanari, Simoni, Regolin, and Vallortigara, 2009; Rugani, Vallortigara, Priftis, and Regolin, 2015.

9 훈련 받지 않은 동물들의 숫자 신경세포들: Ditz and Nieder, 2015; Viswanathan and Nieder, 2013.

10 인간의 숫자 신경세포들에 대한 뇌 영상촬영 및 단세포 증거: Piazza, Izard, Pinel, Le Bihan, and Dehaene, 2004; Kutter, Bostroem, Elger, Mormann, and Nieder, 2018.

11 유아들의 핵심 지식: Spelke, 2003.

12 유아들의 베이지안 식 추론: Xu and Garcia, 2008.

13 '유아용 침대에 누운 과학자' 같은 아이들: Gopnik, Meltzoff, and Kuhl, 1999; Gopnik et al., 2004.

14 확률, 용기, 무작위성에 대한 유아들의 이해: Denison and Xu, 2010; Gweon, Tenenbaum, and Schulz, 2010; Kushnir, Xu, and Wellman, 2010.

15 아기들은 용기에서 공을 꺼내는 게 기계인지 인간인지를 안다: Ma and Xu, 2013.

16 생후 12개월 된 아기들의 논리적인 추론: Cesana- Arlotti et al., 2018.

17 유아들의 의도에 대한 이해: Gergely, Bekkering, and Kiraly, 2002; Gergely and Csibra, 2003; see also Warneken and Tomasello, 2006.

18 생후 10개월 된 아기들은 다른 사람들의 호불호를 추론한다: Liu, Ullman,

Tenenbaum, and Spelke, 2017.

19 아기들은 다른 사람들의 행동들을 평가한다: Buon et al., 2014.

20 아기들은 의도적인 행동과 우연히 일어난 행동을 구분한다: Carpenter, Call, and Tomasello, 2005.

21 자궁 내 태아들의 얼굴 처리: Reid et al., 2017.

22 유아기의 얼굴 인식과 얼굴에 대한 피질 반응의 발달: Adibpour, Dubois, and Dehaene-Lambertz, 2018; Deen et al., 2017; Livingstone et al.,2017.

23 생후 첫 1년간의 얼굴 인식: Morton and Johnson, 1991.

24 아기들은 자기 모국어를 듣는 걸 더 좋아한다: Mehler et al., 1988

25 "내 자궁 속 아기가 기뻐 뛰어놀았다." 〈누가복음〉 1장 44절에 나온 말.

26 내 책『뇌의식의 탄생: 생각이 어떻게 코드화되는가?』를 참조하라.

27 미성숙 상태 아기들의 뇌 안에서 일어나는 언어 및 음성의 좌우뇌 기능 분화: Mahmoudzadeh et al., 2013.

28 유아들의 단어 분리: Hay, Pelucchi, Graf Estes, and Saffran, 2011; Saffran, Aslin, and Newport, 1996.

29 어린 아이들도 문법적 오류를 알아챈다: Bernal, Dehaene- Lambertz, Millotte, and Christophe, 2010.

30 동물들에 대한 언어 학습 실험들의 한계: see, for instance, Penn, Holyoak, and Povinelli, 2008; Terrace, Petitto, Sanders, and Bever, 1979; Yang, 2013.

31 청각 장애가 있는 공동체들 내에서의 빠른 언어 출현: Senghas, Kita, and Ozyurek, 2004.

4장 뇌의 탄생

1 유아들의 언어 관련 뇌 영상촬영: Dehaene- Lambertz et al., 2006; Dehaene-Lambertz, Dehaene, and Hertz-Pannier, 2002.

2 유아의 뇌에 대한 경험주의적 관점: see, for instance, Elman et al., 1996; Quartz and Sejnowski, 1997.

3 피질 영역들의 진화(칼라 삽입 표 7 참조): Krubitzer, 2007.

4 인간의 뇌 안에서 일어나는 언어에 대한 뇌 피질의 반응 계층: Lerner, Honey,

Silbert, and Hasson, 2011; Pallier, Devauchelle, and Dehaene, 2011.

5 태어날 때부터 존재하는 중요한 신경섬유들: Dehaene-Lambertz and Spelke, 2015; Dubois et al., 2015.

6 신생아의 뇌는 아무 체계도 없어 주변 환경을 그대로 받아들인다는 가설: Quartz and Sejnowski, 1997.

7 태아의 말초신경계는 임신 2개월째가 되면 이미 눈에 띄게 발달된다: Belle et al., 2017.

8 뇌 피질의 브로드만 영역들로의 분화: Amunts et al., 2010; Amunts and Zilles, 2015; Brodmann, 1909.

9 제한된 뇌 피질 영역들에서의 이른 유전자 발현: Kwan et al., 2012; Sun et al., 2005.

10 일찍이 나타나는 뇌의 비대칭성: Dubois et al., 2009; Leroy et al., 2015.

11 왼손잡이와 오른손잡이들의 뇌의 비대칭성: Sun et al., 2012.

12 뇌 피질 주름들의 자기조직화 모델: Lefevre and Mangin, 2010.

13 쥐들의 격자 세포들: Banino et al., 2018; Brun et al., 2008; Fyhn, Molden, Witter, Moser, and Moser, 2004; Hafting, Fyhn, Molden, Moser, and Moser, 2005.

14 격자 세포들의 자기조직화 모델들: Kropff and Treves, 2008; Shipston-Sharman, Solanka, and Nolan, 2016; Widloski and Fiete, 2014; Yoon et al., 2013.

15 발달 과정 중에 일찍이 나타나는 격자 세포, 위치 세포, 머리 방향 세포들: Langston et al., 2010; Wills, Cacucci, Burgess, and O'Keefe, 2010.

16 인간의 격자 세포들: Doeller, Barry, and Burgess, 2010; Nau, Navarro Schröder, Bellmund, and Doeller, 2018.

17 눈이 먼 아이의 공간 탐색: Landau, Gleitman, and Spelke, 1981.

18 얼굴 대 장소를 관장하는 피질 영역들의 이른 출현: Deen et al., 2017; Livingstone et al., 2017.

19 두정엽 내에서의 숫자들에 대한 반응: Nieder and Dehaene, 2009.

20 숫자 신경세포들의 자기조직화 모델: Hannagan, Nieder, Viswanathan, and Dehaene, 2017.

21 내부의 '머리 속 게임 엔진'에 토대를 둔 자기조직화: Lake et al., 2017.

22 난독증 경우의 유전자 및 세포 이동: Galaburda, LoTurco, Ramus, Fitch, and Rosen, 2006.

23 난독증의 연결 문제들: Darki, Peyrard- Janvid, Matsson, Kere, and Klingberg, 2012; Hoeft et al., 2011; Niogi and McCandliss, 2006.

24 생후 6개월 된 아기의 난독증에서의 음운 관련 예측 변수들: Leppanen et al., 2002; Lyytinen et al., 2004.

25 주의력 난독증: Friedmann, Kerbel, and Shvimer, 2010.

26 '거울 혼동' 현상이 나타나는 시각적 난독증: McCloskey and Rapp, 2000.

27 난독증의 종형 곡선: Shaywitz, Escobar, Shaywitz, Fletcher, and Makuch, 1992.

28 난산증의 인지 및 신경 장애: Butterworth, 2010; Iuculano, 2016.

29 난산증을 가진 조산아들의 두정엽 회백질 손실: Isaacs, Edmonds, Lucas, and Gadian, 2001.

5장 교육의 몫

1 뇌 가소성의 시냅스 가설: Holtmaat and Caroni, 2016; Takeuchi, Duszkiewicz, and Morris, 2014.

2 음악은 보상 회로들을 활성화시킨다: Salimpoor et al., 2013

3 시냅스들의 장기 강화 작용: Bliss and Lømo, 1973; Lømo, 2018.

4 군소, 해마 그리고 시냅스 가소성: Pittenger and Kandel, 2003.

5 해마와 장소들에 대한 기억: Whitlock, Heynen, Shuler, and Bear, 2006.

6 쥐의 경우 두려운 음들에 대한 기억: Kim and Cho, 2017.

7 시냅스 변화들의 인과관계 역할: Takeuchi et al., 2014.

8 기억의 신경세포 토대인 기억 흔적의 특성: Josselyn, Kohler, and Frankland, 2015; Poo et al., 2016.

9 작업 기억과 지속적인 활성화: Courtney, Ungerleider, Keil, and Haxby, 1997; Ester, Sprague, and Serences, 2015; Goldman- Rakic, 1995; Kerkoerle, Self, and Roelfsema, 2017; Vogel and Machizawa, 2004.

10 작업 기억과 빠른 시냅스 변화들: Mongillo, Barak, and Tsodyks, 2008.

11 새로운 정보의 빠른 습득에서 해마가 하는 역할: Genzel et al., 2017; Lisman et al., 2017; Schapiro, Turk- Browne, Norman, and Botvinick, 2016; Shohamy and Turk- Browne, 2013.

12 기억 흔적의 해마로부터 관련 피질 회로들로의 이동: Kitamura et al., 2017.

13 쥐의 경우 잘못된 기억의 생성: Ramirez et al., 2013

14 나쁜 기억을 좋은 기억으로 바꿈: Ramirez et al., 2015.

15 트라우마를 안겨주는 기억 지우기: Kim and Cho, 2017

16 잠자는 동안의 새로운 기억 생성: de Lavilléon et al., 2015.

17 짧은꼬리원숭이의 연장 및 상징 학습: Iriki, 2005; Obayashi et al., 2001; Srihasam, Mandeville, Morocz, Sullivan, and Livingstone, 2012.

18 장거리 시냅스 변화들: Fitzsimonds, Song, and Poo, 1997.

19 음악 훈련을 하면서 나타나는 해부학적 변화들: Gaser and Schlaug, 2003; Oechslin, Gschwind, and James, 2018; Schlaug, Jancke, Huang, Staiger, and Steinmetz, 1995.

20 글을 배우면서 일어나는 해부학적 변화들: Carreiras et al., 2009; Thiebaut de Schotten, Cohen, Amemiya, Braga, and Dehaene, 2014.

21 저글링을 배운 뒤 나타나는 해부학적 변화들: Draganski et al., 2004; Gerber et al., 2014.

22 런던 택시 운전수들의 뇌 변화: Maguire et al., 2000, 2003.

23 소뇌 안에서 이뤄지는 기억의 비시냅스 메커니즘: Johansson, Jirenhed, Rasmussen, Zucca, and Hesslow, 2014; Rasmussen, Jirenhed, and Hesslow, 2008.

24 육체적 운동과 영양분 섭취가 뇌에 미치는 영향들: Prado and Dewey, 2014; Voss, Vivar, Kramer, and van Praag, 2013.

25 비타민 B1(티아민)이 결핍된 아이들의 인지 결함들: Fattal, Friedmann, and Fattal- Valevski, 2011.

26 우뇌 없이 태어난 아이의 뇌 가소성: Muckli, Naumer, and Singer, 2009.

27 청각 피질을 시각 피질로 바꾸기: Sur, Garraghty, and Roe, 1988; Sur and Rubenstein, 2005.

28 환경의 영향을 그대로 받아들이는 체계화되지 못한 뇌의 해마: Quartz and Sejnowski, 1997.

29 망막 파들에 의한 피질 시각 지도들의 자기조직화: Goodman and Shatz, 1993; Shatz, 1996.

30 피질의 자연발생적 활성화의 점진적 조정: Berkes, Orban, Lengyel, and Fiser, 2011; Orban, Berkes, Fiser, and Lengyel, 2016.

31 민감기 개념에 대한 재검토: Werker and Hensch, 2014.

32 인간 피질 신경세포들의 성장: Conel, 1939; Courchesne et al., 2007.

33 시냅스 과잉생산과 발달 과정에서의 시냅스 제거: Rakic, Bourgeois, Eckenhoff, Zecevic, and Goldman- Rakic, 1986.

34 눈에 띄는 인간의 시냅스 제거 단계들: Huttenlocher and Dabholkar, 1997.

35 피질 덩어리들의 점진적인 수초화: Dubois et al., 2007, 2015; Flechsig, 1876.

36 아기들의 시각 반응 가속화: Adibpour et al., 2018; Dehaene- Lambertz and Spelke, 2015.

37 아기들의 의식적 처리 둔화: Kouider et al., 2013.

38 양안시를 일으키는 민감기: Epelbaum, Milleret, Buisseret, and Duffer, 1993; Fawcett, Wang, and Birch, 2005; Hensch, 2005.

39 비모국어 음소들을 구분하는 능력 상실: Dehaene- Lambertz and Spelke, 2015; Maye, Werker, and Gerken, 2002; Pena, Werker, and Dehaene- Lambertz, 2012; Werker 1984.

40 일본어 사용자들의 /R/과 /L/ 구분 능력 일부 회복: McCandliss, Fiez, Protopapas, Conway, and McClelland, 2002.

41 청각 피질 구조를 보면 외국어 차이를 배우는 능력을 예견할 수 있다: Golestani, Molko, Dehaene, Le Bihan, and Pallier, 2007.

42 제2 언어 학습을 위한 민감기: Flege, Munro, and MacKay, 1995; Hartshorne, Tenenbaum, and Pinker, 2018; Johnson and Newport, 1989; Weber-Fox and Neville, 1996.

43 17살쯤 되면 제2 언어 문법 학습 속도가 급격히 떨어짐(수백만 명의 사람들에 대한 데이터 분석 결과): Hartshorne et al., 2018.

44 인공와우을 이식받은 귀가 먼 아이들의 언어 학습에 좋은 민감기: Friedmann and Rusou, 2015.

45 민감기의 시작과 끝 무렵의 생물학적 메커니즘: Caroni, Donato, and Muller,

2012; Friedmann and Rusou, 2015; Werker and Hensch, 2014.

46 뇌 가소성 회복: Krause et al., 2017.

47 입양된 아이들의 언어 영역 재조직화: 2003년 Pallier 등. 유사한 결과들은 얼굴 인식 분야에서도 관찰되고 있다. 9살 이전에 서구 국가에 입양된 한국 아이들이 자기 자신과 같은 민족을 알아보는 데 활용되던 이점을 상실한 것이다. (Sangrigoli, Pallier, Argenti, Ventureyra, and de Schonen, 2005).

48 입양된 아이들의 제1 언어 추적: Pierce, Klein, Chen, Delcenserie, and Genesee, 2014.

49 올빼미들 간의 연결: Knudsen and Knudsen, 1990; Knudsen, Zheng, and DeBello, 2000.

50 단어 처리의 습득 연령 효과: Ellis and Lambon Ralph, 2000; Gerhand and Barry, 1999; Morrison and Ellis, 1995.

51 부쿠레슈티 조기 개입 프로젝트: Almas et al., 2012; Berens and Nelson, 2015; Nelson et al., 2007; Sheridan, Fox, Zeanah, McLaughlin, and Nelson, 2012; Windsor, Moraru, Nelson, Fox, and Zeanah, 2013.

52 부쿠레슈티 프로젝트의 윤리성 문제: Millum and Emanuel, 2007.

6장 당신의 뇌를 재활용하라

1 블라디미르 나보코프, 1962.

2 이미지 인지에도 어려움을 겪는 문맹자들: Kolinsky et al., 2011; Kolinsky, Morais, Content, and Cary, 1987; Szwed, Ventura, Querido, Cohen, and Dehaene, 2012.

3 거울에 비친 상을 인지하는 데도 어려움을 겪는 문맹자들: Kolinsky et al., 2011, 1987; Pegado, Nakamura, et al., 2014.

4 얼굴 일부를 주의 깊게 보는 데도 어려움을 겪는 문맹자들: Ventura et al., 2013.

5 음성 언어를 구분하고 기억하는 데도 어려움을 겪는 문맹자들: Castro-Caldas, Petersson, Reis, Stone-Elander, and Ingvar, 1998; Morais, 2017; Morais, Bertelson, Cary, and Alegria, 1986; Morais and Kolinsky, 2005.

6 산수 교육의 영향: Dehaene, Izard, Pica, and Spelke, 2006; Dehaene, Izard,

Spelke, and Pica, 2008; Piazza et al., 2013; Pica, Lemer, Izard, and Dehaene, 2004.

7 아마존 인디언 족들의 숫자 세기와 산수: Pirahã: Frank, Everett, Fedorenko, and Gibson, 2008; Munduruku: Pica et al., 2004; Tsimane: Piantadosi, Jara-Ettinger, and Gibson, 2014.

8 숫자 선 개념의 습득: Dehaene, 2003; Dehaene et al., 2008; Siegler and Opfer, 2003.

9 신경세포 재활용 가설: Dehaene, 2005, 2014; Dehaene and Cohen, 2007.

10 뇌 회로들의 복제를 통한 진화: Chakraborty and Jarvis, 2015; Fukuchi-Shimogori and Grove, 2001.

11 신경세포 부분 공간에 한정된 학습: Galgali and Mante, 2018; Golub et al., 2018; Sadtler et al., 2014.

12 두정엽 안에서의 1차원적 코딩: Chafee, 2013; Fitzgerald et al., 2013.

13 사회적 지위와의 비교에 따른 두정엽의 역할: Chiao, 2010.

14 내후각 피질 안에서의 2차원적 코딩: Yoon et al., 2013.

15 격자 세포들에 의한 임의적인 2차원 공간 코딩: Constantinescu, O'Reilly, and Behrens, 2016.

16 브로카 영역 안에서의 시냅스 트리들의 코딩: Musso et al., 2003; Nelson et al., 2017; Pallier et al., 2011.

17 숫자 감각: Dehaene, 2011.

18 훈련받지 않은 동물들의 숫자 신경세포들: Ditz and Nieder, 2015; Viswanathan and Nieder, 2013.

19 훈련이 숫자 신경세포들에 미치는 영향: Viswanathan and Nieder, 2015.

20 원숭이들 경우의 아라비아 숫자 습득: Diester and Nieder, 2007.

21 더하기, 빼기 그리고 공간 주의의 움직임들 간의 관계: Knops, Thirion, Hubbard, Michel, and Dehaene, 2009; Knops, Viarouge, Dehaene, 2009.

22 전문적인 수학자들의 fMRI: Amalric and Dehaene, 2016, 2017.

23 아기들의 숫자 처리에 대한 뇌 영상촬영: Izard et al., 2008.

24 취학 전 아동들의 조기 수학에 대한 fMRI: Cantlon, Brannon, Carter, and Pelphrey, 2006. Cantlon and Li, 2013, show that cortical areas for

language and number are already active when a four-year-old watches the corresponding sections of *Sesame Street* movies, and that their activity predicts the child's language and math skills.

25 눈 먼 수학자들: Amalric, Denghien, and Dehaene, 2017.

26 눈 먼 사람들의 수학을 위한 후두엽 피질 재활용: Amalric, Denghien, et al., 2017; Kanjlia, Lane, Feigenson, and Bedny, 2016.

27 눈 먼 사람들의 후두엽 피질 안에서의 언어 처리: Amedi, Raz, Pianka, Malach, and Zohary, 2003; Bedny, Pascual- Leone, Dodell- Feder, Fedorenko, and Saxe, 2011; Lane, Kanjlia, Omaki, and Bedny, 2015; Sabbah et al., 2016.

28 눈 먼 사람들의 뇌 가소성에 대한 논쟁: Bedny, 2017; Hannagan, Amedi, Cohen, Dehaene-Lambertz, and Dehaene, 2015.

29 눈 먼 사람들의 망막국소 지도들: Bock et al., 2015.

30 눈 먼 사람들의 시각 피질 재활용: Abboud, Maidenbaum, Dehaene, and Amedi, 2015; Amedi et al., 2003; Bedny et al., 2011; Mahon, Anzellotti, Schwarzbach, Zampini, and Caramazza, 2009; Reich, Szwed, Cohen, and Amedi, 2011; Striem-Amit and Amedi, 2014; Strnad, Peelen, Bedny, and Caramazza, 2013.

31 연결을 보면 시각 피질 안에서의 기능을 예측할 수 있다: Bouhali et al., 2014; Hannagan et al., 2015; Saygin et al., 2012, 2013, 2016.

32 숫자 비교들의 거리 효과: Dehaene, 2007; Dehaene, Dupoux, and Mehler, 1990; Moyer and Landauer, 1967.

33 두 숫자가 다르다고 결론지을 때의 거리 효과: Dehaene and Akhavein, 1995; Diester and Nieder, 2010.

34 더하기와 빼기 문제들을 확인할 때의 거리 효과: Groen and Parkman, 1972; Pinheiro- Chagas, Dotan, Piazza, and Dehaene, 2017.

35 가격의 심적 표상: Dehaene and Marques, 2002; Marques and Dehaene, 2004.

36 동등함의 심적 표상: Dehaene, Bossini, and Giraux, 1993; negative numbers: Blair, Rosenberg-Lee, Tsang, Schwartz, and Menon, 2012; Fischer, 2003; Gullick and Wolford, 2013; fractions: Jacob and Nieder, 2009; Siegler,

Thompson, and Schneider, 2011.

37 수학에서의 생각 언어: Amalric, Wang, et al., 2017; Piantadosi et al., 2012, 2016.

38 나의 이전 책 『글 읽는 뇌』 참조: Dehaene, 2009.

39 쓰여진 단어들을 변함없이 인식해내는 뇌 메커니즘: Dehaene et al., 2001, 2004.

40 시각 단어 형태 영역과 언어 영역들 간의 관계: Bouhali et al., 2014; Saygin et al., 2016.

41 글을 읽을 줄 모르는 사람들의 뇌 영상 촬영: Dehaene et al., 2010; Dehaene, Cohen, Morais, and Kolinsky, 2015; Pegado, Comerlato, et al., 2014.

42 초기 시각 피질의 읽기 전문화: Chang et al., 2015; Dehaene et al., 2010; Szwed, Qiao, Jobert, Dehaene, and Cohen, 2014.

43 좌뇌에서의 읽기와 얼굴 인식의 경쟁: Dehaene et al., 2010; Pegado, Comerlato, et al., 2014.

44 읽기 및 얼굴 인식의 발달: Dehaene- Lambertz, Monzalvo, and Dehaene, 2018; Dundas, Plaut, and Behrmann, 2013; Li et al., 2013; Monzalvo, Fluss, Billard, Dehaene, and Dehaene- Lambertz, 2012.

45 난독증이 있는 아이들의 경우 단어와 얼굴로 인한 활성화가 부족: Monzalvo et al., 2012.

46 난독증의 보편적인 증상: Rueckl et al., 2015.

47 단어와 얼굴의 경쟁은 녹아웃 또는 차단 상태?: Lambertz et al., 2018.

48 성인의 읽기 학습: Braga et al., 2017; Cohen, Dehaene, McCormick, Durant, and Zanker, 2016.

49 음악가들의 시각 단어 형태 영역의 이동: Mongelli et al., 2017.

50 수학가들의 얼굴 반응 속도 감소: Amalric and Dehaene, 2016.

51 조기 교육이 미치는 여러가지 장기적인 영향들: see the Abecedarian program (Campbell et al., 2012, 2014; Martin, Ramey, and Ramey, 1990), the Perry preschool program (Heckman, Moon, Pinto, Savelyev, and Yavitz, 2010; Schweinhart, 1993), and the Jamaican Study (Gertler et al., 2014; Grantham- McGregor, Powell, Walker, and Himes, 1991; Walker, Chang, Powell, and

Grantham- McGregor, 2005).

52 아이를 향한 말과 어휘 성장: Shneidman, Arroyo, Levine, and Goldin-Meadow, 2013; Shneidman and Goldin- Meadow, 2012.

53 부모가 아이에게 이야기를 읽어준 뒤 증가하는 말에 대한 반응: Hutton et al., 2015, 2017; see also Romeo et al., 2018.

54 어려서부터 2개 국어를 쓰는 경우의 이점들: Bialystok, Craik, Green, and Gollan, 2009; Costa and Sebastian-Galles, 2014; Li, Legault, and Litcofsky, 2014.

55 풍요로운 환경의 이점들: Donato, Rompani, and Caroni, 2013; Knudsen et al., 2000; van Praag, Kempermann, and Gage, 2000; Voss et al., 2013; Zhu et al., 2014.

7장 주의

1 쥐들의 주의, 집중: Wang and Krauzlis, 2018.

2 인공신경망들의 주의, 집중: Bahdanau, Cho, and Bengio, 2014; Cho, Courville, and Bengio, 2015.

3 사진에 설명을 붙이는 걸 배우는 인공신경망의 주의, 집중(237페이지의 표 참조): Xu et al., 2015.

4 잘못된 주의, 집중은 학습 효과를 떨어뜨린다: Ahissar and Hochstein, 1993.

5 주의 및 의식 부재 시에는 학습 효과가 줄어듦: Seitz, Lefebvre, Watanabe, and Jolicoeur, 2005; Watanabe, Nanez, and Sasaki, 2001.

6 전전두엽 활성화와 의식에의 접근: Dehaene and Changeux, 2011; van Vugt et al., 2018.

7 아세틸콜린, 도파민, 뇌 가소성 그리고 피질 지도들의 변화: Bao, Chan, and Merzenich, 2001; Froemke, Merzenich, and Schreiner, 2007; Kilgard and Merzenich, 1998.

8 흥분과 억제 간의 균형 그리고 뇌 가소성의 재개: Werker and Hensch, 2014

9 비디오 게임을 할 때의 보상 회로 및 경고 회로의 활성화: Koepp et al., 1998.

10 비디오 게임 훈련의 긍정적인 효과들: Bavelier et al., 2011; Cardoso- Leite and

Bavelier, 2014; Green and Bavelier, 2003.

11 비디오 게임을 활용한 인지 훈련: see our math software at www. thenumberrace.com and www.thenumbercatcher.com; for reading acquisition, visit grapholearn.fr.

12 공간 주의 지향: Posner, 1994.

13 주의에 의한 확대: Cukur, Nishimoto, Huth, and Gallant, 2013; Desimone and Duncan, 1995; Kastner and Ungerleider, 2000.

14 주의를 안 두면 보이지도 않음: Mack and Rock, 1998; Simons and Chabris, 1999.

15 주의 깜빡임: Marois and Ivanoff, 2005; Sergent, Baillet, and Dehaene, 2005.

16 주의를 두지 않는 것들은 거의 또는 전혀 배울 수 없다: Leong, Radulescu, Daniel, DeWoskin, and Niv, 2017.

17 성인들의 개별 글자들 대 전체 단어들에 대한 주의 집중 실험: Yoncheva, Blau, Maurer, and McCandliss, 2010.

18 발음 중심 대 단어 단위 중심 읽기에 대한 교육학적 연구들: Castles, Rastle, and Nation, 2018; Ehri, Nunes, Stahl, and Willows, 2001; National Institute of Child Health and Human Development, 2000; see also Dehaene, 2009.

19 전전두엽 피질 안에서의 집행 제어 조직화: D'Esposito and Grossman, 1996; Koechlin, Ody, and Kouneiher, 2003; Rouault and Koechlin, 2018.

20 인간의 전전두엽 확대: Elston, 2003; Sakai et al., 2011; Schoenemann, Sheehan, and Glotzer, 2005; Smaers, Gómez- Robles, Parks, and Sherwood, 2017.

21 전전두엽 계층과 메타인지 제어: Fleming, Weil, Nagy, Dolan, and Rees, 2010; Koechlin et al., 2003; Rouault and Koechlin, 2018.

22 글로벌한 신경세포 작업공간: Dehaene and Changeux, 2011; Dehaene, Changeux, Naccache, Sackur, and Sergent, 2006; Dehaene, Kerszberg, and Changeux, 1998; Dehaene and Naccache, 2001.

23 중앙 병목 현상: Chun and Marois, 2002; Marti, King, and Dehaene, 2015; Marti, Sigman, and Dehaene, 2012; Sigman and Dehaene, 2008.

24 두 번째 일이 지연되는 걸 인지하지 못하는 현상: Corallo, Sackur, Dehaene,

and Sigman, 2008; Marti et al., 2012.

25 주의를 분산해 동시에 두 가지 일을 수행하는 능력에 대한 논쟁: Tombu and Jolicoeur, 2004.

26 지나치게 요란한 장식을 한 교실은 학생들의 정신을 흐트러뜨린다: Fisher, Godwin, and Seltman, 2014.

27 교실에서 휴대폰 같은 전자 장치들을 허용하면 시험 성적이 떨어진다: Glass and Kang, 2018.

28 'A-not-B 에러'와 전전두엽 피질의 발달: Diamond and Doar, 1989; Diamond and Goldman- Rakic, 1989.

29 집행 제어 및 숫자 인식 능력의 발달: Borst, Poirel, Pineau, Cassotti, and Houdé, 2013; Piazza, De Feo, Panzeri, and Dehaene, 2018; Poirel et al., 2012.

30 숫자 훈련이 전전두엽 피질에 미치는 영향: Viswanathan and Nieder, 2015.

31 인지 및 감정 발달에서의 집행 제어의 역할: Houdé et al., 2000; Isingrini, Perrotin, and Souchay, 2008; Posner and Rothbart, 1998; Sheese, Rothbart, Posner, White, and Fraundorf, 2008; Siegler, 1989.

32 훈련이 집행 제어 및 작업 기억에 미치는 영향들: Diamond and Lee, 2011; Habibi, Damasio, Ilari, Elliott Sachs, and Damasio, 2018; Jaeggi, Buschkuehl, Jonides, and Shah, 2011; Klingberg, 2010; Moreno et al., 2011; Olesen, Westerberg, and Klingberg, 2004; Rueda, Rothbart, McCandliss, Saccomanno, and Posner, 2005.

33 몬테소리 교육 방식에 대한 무작위 연구들: Lillard and Else-Quest, 2006; Marshall, 2017.

34 음악 훈련이 뇌에 미치는 영향들: Bermudez, Lerch, Evans, and Zatorre, 2009; James et al., 2014; Moreno et al., 2011.

35 집행 제어와 전전두엽 피질 그리고 지능 간의 관계: Duncan, 2003, 2010, 2013.

36 훈련이 유동 지능에 미치는 영향들: Au et al., 2015.

37 입양이 IQ에 미치는 영향: Duyme, Dumaret, and Tomkiewicz, 1999.

38 교육이 IQ에 미치는 영향: Ritchie and Tucker- Drob, 2018.

39 인지 훈련이 집중력, 읽기, 산수에 미치는 영향들: Bergman-Nutley and

Klingberg, 2014; Blair and Raver, 2014; Klingberg, 2010; Spencer-Smith and Klingberg, 2015.

40 작업 기억과 이후 수학 점수들 간의 상관관계: Dumontheil and Klingberg, 2011; Gathercole, Pickering, Knight, and Stegmann, 2004; Geary, 2011.

41 작업 기억과 수직선의 합동 훈련: Nemmi et al., 2016.

42 비디오 게임이 아니라 중국인 유모와 함께 중국어 배우기: Kuhl, Tsao, and Liu, 2003.

43 주의의 공유와 교육학적 입장: Csibra and Gergely, 2009; Egyed, Kiraly, and Gergely, 2013.

44 물체 가리키기와 물체의 특성에 대한 기억: Yoon, Johnson, and Csibra, 2008.

45 미어캣들의 가르치기: Thornton and McAuliffe, 2006.

46 생후 14개월 된 아기들의 지능과 맹목적인 따라하기: Gergely et al., 2002.

47 인식의 사회적 순응: see, for instance, Bond and Smith, 1996.

8장 적극적인 참여

1 적극적인 새끼 고양이와 소극적인 새끼 고양이들을 비교한 고전적인 실험: Held and Hein, 1963.

2 음절과 단어들의 통계학적 학습: Hay et al., 2011; Saffran et al., 1996; see also ongoing research in G. Dehaene- Lambertz's lab on learning in sleeping neonates.

3 단어 처리의 깊이가 외현 기억에 미치는 영향: Craik and Tulving, 1975; Jacoby and Dallas, 1981.

4 문장들의 기억: Auble and Franks, 1978; Auble, Franks, and Soraci, 1979.

5 "학습 여건들을 제대로 조성하는 건 어렵고, 그래서 ...." Zaromb, Karpicke, and Roediger, 2010.

6 단어 처리의 깊이가 기억에 미치는 영향을 알아보기 위한 뇌 영상 촬영: Kapur et al., 1994.

7 우발적인 학습 기간 중의 전전두엽-해마 루프들의 활성화를 보면 이후의 기억 정도를 예측할 수 있다: Brewer, Zhao, Desmond, Glover, and Gabrieli,

1998; Paller, McCarthy, and Wood, 1988; Sederberg et al., 2006; Sederberg, Kahana, Howard, Donner, and Madsen, 2003; Wagner et al., 1998.

8 의식적인 단어들과 무의식적인 단어들에 대한 기억: Dehaene et al., 2001.

9 물리학 개념들에 대한 적극적인 학습: Kontra, Goldin- Meadow, and Beilock, 2012; Kontra, Lyons, Fischer, and Beilock, 2015.

10 전통적인 강의식 교육 대 적극적인 학습의 비교: Freeman et al., 2014.

11 발견 학습 방법들과 관련 교육 전략들의 실패: Hattie, 2017; Kirschner, Sweller, and Clark, 2006; Kirschner and van Merrienboer, 2013; Mayer, 2004.

12 1부터 100까지의 모든 숫자를 더하려면, 1과 100, 2와 99, 3과 98 식으로 두 숫자씩 짝을 지어 더해 나가면 된다. 각 짝의 합은 전부 101이고 그런 짝이 50개 있으니, 전부 다 더하면 5,050이 된다.

13 순수한 발견보다는 교육 지침이 더 중시되는 교육 방식: Mayer, 2004.

14 교육과 관련된 괴담 수준의 잘못된 믿음들: Kirschner and van Merrienboer, 2013.

15 학습 스타일에 대한 잘못된 믿음: Pashler, McDaniel, Rohrer, and Bjork, 2008.

16 초등학교 1학년 때의 읽기 분량 변화: Anderson, Wilson, and Fielding, 1988.

17 어린 아이들의 호기심과 학업 성과: Shah, Weeks, Richards, and Kaciroti, 2018.

18 새로운 정보에 반응하는 도파민 신경세포들: Bromberg- Martin and Hikosaka, 2009.

19 쥐들의 새로운 것 찾기: Bevins, 2001.

20 호기심과 관련된 뇌 영상 촬영: Gruber, Gelman, and Ranganath, 2014; see also Kang et al., 2009.

21 인간의 독특한 인식론적 감정인 웃음: Hurley, Dennett, and Adams, 2011.

22 웃음과 학습: Esseily, Rat- Fischer, Somogyi, O'Regan, and Fagard, 2016.

23 호기심과 관련된 심리학적 이론들에 대한 재검토: Loewenstein, 1994.

24 호기심과 관련된 종형 곡선: Kang et al., 2009; Kidd, Piantadosi, and Aslin, 2012, 2014; Loewenstein, 1994.

25 로봇의 호기심: Gottlieb, Oudeyer, Lopes, and Baranes, 2013; Kaplan and Oudeyer, 2007.

26 생후 8개월 된 아기들의 골디락스 효과: Kidd et al., 2012, 2014.

27 어린 아이들의 메타인지: Dehaene et al., 2017; Goupil, Romand- Monnier, and Kouider, 2016; Lyons and Ghetti, 2011.

28 수학 분야에서의 성별 및 인종에 따른 정형화된 인식: Spencer, Steele, and Quinn, 1999; Steele and Aronson, 1995

29 스트레스, 불안감, 학습된 무기력증, 학습 장애: Caroni et al., 2012; Donato et al., 2013; Kim and Diamond, 2002; Noble, Norman, and Farah, 2005.

30 너무 자세히 가르치면 호기심이 사라질 수 있다: Bonawitz et al., 2011.

9장 에러 피드백

1 알렉산더 그로텐디크, 1986

2 존 해티(John Hattie)의 메타 분석은 0.73퍼센트의 표준 편차 효과 크기를 보여주며, 그로 인해 가장 강력한 학습 조절 도구들 중 하나로 통하고 있다(Hattie, 2008).

3 레스콜라-와그너 학습 원칙: Rescorla and Wagner, 1972.

4 연합 학습에 대한 비판을 보다 자세히 알고 싶다면 다음을 참조: Balsam and Gallistel, 2009; Gallistel, 1990.

5 동물 관련 조건 형성의 차단: Beckers, Miller, De Houwer, and Urushihara, 2006; Fanselow, 1998; Waelti, Dickinson, and Schultz, 2001.

6 예상과 다른 데서 오는 놀람은 유아의 학습 및 탐구 능력을 높여준다: Stahl and Feigenson, 2015.

7 뇌 안에서의 에러 신호들: Friston, 2005; Naatanen, Paavilainen, Rinne, and Alho, 2007; Schultz, Dayan, and Montague, 1997.

8 놀람은 예측과 다름을 반영한다: Strauss et al., 2015; Todorovic and de Lange, 2012.

9 부분 에러 신호들과 전체 에러 신호들의 계층: Bekinschtein et al., 2009; Strauss et al., 2015; Uhrig, Dehaene, and Jarraya, 2014; Wang et al., 2015.

10 예측하지 못한 이미지로 인한 놀람: Meyer and Olson, 2011.

11 구문상의 잘못으로 인한 놀람: Curran, Tucker, Kutas, and Posner, 1993; Kutas and Federmeier, 2011; Kutas and Hillyard, 1980.

12 문법상의 잘못으로 인한 놀람: Friederici, 2002; Hahne and Friederici, 1999; but see also Steinhauer and Drury, 2012, for a critical discussion.

13 도파민 네트워크 내에서의 예측 에러: Pessiglione, Seymour, Flandin, Dolan, and Frith, 2006; Schultz et al., 1997; Waelti et al., 2001.

14 학교에서의 고품질 피드백의 중요성: Hattie,2008.

15 성인 및 청소년의 시행착오에 의한 학습: Palminteri, Kilford, Coricelli, and Blakemore, 2016.

16 "내 학교 성적표는 매달 내게 이런 확신을 갖게 해주었다. '이런 바보 멍청이! 이건 다 내 탓이야!' ……" 다니엘 페낙(2017년 11월 2일)

17 수학 불안 증후군: Ashcraft, 2002; Lyons and Beilock, 2012; Maloney and Beilock, 2012; Young, Wu, and Menon, 2012.

18 공포 조건화가 시냅스 가소성에 미치는 영향: Caroni et al., 2012; Donato et al., 2013.

19 고정형 사고방식 대 성장형 사고방식: Claro, Paunesku, and Dweck, 2016; Dweck, 2006; Rattan, Savani, Chugh, and Dweck, 2015. Note, however, that the size of these effects, and therefore their practical relevance at school, has been recently questioned: Sisk, Burgoyne, Sun, Butler, and Macnamara, 2018.

20 인출 연습이 학습에 미치는 엄청난 영향: Carrier and Pashler, 1992; Karpicke and Roediger, 2008; Roediger and Karpicke, 2006; Szpunar, Khan, and Schacter, 2013; Zaromb and Roediger, 2010. For an excellent review of the relative efficacy of various learning techniques, see Dunlosky, Rawson, Marsh, Nathan, and Willingham, 2013.

21 회상적 기억 판단을 하면 학습에 도움이 된다: Robey, Dougherty, and Buttaccio, 2017.

22 기억 연습은 외국어 어휘 습득 능력을 높여준다: Carrier and Pashler, 1992; Lindsey, Shroyer, Pashler, and Mozer, 2014.

23 학습 기간에 간격을 두면 기억 유지에 더 도움이 된다: Cepeda et al., 2009; Cepeda, Pashler, Vul, Wixted, and Rohrer, 2006; Rohrer and Taylor, 2006;

Schmidt and Bjork, 1992.

24 학습 기간에 간격을 두는 효과와 관련된 뇌 영상 촬영: Bradley et al., 2015; Callan and Schweighofer, 2010.

25 학습 기간의 간격을 점차 늘리는 경우의 효과: Kang, Lindsey, Mozer, and Pashler, 2014.

26 수학 문제들을 뒤섞어 출제하면 학습 효과가 더 올라간다: Rohrer and Taylor, 2006, 2007.

27 올바른 답을 고른 경우에도 피드백은 기억력 향상에 도움이 된다: Butler, Karpicke, and Roediger, 2008.

10장 통합

1 읽기를 배우는 과정에서 순차적인 읽기에서 병행 읽기로의 전환: Zoccolotti et al., 2005.

2 읽기 능력 습득과 관련된 뇌 종단 영상 촬영: Dehaene-Lambertz et al., 2018.

3 정상적인 읽기가 불가능한 단어들의 경우에만 관여하는 두정엽: Cohen, Dehaene, Vinckier, Jobert, and Montavont, 2008; Vinckier et al., 2006.

4 흔히 보는 글자들의 조합들에 대한 시각 인지: Binder, Medler, Westbury, Liebenthal, and Buchanan, 2006; Dehaene, Cohen, Sigman, and Vinckier, 2005; Grainger and Whitney, 2004; Vinckier et al., 2007.

5 초기 시각 피질의 글자 인식으로의 전환: Chang et al., 2015; Dehaene et al., 2010; Sigman et al., 2005; Szwed et al., 2011, 2014.

6 무의식적인 읽기: Dehaene et al., 2001, 2004.

7 산수의 자동화: Ansari and Dhital, 2006; Rivera, Reiss, Eckert, and Menon, 2005. The hippocampus also seems to strongly contribute to the memory for arithmetic facts: Qin et al., 2014.

8 수면은 망각 곡선을 방해한다: Jenkins and Dallenbach, 1924.

9 REM 수면은 학습 능력을 올려준다: Karni, Tanne, Rubenstein, Askenasy, and Sagi, 1994.

10 수면과 최근 학습의 통합: Huber, Ghilardi, Massimini, and Tononi, 2004;

Stickgold, 2005; Walker, Brakefield, Hobson, and Stickgold, 2003; Walker and Stickgold, 2004.

11 수면 기간 동안의 zif-268 유전자의 과잉 발현: Ribeiro, Goyal, Mello, and Pavlides, 1999.

12 밤 시간 동안의 신경세포들의 재활성화: Ji and Wilson, 2007; Louie and Wilson, 2001; Skaggs and McNaughton, 1996; Wilson and McNaughton, 1994.

13 수면 기간 중의 뇌 활성화 해독: Chen and Wilson, 2017; Horikawa, Tamaki, Miyawaki, and Kamitani, 2013.

14 수면의 기억 관련 기능에 대한 이론들: Diekelmann and Born, 2010.

15 수면 중의 재활성화는 기억 통합에 도움이 된다: Ramanathan, Gulati, and Ganguly, 2015; 수면이 시냅스 가소성에 미치는 직접적인 영향에 대해서는 다음 참조: Norimoto et al., 2018.

16 인간의 수면 시간 중 뇌 피질 및 해마의 재활성화: Horikawa et al., 2013; Jiang et al., 2017; Peigneux et al., 2004.

17 수면 중에 서파가 늘어날 경우 수면 후에 학습 성과가 높아진다: Huber et al., 2004.

18 수면이 운동 학습에 미치는 영향들과 관련된 뇌 영상 촬영: Walker, Stickgold, Alsop, Gaab, and Schlaug, 2005.

19 수면 중에 느린 진동들을 높이면 기억이 향상된다: Marshall, Helgadottir, Molle, and Born, 2006; Ngo, Martinetz, Born, and Molle, 2013.

20 냄새로 인해 수면 중의 기억 통합이 더 잘될 수 있다: Rasch, Buchel, Gais, and Born, 2007.

21 소리들로 인해 수면 중의 재활성화가 더 잘되고 이후 기억도 더 잘될 수 있다: Antony, Gobel, O'Hare, Reber, and Paller, 2012; Bendor and Wilson, 2012; Rudoy, Voss, Westerberg, and Paller, 2009.

22 수면 중에 새로운 사실들을 배우는 건 아니다: Bruce et al., 1970; Emmons and Simon, 1956. Nevertheless, a very recent study suggests that during sleep, we may be able to learn the association between a tone and a smell (Arzi et al., 2012).

23 "내 삶에 대해 신경을 덜 쓸 수는 없어!" 필립 스탁(2018년 6월 8일). The Guardian, theguardian.com.

24 수면 중의 수학적 통찰력: Wagner, Gais, Haider, Verleger, and Born, 2004.

25 수면-기상 학습 알고리즘: Hinton, Dayan, Frey, and Neal, 1995; Hinton, Osindero, and Teh, 2006

26 수면 중의 기억 기능에 관한 한 인간이 가장 효율적일 거라는 가설: Samson and Nunn, 2015.

27 성인보다 더 높은 아기들의 수면 효율성: Wilhelm et al., 2013.

28 아기들은 수면 후에 단어 의미들을 일반화시킨다: Friedrich, Wilhelm, Born, and Friederici, 2015; Seehagen, Konrad, Herbert, and Schneider, 2015.

29 취학전 아동에게 낮잠이 주는 긍정적 효과: Kurdziel, Duclos, and Spencer, 2013.

30 수면 부족과 주의력 장애들: Avior et al., 2004; Cortese et al., 2013; Hiscock et al., 2015; Prehn- Kristensen et al., 2014.

31 청소년들의 수업 시작 시간을 늦출 때의 긍정적인 효과들: American Academy of Pediatrics, 2014; Dunster et al., 2018.

결론 교육과 신경과학의 조화

1 신경과학과 인지과학 분야로부터 많은 영향을 받고 있는 인공지능 분야: Hassabis, Kumaran, Summerfield, and Botvinick, 2017; Lake et al., 2017.

2 PISA(국제 학업 성취도 평가, oecd.org/ pisa-fr), TIMSS(수학·과학 성취도 추이 변화 국제 비교 연구) 그리고 PIRLS(읽기 능력 성취에 대한 국제 연구, timssandpirls.bc.edu) 참조.

참고문헌

Abboud, S., Maidenbaum, S., Dehaene, S., and Amedi, A. (2015). A number-form area in the blind. *Nature Communications*, 6, 6026.

Adibpour, P., Dubois, J., and Dehaene-Lambertz, G. (2018). Right but not left hemispheric discrimination of faces in infancy. *Nature Human Behaviour*, 2(1), 67–79.

Ahissar, M., and Hochstein, S. (1993). Attentional control of early perceptual learning. *Proceedings of the National Academy of Sciences, 90*(12), 5718–5722.

Almas, A. N., Degnan, K. A., Radulescu, A., Nelson, C. A., Zeanah, C. H., and Fox, N. A. (2012). Effects of early intervention and the moderating effects of brain activity on institutionalized children's social skills at age 8. *Proceedings of the National Academy of Sciences, 109 Suppl 2*, 17228–17231.

Amalric, M., and Dehaene, S. (2016). Origins of the brain networks for advanced mathematics in expert mathematicians. *Proceedings of the National Academy of Sciences, 113*(18), 4909–4917.

Amalric, M., and Dehaene, S. (2017). Cortical circuits for mathematical knowledge: Evidence for a major subdivision within the brain's semantic networks. *Philosophical Transactions of the Royal Society B: Biological Sciences, 373*(1740), 20160515.

Amalric, M., Denghien, I., and Dehaene, S. (2017). On the role of visual experience in mathematical development: Evidence from blind mathematicians. *Developmental Cognitive Neuroscience, 30*, 314–323.

Amalric, M., Wang, L., Pica, P., Figueira, S., Sigman, M., and Dehaene, S. (2017). The language of geometry: Fast comprehension of geometrical primitives and rules in human adults and preschoolers. *PLOS Computational Biology, 13*(1), e1005273.

Amedi, A., Raz, N., Pianka, P., Malach, R., and Zohary, E. (2003). Early 'visual' cortex activation correlates with superior verbal memory performance in the blind. *Nature Neuroscience, 6*(7), 758–766.

American Academy of Pediatrics. (2014). School start times for adolescents. *Pediatrics, 134*(3), 642–649.

Amunts, K., Lenzen, M., Friederici, A. D., Schleicher, A., Morosan, P., Palomero-Gallagher, N., and Zilles, K. (2010). Broca's region: Novel organizational principles and multiple receptor mapping. *PLOS Biolog y, 8*(9), e1000489.

Amunts, K., and Zilles, K. (2015). Architectonic mapping of the human brain beyond Brodmann. *Neuron, 88*(6), 1086–1107.

Anderson, R. C., Wilson, P. T., and Fielding, L. G. (1988). Growth in reading and how children spend their time outside of school. *Reading Research Quarterly, 23*(3), 285–303.

Ansari, D., and Dhital, B. (2006). Age-related changes in the activation of the intraparietal sulcus during nonsymbolic magnitude processing: An eventelated functional magnetic resonance imaging study. *Journal of Cognitive Neuroscience, 18*(11), 1820–1828.

Antony, J. W., Gobel, E. W., O'Hare, J. K., Reber, P. J., and Paller, K. A. (2012). Cued memory reactivation during sleep influences skill le rning. *Nature*

Neuroscience, 15(8), 1114–1116.

Arnould, L. (1900). *Une âme en prison: Histoire de l' éducation d'une aveugle-sourde-muette de naissance*. Paris: Oudin.

Arzi, A., Shedlesky, L., Ben-Shaul, M., Nasser, K., Oksenberg, A., Hairston, I. S., and Sobel, N. (2012). Humans can learn new information during sleep. *Nature Neuroscience, 15*(10), 1460–1465.

Ashcraft, M. H. (2002). Math anxiety: Personal, educational, and cognitive consequences. *Current Directions in Psychological Science, 11*(5), 181–185.

Au, J., Sheehan, E., Tsai, N., Duncan, G. J., Buschkuehl, M., and Jaeggi, S. M. (2015). Improving fluid intelligence with training on working memory: A meta-analysis. *Psychonomic Bulletin and Review, 22*(2), 366–377.

Auble, P. M., and Franks, J. J. (1978). The effects of effort toward comprehension on recall. *Memory and Cognition, 6*(1), 20–25.

Auble, P. M., Franks, J. J., and Soraci, S. A. (1979). Effort toward comprehension: Elaboration or "aha"? *Memory and Cognition, 7*(6), 426–434.

Avior, G., Fishman, G., Leor, A., Sivan, Y., Kaysar, N., and Derowe, A. (2004). The effect of tonsillectomy and adenoidectomy on inattention and impulsivity as measured by the Test of Variables of Attention (TOVA) in children with obstructive sleep apnea syndrome. *Otolaryngolog y, 131*(4), 367–371.

Bahdanau, D., Cho, K., and Bengio, Y. (2014). Neural machine translation by jointly learning to align and translate. arxiv.org/abs/1409.0473.

Baillargeon, R., and DeVos, J. (1991). Object permanence in young infants: Further evidence. *Child Development, 62*(6), 1227–1246.

Baillargeon, R., Needham, A., and DeVos, J. (1992). The development of young infants' intuitions about support. *Early Development and Parenting, 1*(2), 69–78.

Baldwin, D. A., Markman, E. M., Bill, B., Desjardins, R. N., Irwin, J. M., and Tidball, G. (1996). Infants' reliance on a social criterion for establishing word-object relations. *Child Development, 67*(6), 3135–3153.

Balsam, P. D., and Gallistel, C. R. (2009). Temporal maps and informativeness in associative learning. *Trends in Neurosciences, 32*(2), 73–78.

Banino, A., Barry, C., Uria, B., Blundell, C., Lillicrap, T., Mirowski, P., . . . Kumaran, D. (2018). Vector-based navigation using grid-like representations in artificial agents. *Nature, 557*(7705), 429–433.

Bao, S., Chan, V. T., and Merzenich, M. M. (2001). Cortical remodelling induced by activity of ventral tegmental dopamine neurons. *Nature, 412*(6842), 79–83.

Bavelier, D., Green, C. S., Han, D. H., Renshaw, P. F., Merzenich, M. M., and Gentile, D. A. (2011). Brains on video games. *Nature Reviews Neuroscience, 12*(12), 763–768.

Beckers, T., Miller, R. R., De Houwer, J., and Urushihara, K. (2006). Reasoning rats: Forward blocking in Pavlovian animal conditioning is sensitive to constraints of causal inference. *Journal of Experimental Psycholog y: General, 135*(1), 92–102.

Bedny, M. (2017). Evidence from blindness for a cognitively pluripotent cortex. *Trends in Cognitive Sciences, 21*(9), 637–648.

Bedny, M., Pascual-Leone, A., Dodell-Feder, D., Fedorenko, E., and Saxe, R. (2011). Language processing in the occipital cortex of congenitally blind adults. *Proceedings of the National Academy of Scien es, 108*(11), 4429–4434.

Behne, T., Carpenter, M., Call, J, and Tomasello, M. (2005). Unwilling versus unable: Infants' understanding of intentional action. *Developmental Psycholog y, 41*(2), 328–337.

Bekinschtein, T. A., Dehaene, S., Rohaut, B., Tadel, F., Cohen, L., and Naccache, L. (2009). Neural signature of the conscious processing of auditory regularities. *Proceedings of the National Academy of Sciences, 106*(5), 1672–1677.

Belle, M., Godefroy, D., Couly, G., Malone, S. A., Collier, F., Giacobini, P., and Chédotal, A. (2017). Tridimensional visualization and analysis of early human development. *Cell, 169*(1), 161–173.

Bendor, D., and Wilson, M. A. (2012). Biasing the content of hippocampal replay during sleep. *Nature Neuroscience, 15*(10), 1439–1444.

Berens, A. E., and Nelson, C. A. (2015). The science of early adversity: Is there a role for large institutions in the care of vulnerable children? *Lancet, 386*(9991), 388–398.

Bergman-Nutley, S., and Klingberg, T. (2014). Effect of working memory training on working memory, arithmetic and following instructions. *Psychological Research, 78*(6), 869–877.

Berkes, P., Orbán, G., Lengyel, M., and Fiser, J. (2011). Spontaneous cortical activity reveals hallmarks of an optimal internal model of the environment. *Science, 331*(6013), 83–87.

Bermudez, P., Lerch, J. P., Evans, A. C., and Zatorre, R. J. (2009). Neuroanatomical correlates of musicianship as revealed by cortical thickness and voxel-based morphometry. *Cerebral Cortex, 19*(7), 1583–1596.

Bernal, S., Dehaene-Lambertz, G., Millotte, S., and Christophe, A. (2010). Two-year-olds compute syntactic structure on-line. *Developmental Science, 13*(1), 69–76.

Bessa, C., Maciel, P., and Rodrigues, A. J. (2013). Using C. elegans to decipher the cellular and molecular mechanisms underlying neurodevelopmental disorders. *Molecular Neurobiolog y, 48*(3), 465–489.

Bevins, R. A. (2001). Novelty seeking and reward: Implications for the study of high-risk behaviors. *Current Directions in Psychological Science, 10*(6), 189–193.

Bialystok, E., Craik, F. I. M., Green, D. W., and Gollan, T. H. (2009). Bilingual minds. *Psychological Science in the Public Interest, 10*(3), 89–129.

Binder, J. R., Medler, D. A., Westbury, C. F., Liebenthal, E., and Buchanan, L. (2006). Tuning of the human left fusiform gyrus to sublexical orthographic structure. *NeuroImage, 33*(2), 739–748.

Blair, C., and Raver, C. C. (2014). Closing the achievement gap through modification of neurocognitive and neuroendocrine function: Resus from a cluster randomized controlled trial of an innovative approach to the education of children in kindergarten. *PLOS ONE, 9*(11), e112393.

Blair, K. P., Rosenberg-Lee, M., Tsang, J. M., Schwartz, D. L., and Menon, V. (2012). Beyond natural numbers: Negative number representation in parietal cortex. *Frontiers in Human Neuroscience, 6*, 7.

Bliss, T. V., and Lømo, T. (1973). Long-lasting potentiation of synaptic transmission in the dentate area of the anaesthetized rabbit following stimulation of the perforant path. *Journal of Physiolog y, 232*(2), 331–356.

Bock, A. S., Binda, P., Benson, N. C., Bridge, H., Watkins, K. E., and Fine, I. (2015). Resting-state retinotopic organization in the absence of retinal input and visual experience *Journal of Neuroscience, 35*(36), 12366–12382.

Bonawitz, E., Shafto, P., Gweon, H., Goodman, N. D., Spelke, E., and Schulz, L. (2011). The double-edged sword of pedagogy: Instruction limits spontaneous exploration and discovery. *Cognition, 120*(3), 322–330.

Bond, R., and Smith, P. B. (1996). Culture and conformity: A meta-analysis of stud- ies using Asch's (1952b, 1956) line judgment task. *Psychological Bulletin, 119*(1), 111–137.

Borst, G., Poirel, N., Pineau, A., Cassotti, M., and Houdé, O. (2013). Inhibitory con- trol efficiency in a Piaget-like class-inclusion task in school-age children and adults: A developmental negative priming study. *Developmental Psycholog y, 49*(7), 1366 –1374.

Bouhali, F., Thiebaut de Schotten, M., Pinel, P., Poupon, C., Mangin, J.-F., Dehaene, S., and Cohen, L. (2014). Anatomical connections of the visual word form area. *Journal of Neuroscience, 34*(46), 15402–15414.

Bradley, M. M., Costa, V. D., Ferrari, V., Codispoti, M., Fitzsimmons, J. R., and Lang, P. J. (2015). Imaging distributed and massed repetitions of natural scenes: Spontaneous retrieval and maintenance. *Human Brain Mapping, 36*(4), 1381–1392.

Braga, L. W., Amemiya, E., Tauil, A., Sugueida, D., Lacerda, C., Klein, E., . . . Dehaene, S. (2017). Tracking adult literacy acquisition with functional MRI:

A single-case study. *Mind, Brain, and Education, 11*(3), 121–132.

Brewer, J. B., Zhao, Z., Desmond, J. E., Glover, G. H., and Gabrieli, J. D. (1998). Making memories: Brain activity that predicts how well visual experience will be remembered. *Science, 281*(5380), 1185–1187.

Brodmann, K. (1909). *Vergleichende Lokalisationslehre der Grosshirnrinde [Localisation in the cerebral cortex]*. Leipzig: Barth.

Bromberg-Martin, E. S., and Hikosaka, O. (2009). Midbrain dopamine neurons signal preference for advance information about upcoming rewar ds. *Neuron, 63*(1), 119–126.

Bruce, D. J., Evans, C. R., Fenwick, P. B. C., and Spencer, V. (1970). Effect of Presenting Novel Verbal Material during Slow-wave Sleep. *Nature, 225*(5235), 873.

Brun, V. H., Leutgeb, S., Wu, H.-Q., Schwarcz, R., Witter, M. P., Moser, E. I., and Moser, M.-B. (2008). Impaired spatial representation in CA1 after lesion of direct input from entorhinal cortex. *Neuron, 57*(2), 290–302

Buon, M., Jacob, P., Margules, S., Brunet, I., Dutat, M., Cabrol, D., and Dupoux, E. (2014). Friend or foe? Early social evalu tion of human interactions. *PLOS ONE, 9*(2), e88612.

Butler, A. C., Karpicke, J. D., and Roediger, H. L. (2008). Correcting a metacognitive error: Feedback increases retention of low-confidence correct responses. *Journal of Experimental Psycholog y: Learning, Memory, and Cognition, 34*(4), 918–928.

Butterworth, B. (2010). Foundational numerical capacities and the origins of dyscalculia. *Trends in Cognitive Sciences, 14*(12), 534–541.

Byers-Heinlein, K., and Werker, J. F. (2009). Monolingual, bilingual, trilingual: Infants' language experie ce influences the development of a word-learning heuristic. *Developmental S ience, 12*(5), 815–823.

Callan, D. E., and Schweighofer, N. (2010). Neural correlates of the spacing effect in explicit verbal semantic encoding support the deficient-processing theory. *Human Brain Mapping, 31*(4), 645–659.

Campbell, F. A., Pungello, E. P., Burchinal, M., Kainz, K., Pan, Y., Wasik, B. H., . . . Ramey, C. T. (2012). Adult outcomes as a function of an early childhood educational program: An Abecedarian Project follow-up. *Developmental Psychology, 48*(4), 1033–1043.

Campbell, F., Conti, G., Heckman, J. J., Moon, S. H., Pinto, R., Pungello, E., and Pan, Y. (2014). Early childhood investments substantially boost adult health. *Science, 343*(6178), 1478–1485.

Cantlon, J. F., Brannon, E. M., Carter, E. J., and Pelphrey, K. A. (2006). Functional imaging of numerical processing in adults and 4-y-old children. *PLOS Biology, 4*(5), e125.

Cantlon, J. F., and Li, R. (2013). Neural activity during natural viewing of Sesame Street statistically predicts test scores in early childhood. *PLOS Biology, 11*(1), e1001462.

Cardoso-Leite, P., and Bavelier, D. (2014). Video game play, attention, and learning: How to shape the development of attention and influence learning? *Current Opinion in Neurology, 27*(2), 185–191.

Carey, S., and Bartlett, E. (1978). Acquiring a single new word. *Papers and Reports on Child Language Development, 15*, 17–29.

Caroni, P., Donato, F., and Muller, D. (2012). Structural plasticity upon learning: Regulation and functions. *Nature Reviews Neuroscience, 13*(7), 478–490.

Carreiras, M., Seghier, M. L., Baquero, S., Estevez, A., Lozano, A., Devlin, J. T., and Price, C. J. (2009). An anatomical signature for literacy. *Nature, 461*(7266), 983–986.

Carrier, M., and Pashler, H. (1992). The influence of retrieval on retention. *Memory and Cognition, 20*(6), 633–642.

Castles, A., Rastle, K., and Nation, K. (2018). Ending the reading wars: Reading acquisition from novice to expert. *Psychological Science in the Public Interest, 19*(1), 5–51.

Castro-Caldas, A., Petersson, K. M., Reis, A., Stone-Elander, S., and Ingvar, M. (1998). The illiterate brain: Learning to read and write during childhood influences the functional organization of the adult brain. *Brain, 121*(6), 1053–1063.

Cepeda, N. J., Coburn, N., Rohrer, D., Wixted, J T., Mozer, M. C., and Pashler, H. (2009). Optimizing distributed practice: Theoretical analysis and practical implications. *Experimental Psycholog y, 56*(4), 236–246.

Cepeda, N. J., Pashler, H., Vul, E., Wixted, J. T., and Rohrer, D. (2006). Distributed practice in verbal recall tasks: A review and quantitative synthesis. *Psychological Bulletin, 132*(3), 354–380.

Cesana-Arlotti, N., Martín, A., Téglás, E., Vorobyova, L., Cetnarski, R., and Bonatti, L. L. (2018). Precursors of logical reasoning in preverbal human infants. *Science, 359*(6381), 1263–1266.

Chafee, M. V. (2013). A scalar neural code for categories in parietal cortex: Representing cognitive variables as "more" or "less." *Neuron, 77*(1), 7–9.

Chakraborty, M., and Jarvis, E. D. (2015). Brain evolution by brain pathway duplication. *Philosophical Transactions of the Royal Society B: Biological Sciences, 370*(1684), 20150056.

Chang, C. H. C., Pallier, C., Wu, D. H., Nakamura, K., Jobert, A., Kuo, W.-J., and Dehaene, S. (2015). Adaptation of the human visual system to the statistics of letters and line configurations. *NeuroImage, 120*, 428–440.

Chao, Z. C., Takaura, K., Wang, L., Fujii, N., and Dehaene, S. (2018). Large-scale cortical networks for hierarchical prediction and prediction error in the primate brain. *Neuron, 100*(5), 1252–1266.

Chen, Z., and Wilson, M. A. (2017). Deciphering neural codes of memory during sleep. *Trends in Neurosciences, 40*(5), 260–275.

Chiao, J. Y. (2010). Neural basis of social status hierarchy across species. *Current Opinion in Neurobiology, 20*(6), 803–809.

Cho, K., Courville, A., and Bengio, Y. (2015). Describing multimedia content using attention-based encoder-decoder networks. *IEEE Transactions on Multimedia, 17*(11), 1875–1886.

Chun, M. M., and Marois, R. (2002). The dark side of visual attention. *Current*

Opinion in Neurobiology, 12(2), 184–189.

Clark, E. V. (1988). On the logic of contrast. *Journal of Child Language, 15*(2), 317–335.

Claro, S., Paunesku, D., and Dweck, C. S. (2016). Growth mindset tempers the effects of poverty on academic achievement. *Proceedings of the National Academy of Sciences, 113*(31), 8664–8668.

Cohen, L., Dehaene, S., McCormick, S., Durant, S., and Zanker, J. M. (2016). Brain mechanisms of recovery from pure alexia: A single case study with multiple longitudinal scans. *Neuropsychologia, 91*, 36–49.

Cohen, L., Dehaene, S., Vinckier, F., Jobert, A., and Montavont, A. (2008). Reading normal and degraded words: Contribution of the dorsal and ventral visual pathways. *NeuroImage, 40*(1), 353–366.

Conel, J. L. (1939–67). *The postnatal development of the human cerebral cortex* (Vols. 1–8). Cambridge, MA: Harvard University Press.

Constantinescu, A. O., O'Reilly, J. X., and Behrens, T. E. J. (2016). Organizing conceptual knowledge in humans with a gridlike code. *Science, 352*(6292), 1464–1468.

Corallo, G., Sackur, J., Dehaene, S., and Sigman, M. (2008). Limits on introspection: Distorted subjective time during the dual-task bottleneck. *Psychological Science, 19*(11), 1110–1117.

Cortese, S., Brown, T. E., Corkum, P., Gruber, R., O'Brien, L. M., Stein, M., . . . Owens, J. (2013). Assessment and management of sleep problems in youths with attention- deficit/hyperactivity disorder. *Journal of the American Academy of Child and Adolescent Psychiatry, 52*(8), 784–796.

Costa, A., and Sebastián-Gallés, N. (2014). How does the bilingual experience sculpt the brain? *Nature Reviews Neuroscience, 15*(5), 336–345.

Courchesne, E., Pierce, K., Schumann, C. M., Redcay, E., Buckwalter, J. A., Kennedy, D. P., and Morgan, J. (2007). Mapping early brain development in autism. *Neuron, 56*(2), 399–413.

Courtney, S. M., Ungerleider, L. G., Keil, K., and Haxby, J. V. (1997). Transient and sustained activity in a distributed neural system for human working memory. *Nature, 386*(6625), 608–611.

Craik, F. I. M., and Tulving, E. (1975). Depth of processing and the retention of words in episodic memory. *Journal of Experimental Psycholog y: General, 104*(3), 268–294.

Csibra, G., and Gergely, G. (2009). Natural pedagogy. *Trends in Cognitive Sciences, 13*(4), 148–153.

Çukur, T., Nishimoto, S., Huth, A. G., and Gallant, J. L. (2013). Attention during natural vision warps semantic representation across the human brain. *Nature Neuroscience, 16*(6), 763–770.

Curran, T., Tucker, D. M., Kutas, M., and Posner, M. I. (1993). Topography of the N400: Brain electrical activity reflecting semantic expectancy. *Electroencephalography and Clinical Neurophysiolog y, 88*(3), 188–209.

Cyr, M., and Shi, R. (2013). Development of abstract grammatical categorization in infants. *Child Development, 84*(2), 617–629.

Darki, F., Peyrard-Janvid, M., Matsson, H., Kere, J., and Klingberg, T. (2012). Three dyslexia susceptibility genes, DYX1C1, DCDC2, and KIAA0319, affect temporoparietal white matter structure. *Biological Psychiatry, 72*(8), 671–676.

Deen, B., Richardson, H., Dilks, D. D., Takahashi, A., Keil, B., Wald, L. L., . . . Saxe, R. (2017). Organization of high-level visual cortex in human infants. *Nature Communications, 8*, 13995.

Dehaene, S. (2003). The neural basis of the Weber-Fechner law: A logarithmic mental number line. *Trends in Cognitive Sciences, 7*(4), 145–147.

Dehaene, S. (2005). Evolution of human cortical circuits for reading and arithmetic: The "neuronal recycling" hypothesis. In S. Dehaene, J.-R. Duhamel, M. D. Hauser, and G. Rizzolatti (Eds.), *From monkey brain to human brain* (pp. 133–157). Cambridge, MA: MIT Press.

Dehaene, S. (2007). Symbols and quantities in parietal cortex: Elements of a mathemat- ical theory of number representation and manipulation. In P. Haggard, Y. Rossetti, and M. Kawato (Eds.), *Attention and performance*

XXII: Sensorimotor foundations of higher cognition (pp. 527–574). Cambridge, MA: Harvard University Press.

Dehaene, S. (2009). *Reading in the brain: The new science of how we read.* New York, NY: Penguin Group.

Dehaene, S. (2011). *The number sense: How the mind creates mathematics* (2nd ed.). New York, NY: Oxford University Press.

Dehaene, S. (2014). *Consciousness and the brain.* New York, NY: Penguin Group.

Dehaene, S., and Akhavein, R. (1995). Attention, automaticity, and levels of representation in number processing. *Journal of Experimental Psychology: Learning, Memory, and Cognition, 21*(2), 314–326.

Dehaene, S., Bossini, S., and Giraux, P. (1993). The mental representation of parity and numerical magnitude. *Journal of Experimental Psychology: General, 122*(3), 371–396.

Dehaene, S., and Changeux, J. P. (2011). Experimental and theoretical approaches to conscious processing. *Neuron, 70*(2), 200–227.

Dehaene, S., Changeux, J. P., Naccache, L., Sackur, J., and Sergent, C. (2006). Conscious, preconscious, and subliminal processing: A testable taxonomy. *Trends in Cognitive Sciences, 10*(5), 204–211.

Dehaene, S., and Cohen, L. (2007). Cultural recycling of cortical maps. *Neuron, 56*(2), 384–398.

Dehaene, S., Cohen, L., Morais, J., and Kolinsky, R. (2015). Illiterate to literate: Behavioural and cerebral changes induced by reading acquisition. *Nature Reviews Neuroscience, 16*(4), 234–244.

Dehaene, S., Cohen, L., Sigman, M., and Vinckier, F. (2005). The neural code for written words: A proposal. *Trends in Cognitive Sciences, 9*(7), 335–341.

Dehaene, S., Dupoux, E., and Mehler, J. (1990). Is numerical comparison digital? Analogical and symbolic effects in two-digit number comparison. *Journal of Experimental Psychology: Human Perception and Performance, 16*(3), 626–641.

Dehaene, S., Izard, V., Pica, P., and Spelke, E. (2006). Core knowledge of geometry in an Amazonian indigene group. *Science, 311*(5759), 381–384.

Dehaene, S., Izard, V., Spelke, E., and Pica, P. (2008). Log or linear? Distinct intuitions of the number scale in Western and Amazonian indigene cultures. *Science, 320*(5880), 1217–1220.

Dehaene, S., Jobert, A., Naccache, L., Ciuciu, P., Poline, J.-B., Le Bihan, D., and Cohen, L. (2004). Letter binding and invariant recognition of masked words: Be avioral and neuroimaging evidence. *Psychological Science, 15*(5), 307–313.

Dehaene, S., Kerszberg, M., and Changeux, J. P. (1998). A neuronal m del of a global workspace in effortful cognitive tasks. *Proceedings of the National Academy of Sciences, 95*(24), 14529–14534.

Dehaene, S., Lau, H., and Kouider, S. (2017). What is coniousness, and could machines have it? *Science, 358*(6362), 486–492.

Dehaene, S., and Marques, J. F. (2002). Cognitive euroscience: Scalar variability in price estimation and the cognitive consequences of switching to the euro. *Quarterly Journal of Experimental Psycholog y, 55*(3), 705–731.

Dehaene, S., Meyniel, F., Wacongne, C., Wang, L., and Pallier, C. (2015). The neural representation of sequences: From transition probabilities to algebraic patterns and linguistic trees. *Neuron, 88*(1), 2–19.

Dehaene, S., and Naccache, L. (2001). Towards a cognitive neuroscience of consciousness: Basic evidence and a workspace framework. *Cognition, 79*(1–2), 1–37.

Dehaene, S., Naccache, L., Cohen, L., Le Bihan, D., Mangin, J.-F., Poline, J.-B., and Rivière, D. (2001). Cerebral mechanisms of word masking and unconscious repetition priming. *Nature Neuroscience, 4*(7), 752–758.

Dehaene, S., Pegado, F., Braga, L. W., Ventura, P., Nunes Filho, G., Jobert, A., . . . Cohen, L. (2010). How learning to read changes the cortical networks for vision and language. *Science, 330*(6009), 1359–1364.

Dehaene-Lambertz, G., Dehaene, S., and Hertz-Pannier, L. (2002). Functional neuroimaging of speech perception in infants. *Science, 298*(5600), 2013–2015.

Dehaene-Lambertz, G., Hertz-Pannier, L., Dubois, J., Meriaux, S., Roche, A., Sigman, M., and Dehaene, S. (2006). Functional organization of perisylvian activation during presentation of sentences in preverbal infants. *Proceedings of the National Academy of Sciences, 103*(38), 14240–14245.

Dehaene-Lambertz, G., Monzalvo, K., and Dehaene, S. (2018). The emergence of the visual word form: Longitudinal evolution of category-specific ventral visual areas during reading acquisition. *PLOS Biolog y, 16*(3), e2004103.

Dehaene-Lambertz, G., and Spelke, E. S. (2015). The infancy of the human brain. *Neuron, 88*(1), 93–109.

de Lavilléon, G., Lacroix, M. M., Rondi-Reig, L., and Benchenane, K. (2015). Explicit memory creation during sleep demonstrates a causal role of place cells in navigation. *Natura Neuroscience, 18*(4), 493–495.

Denison, S., and Xu, F. (2010). Integrating physical constraints in statistical inference by 11-month-old infants. *Cognitive Science, 34*(5), 885–908.

Dennett, D. C. (1995). *Darwin's dangerous idea: Evolution and the meanings of life.* New York, NY: Simon and Schuster.

Desimone, R., and Duncan, J. (1995). Neural mechanisms of selective visual attention. *Annual Review of Neuroscience, 18*, 193–222.

D'Esposito, M., and Grossman, M. (1996). The physiological basis of executive function and working memory. *Neuroscientist, 2*(6), 345–352.

Diamond, A., and Doar, B. (1989). The performance of human infants on a measure of frontal cortex function, the delayed response task. *Developmental Psychobiology, 22*(3), 271–294.

Diamond, A., and Goldman-Rakic, P. S. (1989). Comparison of human infants and rhesus monkeys on Piaget's AB task: Evidence for dependence on dorsolateral prefrontal cortex. *Experimental Brain Research, 74*(1), 24–40.

Diamond, A., and Lee, K. (2011). Interventions shown to aid executive function development in children 4 to 12 years old. *Science, 333*(6045), 959–964.

Diekelmann, S., and Born, J. (2010). The memory function of sleep. *Nature Reviews Neuroscience, 11*(2), 114–126.

Diester, I., and Nieder, A. (2007). Semantic associations between signs and numerical categories in the prefrontal cortex. *PLOS Biology, 5*(11), e294.

Diester, I., and Nieder, A. (2010). Numerical values leave a semantic imprint on associated signs in monkeys. *Journal of Cognitive Neuroscience, 22*(1), 174–183.

Ditz, H. M., and Nieder, A. (2015). Neurons selective to the number of visual items in the corvid songbird endbrain. *Proceedings of the National Academy of Sciences, 112*(25), 7827–7832.

Doeller, C. F., Barry, C., and Burgess, N. (2010). Evidence for grid cells in a human memory network. *Nature, 463*(7281), 657–661.

Donato, F., Rompani, S. B., and Caroni, P. (2013). Parvalbumin-expressing basket-cell network plasticity induced by experience regulates adult learning. *Nature, 504*(7479), 272–276.

Draganski, B., Gaser, C., Busch, V., Schuierer, G., Bogdahn, U., and May, A. (2004). Neuroplasticity: Changes in grey matter induced by training. *Nature, 427*(6972), 311–312.

Dubois, J., Dehaene-Lambertz, G., Perrin, M., Mangin, J.-F., Cointepas, Y., Duchesnay, E., . . . Hertz-Pannier, L. (2007). Asynchrony of the early maturation of white matter bundles in healthy infants: Quantitative landmarks revealed noninvasively by diffusion tensor imaging. *Human Brain Mapping, 29*, 14–27.

Dubois, J., Hertz-Pannier, L., Cachia, A., Mangin, J.-F., Le Bihan, D., and Dehaene-Lambertz, G. (2009). Structural asymmetries in the infant language and sensori-motor networks. *Cerebral Cortex, 19*(2), 414–423.

Dubois, J., Poupon, C., Thirion, B., Simonnet, H., Kulikova, S., Leroy, F., . . . Dehaene-Lambertz, G. (2015). Exploring the early organization and maturation of linguistic pathways in the human infant brain. *Cerebral Cortex, 26*(5), 2283–2298.

Dumontheil, I., and Klingberg, T. (2011). Brain activity during a visuospatial working memory task predicts arithmetical performance 2 years later.

Cerebral Cortex, 22(5), 1078–1085.

Duncan, J. (2003). Intelligence tests predict brain response to demanding task events. *Nature Neuroscience, 6*(3), 207–208.

Duncan, J. (2010). The multiple-demand (MD) system of the prima e brain: Mental programs for intelligent behaviour. *Trends in Cognitive Sciences, 14*(4), 172–179.

Duncan, J. (2013). The structure of cognition: Attentional episodes in mind and brain. *Neuron, 80*(1), 35–50.

Dundas, E. M., Plaut, D. C., and Behrmann, M. (2013). The joint development of hemispheric lateralization for words and faces. *Journal of Experimental Psychology: General, 142*(2), 348–358.

Dunlosky, J., Rawson, K. A., Marsh, E. J., Nathan, M. J., and Willingham, D. T. (2013). Improving students' learning with effective learning techniques: Promising directions from cognitive and educa ional psychology. *Psychological Science in the Public Interest, 14*(1), 4–58.

Dunster, G. P., Iglesia, L. de la, Ben-Hamo, M., Nave, C., Fleischer, J. G., Panda, S., and Iglesia, H. O. de la. (2018). Sleepmore in Seattle: Later school start times are associated with more sleep and better performance in high school students. *Science Advances, 4*(12), eaau6200.

Duyme, M., Dum ret, A.-C., and Tomkiewicz, S. (1999). How can we boost IQs of "dull children"? A late adoption study. *Proceedings of the National Academy of Sciences, 96*(15), 8790–8794.

Dweck, C. S. (2006). *Mindset: The new psycholog y of success.* New York, NY: Random House.

Egyed, K., Király, I., and Gergely, G. (2013). Communicating shared knowledge in infancy. *Psychological Science, 24*(7), 1348–1353.

Ehri, L. C., Nunes, S. R., Stahl, S. A., and Willows, D. M. (2001). Systematic phonics instruction helps students learn to read: Evidence from the National Reading Panel's meta-analysis. *Review of Educational Research*, 71(3), 393–447.

Ellis, A. W., and Lambon Ralph, M. A. (2000). Age of acquisition effects in adult lexical processing reflect loss of plasticity in maturing systems: Insights from connectionist networks. *Journal of Experimental Psycholog y: Learning, Memory, and Cognition, 26*(5), 1103–1123.

Elman, J. L., Bates, E. A., Johnson, M. H., Karmiloff-Smith, A., Parisi, D., and Plunkett, K. (1996). *Rethinking innateness: A connectionist perspective on development.* Cambridge, MA: MIT Press.

Elsayed, G. F., Shankar, S., Cheung, B., Papernot, N., Kurakin, A., Goodfellow, I., and Sohl-Dickstein, J. (2018). Adversarial examples that fool both human and computer vision. https://arxiv.org/abs/1802.08195v1.

Elston, G. N. (2003). Cortex, cognition and the cell: New insights into the pyramidal neuron and prefrontal function. *Cerebral Cortex*, 13(11), 1124–1138.

Emmons, W. H., and Simon, C. W. (1956). The non-recall of material presented during sleep. *The American Journal of Psychology, 69*, 76–81.

Epelbaum, M., Milleret, C., Buisseret, P., and Duffer, J. L. (1993). The sensitive period for strabismic amblyopia in humans. *Ophthalmology, 100*(3), 323–32

Esseily, R., Rat-Fischer, L., Somogyi, E., O'Regan, K. J., and Fagard, J. (2016). Humour production may enhance observational learning of a new tool-use action in 18-month-old infants. *Cognition and Emotion, 30*(4), 817–825.

Ester, E. F., Sprague, T. C., and Serences, J. T. (2015). Parietal and frontal cortex encode stimulus-specific mnemonic representations during visual working memory. *Neuron, 87*(4), 893–905.

Everaert, M. B. H., Huybregts, M. A. C., Chomsky, N., Berwick, R. C., and Bolhuis, J. J. (2015). Structures, not strings: Ling   stics as part of the cognitive sciences. *Trends in Cognitive Sciences, 19*(12), 729–743.

Fanselow, M. S. (1998). Pavlovian conditioning, negative feedback, and blocking: Mechanisms that regulate ass ciation formation. *Neuron, 20*(4), 625–627.

Fattal, I., Friedmann, N., and Fattal-Valevski, A. (2011). The crucial role of thiamine in the development of syntax and lexical retrieval: A study of infantile thiamine deficiency. *Brain, 134*(6), 1720–1739.

Fawcett, S. L., Wang, Y.-Z., and Birch, E. E. (2005). The critical period for susceptibility of human stereopsis. *Investigative Ophthalmology and Visual Science, 46*(2), 521–525.

Fischer, M. H. (2003). Cognitive representation of negative numbers. *Psychological Science, 14*(3), 278–282.

Fisher, A. V., Godwin, K. E., and Seltman, H. (2014). Visual environment, attention allocation, and learning in young children when too much of a good thing may be bad. *Psychological Science, 25*(7), 1362–1370.

Fitzgerald, J. K., Freedman, D. J., Fanini, A., Bennur, S., Gold, J. I., and Assad, J. A. (2013). Biased associative representations in parietal cortex. *Neuron, 77*(1), 180–191.

Fitzsimonds, R. M., Song, H.-J., and Poo, M.-M. (1997). Propagation of activity-dependent synaptic depression in simple neural networks. *Nature, 388*(6641), 439–448.

Flechsig, P. (1876). *Die Leitungsbahnen im Gehirn und Rückenmark des Menschen auf Grund Entwickelungsgeschichtlicher Untersuchungen.* Leipzig: Engelmann.

Flege, J. E., Munro, M. J., and MacKay, I. R. (1995). Factors affecting strength of perceived foreign accent in a second language. *Journal of the Acoustical Society of America, 97*(5), 3125–3134.

Fleming, S. M., Weil, R. S., Nagy, Z., Dolan, R. J., and Rees, G. (2010). Relating introspective accuracy to individual differences in brain structure. *Science, 329*(5998), 1541–1543.

Fodor, J. A. (1975). *The language of thought.* New York, NY: Thomas Y. Crowell.

Fodor, J. A., and Pylyshyn, Z. W. (1988). Connectionism and cognitive architecture: A critical analysis. *Cognition, 28*(1–2), 3–71.

Fodor, J., and McLaughlin, B. P. (1990). Connectionism and the problem of systematicity: Why Smolensky's solution doesn't work. *Cognition, 35*(2), 183–204.

Frank, M. C., Everett, D. L., Fedorenko, E., and Gibson, E. (2008). Number as a cogni- tive technology: Evidence from Pirahã language and cognition. *Cognition, 108*(3), 819–824.

Freeman, S., Eddy, S. L., McDonough, M., Smith, M. K., Okoroafor, N., Jordt, H., and Wenderoth, M. P. (2014). Active learning increases student performance in science, engineering, and mathematics. *Proceedings of the National Academy of Sciences, 111*(23), 8410–8415.

Friederici, A. D. (2002). Towards a neural basis of auditory sentence processing. *Trends in Cognitive Sciences, 6*(2), 78–84.

Friedmann, N., Kerbel, N., and Shvimer, L. (2010). Developmental attentional dyslexia. *Cortex, 46*(10), 1216–1237.

Friedmann, N., and Rusou, D. (2015). Critical period for first language: The crucial role of language input during the first year of life. *Current Opinion in Neurobiolog y, 35*, 27–34.

Friedrich, M., Wilhelm, I., Born, J., and Friederici, A. D. (2015). Generalization of word meanings during infant sleep. *Nature Communications, 6*, 6004.

Friston, K. (2005). A theory of cortical responses. *Philosophical Transactions of the Royal Society B: Biological Sciences, 360*(1456), 815–836.

Froemke, R. C., Merzenich, M. M., and Schreiner, C. E. (2007). A synaptic memory trace for cortical receptive field plasticity. *Nature, 450*(7168), 425–429.

Fukuchi-Shimogori, T., and Grove, E. A. (2001). Neocortex patterning by the secreted signaling molecule FGF8. *Science, 294*(5544), 1071–1074.

Fyhn, M., Molden, S., Witter, M. P., Moser, E. I., and Moser, M.-B. (2004). Spatial representation in the entorhinal cortex. *Science, 305*(5688), 1258–1264.

Galaburda, A. M., LoTurco, J., Ramus, F., Fitch, R. H., and Rosen, G. D. (2006). From genes to behavior in developmental dyslexia. *Nature Neuroscience, 9*(10), 1213–1217.

Galgali, A. R., and Mante, V. (2018). Set in one's thoughts. *Nature Neuroscience, 21*(4), 459–460.

Gallistel, C. R. (1990). *The organization of learning*. Cambridge, MA: MIT Press.

Gaser, C., and Schlaug, G. (2003). Brain structures differ between musicians and nonmusicians. *Journal of Neuroscience, 23*(27), 9240–9245.

Gathercole, S. E., Pickering, S. J., Knight, C., and Stegmann, Z. (2004). Working memory skills and educational attainment: Evidence from national curriculum assessments at 7 and 14 years of age. *Applied Cognitive Psychology, 18*(1), 1–16.

Geary, D. C. (2011). Cognitive predictors of achievement growth in mathematics: A five-year longitudinal study. *Developmental Psychology, 47*(6), 1539–1552.

Genzel, L., Rossato, J. I., Jacobse, J., Grieves, R. M., Spooner, P. A., Battaglia, F. P., . . . Morris, R. G. M. (2017). The yin and yang of memory consolidation: Hippocampal and neocortical. *PLOS Biology, 15*(1), e2000531.

George, D., Lehrach, W., Kansky, K., Lázaro-Gredilla, M., Laan, C., Marthi, B., . . . Phoenix, D. S. (2017). A generative vision model that trains with high data efficiency and breaks text-based CAPTCHAs. *Science, 358*(6368).

Gerber, P., Schlaff ke, L., Heba, S., Greenlee, M. W., Schultz, T., and Schmidt-Wilcke, T. (2014). Juggling revisited—a voxel-based morphometry study with expert jugglers. *NeuroImage, 95*, 320–325.

Gergely, G., Bekkering, H., and Király, I. (2002). Rational imitation in preverbal infants. *Nature, 415*(6873), 755.

Gergely, G., and Csibra, G. (2003). Teleological reasonin n infancy: The naïve theory of rationalaction. *Trends in Cognitive Sciences, 7*(7), 287–292.

Gerhand, S., and Barry, C. (1999). Age of acquisiti n, word frequency, and the role of phonology in the lexical decision task. *Memory and Cognition, 27*(4), 592–602.

Gertler, P., Heckman, J., Pinto, R., Zanolini, A., Vermeersch, C., Walker, S., . . . Grantham-McGregor, S. (2014). Lab r market returns to an early childhood stimulation intervention in Jamaica. *Science, 344*(6187), 998–1001.

Glass, A. L., and Kang, M. (2018). Dividing attention in the classroom reduces exam performance. *Educational Psychology, 39*(3), 395–408.

Goldman-Rakic, P. S. (1995). Cellular basis of working memory. *Neuron, 14*(3), 477–485.

Golestani, N., Molko, N., Dehaene, S., Le Bihan, D., and Pallier, C. (2007). Brain structure predicts the learning of foreign speech sounds. *Cerebral Cortex, 17*(3), 575–582.

Golub, M. D., Sadtl r, P. T., Oby, E. R., Quick, K. M., Ryu, S. I., Tyler-Kabara, E. C., . . . Yu, B. M. (2018). Learning by neural reassociation. *Nature Neuroscience, 21*(4), 607–616.

Goodfellow, I. J., Pouget-Abadie, J., Mirza, M., Xu, B., Warde-Farley, D., Ozair, S., . . . Bengio, Y. (2014). Generative adversarial networks. arxiv.org/abs/1406.2661.

Goodman, C. S., and Shatz, C. J. (1993). Developmental mechanisms that generate precise patterns of neuronal connectivity. *Cell, 72 Suppl*, 77–98.

Goodman, N. D., Ullman, T. D., and Tenenbaum, J. B. (2011). Learning a theory of causality. *Psychological Review, 118*(1), 110–119.

Gopnik, A., Glymour, C., Sobel, D. M., Schulz, L. E., Kushnir, T., and Danks, D. (2004). A theory of causal learning in children: Causal maps and Bayes nets. *Psychological Review, 111*(1), 3–32.

Gopnik, A., Meltzoff, A. N., and Kuhl, P. K. (1999). *The scientist in the crib: What early learning tells us about the mind.* New York, NY: William Morrow.

Gottlieb, J., Oudeyer, P.-Y., Lopes, M., and Baranes, A. (2013). Information-seeking, curiosity, and attention: Computational and neural mechanisms. *Trends in Cognitive Sciences, 17*(11), 585–593.

Goupil, L., Romand-Monnier, M., and Kouider, S. (2016). Infants ask for help when they know they don't know. *Proceedings of the National Academy of Sciences, 113*(13), 3492–3496.

Grainger, J., and Whitney, C. (2004). Does the huamn mnid raed wrods as a wlohe? *Trends in Cognitive Sciences, 8*(2), 58–59.

Grantham-McGregor, S. M., Powell, C. A., Walker, S. P., and Himes, J. H. (1991). Nutritional supplementation, psychosocial stimulation, and mental development of stunted children: The Jamaican Study. *Lancet, 338*(8758), 1–5.

Green, C. S., and Bavelier, D. (2003). Action video game modifies visual selective attention. *Nature, 423*(6939), 534–537.

Groen, G. J., and Parkman, J. M. (1972). A chronometric analysis of simple addition. *Psychological Review, 79*(4), 329–343.

Grothendieck, A. (1986). *Récoltes et semailles: Réflexions et témoignage sur un passé de mathématicien.* quarante-deux.org/archives/klein/prefaces/ Romans_1965-1969/Recoltes _et_semailles.pdf.

Gruber, M. J., Gelman, B. D., and Ranganath, C. (2014). States of curiosity modulate hippocampus-dependent learning via the dopamin rgic circuit. *Neuron, 84*(2), 486–496.

Guerguiev, J., Lillicrap, T. P., and Richards, B. A. (2017). Towards deep learning with segregated dendrites. *ELife, 6*, e2

Gullick, M. M., and Wolford, G. (2013). Understanding less than nothing: Children's neural response to negative numbers shifts across age and accuracy. *Frontiers in Psychology, 4*, 584.

Gweon, H., Tenenbaum, J. B., and Schulz, L. E. (2010). Infants consider both the sample and the sampling process in inductive generalization. *Proceedings of the National Academy of Sciences, 107*(20), 9066–9071.

Habibi, A., Damasio, A., Ilari, B., Elliott Sachs, M., and Damasio, H. (2018). Music training and child development: A review of recent findings from a longitudinal study. *Annals of the New York Academy of Sciences.*

Hafting, T., Fyhn, M., Molden, S., Moser, M.-B., and Moser, E. I. (2005). Microstructure of a spatial map in the entorhinal cortex. *Nature, 436*(7052), 801–806.

Hahne, A., and Friederici, A. D. (1999). Electrophysiological evidence for two steps in syntactic analysis: Early automatic and late controlled processes. *Journal of Cognitive Neuroscience, 11*(2), 194–205.

Halberda, J., and Feigenson, L. (2008). Developmental change in the acuity of the "number sense": The approximate number system in 3-, 4-, 5-, and 6-year-olds and adults. *Developmental Psycholog y, 44*(5), 1457–1465.

Hannagan, T., Amedi, A., Cohen, L., Dehaene-Lambertz, G., and Dehaene, S. (2015). Origins of the specialization for letters and numbers in ventral occipitotemporal cortex. *Trends in Cognitive Sciences, 19*(7), 374–382.

Hannagan, T., Nieder, A., Viswanathan, P., and Dehaene, S. (2017). A random-matrix theory of the number sense. *Philosophical Transactions of the Royal Society B: Biological Sciences, 373*(1740), 20170253.

Hartshorne, J. K., Tenenbaum, J. B., and Pinker, S. (2018). A critical period for second language acquisition: Evidence from ⅔ million English speakers. *Cognition, 177*, 263–277.

Hassabis, D., Kumaran, D., Summerfield, C., and Botvinick, M. (2017). Neuroscience-inspired artificial intelligence. *Neuron, 95*(2), 245–258.

Hattie, J. (2008). *Visible learning.* London and New York, NY: Routledge.

Hattie, J. (2017). *L'apprentissage visible pour les enseignants: Connaître son impact pour maximiser le rendement des élèves.* Québec: Presses de l'Université du Québec.

Hauser, M. D., Chomsky, N., and Fitch, W. T. (2002). The faculty of language: What is it, who has it, and how did it evolve? *Science, 298*(5598), 1569–157

Hauser, M. D., and Watumull, J. (2017). The Universal Generative Faculty: The source of our expressive power in language, mathematics, morality, and music. *Journal of Neurolinguistics, 43 Part B,* 78–94.

Hay, J. F., Pelucchi, B., Graf Estes, K., and Saffran, J. R. (2   1). Linking sounds to meanings: Infant statistical learning in a natural language. *Cognitive Psychology, 63*(2), 93–106.

Heckman, J. J., Moon, S. H., Pinto, R., Savelyev, P. A., and Yavitz, A. (2010). The rate of return to the HighScope Perry Preschool Program. *Journal of Public Economics, 94*(1), 114–128.

Heilbron, M., and Meyniel, F. (2019). Confidence resets reveal hierarchical adaptive learning in humans. *PLOS Computational Biology, 15*(4), e1006972.

doi.org/10.1371/journal.pcbi.1006972.

Held, R., and Hein, A. (1963). Movement-produced stimulation in the development of visually guided behavior. *Journal of Comparative and Physiological Psychology, 56*(5), 872–876

Hensch, T. K. (2005). Critical period plasticity in local cortical circuits. *Nature Reviews Neuroscience, 6*(11), 877–888.

Hespos, S. J., and Baillargeon, R. (2008). Young infants' actions reveal their developing knowledge of support variables: Converging evidence for violation-of-expectation findings. *Cognition, 107*(1), 304–316.

Hinton, G. E., Dayan, P., Frey, B. J., and Neal, R. M. (1995). The "wake-sleep" algorithm for unsupervised neural networks. *Science, 268*(5214), 1158–1161.

Hinton, G. E., Osindero, S., and Teh, Y.-W. (2006). A fast learning algorithm for deep belief nets. *Neural Computation, 18*(7), 1527–1554.

Hiscock, H., Sciberras, E., Mensah, F., Gerner, B., Efron, D., Khano, S., and Oberklaid, F. (2015). Impact of a behavioural sleep intervention on symptoms and sleep in children with attention deficit hyperactivity disorder, and parental mental health: Randomised controlled trial. *BMJ (Clinical Research Ed.), 350*, h68.

Hoeft, F., McCandliss, B. D., Black, J. M., Gantman, A., Zakerani, N., Hulme, C., . . . Gabrieli, J. D. E. (2011). Neural systems predicting long-term outcome in dyslexia. *Proceedings of the National Academy of Sciences, 108*(1), 361–366.

Holtmaat, A., and Caroni, P. (2016). Functional and structural underpinnings of neuronal assembly formation in learning. *Nature Neuroscience, 19*(12), 1553–1562.

Horikawa, T., Tamaki, M., Miyawaki, Y., and Kamitani, Y. (2013). Neural decoding of visual imagery during sleep. *Science, 340*(6132), 639–642.

Houdé, O., Zago, L., Mellet, E., Moutier, S., Pineau, A., Mazoyer, B., and Tzourio-Mazoyer, N. (2000). Shifting from the perceptual brain to the logical brain: The neural impact of cognitive inhibition training. *Journal of Cognitive Neuroscience, 12*(5), 721–728.

Huber, R., Ghilardi, M. F., Massimini, M., and Tononi, G. (2004). Local sleep and learning. *Nature, 430*(6995), 78–81.

Hurley, M. M., Dennett, D. C., and Adams, R. B. (2011). Inside jokes: Using humor to reverse-engineer the mind. Cambridge, MA: MIT Press.

Huttenlocher, P. R., and Dabholkar, A. S. (1997). Regional differences in synaptogenesis in human cerebral cortex. *Journal of Comparative Neurology, 387*(2), 167–178.

Hutton, J. S., Horowitz-Kraus, T., Mendelsohn, A. L., DeWitt, T., Holland, S. K., and C-MIND Authorship Consortium. (2015). Home reading environment and brain activation in preschool children listening to stories. *Pediatrics, 136*(3), 466–478.

Hutton, J. S., Phelan, K., Horowitz-Kraus, T., Dudley, J., Altaye, M., DeWitt, T., and Holland, S. K. (2017). Shared reading quality and brain activation during story listening in preschool-age children. *Journal of Pediatrics, 191*, 204–211.e1.

Iriki, A. (2005). A prototype of *Homo faber*: A silent precursor of human intelligence in the tool-using monkey brain. In S. Dehaene, J.-R. Duhamel, M. D. Hauser, and G. Rizzolatti (Eds.), *From monkey brain to human brain* (pp. 253–271). Cambridge, MA: MIT Press.

Isaacs, E. B., Edmonds, C. J., Lucas, A., and Gadian, D. G. (2001). Calculation difficulties in children of very low birthweight: A neural correlate. *Brain, 124*(9), 1701–1707.

Isingrini, M., Perrotin, A., and Souchay, C. (2008). Aging, metamemory regulation and executive functioning. *Progress in Brain Research, 169*, 377–392.

Iuculano, T. (2016). Neurocognitive accounts of developmental dyscalculia and its remediation. *Progress in Brain Research, 227*, 305–333.

Izard, V., Dehaene-Lambertz, G., and Dehaene, S. (2008). Distinct cerebral pathways for object identity and number in human infants. *PLOS Biology, 6*(2), 275–285.

Izard, V., Sann, C., Spelke, E. S., and Streri, A. (2009). Newborn infants perceive abstract numbers. *Proceedings of the National Academy of Sciences, 106*(25), 10382–10385.

Jacob, S. N., and Nieder, A. (2009). Notation-independent representation of fractions in the human parietal cortex. *Journal of Neuroscience, 29*(14), 4652–4657.

Jacoby, L. L., and Dallas, M. (1981). On the relationship between autobiographical memory and perceptual learning. *Journal of Experimental Psychology: General, 110*(3), 306–340.

Jaeggi, S. M., Buschkuehl, M., Jonides, J., and Shah, P. (2011). Short- and long-term benefits of cognitive training. *Proceedings of the National Academy of Sciences, 108*(25), 10081–10086.

James, C. E., Oechslin, M. S., Van De Ville, D., Hauert, C.-A., Descloux, C., and Lazeyras, F. (2014). Musical training intensity yields opposite effects on grey matter density in cognitive versus sensorimotor networks. *Brain Structure and Function, 219*(1), 353–366.

Jaynes, E. T. (2003). *Probability theory: The logic of science.* Cambridge, MA: Cambridge University Press.

Jenkins, J. G., and Dallenbach, K. M. (1924). Obliviscence during sleep and waking. *American Journal of Psychology, 35*(4), 605–612.

Ji, D., and Wilson, M. A. (2007). Coordinated memory replay in the visual cortex and hippocampus during sleep. *Nature Neuroscience, 10*(1), 100–107.

Jiang, X., Long, T., Cao, W., Li, J., Dehaene, S., and Wang, L. (2018). Production of supra-reg ular spatial sequences by macaque monkeys. *Current Biology, 28*(12), 1851–1859.

Jiang, X., Shamie, I., Doyle, W. K., Friedman, D., Dugan, P., Devinsky, O., ... Halgren, E. (2017). Replay of large-scale spatio-temporal patterns from waking during subsequent NREM sleep in human cortex. *Scientific Reports, 7,* 17380.

Jo, J., and Bengio, Y. (2017). Measuring the tendency of CNNs to learn surface statistical regularities. arxiv.org/abs/1711.11561.

Johansson, F., Jirenhed, D.-A., Rasmussen, A., Zucca, R., and Hesslow, G. (2014). Memory trace and timing mechanism localized to cerebellar Purkinje cells. *Proceedings of the National Academy of Sciences, 111*(41), 14930–14934.

Johnson, J. S., and Newport, E. L. (1989). Critical period effects in second language learning: The influence of maturational state on the acquisition of English as a second language. *Cognitive Psychology, 21*(1), 60–99.

Josselyn, S. A., Köhler, S., and Frankland, P. W. (2015). Finding the engram. *Nature Reviews Neuroscience, 16*(9), 521–534.

Kaminski, J., Call, J., and Fischer, J. (2004). Word learning in a domestic dog: Evidence for "fast mapping." *Science, 304*(5677), 1682–1683.

Kang, M. J., Hsu, M., Krajbich, I. M., Loewenstein, G., McClure, S. M., Wang, J. T., and Camerer, C. F. (2009). The wick in the candle of learning: Epistemic curiosity activates reward circuitry and enhances memory. *Psychological Science, 20*(8), 963–973.

Kang, S. H. K., Lindsey, R. V., Mozer, M. C., and Pashler, H. (2014). Retrieval practice over the long term: Should spacing be expanding or equal-interval? *Psychonomic Bulletin and Review, 21*(6), 1544–1550.

Kanjlia, S., Lane, C., Feigenson, L., and Bedny, M. (2016). Absence of visual experience modifies the neural basis of numerical thinking. *Proceedings of the National Academy of Sciences, 113*(40), 11172–11177.

Kano, T., Brockie, P. J., Sassa, T., Fujimoto, H., Kawahara, Y., Iino, Y., . . . Maricq, A. V. (2008). Memory in *Caenorhabditis elegans* is mediated by NMDA-type ionotropic glutamate receptors. *Current Biology, 18*(13), 1010–1015.

Kaplan, F., and Oudeyer, P.-Y. (2007). In search of the neural circuits of intrinsic motivation. *Frontiers in Neuroscience, 1*(1), 225–236.

Kapur, S., Craik, F. I., Tulving, E., Wilson, A. A., Houle, S., and Brown, G. M. (1994). Neuroanatomical correlates of encoding in episodic memory: Levels of processing effect. *Proceedings of the National Academy of Sciences, 91*(6), 2008–2011.

Karni, A., Tanne, D., Rubenstein, B. S., Askenasy, J., and Sagi, D. (1994). Dependence on REM sleep of overnight improvement of a perceptual skill. *Science, 265*(5172), 679– 682.

Karpicke, J. D., and Roediger, H. L. (2008). The critical importance of retrieval for learning. *Science, 319*(5865), 966–968.

Kastner, S., and Ungerleider, L. G. (2000). Mechanisms of visual attention in the human cortex. *Annual Review of Neuroscience, 23*, 315–341.

Keller, H. (1903). *The story of my life*. New York, NY: Doubleday, Page and Co.

Kellman, P. J., and Spelke, E. S. (1983). Perception of partly occluded objects in infancy. *Cognitive Psychology*, 15(4), 483–524.

Kemp, C., and Tenenbaum, J. B. (2008). The discove y of structural form. *Proceedings of the National Academy of Sciences, 105*(31), 10687–10692.

Kidd, C., Piantadosi, S. T., and Aslin, R. N. (2012). The Goldilocks effect: Human infants allocate attention to visual sequences that are neither too simple nor too complex. *PLOS ONE, 7*(5), e36399.

Kidd, C., Piantadosi, S. T., and Aslin, R. N. (2014). The Goldilocks effect in infant auditory attention. *Child Development, 85*(5), 1795–1804.

Kilgard, M. P., and Merzenich, M. M. (1998). Cortical map reorganization enabled by nucleus basalis activity. *Science, 279*(5357), 1714–1718.

Kim, J. J., and Diamond, D. M. (2002). The stressed hippocampus, synaptic plasticity and lost memories. *Nature Reviews Neuroscience, 3*(6), 453–462.

Kim, W. B., and Cho, J.-H. (2017). Encoding of discriminative fear memory by inputspecific LTP in the amygdala. *Neuron, 95*(5), 1129–1146.

Kirschner, P. A., Sweller, J., and Clark, R. E. (2006). Why minimal guidance during instruction does not work: An analysis of the failure of constructivist, discovery, problem-based, experiential, and inquiry-based teaching. *Educational Psychologist, 41*(2), 75–86.

Kirschner, P. A., and van Merriënboer, J. J. G. (2013). Do learners really know best? Urban legends in education. *Educational Psychologist, 48*(3), 169–183.

Kitamura, T., Ogawa, S. K., Roy, D. S., Okuyama, T., Morrissey, M. D., Smith,

L. M., . . . Tonegawa, S. (2017). Engrams and circuits crucial for systems consolidation of a memory. *Science, 356*(6333), 73–78.

Klingberg, T. (2010). Training and plasticity of working memory. *Trends in Cognitive Sciences, 14*(7), 317–324.

Knops, A., Thirion, B., Hubbard, E. M., Michel, V., and Dehaene, S. (2009). Recruitment of an area involved in eye movements during mental arithmetic. *Science, 324*(5934), 1583–1585.

Knops, A., Viarouge, A., and Dehaene, S. (2009). Dynamic representations underlying symbolic and nonsymbolic calculation: Evidence from the operational momentum effect. *Attention, Perception, and Psychophysics, 71*(4), 803–821.

Knudsen, E. I., and Knudsen, P. F. (1990). Sensitive and critical periods for visual calibration of sound localization by barn owls. *Journal of Neuroscience, 10*(1), 222–232.

Knudsen, E. I., Zheng, W., and DeBello, W. M. (2000). Traces of learning in the auditory localization pathway. *Proceedings of the National Academy of Sciences, 97*(22), 11815–11820.

Koechlin, E., Dehaene, S., and Mehler, J. (1997). Numerical transformations in five-month-old human infants. *Mathematical Cognition, 3*(2), 89–104

Koechlin, E., Ody, C., and Kouneiher, F. (2003). The architecture of cognitive control in the human prefrontal cortex. *Science, 302*(5648), 1181–1185.

Koepp, M. J., Gunn, R. N., Lawrence, A. D., Cunningham V. J., Dagher, A., Jones, T., . . . Grasby, P. M. (1998). Evidence for striatal dopamine release during a video game. *Nature, 393*(6682), 266–268.

Kolinsky, R., Morais, J., Content, A., and Cary, L. (1987). Finding parts within figures: A developmental study. *Perception, 16*(3), 399–407.

Kolinsky, R., Verhaeghe, A., Fernandes, T., Mengarda, E. J., Grimm-Cabral, L., and Morais, J. (2011). Enantiomorphy through the looking glass: Literacy effects on mirror-image discrimination. *Journal of Experimental Psychology: General, 140*(2), 210 –238.

Kontra, C., Goldin-Meadow, S., and Beilock, S. L. (2012). Embodied learning across the life span. *Topics in Cognitive Science, 4*(4), 731–739.

Kontra, C., Lyons, D. J., Fischer, S. M., and Beilock, S. L. (2015). Physical experience enhances science learning. *Psychological Science, 26*(6), 737–749.

Kouider, S., Stahlhut, C., Gelskov, S. V., Barbosa, L. S., Dutat, M., de Gardelle, V., . . . Dehaene-Lambertz, G. (2013). A neural marker of perceptual consciousness in infants. *Science, 340*(6130), 376–380.

Krause, M. R., Zanos, T. P., Csorba, B. A., Pilly, P. K., Choe, J., Phillips, M. E., . . . Pack, C. C. (2017). Transcranial direct current stimulation facilitates associative learning and alters functional connectivity in the primate brain. *Current Biology, 27*(20), 3086–3096.

Kropff, E., and Treves, A. (2008). The emergence of grid cells: Intelligent design or just adaptation? *Hippocampus, 18*(12), 1256–1269.

Krubitzer, L. (2007). The magnificent compromise: Cortical field evolution in mammals. *Neuron, 56*(2), 201–208.

Kuhl, P. K., Tsao, F. M., and Liu, H. M. (2003). Foreign-language experience in infancy: Effects of short-term exposure and social interaction on phonetic learning. *Proceedings of the National Academy of Sciences, 100*(15), 9096–9101.

Kurdziel, L., Duclos, K., and Spencer, R. M. C. (2013). Sleep spindles in midday naps enhance learning in preschool children. *Proceedings of the National Academy of Sciences, 110*(43), 17267–17272.

Kushnir, T., Xu, F., and Wellman, H. M. (2010). Young children use statistical sampling to infer the preferences of other people. *Psychological Science, 21*(8), 1134–1140.

Kutas, M., and Federmeier, K. D. (2011). Thirty years and counting: Finding meaning in the N400 component of the event-related brain potential (ERP). *Annual Review of Psychology, 62*, 621–647.

Kutas, M., and Hillyard, S. A. (1980). Reading senseless sentences: Brain potentials reflect semantic incongruity. *Science, 207*(4427), 203–205.

Kutter, E. F., Bostroem, J., Elger, C. E., Mormann, F., and Nieder, A. (2018). Single neurons in the human brain encode numbers. *Neuron, 100*(3), 753–761.

Kwan, K. Y., Lam, M. M. S., Johnson, M. B., Dube, U., Shim, S., Rašin, M.-R., . . . Šestan, N. (2012). Species-dependent posttranscriptional regulation of NOS1 by FMRP in the developing cerebral cortex. *Cell, 149*(4) 899–911.

Lake, B. M., Salakhutdinov, R., and Tenenbaum, J. B. (2015). Human-level concept learning through probabilistic program induction. *Science, 350*(6266), 1332–1338.

Lake, B. M., Ullman, T. D., Tenenbaum, J. B., and Gershman, S. J. (2017). Building machines that learn and think like people. Behavioral and Brain *Sciences, 40*, e253.

Landau, B., Gleitman, H., and Spelke, E. (1981). Spatial knowledge and geometric representation in a child blind from birth. *Science, 213*(4513), 1275–1278.

Lane, C., Kanjlia, S., Omaki, A., and Bedny, M. (2015). "Visual" cortex of congenitally blind adults responds to syntactic movement. *Journal of Neuroscience, 35*(37), 12859–12868

Langston, R. F., Ainge, J. A., Couey, J. J., Canto, C. B., Bjerknes, T. L., Witter, M. P., . . . Moser, M.-B. (2010). Development of the spatial representation system in the rat. *Science, 328*(5985), 1576–1580.

LeCun, Y., Bengio, Y., and Hinton, G. (2015). Deep learning. *Nature, 521*(7553), 436–444.

LeCun, Y., Bottou, L., Bengio, Y., and Haffner, P. (1998). Gradient-based learning applied to document recognition. *Proceedings of the IEEE, 86*(11), 2278–2324.

Lefevre, J., and Mangin, J.-F. (2010). A reaction-diffusion model of human brain development. *PLOS Computational Biology, 6*(4), e1000749.

Leong, Y. C., Radulescu, A., Daniel, R., DeWoskin, V., and Niv, Y. (2017). Dynamic interaction between reinforcement learning and attention in multidimensional environments. *Neuron, 93*(2), 451–463.

Leppanen, P. H., Richardson, U., Pihko, E., Eklund, K. M., Guttorm, T. K., Aro, M., and Lyytinen, H. (2002). Brain responses to changes in speech sound durations differ between infants with and without familial risk for dyslexia. *Developmental Neuropsychology, 22*(1), 407–422.

Lerner, Y., Honey, C. J., Silbert, L. J., and Hasson, U. (2011). Topographic mapping of a hierarchy of temporal receptive windows using a narrated story. *Journal of Neuroscience, 31*(8), 2906–2915.

Leroy, F., Cai, Q., Bogart, S. L., Dubois, J., Coulon, O., Monzalvo, K., . . . Dehaene-Lambertz, G. (2015). New human-specific brain landmark: The depth asymmetry of superior temporal sulcus. *Proceedings of the National Academy of Sciences, 112*(4), 1208–1213.

Li, P., Legault, J., and Litcofsky, K. A. (2014). Neuroplasticity as a function of second language learning: Anatomical changes in the human brain. *Cortex, 58*, 301–324.

Li, S., Lee, K., Zhao, J., Yang, Z., He, S., and Weng, X. (2013). Neural competition as a developmental process: Early hemispheric specialization for word processing delays specialization for face processing. *Neuropsychologia, 51*(5), 950–959

Lillard, A., and Else-Quest, N. (2006). Evaluating Montessori education. *Science, 313*(5795), 1893–1894.

Lindsey, R. V., Shroyer, J. D., Pashler, H., and Mozer, M. C. (2014). Improving students' longerm knowledge retention through personalized review. *Psychological Science, 25*(3), 639–647.

Lisman, J., Buzsáki, G., Eichenbaum, H., Nadel, L., Ranganath, C., and Redish, A. D. (2017). Viewpoints: How the hippocampus contributes to memory, navigation and cognition. *Nature Neuroscience, 20*(11), 1434–1447.

Liu, S., Ullman, T. D., Tenenbaum, J. B., and Spelke, E. S. (2017). Ten-month-old infants infer the value of goals fro the costs of actions. *Science, 358*(6366), 1038–1041.

Livingstone, M. S., Vincent, J. L., Arcaro, M. J., Srihasam, K., Schade, P. F., and

Savage, T. (2017). Development of the macaque face-patch system. *Nature Communications, 8*, 14897.

Loewenstein, G. (1994). The psychology of curiosity: A review and reinterpretation. *Psychological Bulletin, 116*(1), 75–98.

Lømo, T. (2018). Discovering long-term potentiation (LTP)—recollections and reflections on what came after. *Acta Physiologica, 222*(2), e12921.

Louie, K., and Wilson, M. A. (2001). Temporally structured replay of awake hippocampal ensemble activity during rapid eye movement sleep. *Neuron, 29*(1), 145–156.

Lyons, I. M., and Beilock, S. L. (2012). When math hurts: Math anxiety predicts pain network activation in anticipation of doing math. *PLOS ONE, 7*(10), e48076.

Lyons, K. E., and Ghetti, S. (2011). The development of uncertainty monitoring in early childhood. *Child Development, 82*(6), 1778–1787.

Lyytinen, H., Ahonen, T., Eklund, K., Guttorm, T., Kulju, P., Laakso, M. L., . . . Viholainen, H. (2004). Early development of children at familial risk for dyslexia—follow-up from birth to school age. *Dyslexia, 10*(3), 146–178.

Ma, L., and Xu, F. (2013). Preverbal infants infer intentional agents from the perception of regularity. *Developmental Psychology, 49*(7), 1330–1337.

Mack, A., and Rock, I. (1998). *Inattentional blindness*. Cambridge, MA: MIT Press.

Mag uire, E. A., Gadian, D. G., Johnsr ude, I. S., Good, C. D., Ashburner, J., Frackowiak, R. S., and Frith, C. D. (2000). Navigation-related str uctural change in the hippocampi of taxi drivers. *Proceedings of the National Academy of Sciences, 97*(8), 4398– 4403.

Maguire, E. A., Spiers, H. J., Good, C. D., Hartley, T., Frackowiak, R. S., and Burgess, N. (2003). Navigation expertise and the human hippocampus: A structural brain imaging analysis. *Hippocampus, 13*(2), 250–259.

Mahmoudzadeh, M., Dehaene-Lambertz, G., Fournier, M., Kongolo, G., Goudjil, S., Dubois, J., . . . Wallois, F. (2013). Syllabic discrimination in premature human infants prior to complete formation of cortical layers. *Proceedings of th National Academy of Sciences*, *110*(12), 4846–4851.

Mahon, B. Z., Anzellotti, S., Schwarzbach, J., Zampini, M., and Caramazza, A. (2009). Category-specific organization in the human brain does not require visual experience. *Neuron*, *63*(3), 397–405.

Maloney, E. A., and Beilock, S. L. (2012). Math anxiety: Who has it, why it develops, and how to guard against it. *Trends in Cognitive Sciences*, *16*(8), 404–406.

Markman, E. M., and Wachtel, G. F. (1988). Children's use of mutual exclusivity to constrain the meanings of words. *Cognitive Psychology*, *20*(2), 121–157.

Markman, E. M., Wasow, J. L., and Hansen, M. B. (2003). Use of the mutual exclusivity assumption by young word learnrs. *Cognitive Psychology*, *47*(3), 241–275.

Marois, R., and Ivanoff, J. (2005). Capacity limits of information processing in the brain. *Trends in Cognitive Sciences*, *9*(6), 296–305.

Marques, J. F., and Deha ne, S. (2004). Developing intuition for prices in euros: Rescaling or relearning prices? *Journal of Experimental Psychology: Applied*, *10*(3), 148–155.

Marshall, C. (2017). Montessori education: A review of the evidence base. *npj Science of Learning*, *2*(1), 11.

Marshall, L., Helgadóttir, H., Mölle, M., and Born, J. (2006). Boosting slow oscillations during sleep potentiates memory. *Nature*, *444*(7119), 610–613.

Marti, S., King, J.-R., and Dehaene, S. (2015). Time-resolved decoding of two processing chains during dual-task interference. *Neuron*, *88*(6), 1297–1307.

Marti, S., Sigman, M., and Dehaene, S. (2012). A shared cortical bottleneck underlying attentional blink and psychological refractory period. *NeuroImage*, *59*(3), 2883–2898.

Martin, S. L., Ramey, C. T., and Ramey, S. (1990). The prevention of intellectual impairment in children of impoverished families: Findings of a randomized trial of educational day care. *American Journal of Public Health*, *80*(7),

844–847.

Maye, J., Werker, J. F., and Gerken, L. (2002). Infant sensitivity to distributional information can affect phonetic discrimination. *Cognition, 82*(3), B101–B111.

Mayer, R. E. (2004). Should there be a three-strikes rule against pure discovery learning? The case for guided methods of instruction. *American Psychologist, 59*(1), 14 –19.

McCandliss, B. D., Fiez, J. A., Protopapas, A., Conway, M., and McClelland, J. L. (2002). Success and failure in teaching the [r]-[l] contrast to Japanese adults: Tests of a Hebbian model of plasticity and stabilization in spoken language perception. *Cognitive, Affective, and Behavioral Neuroscience, 2*(2), 89–108.

McCloskey, M., and Rapp, B. (2000). A visually based developmental reading deficit. *Journal of Memory and Language, 43*(2), 157–181.

McCrink, K., and Wynn, K. (2004). Large-number addition and subtraction by 9-month-old infants. *Psychological Science, 15*(11), 776–781.

Mehler, J., Jusczyk, P., Lambertz, G., Halsted, N., Bertoncini, J., and Amiel-Tison, C. (1988). A precursor of language acquisition in young infants. *Cognition, 29*(2), 143–178.

Meyer, T., and Olson, C. R. (2011). Statistical learning of visual transitions in monkey inferotemporal cortex. *Proceedings of the National Academy of Sciences, 108*(48), 19401–19406.

Meyniel, F., and Dehaene, S. (2017). Brain networks for confidence weighting and hierarchical inference during probabilistic learning. *Proceedings of the National Academy of Sciences, 114*(19), E3859–E3868.

Millum, J., and Emanuel, E. J. (2007). The ethics of international research with abandoned children. *Science, 318*(5858), 1874–1875.

Mnih, V., Kavukcuoglu, K., Silver, D., Rusu, A. A., Veness, J., Bellemare, M. G., . . . Hassabis, D. (2015). Human-level control through deep reinforcement learning. *Nature, 518*(7540), 529–533.

Mongelli, V., Dehaene, S., Vinckier, F., Peretz, I., Bartolomeo, P., and Cohen,

L. (2017). Music and words in the visual cortex: The impact of musical expertise. *Cortex, 86,* 260–274.

Mongillo, G., Barak, O., and Tsodyks, M. (2008). Synaptic theory of working memory. *Science, 319*(5869), 1543–1546.

Monzalvo, K., Fluss, J., Billard, C., Dehaene, S., and Dehaene-Lambertz, G. (2012). Cortical networks for vision and language in dyslexic and normal children of variable socio-economic status. *NeuroImage, 61*(1), 258–274.

Morais, J. (2017). Literacy and democracy. *Language, Cognition and Neuroscience, 33*(3), 351–372.

Morais, J., Bertelson, P., Cary, L., and Alegria, J. (1986). Literacy training and speech segmentation. *Cognition, 24*(1–2), 45–64.

Morais, J., and Kolinsky, R. (2005). Literacy and cognitive change. In M. J. Snowling and C. Hulme (Eds.), *The science of reading: A handbook* (pp. 188–203). Oxford: Blackwell.

Moreno, S., Bialystok, E., Barac, R., Schellenberg, E. G., Cepeda, N. J., and Chau, T. (2011). Short-term music training enhances verbal intelligence and executive function. *Psychological Science, 22*(11), 1425–1433.

Morrison, C. M., and Ellis, A. W. (1995). Roles of word frequency and age of acquisition in word naming and lexical decision. *Journal of Experimental Psychology: Learning, Memory, and Cognition, 21*(1), 116–133.

Morton, J., and Johnson, M. H. (1991). CONSPEC and CONLERN: A two-process theory of infant face recognition. *Psychological Review, 98*(2), 164–181.

Moyer, R. S., and Landauer, T. K. (1967). Time required for judgements of numerical inequality. *Nature, 215*(5109), 1519–1520.

Muckli, L., Naumer, M. J., and Singer, W. (2009). Bilateral visual field maps in a patient with only one hemisphere. *Proceedings of the National Academy of Sciences, 106*(31), 13034–13039.

Musso, M., Moro, A., Glauche, V., Rijntjes, M., Reichenbach, J., Buchel, C., and Weiller, C. (2003). Broca's area and the language instinct. *Nature Neuroscience, 6*(7), 774–781.

Naatanen, R., Paavilainen, P., Rinne, T., and Alho, K. (2007). The mismatch negativity (MMN) in basic research of central auditory processing: A review. *Clinical Neurophysiology, 118*(12), 2544–2590.

Nabokov, V. (1962). *Pale fire*. New York, NY: Putnam.

National Institute of Child Health and Human Development. (2000). Report of the National Reading Panel: Teaching children to read: An evidence-based assessment of the scientific research literature on reading and its implications for reading instruction (NIH publication no. 00-4769). Washington, DC: US Government Printing Office.

Nau, M., Navarro Schröder, T., Bellmund, J. L. S., and Doeller, C. F. (2018). Hexadirectional coding of visual space in human entorhinal cortex. *Nature Neuroscience, 21*(2), 188–190.

Nelson, C. A., Zeanah, C. H., Fox, N. A., Marshall, P. J., Smyke, A. T., and Guthrie, D. (2007). Cognitive recovery in socially deprived young children: The Bucharest Early Intervention Project. *Science, 318*(5858), 1937–1940.

Nelson, M. J., El Karoui, I., Giber, K., Yang, X., Cohen, L., Koopman, H., ... Dehaene, S. (2017). Neurophysiological dynamics of phrase-structure building during sentence processing. *Proceedings of the National Academy of Sciences, 114*(18), E3669–E3678.

Nemmi, F., Helander, E., Helenius, O., Almeida, R., Hassler, M., Räsänen, P., and Klingberg, T. (2016). Behavior and neuroimaging at baseline predict individual response to combined mathematical and working memory training in children. *Developmental Cognitive Neuroscience, 20*, 43–51.

Ngo, H.-V. V., Martinetz, T., Born, J., and Mölle, M. (2013). Auditory closed-loop stimulation of the sleep slow oscillation enhances memory. *Neuron, 78*(3), 545–553.

Nieder, A., and Dehaene, S. (2009). Representation of number in the brain. *Annual Review of Neuroscience, 32*, 185–208.

Niogi, S. N., and McCandliss, B. D. (2006). Left lateralized white matter microstructure accounts for individual differences in reading ability and disability. *Neuropsychologia*, *44*(11), 2178–2188.

Noble, K. G., Norman, M. F., and Farah, M. J. (2005). Neurocognitive correlates of socioeconomic status in kindergarten children. *Developmental Science*, *8*(1), 74–87.

Norimoto, H., Makino, K., Gao, M., Shikano, Y., Okamoto, K., Ishikawa, T., . . . Ikegaya, Y. (2018). Hippocampal ripples down-regulate synapses. *Science*, *359*(6383), 1524–1527.

Obayashi, S., Suhara, T., Kawabe, K., Okauchi, T., Maeda, J., Akine, Y., . . . Iriki, A. (2001). Functional brain mapping of monkey tool use. *NeuroImage*, *14*(4), 853–861.

Oechslin, M. S., Gschwind, M., and James, C. E. (2018). Tracking training-related plasticity by combining f MRI and DTI: The right hemisphere ventral stream mediates musical syntax processing. *Cerebral Cortex*, *28*(4), 1209–1218.

Olah, C., Mordvintsev, A., and Schubert, L. (2017). Feature visualization. *Distill*. doi.org/10.23915/distill.00007.

Olesen, P. J., Westerberg, H., and Klingberg, T. (2004). Increased prefrontal and parietal activity after training of working memory. *Nature Neuroscience*, *7*(1), 75–79.

Orbán, G., Berkes, P., Fiser, J., and Lengyel, M. (2016). Neural variability and sampling-based probabilistic representations in the visual cortex. *Neuron*, *92*(2), 530–543.

Paller, K. A., McCarthy, G., and Wood, C. C. (1988). ERPs predictive of subsequent recall and recognition performance. *Biological Psychology*, *26*(1–3), 269–276.

Pallier, C., Dehaene, S., Poline, J.-B., Le Bihan, D., Arg nti, A. M., Dupoux, E., and Mehler, J. (2003). Brain imaging of language plasticity in adopted adults: Can a second language replace the first? *Cerebral Cortex*, *13*(2), 155–161.

Pallier, C., Devauchelle, A. D., and Dehaene, S. (2011). Cortical representation of the constituent structure of sentences. *Procedings of the National*

Academy of Sciences, 108(6), 2522–2527.

Palminteri, S., Kilford, E. J., Coricelli, G., and Blakemore, S.-J. (2016). The computational development of reinforcement learning during adolescence. *PLOS Computational Biology, 12*(6), e1004953.

Pashler, H., McDaniel, M., Rohrer, D., and Bjork, R. (2008). Learning styles: Concepts and evidence. *Psychological Science in the Public Interest, 9*(3), 105–119.

Pegado, F., Comerlato, E., Ventura, F., Jobert, A., Nakamura, K., Buiatti, M., . . . Dehaene, S. (2014). Timing the impact of literacy on visual processing. *Proceedings of the National Academy of Sciences, 111*(49), E5233–E5242.

Pegado, F., Nakamura, K., Braga, L. W., Ventura, P., Nunes Filho, G., Pallier, C., . . . Dehaene, S. (2014). Literacy breaks mirror invariance for visual stimuli: A behavioral study with adult illiterates. *Journal of Experimental Psychology: General, 143*(2), 887–894.

Peigneux, P., Laureys, S., Fuchs, S., Collette, F., Perrin, F., Reggers, J., . . . Maquet, P. (2004). Are spatial memories strengthened in the human hippocampus during slow wave sleep? *Neuron, 44*(3), 535–545.

Pena, M., Werker, J. F., and Dehaene-Lambertz, G. (2012). Earlier speech exposure does not accelerate speech acquisition. *Journal of Neuroscience, 32*(33), 11159–11163.

Penn, D. C., Holyoak, K. J., and Povinelli, D. J. (2008). Darwin's mistake: Explaining the discontinuity between human and nonhuman minds. *Behavioral and Brain Sciences, 31*(2), 109–130; discussion 130–178.

Pessiglione, M., Seymour, B., Flandin, G., Dolan, R. J., and Frith, C. D. (2006). Dopamine-dependent prediction errors underpin reward-seeking behaviour in humans. *Nature, 442*(7106), 1042–1045.

Piantadosi, S. T., Jara-Ettinger, J., and Gibson, E. (2014). Children's learning of number words in an indigenous farming-foraging group. *Developmental Science, 17*(4), 553–563.

Piantadosi, S. T., Tenenbaum, J. B., and Goodman, N. D. (2012). Bootstrapping in a language of thought: A formal model of numerical concept learning. *Cognition, 123*(2), 199–217.

Piantadosi, S. T., Tenenbaum, J. B., and Goodman, N. D. (2016). The logical primitives of thought: Empirical foundations for compositional cognitive models. *Psychological Review, 123*(4), 392–424.

Piazza, M., De Feo, V., Panzeri, S., and Dehaene, S. (2018). Learning to focus on number. *Cognition, 181*, 35–45.

Piazza, M., Facoetti, A., Trussardi, A. N., Berteletti, Conte, S., Lucangeli, D., . . . Zorzi, M. (2010). Developmental trajectory of number acuity reveals a severe impairment in developmental dyscalculia. *Cognition, 116*(1), 33–41.

Piazza, M., Izard, V., Pinel, P., Le Bihan, D., and Dehaene, S. (2004). Tuning curves for approximate numerosity in the human intraparietal sulcus. *Neuron, 44*(3), 547–555.

Piazza, M., Pica, P., Izard, V., Spelke, E S., and Dehaene, S. (2013). Education enhances the acuity of the nonverbal approximate number system. *Psychological Science, 24*(6), 1037–1043.

Pica, P., Lemer, C., Izard, V., and Dehaene, S. (2004). Exact and approximate arithmetic in an Amazonian indigene group. *Science, 306*(5695), 499–503.

Pierce, L. J., Klein, D., Chen, J.-K., Delcenserie, A., and Genesee, F. (2014). Mapping the unconscious maintenance of a lost first language. *Proceedings of the National Academy of Sciences, 111*(48), 17314–17319.

Pinheiro-Chagas, P., Dotan, D., Piazza, M., and Dehaene, S. (2017). Finger tracking reveals the covert stages of mental arithmetic. *Open Mind, 1*(1), 30–41.

Pittenger, C., and Kandel, E. R. (2003). In search of general mechanisms for long-lasting plasticity: Aplysia and the hippocampus. *Philosophical Transactions of the Royal Society B: Biological Sciences, 358*(1432), 757–763.

Poirel, N., Borst, G., Simon, G., Rossi, S., Cassotti, M., Pineau, A., and Houdé, O. (2012). Number conservation is related to children's prefrontal inhibitory control: An f MRI study of a Piagetian task. *PLOS ONE, 7*(7), e40802.

Poo, M.-M., Pignatelli, M., Ryan, T. J., Tonegawa, S., Bonhoeffer, T., Martin, K. C., . . . Stevens, C. (2016). What is memory? The present state of the engram. *BMC Biology*, *14*, 40.

Posner, M. I. (1994). Attention: The mechanisms of consciousness. *Proceedings of the National Academy of Sciences*, *91*(16), 7398–7403.

Posner, M. I., and Rothbart, M. K. (1998). Attention, self-regulation and consciousness. *Philosophical Transactions of the Royal Society B: Biological Sciences*, *353*(1377), 1915–1927.

Prado, E. L., and Dewey, K. G. (2014). Nutrition and brain development in early life. *Nutrition Reviews*, *72*(4), 267–284.

Prehn-Kristensen, A., Munz, M., Göder, R., Wilhelm, I., Korr, K., Vahl, W., . . . Baving, L. (2014). Transcranial oscillatory direct current stimulation during sleep improves declarative memory consolidation in children with attention-deficit/hyperactivity disorder to a level comparable to healthy controls. *Brain Stimulation*, *7*(6), 793–799.

Qin, S., Cho, S., Chen, T., Rosenberg-Lee, M., Geary, D. C., and Menon, V. (2014). Hippocampal-neocortical functional reorganization underlies children's cognitive development. *Nature Neuroscience*, *17*(9), 1263–1269.

Quartz, S. R., and Sejnowski, T. J. (1997). The neural basis of cognitive development: A constructivist manifesto. *Behavioral and Brain Sciences*, *20*(4), 537–556; discussion 556–596.

Rakic, P., Bourgeois, J. P., Eckenhoff, M. F., Zecevic, N., and Goldman-Rakic, P. S. (1986). Concurrent overproduction of synapses in d   erse regions of the primate cerebral cortex. *Science*, *232*(4747), 232–235.

Ramanathan, D. S., Gulati, T., and Ganguly, K. (2015). Sleep-dependent reactivation of ensembles in motor cortex promotes skill consolidation. *PLOS Biology*, *13*(9), e1002263.

Ramirez, S., Liu, X., Lin, P.-A., Suh, J., Pignatelli, M., Redondo, R. L., . . . Tonegawa, S. (2013). Creating a false memory in the hippocampus. *Science*, *341*(6144), 387–391.

Ramirez, S., Liu, X., MacDonald, C. J., Moffa, A., Zhou, J., Redondo, R. L., and Tonegawa, S. (2015). Activating positive memory engrams suppresses depression- like behaviour. *Nature*, *52*(7556), 335–339.

Rankin, C. H. (2004). Invertebrate learning: What can't a worm learn? *Current Biology*, *14*(15), R617–R6

Rasch, B., Büchel, C., Gais, S., and Born, J. (2007). Odor cues during slow-wave sleep prompt declara ive memory consolidation. *Science*, *315*(5817), 1426–1429.

Rasmussen, A., Jirenhed, D. A., and Hesslow, G. (2008). Simple and complex spike firing patterns in Purkinje cells during classical conditioning. *Cerebellum*, *7*(4), 563–566.

Rattan, A., Savani, K., Chugh, D., and Dweck, C. S. (2015). Leveraging mindsets to promote academic achievement: Policy recommendations. *Perspectives on Psychological Science*, *10*(6), 721–726.

Reich, L., Szwed, M., Cohen, L., and Amedi, A. (2011). A ventral visual stream reading center independent of visual experience. *Current Biology*, *21*(5), 363–368.

Reid, V. M., Dunn, K., Young, R. J., Amu, J., Donovan, T., and Reissland, N. (2017). The human fetus preferentially engages with face-like visual stimuli. *Current Biology*, *27*(12), 1825–1828.

Rescorla, R. A., and Wagner, A. R. (1972). A theory of Pavlovian conditioning: Variations in the effectiveness of reinforcement and nonreinforcement. In A. H. Black and W. F. Prokasy (Eds.), *Classical conditioning II: Current research and theory* (pp. 64–99). New York, NY: Appleton-Century-Crofts.

Ribeiro, S., Goyal, V., Mello, C. V., and Pavlides, C. (1999). Brain gene expression during REM sleep depends on prior waking experience. *Learning and Memory*, *6*(5), 500 –508.

Ritchie, S. J., and Tucker-Drob, E. M. (2018). How much does education improve intelligence? A meta-analysis. *Psychological Science*, *29*(8), 1358–1369.

Rivera, S. M., Reiss, A. L., Eckert, M. A., and Menon, V. (2005). Developmental changes in mental arithmetic: Evidence for increased functional specialization in the left inferior parietal cortex. *Cerebral Cortex, 15*(11), 1779–1790.

Robey, A. M., Dougherty, M. R., and Buttaccio, D. R. (2017). Making retrospective confidence judgments improves learners' ability to decide what not to study. *Psychological Science, 28*(11), 1683–1693.

Roediger, H. L., and Karpicke, J. D. (2006). Test-enhanced learning: Taking memory tests improves long-term retention. *Psychological Science, 17*(3), 249–255.

Rohrer, D., and Taylor, K. (2006). The effects of overlearning and distributed practise on the retention of mathematics knowledge. *Applied Cognitive Psychology, 20*(9), 1209–1224.

Rohrer, D., and Taylor, K. (2007). The shuffling of mathematics problems improves learning. *Instructional Science, 35*(6), 481–498.

Romeo, R. R., Leonard, J. A., Robinson, S. T., West, M. R., Mackey, A. P., Rowe, M. L., and Gabrieli, J. D. E. (2018). Beyond the 30-million-word gap: Children's conversational exposure is associated with language-related brain function. *Psychological Science, 29*(5), 700–710.

Rouault, M., and Koechlin, E. (2018). Prefrontal function and cognitive control: From action to language. *Current Opinion in Behavioral Sciences, 21*, 106–111.

Rudoy, J. D., Voss, J. L., Westerberg, C. E., and Paller, K. A. (2009). Strengthening individual memories by reactivating them during sleep. *Science, 326*(5956), 1079.

Rueckl, J. G., Paz-Alo so, P. M., Molfese, P. J., Kuo, W.-J., Bick, A., Frost, S. J., . . . Frost, R. (2015). Universal brain signature of proficient reading: Evidence from four contrasting languages. *Proceedings of the National Academy of Sciences, 112*(50), 15510–15515.

Rueda, M. R., Rothbart, M. K., McCandliss, B. D., Saccomanno, L., and Posner, M.

I. (2005). Training, maturation, and genetic influences on the development of executive attention. *Proceedings of the National Academy of Sciences, 102*(41), 14931–14936.

Rugani, R., Fontanari, L., Simoni, E., Regolin, L., and Vallortigara, G. (2009). Arithmetic in newborn chicks. *Proceedings of the Royal Society B: Biological Sciences, 276*(1666), 2451–2460.

Rugani, R., Vallortigara, G., Priftis, K., and Regolin, L. (2015). Number-space mapping in the newborn chick resembles humans' mental number line. *Science, 347*(6221), 534–536.

Sabbah, N., Authié, C. N., Sanda, N., Mohand-Saïd, S., Sahel, J.-A., Safran, A. B., . . . Amedi, A. (2016). Increased functional connectivity between language and visually deprived areas in late and partial blindness. *NeuroImage, 136,* 162–173.

Sackur, J., and Dehaene, S. (2009). The cognitive architecture for chaining of two mental operations. *Cognition, 111*(2), 187–211.

Sadtler, P. T., Quick, K. M., Golub, M. D., Chase, S. M., Ry u, S. I., Tyler-Kabara, E. C., . . . Batista, A. P. (2014). Neural constraints on learning. *Nature, 512*(7515), 423– 426.

Saffran, J. R., Aslin, R. N., and Newport, E. L. (1996). Statistical learning by 8-month-old infants. *Science, 274*(5294), 1926–1928.

Sakai, T., Mikami, A., Tomonaga, M., Matsui, M., Suzuki, J., Hamada, Y., . . . Matsuzawa, T. (2011). Differential prefrontal white matter development in chimpanzees and humans. *Current Biology, 21*(16), 1397–1402.

Salimpoor, V. N., van den Bosch, I., Kovacevic, N., McIntosh, A. R., D gher, A., and Zatorre, R. J. (2013). Interactions between the nucleus accumbens and auditory cortices predict music reward value. Science, 340(6129), 216–219.

Samson, D. R., and Nunn, C. L. (2015). Sleep intensity and the evol tion of human cognition. *Evolutionary Anthropology, 24*(6), 225–237.

Sangrigoli, S., Pallier, C., Argenti, A.-M., Ventureyra, V. A. G., and de Schonen, S. (2005). Reversibility of the other-race effect in face r cognition during childhood. *Psychological Science, 16*(6), 440–444.

Saygin, Z. M., Norton, E. S., Osher, D. E., Beach, S. D., Cyr, A. B., Ozernov-Palchik, O., . . . Gabrieli, J. D. E. (2013). Tracking the roots of reading ability: White matter volume and integrity correlate with phonological awareness in prereading and early-reading kindergarten children. *Journal of Neuroscience, 33*(33), 13251–13258.

Saygin, Z. M., Osher, D. E., Koldewyn, K., Reynolds, G., Gabrieli, J. D., and Saxe, R. R. (2012). Anatomical connectivity patterns predict face selectivity in the fusiform gyrus. *Nature Neuroscience, 15*(2), 321–327.

Saygin, Z. M., Osher, D. E., Norton, E. S., Youssoufian, D. A., Beach, S. D., Feather, J., . . . Kanwisher, N. (2016). Connectivity precedes function in the development of the visual word form area. *Nature Neuroscience, 19*(9), 1250–1255.

Schapiro, A. C., Turk-Browne, N. B., Norman, K. A., and Botvinick, M. M. (2016). Statistical learning of temporal community structure in the hippocampus. *Hippocampus, 26*(1), 3–8.

Schlaug, G., Jancke, L., Huang, Y., Staiger, J. F., and Steinmetz, H. (1995). Increased corpus callosum size in musicians. *Neuropsychologia, 33*(8), 1047–1055.

Schmidt, R. A., and Bjork, R. A. (1992). New conceptualizations of practice: Common principles in three paradigms suggest new concepts for training. *Psychological Science, 3*(4), 207–217.

Schoenemann, P. T., Sheehan, M. J., and Glotzer, L. D. (2005). Prefrontal white matter volume is disproportionately larger in humans than in other primates. *Nature Neuroscience, 8*(2), 242–252.

Schultz, W., Dayan, P., and Montague, P. R. (1997). A neural substrate of prediction and reward. *Science, 275*(5306), 1593–1599.

Schweinhart, L. J. (1993). Significant benefits: The High/Scope Perry Preschool study through age 27. Monographs of the High/Scope Educational Research Foundation, no. ten. Education Resources Information Center.

Sederberg, P. B., Kahana, M. J., Howard, M. W., Donner, E. J., and Madsen, J. R. (2003). Theta and gamma oscillations during encoding predict subsequent recall. *Journal of Neuroscience, 23*(34), 10809–10814.

Sederberg, P. B., Schulze-Bonhage, A., Madsen, J. R., Bromfield, E. B., McCarthy, D. C., Brandt, A., . . . Kahana, M. J. (2006). Hippocampal and neocortical gamma oscillations predict memory formation in humans. *Cerebral Cortex, 17*(5), 1190–1196.

Seehagen, S., Konrad, C., Herbert, J. S., and Schneider, S. (2015). Timely sleep facilitates declarative memory consolidation in infants. *Proceedings of the National Academy of Sciences, 112*(5), 1625–1629.

Seitz, A., Lefebvre, C., Watanabe, T., and Jolicoeur, P. (2005). Requirement for high- level processing in subliminal learning. *Current Biology, 15*(18), R753 –R755.

Senghas, A., Kita, S., and Özyürek, A. (2004). Children creating core properties of lan- guage: Evidence from an emerging sign language in Nicaragua. *Science, 305*(5691), 1779–1782.

Sergent, C., Baillet, S., and Dehaene, S. (2005). Timing of the brain events underlying access to consciousness during the attentional blink. *Nature Neuroscience, 8*(10), 1391–1400.

Shah, P. E., Weeks, H. M., Richards, B., and Kaciroti, N. (2018). Early childhood curiosity and kindergarten reading and m th academic achievement. *Pediatric Research, 84*(3), 380–386.

Shatz, C. J. (1996). Emergency of order in visual system development. *Proceedings of the National Academy of Sciences, 93*(2), 602–608.

Shaywitz, S. E., Escobar, M. D., Shaywitz, B. A., Fletcher, J. M., and Makuch, R. (1992). Evidence that dyslexia may represent the lower tail of a normal distribution of reading ability. *New England Journal of Medicine, 326*(3), 145–150.

Sheese, B. E., Rothbart, M. K., Posner, M. I., White, L. K., and Fraundorf, S. H. (2008). Executive attention and self-regulation in infancy. *Infant Behavior and Development, 31*(3), 501–510.

Sheridan, M. A., Fox, N. A., Zeanah, C. H., McLaughlin, K. A., and Nelson, C. A. (2012). Variation in neural development as a result of exposure to institutionalization early in childhood. *Proceedings of the National Academy of Sciences, 109*(32), 12927–12932.

Shi, R., and Lepage, M. (2008). The effect of functional morphemes on word segmentation in preverbal infants. *Developmental Science, 11*(3), 407–413.

Shipston-Sharman, O., Solanka, L., and Nolan, M. F. (2016). Continuous attractor network models of grid cell firing based on excitatory–inhibitory interactions. *Journal of Physiology, 594*(22), 6547–6557.

Shneidman, L. A., Arroyo, M. E., Levine, S. C., and Goldin-Meadow, S. (2013). What counts as effective input for word learning? *Journal of Child Language, 40*(3), 672–686.

Shneidman, L. A., and Goldin-Meadow, S. (2012). Language input and acquisition in a Mayan village: How important is directed speech? *Developmental Science, 15*(5), 659– 673.

Shohamy, D., and Turk-Browne, N. B. (2013). Mechanisms for widespread hippocampal involvement in cognition. *Journal of Experimental Psycholog y: General, 142*(4), 1159–1170.

Siegler, R. S. (1989). Mechanisms of cognitive development. *Annual Review of Psychology, 40*, 353–379.

Siegler, R. S., and Opfer, J. E. (2003). The development of numerical estimation: Evidence for multiple representations of numerical quantity. *Psychological Science, 14*(3), 237–243.

Siegler, R. S., Thompson, C. A., and Schneider, M. (2011). An integrated theory of whole number and fractions development. *Cognitive Psychology, 62*(4), 273–296.

Sigman, M., and Dehaene, S. (2008). Brain mechanisms of serial and paralle processing during dual-task performance. *Journal of Neuroscience, 28*(30), 7585–7598.

Sigman, M., Pan, H., Yang, Y., Stern, E., Silbersweig, D., and Gilbert, C. D. (2005). Top- down reorganization of activity in the visual pathway after learning a shape identification task. *Neuron*, *46*(5), 823–835.

Silver, D., Huang, A., Maddison, C. J., Guez, A., Sifre, L., van den Driessche, G., . . . Hassabis, D. (2016). Mastering the game of Go with deep neural networks and tree search. *Nature*, *529*(7587), 484–489.

Simons, D. J., and Chabris, C. F. (1999). Gorillas in our midst: Sustained inattentional blindness for dynamic events. *Perception*, *28*(9), 1059–1074.

Sisk, V. F., Burgoyne, A. P., Sun, J., B tler, J. L., and Macnamara, B. N. (2018). To what extent and under which circumstances are growth mind-sets important to academic achievement? Two meta-analyses. *Psychological Science*, *29*(4), 549–571.

Skaggs, W. E., and McNaughton, B. L. (1996). Replay of neuronal firing sequences in rat hippocampus during sleep following spatial experience. *Science*, *271*(5257), 1870–1873.

Smaers, J. B., Gómez-Robles, A., Parks, A. N., and Sherwood, C. C. (2017). Exceptional evolutionary expansion of prefrontal cortex in great apes and humans. *Current Biology*, *27*(5), 714–720.

Spelke, E. S. (2003). What makes us smart? Core knowledge and natural language. In D. Gentner and S. Goldin-Meadow (Eds.), *Language in mind: Advances in the study of language and thought* (pp. 277–311). Cambridge, MA: MIT Press.

Spencer, S. J., Steele, C. M., and Quinn, D. M. (1999). Stereotype threat and women's math performance. *Journal of Experimental Social Psychology*, *35*(1), 4–28.

Spencer-Smith, M., and Klingberg, T. (2015). Benefits of a working memory training program for inattention in daily life: A systematic review and meta-analysis. *PLOS ONE*, *10*(3), e0119522.

Srihasam, K., Mandeville, J. B., Morocz, I. A., Sullivan, K. J., and Livingstone, M. S. (2012). Behavioral and anatomical consequences of early versus late symbol training in macaques. *Neuron, 73*(3), 608–619.

Stahl, A. E., and Feigenson, L. (2015). Observing the unexpected enhances infants' learning and exploration. *Science, 348*(6230), 91–94.

Starkey, P., and Cooper, R. G. (1980). Perception of numbers by human infants. *Science, 210*(4473), 1033–1035.

Starkey, P., Spelke, E. S., and Gelman, R. (1990). Numerical abstraction by human infants. *Cognition, 36*(2), 97–127.

Steele, C. M., and Aronson, J. (1995). Stereotype threat and the intellectual test performance of African Americans. *Journal of Personality and Social Psychology, 69*(5), 797–811.

Steinhauer, K., and Drury, J. E. (2012). On the early left-anterior negativity (ELAN) in syntax studies. *Brain and Language, 120*(2), 135–162.

Stickgold, R. (2005). Sleep-dependent memory consolidation. *Nature, 437*(7063), 1272–1278.

Strauss, M., Sitt, J. D., King, J.-R., Elbaz, M., Azizi, L., Buiatti, M., . . . Dehaene, S. (2015). Disruption of hierarchical predictive coding during sleep. *Proceedings of the National Academy of Sciences, 112*(11), E1353–E1362.

Striem-Amit, E., and Amedi, A. (2014). Visual cortex extrastriate body-selective area activation in congenitally blind people "seeing" by using sounds. *Current Biology, 24*(6), 687–692.

Strnad, L., Peelen, M. V., Bedny, M., and Caramazza, A. (2013). Multivoxel pattern analysis reveals auditory motion information in MT+ of both congenitally blind and sighted individuals. *PLOS ONE, 8*(4), e63198.

Sun, T., Patoine, C., Abu-Khalil, A., Visvader, J., Sum, E., Cherry, T. J., . . . Walsh, C. A. (2005). Early asymmetry of gene t nscription in embryonic human left and right cerebral cortex. *Science, 308*(5729), 1794–1798.

Sun, Z. Y., Klöppel, S., Rivière, D., Perrot, M., Frackowiak, R., Siebner, H., and Mangin, J.-F. (2012). The effect of handedness on the shape of the central sulcus. *NeuroImage, 60*(1), 332–339.

Sur, M., Garraghty, P. E., and Roe, A. W. (1988). Experimentally induced visual projections into auditory thalamus and cortex. *Science, 242*(4884), 1437–1441.

Sur, M., and Rubenstein, J. L. R. (2005). Patterning and plasticity of the cerebral cortex. *Science, 310*(5749), 805–810.

Sutton, R. S., and Barto, A. G. (1998). *Reinforcement learning: An introduction.* Cambridge, MA: MIT Press.

Szpunar, K. K., Khan, N. Y., and Schacter, D. L. (2013). Interpolated memory tests reduce mind wandering and improve learning of online lectures. *Proceedings of the National Academy of Sciences, 110*(16), 6313–6317.

Szwed, M., Dehaene, S., Kleinschmidt, A., Eger, E., Valabregue, R., Amadon, A., and Cohen, L. (2011). Specialization for written words over objects in the visual cortex. *NeuroImage, 56*(1), 330–344.

Szwed, M., Qiao, E., Jobert, A., Dehaene, S., and Cohen, L. (2014). Effects of literacy in early visual and occipitotemporal areas of Chinese and French readers. *Journal of Cognitive Neuroscience, 26*(3), 459–475.

Szwed, M., Ventura, P., Querido, L., Cohen, L., and Dehaene, S. (2012). Reading acqui- sition enhances an early visual process of contour integration. *Developmental Science, 15*(1), 139–149.

Takeuchi, T., Duszkiewicz, A. J., and Morris, R. G. M. (2014). The synaptic plasticity and memory hypothesis: Encoding, storage and persistence. *Philosophical Transactions of the Royal Society B: Biological Sciences, 369*(1633), 20130288.

Tenenbaum, J. B., Kemp, C., Griffiths, T. L., and Goodman, N. D. (2011). How to grow a mind: Statistics, structure, and abstraction. *Science, 331*(6022), 1279–1285.

Terrace, H. S., Petitto, L. A., Sanders, R. J., and Bever, T. G. (1979). Can an ape create a sentence? *Science, 206*(4421), 891–902.

Thiebaut de Schotten, M., Cohen, L., Amemiya, E., Braga, L. W., and Dehaene, S. (2014). Learning to read improves the structure of the arcuate fasciculus. *Cerebral Cortex, 24*(4), 989–995.

Thornton, A., and McAuliffe, K. (2006). Teaching in wild meerkats. *Science*, *313*(5784), 227–229.

Todorovic, A., and de Lange, F. P. (2012). Repetition suppression and expectation suppression are dissociable in time in early auditory evoked fields. *Journal of Neuroscience*, *32*(39), 13389–13395.

Tombu, M., and Jolicoeur, P. (2004). Virtually no evidence for virtually perfect time-sharing. *Journal of Experimental Psycholog y: Human Perception and Performance*, *30*(5), 795–810.

Uhrig, L., Dehaene, S., and Jarraya, B. (2 14). A hierarchy of responses to auditory regularities in the macaque brain. *Journal of Neuroscience*, *34*(4), 1127–1132.

van Kerkoerle, T., Self, M. W., and Roelfsema, P. R. (2017). Layer-specificity in the effects of attention and working memory on activity in primary visual cortex. *Nature Communications*, *8*, 13804.

van Praag, H., Kempermann, G., and Gage, F. H. (2000). Neural consequences of environmental enrichm nt. *Nature Reviews Neuroscience*, *1*(3), 191–198.

van Vugt, B., Dagnino, B., Vartak, D., Safaai, H., Panzeri, S., Dehaene, S., and Roelfsema, P. R. (2018). The threshold for conscious report: Signal loss and response bias in visual and frontal cortex. *Science*, *360*(6388), 537–542.

Ventura, P., Fernandes, T., Cohen, L., Morais, J., Kolinsky, R., and Dehaene, S. (2013). Literacy acquisition reduces the influence of automatic holistic processing of faces and houses. *Neuroscience Letters*, *554*, 105–109.

Vinckier, F., Dehaene, S., Jobert, A., Dubus, J. P., Sigman, M., and Cohen, L. (2007). Hierarchical coding of letter strings in the ventral stream: Dissecting the inner organization of the visual word-form system. *Neuron*, *55*(1), 143–156.

Vinckier, F., Naccache, L., Papeix, C., Forget, J., Hahn-Barma, V., Dehaene, S., and Cohen, L. (2006). "What" and "where" in word reading: Ventral coding of written words revealed by parietal atrophy. *Journal of Cognitive Neuroscience*, *18*(12), 1998–2012.

Viswanathan, P., and Nieder, A. (2013). Neuronal correlates of a visual "sense of number" in primate parietal and prefrontal cortices. *Proceedings of the National Academy of Sciences, 110*(27), 11187–11192.

Viswanathan, P., and Nieder, A. (2015). Differential impact of behavioral relevance on quantity coding in primate frontal and parietal neurons. *Current Biology, 25*(10), 1259–1269.

Vogel, E. K., and Machizawa, M. G. (2004). Neural activity predicts individual differences in visual working memory capacity. *Nature, 428*(6984), 748–751.

Voss, M. W., Vivar, C., Kramer, A. F., and van Praag, H. (2013). Bridging animal and human models of exercise-induced brain plasticity. *Trends in Cognitive Sciences, 17*(10), 525–544.

Wacongne, C., Labyt, E., van Wassenhove, V., Bekinschtein, T., Naccache, L., and Dehaene, S. (2011). Evidence for a hierarchy of predictions and prediction errors in human cortex. *Proceedings of the National Academy of Sciences, 108*(51), 20754–20759.

Waelti, P., Dickinson, A., and Schultz, W. (2001). Dopamine responses comply with basic assumptions of formal learning theory. *Nature, 412*(6842), 43–48.

Wagner, A. D., Schacter, D. L., Rotte, M., Koutstaal, W., Maril, A., Dale, A. M., . . . Buckner, R. L. (1998). Building memories: Remembering and forgetting of verbal experiences as predicted by brain activity. *Science, 281*(5380), 1188–1191.

Wagner, U., Gais, S., Haider, H., Verleger, R., and Born, J. (2004). Sleep inspires insight. *Nature, 427*(6972), 352–355.

Walker, M. P., Brakefield, T., Hobson, J. A., and Stickgold, R. (2003). Dissociable stages of human memory consolidation and reconsolidation. *Nature, 425*(6958), 616–620.

Walker, M. P., and Stickgold, R. (2004). Sleep-dependent learning and memory consolidation. *Neuron, 44*(1), 121–133.

Walker, M. P., Stickgold, R., Alsop, D., Gaab, N., and Schlaug, G. (2005). Sleep-dependent motor memory plasticity in the human brain. *Neuroscience,*

133(4), 911–917.

Walker, S. P., Chang, S. M., Powell, C. A., and Grantham-McGregor, S. M. (2005). Effects of early childhood psychosocial stimulation and nutritional supplementation on cognition and education in growth-stunted Jamaican children: Prospective cohort study. *Lancet, 366*(9499), 1804–1807.

Wang, L., and Krauzlis, R. J. (2018). Visual selective attention in mice. *Current Biology, 28*(5), 676–685.

Wang, L., Uhrig, L., Jarraya, B., and Dehaene, S. (2015). Representation of numerical and sequential patterns in macaque and human brains. *Current Biology, 25*(15), 1966–1974.

Warneken, F., and Tomasello, M. (2006). Altruistic helping in human infants and young chimpanzees. *Science, 311*(5765), 1301–1303.

Watanabe, T., Nanez, J. E., and Sasaki, Y. (2001). Perceptual learning without perception. *Nature, 413*(6858), 844–848.

Weber-Fox, C. M., and Neville, H. J. (1996). Maturational constraints on functional specializations for language processing: ERP and behavioral evidence in bilingual speakers. *Journal of Cognitive Neuroscience, 8*(3), 231–256.

Werker, J. F., and Hensch, T. K. (2014). Critical periods in speech perception: New directions. *Annual Review of Psychology, 66*, 173–196.

Werker, J. F., and Tees, R. C. (1984). Cross-language speech perception: Evidence for perceptual reorganization during the first year of life. *Infant Behavior and Development, 7*(1), 49–63.

Whitlock, J. R., Heynen, A. J., Shuler, M. G., and Bear, M. F. (2006). Learning induces long-term potentiation in the hippocampus. *Science, 313*(5790), 1093–1097.

Widloski, J., and Fiete, I. R. (2014). A model of grid cell development through spatial exploration and spike time-dependent plasticity. *Neuron, 83*(2), 481–495

Wilhelm, I., Rose, M., Imhof, K. I., Rasch, B., Büchel, C., and Born, J. (2013).

The sleeping child outplays the adult's capacity to convert implicit into explicit knowledge. *Nature Neuroscience, 16*(4), 391–393.

Wills, T. J., Cacucci, F., Burgess, N., and O'Keefe, J. (2010). Development of the hippocampal cognitive map in preweanling rats. *Science, 328*(5985), 1573–1576.

Wilson, M. A., and McNaughton, B. L. (1994). Rea tivation of hippocampal ensemble memories during sleep. *Science, 265*(5172), 676–679.

Windsor, J., Moraru, A., Nelson, C. A., Fox, N. A., and Zeanah, C. H. (2013). Effect of foster care on language learning at eight years: Findings from the Bucharest Early Intervention Project. *Journal of Child Language, 40*(3), 605–627.

Wynn, K. (1992). Addition and subtraction by human infants. *Nature, 358,* 749–750.

Xu, F., and Garcia, V. (2008). Intuitive statistics by 8-month-old infants. *Proceedings of the National Academy of Sciences, 105*(13), 5012–5015.

Xu, F., and Tenenbaum, J. B. (2007). Word learning as Bayesian inference. *Psychological Review, 114*(2), 245–272.

Xu, K., Ba, J., Kiros, R., Cho, K., Courville, A., Salakhutdinov, R., . . . Bengio, Y. (2015). Show, attend and tell: Neural image caption generation with visual attention. arxiv.org/abs/1502.03044.

Yang, C. (2013). Ontogeny and phylogeny of language. *Proceedings of the National Academy of Sciences, 110*(16), 6324–6327.

Yoncheva, Y. N., Blau, V. C., Maurer, U., and McCandliss, B. D. (2010). Attentional focus during learning impacts N170 ERP responses to an artificial script. *Developmental Neuropsychology, 35*(4), 423–445.

Yoon, J. M. D., Johnson, M. H., and Csibra, G. (2008). Communication-induced memory biases in preverbal infants. *Proceedings of the National Academy of Sciences, 105*(36), 13690–13695.

Yoon, K., Buice, M. A., Barry, C., Hayman, R., Burgess, N., and Fiete, I. R. (2013). Specific evidence of low-dimensional continuous attractor dynamics in grid cells. *Nature Neuroscience, 16*(8), 1077–1084.

Young, C. B., Wu, S. S., and Menon, V. (2012). The neurodevelopmental basis of math anxiety. *Psychological Science, 23*(5), 492–501.

Zaromb, F. M., Karpicke, J. D., and Roediger, H. L. (2010). Comprehension as a basis for metacognitive judgments: Effects of effort after meaning on recall and metacognition. *Journal of Experimental Psychology: Learning, Memory, and Cognition, 36*(2), 552–557.

Zaromb, F. M., and Roediger, H. L. I. (2010). The testing effect in free recall is associated with enhanced organizational processes. *Memory and Cognition, 38*(8), 995–1008.

Zhu, X., Wang, F., Hu, H., Sun, X., Kilgard, M. P., Merzenich, M. M., and Zhou, X. (2014). Environmental acoustic enrichment promotes recovery from developmentally degraded auditory cortical processing. *Journal of Neuroscience, 34*(16), 5406–5415.

Zoccolotti, P., De Luca, M., Di Pace, E., Gasperini, F., Judica, A., and Spinelli, D. (2005). Word length effect in early reading and in developmental dyslexia. *Brain and Language, 93*(3), 369–373.

Zylberberg, A., Dehaene, S., Roelfsema, P. R., and Sigman, M. (2011). The human Turing machine: A neural framework for mental programs. *Trends in Cognitive Sciences, 15*(7), 293–300.

도판 1.

뇌 가소성은 가끔 아주 큰 장애물들도 극복해낸다. 니코의 우뇌는 세 살 때 수술로 제거됐다(가운데 MRI 사진들 참조). 그러나 이렇게 큰 상실에도 불구하고, 니코는 뛰어난 모조 작품(아래)과 오리지널 작품(위)을 두루 잘 그리는 훌륭한 화가가 되었다. 배움을 통해 언어, 수학, 읽기, 그리기 같은 그의 모든 재능들이 좌뇌 하나로 몰린 것이다.

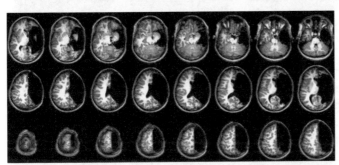

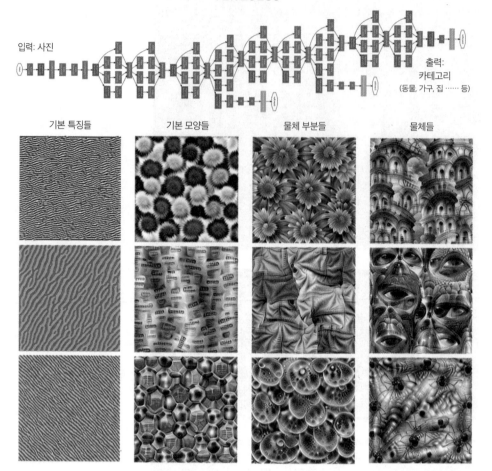

구글넷 인공신경망

입력: 사진

출력:
카테고리
(동물, 가구, 집 …… 등)

기본 특징들	기본 모양들	물체 부분들	물체들

도판 2.

뭔가를 배운다는 건 특정 문제에 적절한 표현들의 계층들을 개발한다는 의미이다. 이미지들을 구분하는 걸 배우는 구글넷 네트워크의 경우, 각 수준의 계층은 수백만 매개변수들의 조정을 통해 현실의 유용한 면을 알아보는 게 가능해진다. 가장 낮은 수준에서는 시뮬레이션된 신경세포들이 유향 직선이나 질감 같은 기본적인 특징들에 민감하다. 그리고 계층을 따라 올라가게 되면, 신경세포들은 점점 더 집, 눈, 벌레 같은 복잡한 모양들에 반응하게 된다.

도판 3.

딥 신경망은 손으로 쓴 숫자들을 카테고리화하는 걸 어떻게 배울까? 이는 어려운 문제인데, 그건 특정 숫자를 쓰는 방법이 수백 가지이기 때문이다. 숫자 계층의 가장 낮은 수준에서(오른쪽 아래)는 인공 신경세포들 때문에 9와 4처럼 서로 비슷해 보이는 숫자들을 헷갈리게 된다. 그러나 상위 계층으로 올라갈수록, 신경세포들이 같은 숫자의 모든 이미지들을 하나로 묶어 명확한 경계들로 구분시키는 일이 더 수월해진다.

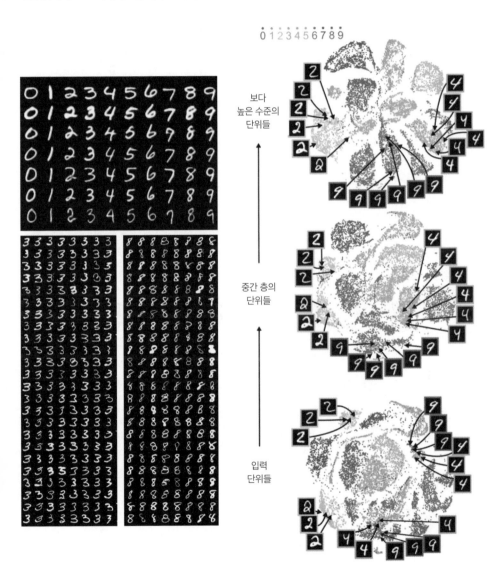

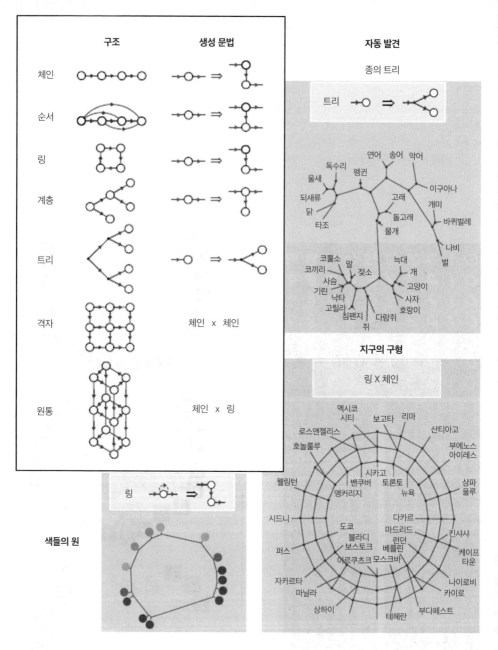

도판 4.

배운다는 것은 도메인의 문법을 추론한다는 뜻이다. MIT 공과대학에서는 두 컴퓨터 과학자가 과학 분야의 숨겨진 구조를 발견해내는 알고리즘을 만들어냈는데, 그 시스템에는 서로 합쳐 모든 종류의 새로운 구조들, 즉 선과 면과 원과 원통형 등을 만들어내는 원칙들의 문법이 제공되며…… 그 알고리즘은 데이터에 가장 잘 맞는 구조를 골라냄으로써, 동물 종들의 트리(다윈, 1859년), 지구가 둥글다는 사실(파르메니데스, 기원전 600년), 색들의 원(뉴튼, 1675년) 등, 과학자들이 알아내는 데 여러 해 걸릴 사실들을 바로 알아낸다.

도판 5.

아기들의 뇌는 빈 서판 상태와는 아주 거리가 멀어, 이미 방대한 양의 지식이 들어 있다. 실험실 안에서 연구원들은 물리학, 산수, 확률 또는 기하학의 법칙들에 위배되는 상황에 접할 경우 놀라는 걸 확인함으로써 아기들의 직관이 뛰어나다는 걸 알아낸다.

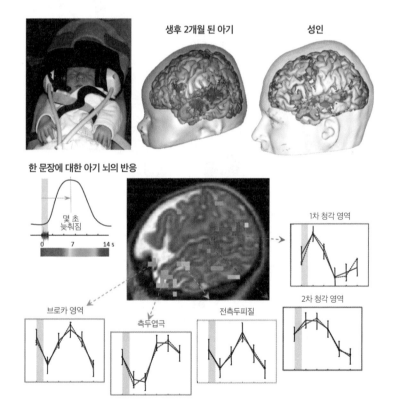

도판 6.

아기들의 뇌는 태어날 때 이미 구어체 언어를 좌뇌의 특정 뇌회로들 안에 집어넣는다. 아기들에게 모국어로 된 문장들을 들려주면서 그 뇌를 MRI로 스캔해보면, 성인들의 경우와 같은 뇌 영역들의 특정 네트워크가 활성화된다. 뇌의 활성화는 1차 청각 영역에서 시작되어 점차 측두엽과 전두엽 영역들로 확대되는데, 이런 순서는 성인들의 경우와 동일하다. 아기들의 뇌가 원래 전혀 조직화되지 않은 빈 서판 형태로, 환경의 각인만 기다린다는 견해를 무색하게 만드는 자료라 할 수 있다.

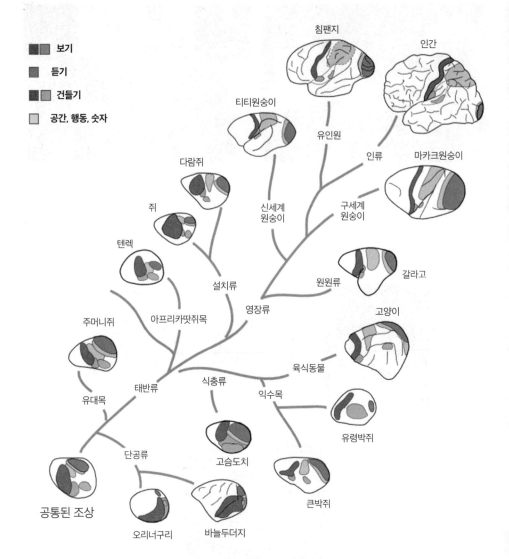

도판 7.

인간 뇌의 구조는 오랜 진화의 역사를 갖고 있다. 그리고 많은 특수 영역들(여기서는 1차 감각 영역들)은 다른 동물 종들과 기본 배열이 비슷하다. 이 영역들은 많은 유전자들의 영향을 받아 자궁 안에서 형성되며, 임신 후기에 이미 활성화된다. 영장류의 뇌는 감각 영역들이 상대적으로 작지만, 두정엽(회색), 측두엽, 특히 전전두엽 피질 같은 인지 영역들은 아주 크게 확대됐다는 게 특징이다. 호모 사피엔스의 경우, 이 영역들은 특히 가소성이 크다. 또한 이 영역들 안에는 생각의 언어가 들어 있어, 우리는 살아가면서 계속 지식을 늘릴 수가 있다.

도판 8.

임신하고 처음 몇 주가 지나면, 우리 몸은 유전자들을 토대로 스스로 조직화된다. 그래서 다섯 손가락들이 형성되고 그 손가락들의 신경 자극을 받아들이는 데 별도의 배움이 필요치 않다. 마찬가지로 뇌의 기본적인 구조역시 그 어떤 배움도 없이도 형성된다. 막 태어난 아기의 뇌 피질은 이미 조직화되어 있고 주름도 잡혀 있고 모든 인간에게 공통된 방식으로 서로 연결되어 있는데, 이는 인간이 다른 모든 영장류들과 다른 점이다. 그러나 뇌 피질의 세세한 연결은 환경에 따라 자유롭게 달라질 수 있다. 임신 후기에 이르면 태아의 뇌는 이미 외부 세계로부터 받아들이는 정보에 적응하기 시작한다.

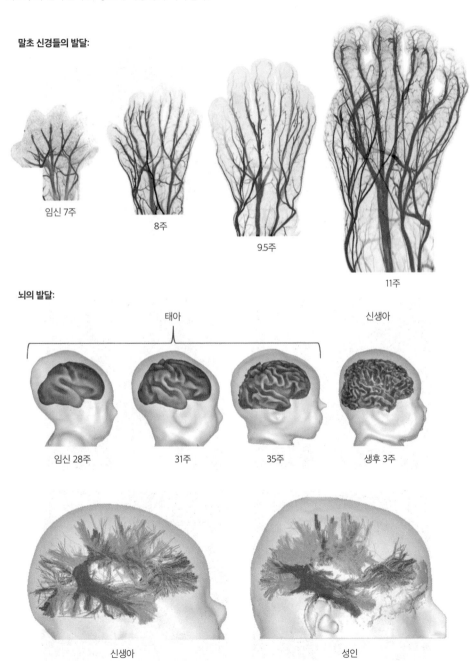

말초 신경들의 발달:

임신 7주

8주

9.5주

11주

뇌의 발달:

태아

신생아

임신 28주

31주

35주

생후 3주

신생아

성인

도판 9.

인간의 뇌 피질은 특수한 영역들로 나뉜다. 1909년에 이미 독일 신경학자 코르비니안 브로드만Korbinian Brodmann(1868-1918)은 신경세포들의 크기와 분포가 뇌 피질의 서로 다른 영역들마다 다르다고 했다. 그러면서 예를 들어 언어 처리 관련 일을 하는 브로카 영역 안에는 세 영역(아래 사진에서 44, 45, 47 영역)이 있다고 했다. 그리고 실제로 이는 분자 영상 촬영에 의해 확인되고 수정됐다. 뇌 피질에는 신경전달물질 수용체 밀도의 갑작스런 변화로 그 경계들을 확인 가능한 서로 다른 여러 영역들이 들어 있다. 임신 중에는 피질 내 다른 영역들에서 특정 유전자들이 선택적으로 발현되어 특정 장기들로 다시 나뉘는 걸 돕는다.

뇌 영역들에 대한
브로드만 지도(1909)

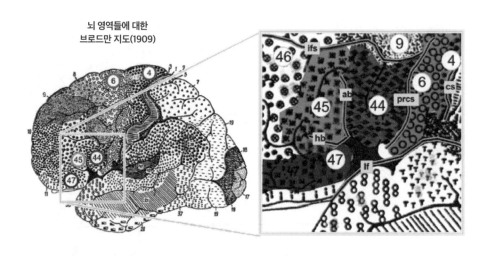

네 개의 수용체 분자들로 확인되는 뇌 영역들 간의 경계들.

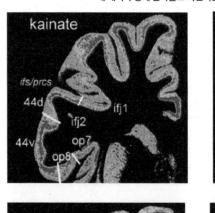

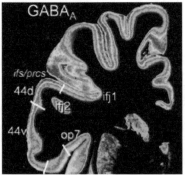

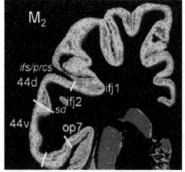

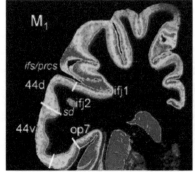

내각후피질의 신경세포들:

도판 10.

물리적 시스템이 자기조직화될 경우, 그것이 용암 같은 상태든 밀랍 같은 상태, 육각형 모양들이 형성되는 건 흔하다. 신경계 역시 예외는 아니어서, 뇌의 GPS 역할을 하는 내각후피질 영역 내 신경세포들은 '격자 세포들'로 자기조직화되어 물리적 공간을 삼각형과 육각형 모양의 격자들로 채운다. 쥐가 큰 방을 돌아다닐 경우, 그 쥐가 그 삼각형 모양들 중 하나의 정점에 올 경우에만 각 신경세포가 활성화된다. 그런 격자 세포들은 쥐가 방 안을 돌아다니기 시작하고 단 하루 후에 나타나며, 공간 감각은 거의 타고난 GPS 회로를 토대로 한다.

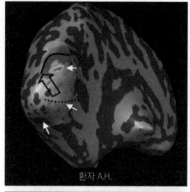

환자 A.H.

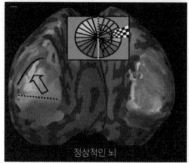

정상적인 뇌

도판 11.

뇌는 시냅스 가소성 덕에 심각한 손상을 입어도 부분적으로나마 스스로 재조직화될 수 있다. 이름 첫 글자가 A.H.인 소녀(맨 위 사진)는 임신 7주 무렵에 이미 한쪽 반구, 즉 좌뇌밖에 없었고 우뇌는 발달을 멈췄다. 정상적인 뇌의 경우(맨 아래 사진) 초기의 좌뇌 시각 영역들은 세상의 오른쪽 절반(가운데 사진의 파란색, 초록색 부분)만 대변한다. 그러나 환자 A.H.의 경우, 아주 작은 영역들이 재조직화되어 세상의 왼쪽 절반(흰색 화살표들이 가리키는 빨간색 부분)에 반응하기 시작했다. 따라서 같은 병변을 가진 성인과는 달리, A.H.는 왼쪽을 완전히 못 보는 게 아니다. 그럼에도 불구하고, 이 같은 재조직화는 별 게 아니어서, 1차 시각 피질 안에서는 유전자 결정론이 뇌 가소성에 우선한다.

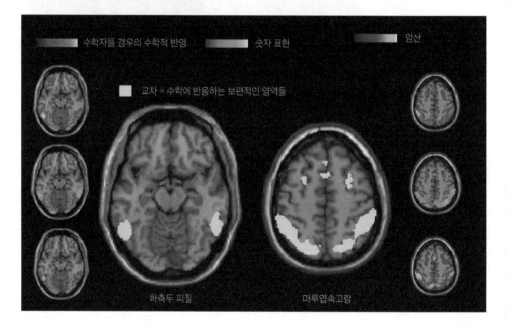

도판 12.

교육이란 예전의 뇌 회로들을 재조직화해 새로운 기능들을 갖게 하는 과정이다. 우리는 유아기 이후 모두 숫자들을 표현하는 영역들(초록색 부분)을 갖게 되며, 그 영역들을 이용해 계산(파란색 부분)을 한다. 놀랍게도 심지어 전문적인 수학자들 역시 고등 수학 개념들(빨간색 부분)에 대해 생각할 때 계속 이 영역들을 사용한다. 이 신경망들은 구체적인 대상들에 반응하지만, 후에는 보다 추상적인 개념들에도 반응하게 된다.

도판 13.

수학을 익히는 것은 대체로 감각적인 경험과 별개이다. 그래서 앞을 못 보는 사람들도 뛰어난 수학자가 될 수 있으며, 그들의 경우 수학적 사고를 할 때 정상적인 수학자들과 마찬가지로 두정엽, 측두엽, 전두엽 등의 영역들이 활성화된다. 차이가 있다면, 앞을 못 보는 수학자들의 경우 시각 피질을 활용해 수학을 한다는 점뿐이다.

정상적인 수학자 15명:

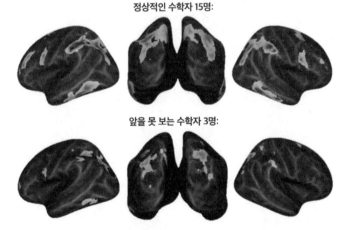

앞을 못 보는 수학자 3명:

앞을 못 보는 수학자들의 추가적인 시각 피질 활성화:

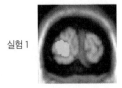

실험 1 　　　　　　　　 실험 2

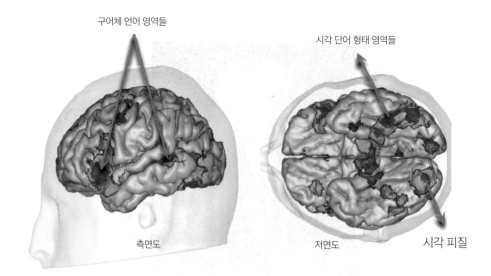

구어체 언어 영역들

시각 단어 형태 영역들

측면도

저면도

시각 피질

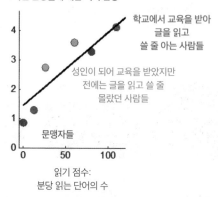

쓰여진 문장들에 대한 뇌의 반응

학교에서 교육을 받아
글을 읽고
쓸 줄 아는 사람들

성인이 되어 교육을 받았지만
전에는 글을 읽고 쓸 줄
몰랐던 사람들

문맹자들

읽기 점수:
분당 읽는 단어의 수

도판 14.

읽기를 배우게 되면 시각과 구어와 관련된 뇌의 영역들이 재조직화된다. 색깔로 표시된 뇌 영역들은 읽기를 배우면서 영향을 받는 영역들이다. 완전한 문맹자에서부터 글을 아주 잘 읽고 쓰는 사람들에 이르기까지, 이 영역들은 쓰여진 문장들에 반응해 활성화된다. 글을 읽고 쓸 줄 알게 될 경우 뇌는 두 가지 방식으로 영향을 받는다. 즉, 쓰여진 글들에 반응하는 시각 영역들, 특히 '시각 단어 형태 영역'이라 불리는 좌뇌의 영역이 전문화되며, 또 시각을 통해 구어 언어의 회로들이 활성화된다.

도판 15.

fMRI를 사용하면 글을 읽고 쓸 줄 아는 아이들의 능력을 추적·관찰할 수 있다. 아이가 읽는 걸 배우기 시작하자 마자, 좌뇌의 시각 영역이 글자들에 전문화되기 시작한다. 그러니까 읽기를 통해, 모든 영장류가 얼굴과 물체 그리고 장소들을 구분하는 데 사용하는 뇌의 일부 영역들이 재조직화되는 것이다.

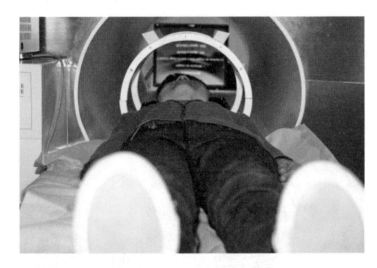

읽을 줄 모르는 6살짜리들

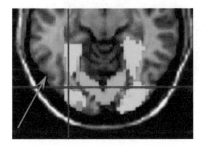

읽을 줄 아는 6살짜리들

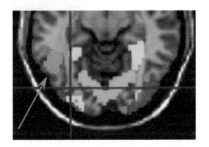

난독증을 앓는 9살짜리들

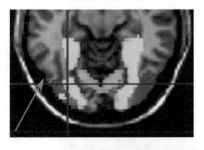

읽을 줄 아는 9살짜리들

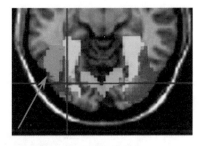

단어들에 대한 반응

도판 16.

경고 신호들은 배움에 엄청난 영향을 줄 수 있다. 세로토닌, 아세틸콜린, 도파민 신경조절물질들은 뇌 피질의 여러 영역들에 경고 신호들을 보내 언제 주의해야 하는지를 알려주며, 뇌로 하여금 뭔가를 배우게 만드는 걸로 믿어진다. 아래의 실험에서, 쥐들은 메이네르트 기저핵 전기 자극과 관련된 9킬로헤르츠의 소리에 귀를 기울였고, 그래서 뇌 피질 내 아세틸콜린의 분비를 촉발했다. 며칠간 노출되자, 청각 피질 전체는 이 음성 주파수에 의해 영향을 받게 됐다.

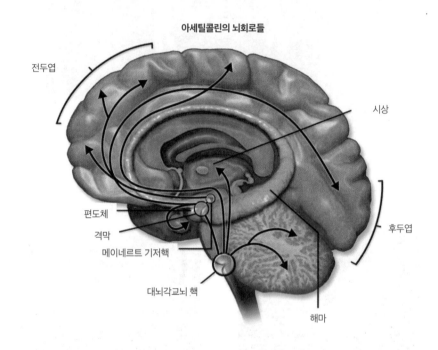

아세틸콜린의 뇌회로들

전두엽

시상

편도체

격막

메이네르트 기저핵

대뇌각교뇌 핵

해마

후두엽

배움의 조절

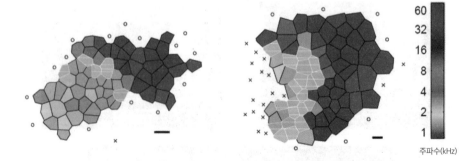

정상적인 쥐의 청각 지도

9킬로헤르츠의 음에 아세틸콜린 분출이 더해진 뒤

60
32
16
8
4
2
1

주파수(kHz)

청각 피질: 일탈된 음 탐지

빈번한 음들

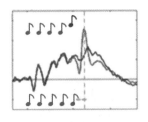

예기치 않은 음들

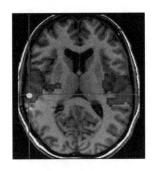

전전두엽: 멜로디 일탈 탐지

빈번한 멜로디

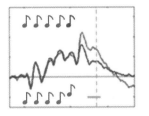

예기치 않은 멜로디

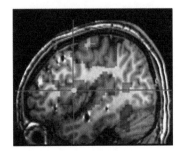

도판 17.

에러 피드백은 배움의 세 번째 기둥이다. 배움의 잘못된 부분들을 찾아내고 고침으로써, 뇌는 환경 모델들에 점차 적응해나가는 법을 배우는 것이다. 사실상 모든 뇌 영역들이 에러 신호들을 내보내고 서로 주고받는다. 이 실험에서 뇌는 음의 일반적인 순서에서 벗어나는 경우들을 찾아내는 법을 배운다. 먼저 5가지 음으로 이루어진 짧은 멜로디를 여러 차례 듣는다. 그러다 예고 없이 음의 순서가 바뀔 경우 놀람 반응(빨간색 부분)이 뇌의 다른 영역들에 에러 신호를 보내게 되며, 그 결과 그 영역들이 예측을 수정할 수 있게 된다. 청각 영역들은 국지적인 일탈들(위)에 반응하고, 전전두엽 피질을 비롯한 광범위한 신경망은 멜로디 전체의 전반적인 일탈들(아래)에 반응한다.

도판 18.

통합은 배움의 네 번째 기둥이다. 처음에는 모든 배움이 통합 노력을 필요로 하며, 그 뒤를 이어 공간 주의와 집행 주의에 관여하는 두정엽과 전두엽 영역들의 강한 활성화가 일어난다. 예를 들어 이제 막 읽기를 시작한 사람의 입장에서 단어를 해독하는 일은 시간이 걸리고 힘들고 순차적인 과정이다. 어떤 단어에 글자 수가 많을수록, 아이들의 읽는 속도는 느려진다(위). 그러나 연습을 하면 자동성이 생겨난다. 다시 말해 읽는 것이 동시발생적이고 빠르고 무의식적인 과정이 되는 것이다(아래). 그리고 전문화된 읽기 회로가 나타나, 대뇌 피질이 자유롭게 다른 일들을 할 수 있게 된다.

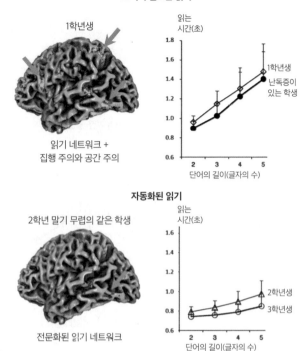

노력이 필요한 읽기

1학년생

읽기 네트워크 + 집행 주의와 공간 주의

자동화된 읽기

2학년 말기 무렵의 같은 학생

전문화된 읽기 네트워크

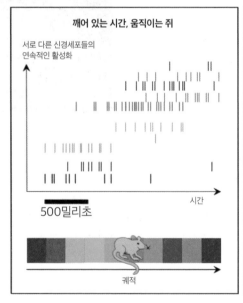

깨어 있는 시간, 움직이는 쥐

서로 다른 신경세포들의 연속적인 활성화

시간

500밀리초

궤적

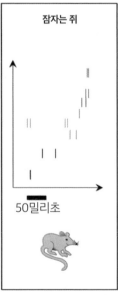

잠자는 쥐

50밀리초

도판 19.

수면은 배움의 통합 과정에서 중요한 역할을 한다. 쥐가 잠을 잘 때 해마 내 신경세포들은 종종 가속도를 내면서 깨어 있을 때 한 행동들을 순서까지 그대로 재연한다. 뇌 피질 전역으로 확대되는 이런 활성화가 밤새 수백 차례 반복될 수도 있다 이 같은 신경세포들의 재연은 전날 배운 것들을 통합하고 자동화시키는 데 도움이 된다. 그리고 잠을 잘 때, 우리의 뇌는 전날 낮에 미처 발견하지 못한 규칙적인 패턴들을 발견하기도 한다.